全国高职高专院校"十四五"规划教材

劳动法实务教程

主编　路焕新　邓佳英

天津大学出版社
TIANJIN UNIVERSITY PRESS

内 容 简 介

本书共分七章。第一章,劳动法与劳动关系;第二章,促进就业与劳动保护制度;第三章,社会保险法律制度;第四章,劳动合同制度;第五章,特殊劳动合同制度;第六章,工资工时法律制度;第七章,劳动争议处理与劳动监察制度。最后是附录,包括最新的劳动法律法规。本书注重实用性,所选案例具有真实性、新颖性和针对性,以案说法,使抽象的法律规定具体化。本书吸收了《中华人民共和国劳动合同法》《中华人民共和国劳动合同法实施条例》等最近更新的法律法规,注重培养学生理解和运用法律的能力。

本书适合作为高职高专学生劳动法课程的教材,也适合作为大学生劳动法普及课程的教材,同时适用于为了保护自身合法劳动权益而自学劳动法的社会普通劳动者。

图书在版编目(CIP)数据

劳动法实务教程 / 路焕新,邓佳英主编. -- 天津 :
天津大学出版社,2022.7(2024.7重印)
全国高职高专院校“十四五”规划教材
ISBN 978-7-5618-7242-0

Ⅰ. ①劳… Ⅱ. ①路… ②邓… Ⅲ. ①劳动法-中国
-高等职业教育-教材 Ⅳ. ①D922.5

中国版本图书馆 CIP 数据核字(2022)第 121049 号

出版发行 天津大学出版社
地　　址 天津市卫津路 92 号天津大学内(邮编:300072)
电　　话 发行部:022-27403647
网　　址 www.tjupress.com.cn
印　　刷 天津泰宇印务有限公司
经　　销 全国各地新华书店
开　　本 185mm×260mm
印　　张 15.75
字　　数 393 千
版　　次 2022 年 7 月第 1 版
印　　次 2024 年 7 月第 3 次
定　　价 46.00 元

前　　言

法治是人类文明进步的重要标志，是治国理政的基本方式，是中国共产党和中国人民的不懈追求。法治兴则国兴，法治强则国强。2021 年 1 月 10 日，中共中央印发的《法治中国建设规划（2020—2025 年）》指出，到 2025 年，中国特色社会主义法治体系初步形成。党的十九大报告提出，2020 年到 2035 年，法治国家、法治政府、法治社会基本建成，中国特色社会主义法治体系基本形成，人民平等参与、平等发展权利得到充分保障，国家治理体系和治理能力现代化基本实现。

随着国家法治建设的深入，用法律武器维护合法权益越来越成为公民的第一选择。而如何运用法律、怎样维护权利是我们社会大众应当学习和了解，甚至掌握的知识和技能。高等学校的学生在学校经过几年的学习即进入社会，深入参与社会生产和生活，其自身权益可能受到侵犯，需要学习维权所需的必要法律知识和技能。学校为帮助学生了解和掌握工作和生活中的常用法律，针对学生的需要开设了一系列法律课程，而劳动法是其中一门重要的课程，因为学生毕业后都将走向社会，选择就业或自主创业，成为劳动关系的主体，受到《中华人民共和国劳动法》（以下简称《劳动法》）的约束。《劳动法》近些年作了一些修正，但很多劳动法教材并未及时更新，教学中迫切需要一本内容紧跟时代的教材 。同时，大学生毕业后的就业问题，从业过程中的劳动合同、劳动报酬、社会保险等都涉及劳动法律法规。编写本书既为了解决上述问题 ，也为了增加学生的劳动法律知识，提高学生的法律素质和维权能力 。在内容上本书将理论与实务有机结合 ，弥补了一般教材重理论介绍、轻实务应用的不足，是为提高学生运用法律解决实际问题的能力而专门编写的。参与编写的人员中多数是长期工作在教学一线的法学教师，同时也是多年从事律师执业活动的兼职律师。编写过程中还邀请了劳动争议解决领域的资深律师和有仲裁实践经验的劳动争议仲裁员提供参考资料和提出编写建议。

本书主要针对开设劳动法课程的高职高专院校编写，坚持“实用” 和“够用” 原则 ，力求突出实务性 。首先，围绕实用性 ，以“能用”“够用”为组织内容的两个维度，对抽象的法学理论和法律条文结合实际案例进行深入浅出的介绍，即使是社会普通读者也能够通过本书的阅读解决自己生活中涉及劳动法方面的问题。同时本书在体例上突出新颖性，每个章节都包括“案例回放”“理论要点”“思考练习”“文书实例”几个模块。“案例回放”“理论要点” 将真实的案例融入每个章节，使学生及其他读者对枯燥的法律规定有更直观的感受。“思考练习”可以通过习题检测学习的效果。“文书实例”可以使学生及其他读者看到劳动法的使用，理解劳动法是怎样对社会劳动关系发生作用的。其次，内容上体现时代性，本书紧跟劳动立法的步伐，吸收了《中华人民共和国劳动合同法》《中华人民共和国劳动合同法实施条例》等最近更新的法律法规。同时编写依据收录了 2022 年 1 月 1 日实施的《最高人民法院关于审理劳动争议案件适用法律问题的解释(一)》。再次，素材更具实践性，本书的大部分案例素材来源于最近的法律实践，内容更丰满、生动、具体，分析更有针对性。正文后还附有主要的劳动法律法规和重庆市劳动人事争议调解仲裁法律文书式样等，以使读者阅读后能更清楚地了解自己作为劳动者的具体权利以及权利受侵犯的各种情形，更重要的是了解维护自己权利的主要途径，进而学到维权的具体程序及方法。

本书由重庆城市管理职业学院路焕新老师和广西工商学校邓佳英老师主编。路焕新老师负责拟订写作提纲、设计编写体例和最后统稿工作。重庆城市管理职业学院陶军屹、颜台钊、李科蕾、赵春、吕华菊、李思逸、韩玲老师参与编写。具体协作分工如下(以撰写章节先后为序)。

邓佳英：第一章

陶军屹：第二章

赵春、吕华菊：第三章

路焕新：第四章

颜台钊：第五章

李科蕾：第六章

李思逸、韩玲：第七章

本书在编写过程中，参考和借鉴了有关书籍，吸收了律师和同行专家的研究成果，得到了编者所在院校领导的大力支持和帮助，在此一并表示衷心的感谢。

由于编者水平有限，本书存在不足之处在所难免，希望同行专家和广大读者批评指正。

编者

2022 年 6 月

目　录

第一章　劳动法与劳动关系

案例回放

高某,1949年3月4日出生,2015年10月1日入职甲物业公司。甲物业公司安排高某从事保洁工作,双方未签订书面劳动合同。2017年12月2日11时许,高某与案外人章某发生纠纷并受伤,当日进入医院治疗,2018年1月29日出院,出院医嘱:休息2个月。2018年2月23日,高某去甲物业公司工作。2018年3月29日,医院出具疾病诊断证明书,建议休息1个月。因身体不适,高某工作至2018年3月31日后未再去甲物业公司工作。甲物业公司在未告知高某的情况下与其解除劳动或劳务关系。

2016年1月至2018年3月,甲物业公司按月通过银行向高某支付工资。高某、甲物业公司双方一致确认,高某平均每月工资为3 235.63元。高某未享受养老保险待遇或领取退休金。

2019年1月23日,高某向南京市鼓楼区劳动人事争议仲裁委员会提起仲裁申请。同日,该仲裁委员会向高某出具不予受理通知书,高某遂诉至法院,请求确认其与甲物业公司之间自2015年10月至2018年4月存在劳动关系。甲物业公司认为高某在2015年10月入职时,已经超过法定退休年龄,故高某不具备建立劳动关系的主体资格,双方之间系劳务关系而非劳动关系。

一审法院认为:劳动者的合法权益受法律保护。我国现行的法律法规未将劳动者达到法定退休年龄作为认定用人单位与劳动者是劳动关系还是劳务关系的决定性条件,亦未禁止用人单位使用超过法定退休年龄的劳动者。本案中,高某虽已达到法定退休年龄,但并未享受养老保险待遇,故其仍具备与用人单位建立劳动关系的主体资格。甲物业公司具备用人单位主体资格。双方均符合法律法规规定的建立劳动关系的主体资格。高某在工作中接受甲物业公司的管理,甲物业公司按月向高某发放工资报酬,双方形成的用工关系并非劳务关系,应为劳动关系。

二审法院认为:《最高人民法院关于审理劳动争议案件适用法律若干问题的解释(三)》第七条规定:“用人单位与其招用的已经依法享受养老保险待遇或领取退休金的人员发生用工争议,向人民法院提起诉讼的,人民法院应当按劳务关系处理。”该条文是对招用具有上述两种情形的人员的用工形式的认定,并不能想当然地反推出“招用已达法定退休年龄,但未依法享受养老保险待遇或领取退休金的人员,双方形成劳动关系”的结论。《中华人民共和国劳动合同法实施条例》(以下简称《劳动合同法实施条例》)第二十一条规定:“劳动者达到法定退休年龄的,劳动合同终止。”高某于2015年10月1日到甲物业公司工作时已超过法定退休年龄,甲物业公司客观上亦无法为其缴纳社会保险,高某已不具备法律规定的劳动者主体资格,故本案不应认定高某与甲物业公司存在劳动关系。

高某不服二审法院的判决，向江苏省高级人民法院申请再审。江苏省高级人民法院认为：根据高某提交的相关缴费明细和收据，其已经参加了城乡居民养老保险，其亦认可实际领取了养老金，双方间的关系可按劳务关系处理，二审判决因此认定其与甲物业公司之间不存在劳动关系并无不当，最终驳回了高某的再审申请。

（案例来源：中国劳动和社会保障法律网）

理论要点

第一节　劳动法的概念与调整对象

一、劳动法的概念

劳动法是调整劳动关系以及与劳动关系有密切联系的其他社会关系的法律规范的总称。在我国狭义的劳动法仅指《劳动法》，这是形式意义上的劳动法的概念。广义的劳动法包括《中华人民共和国劳动合同法》（以下简称《劳动合同法》）、《中华人民共和国劳动争议调解仲裁法》（以下简称《劳动争议调解仲裁法》）等劳动法律，劳动行政法规和行政规章，地方性劳动法规和规章，关于劳动法的司法解释，以及具有法律效力的其他规范性文件。我们在学习和运用劳动法时，要以《劳动法》为核心，而且也要了解其他劳动法律规范。

中华人民共和国成立以来，我国宪法中就有关于劳动制度和劳动关系的内容。此外，我国还颁布了大量单项的劳动法律、法规和规章。从 1978 年起，国家劳动总局会同全国总工会等有关部门着手起草全面规范我国劳动关系的劳动法。1994 年第八届全国人民代表大会常务委员会第八次会议通过了《劳动法》并于 1995 年 1 月 1 日起施行。该法是中华人民共和国成立以来第一部全面规范劳动关系的法律，它的颁行打破了所有制界限，建立了公平的市场竞争规则。2007 年 6 月 29 日，第十届全国人民代表大会常务委员会第二十八次会议通过了《劳动合同法》并于 2008 年 1 月 1 日起施行。2018 年 12 月 29 日，第十三届全国人民代表大会常务委员会第七次会议通过的《关于修改〈中华人民共和国劳动法〉等七部法律的决定》对《劳动法》进行了第二次修正。

为了贯彻实施《劳动合同法》，解决操作上的问题，2008 年 9 月 18 日，中华人民共和国国务院（以下简称国务院）颁布了《劳动合同法实施条例》。2012 年 12 月 28 日，第十一届全国人民代表大会常务委员会第三十次会议通过了《关于修改〈中华人民共和国劳动合同法〉的决定》，对实践中滥用劳动派遣制度的情况进行了明确的规范。修订后的《劳动合同法》自 2013 年 7 月 1 日起施行。《劳动法》规定，只要是通过劳动合同与用人单位建立劳动关系的，都由劳动法统一调整，劳动关系的主体一律平等适用劳动法。这一规定消除了歧视，保证了劳动者竞争机会均等，保证了劳动力市场的通畅、有效运行。总之，劳动法在保护劳动者的合法权益、协调稳定劳动关系等方面有着重要的作用。

制定劳动法的目的，在于通过法律调整劳动关系以及与劳动关系有密切联系的其他社会关系，以保护劳动者的合法权益，确立、维护和发展用人单位与劳动者之间稳定、和谐的劳动关系，促进经济发展和社会进步。

二、劳动法的调整对象

（一）劳动关系

劳动是人们为创造社会财富所进行的有意识的、有目的的活动。劳动与人类社会有着密不可分的联系。但是，并非存在社会劳动的地方就有劳动关系。

作为劳动法调整对象的劳动关系是指劳动者与用人单位之间存在的以劳动给付为目的，适用劳动法规范和调整的劳动权利义务关系。在市场经济条件下，劳动关系主要通过劳动者与用人单位订立劳动合同来建立。由于劳动者个人相对于企业而言总是处于弱势地位，在劳动关系中容易出现一些对劳动者不利的情况，如无限制的加班、过分恶劣的劳动条件等。为了维持劳动力的再生产能力，维护社会的稳定秩序，国家需要从宏观层面对劳动关系的内容进行规范。因此，劳动关系的内容就是国家意志在劳动力的社会交换领域的集中体现。

适用劳动法调整的劳动关系的主体是确定的，即一方是用人单位，另一方是劳动者。用人单位与劳动者建立劳动关系后，由用人单位直接组织劳动者进行生产劳动。其种类可划分为规范的劳动关系（即依法通过订立劳动合同建立的劳动关系）和事实劳动关系（指未订立劳动合同，但劳动者事实上已成为企业、个体经济组织的成员，并为其提供有偿劳动的情况）。

劳动关系的内容主要包括：劳动报酬方面的关系，工作时间与休息时间方面的关系，劳动安全卫生方面的关系，职业培训方面的关系，劳动纪律方面的关系，社会保险和福利的关系，劳动争议的解决所涉及的关系，劳动关系的产生、变更和消灭方面的关系。劳动关系并未涵盖所有的劳动交换关系，也就是说，劳动法并没有调整所有的劳动力交换活动，比如家务钟点工、保姆、家庭教师、家庭护士、个人承包工作后再雇工等，这些劳动力的交换在法律上叫作劳务关系或雇佣关系，适用一般民法进行调整。所谓劳务关系是指劳动者为被服务方提供特定的劳动服务，被服务方依照约定支付报酬所产生的法律关系。劳动关系与劳务关系的区别表现在三个方面：一是劳动关系除了当事人之间债的要素之外，还含有身份的、社会的要素，即劳动者之于用人单位的员工身份，而劳务关系则是一种单纯的债的关系；二是劳动关系当事人之间的关系一般较为稳定，而劳务关系当事人之间的关系往往具有“临时性、短期性、一次性”等特点；三是劳动关系中，当事人之间存在管理与被管理、支配与被支配的社会关系，劳务关系的当事人之间则不存在上述关系，是平等主体之间的合同关系。

根据《劳动法》第七十七条的规定：“用人单位与劳动者发生劳动争议，当事人可以依法申请调解、仲裁，提起诉讼，也可以协商解决。”但是，如果纠纷的性质不被认定为劳动关系，提供劳动的一方就不能受到劳动法的特殊保护，不能享受保险、工伤等各种待遇；如果被认定为劳务关系或雇佣关系，就只能按照一般民法的原则来调整，不仅劳动者要负责举证，而且劳动法中针对劳动者的相关待遇也不能享受。

由于企业退休人员继续务工以及超龄进城务工人员打工的现象普遍存在，为更好地保障这些劳动者的工伤保险权益，尽管他们与用人单位不被认定为劳动关系，但在工伤保险的认定和工伤保险待遇上人力资源和社会保障部允许有一些例外。2016 年人力资源和社会保障部印发了《关于执行〈工伤保险条例〉若干问题的意见（二）》（人社部发〔2016〕29 号），对达到或超过法定退休年龄人员参加工伤保险作了明确规定。一是达到或超过法定退休年龄，但未办理退休手续或者未依法享受城镇职工基本养老保险待遇，继续在原用人单位工作期间受到事故伤害或患职业病的，用人单位依法承担工伤保险责任。二是用人单位招用已经达到、超过法定退休年龄或已经领取城镇职工基本养老保险待遇的人员，在用工期间因工作原因受到事故伤害或者患职业病的，如招用单位已按项目参保等方式为其缴纳工伤保险费的，应适用《工伤保险条例》。这一方面明确了用人单位应当承担的工伤保险责任，另一方面也充分考虑了部分行业按项目参加工伤保险的实际，有利于更好地保障超过法定退休年龄人员的工伤保险权益。

【案例1-1】

2015年9月14日，原告（甲方）与被告（乙方）签订《劳务雇佣合同书》，具体约定如下。一、甲方雇佣乙方为明祖陵基地经理，乙方需在甲方明祖陵基地的日常生产经营和管理方面提供劳务。二、劳务期限：自本合同签订之日起一年，期满前一个月双方可协商续订；若期满不再续订，则乙方必须办理交接手续……三、甲方每月15号左右，以工资名义，通过现金或转账方式支付乙方劳务报酬5 650元，乙方应于收到劳务报酬之日起，3个工作日内向甲方出具收条。四、双方的义务和责任。1. 乙方同意根据甲方需要担任明祖陵基地经理一职，根据甲方制定的岗位责任书的内容和要求提供劳务，完成明祖陵基地的生产经营及管理工作。2. 乙方接受甲方对其提供劳务的考核。未经甲方许可，乙方不得从事与受雇劳务无关的活动或业务。3. 乙方应尽心尽责提供劳务，不得以权谋私、损害甲方利益；在提供劳务过程中，乙方应遵守甲方制定的《员工手册》中的规定，并同意在违反时按照其中对应的规定接受甲方的处罚，相应的费用从劳务费中给付扣除或结算……六、其他。1. 甲方有权对公司的《员工手册》和管理制度进行相应修改。修改后的内容，乙方已经通过相应途径知悉、了解的，对应条款适用本合同的履行。2. 甲方有权在本合同有效期内，根据需要调整乙方的岗位职责、劳务范围，劳务报酬等事项也将作出相应调整。甲方作出上述调整后，乙方在一个支付报酬周期内无异议的，视为乙方接受上述调整和安排。七、本合同的附件如下。附件一《保密协议》；附件二《岗位职责书》；附件三甲方制定的《员工手册》及有关规定。乙方自协议签订之日起遂入职甲方处担任明祖陵基地经理一职，按甲方要求从事相应的工作，甲方也向其发放工作牌，按照公司管理制度对乙方进行考勤并按月发放工资。2016年9月，合同一年期满后，双方又续签一份。2016年12月18日，乙方在工作中受伤，此后双方就该事宜协商不成，乙方遂未再至甲方处上班。

另外，乙方系某电灌站职工，属事业单位在编人员。但该电灌站因经费等多方面原因无法正常发放职工工资，一年只发放10 000元左右的生活费，于是乙方等多名职工便外出自谋职业维持生计。

一审法院认为，本案的主要争议焦点为乙方的事业单位在编人员的身份是否会影响其与甲方的劳动关系的认定。

本案中，甲方向乙方发放工作牌，与乙方签订合同约定权利义务，要求乙方遵守其单位制定的各项规章制度，并以此为考核依据，向其发放工作报酬，乙方依约提供劳务并领取报酬，双方之间权利义务关系符合劳动关系的内涵。对于甲方的抗辩事由，经核实，乙方虽与某电灌站间存在人事关系，但由于单位经费等多方面原因，双方并未处于正常的劳动关系履行状态，某电灌站发放的生活费亦不足以维持被告的正常生活，乙方在此情况下至甲方处就职以维持生计，是行使其基本及合理的权利，于法并无不妥，甲方所诉事由无依据，应不予支持。另，甲乙双方所形成的事实法律关系的性质并不因双方约定而改变。综上，依照《劳动合同法》第七条的规定，判决：确认甲方与乙方间存在劳动关系。

二审中，各方当事人没有提交新证据。二审法院确认一审法院认定的事实，确认案件的争议焦点为甲方与乙方之间是劳动关系还是劳务关系。

二审法院认为，合同性质不能仅凭合同名称而认定，应当根据合同内容所涉法律关系，即根据合同双方当事人所设立权利义务的内容确定合同的性质。就本案而言，虽然甲方与乙方所签订的合同名称为《劳务雇佣合同书》，但该合同的内容却反映，甲方制定的各项规章制度适用于乙方，乙方受甲方的劳动管理，从事甲方安排的有报酬的劳动，且乙方提供的劳动是甲方业务的组成部分，故该合同约定的权利义务的内容并不符合劳务合同的特征，而与劳动关系法律特征相符，因此应当认定本案合同性质为劳动合同。

虽然在甲方与乙方签订合同之后，乙方与某电灌站间仍然存在人事关系，但乙方不为该电灌站提供劳动，该电灌站也不提供工作岗位，其发放的生活费很难满足乙方的生活需求，更难以为乙方提供职业保障和职业发展。而甲方为乙方提供工作岗位，乙方付出劳动，两者之间的关系符合劳动关系的一切特征，故应当认定甲方与乙方之间存在劳动关系。而且《中华人民共和国公务员法》（以下简称《公务员法》）中不得兼职的限制条件是在保障公务员及相应人员正常的基本生活水平的前提下确定的，现在某电灌站发放的生活费难以维持乙方的生计，在此情况下，乙方至甲方处工作，并不违反法律限制性规定。

审理结果：驳回上诉，维持原判。

判决日期：2017 年 11 月 28 日。

（材料来源：根据威科先行法律信息库案例改编）

（二）与劳动关系有密切联系的其他社会关系

劳动法除了调整劳动关系以外，还调整与劳动关系有密切联系的其他社会关系。虽然这些关系本身不是劳动关系，但是与劳动关系有密切联系：有的是发生劳动关系的必要前提，如政府对劳动者的就业保障与促进以及对职业介绍机构的管理等形成的劳动就业关系；有的是劳动关系的直接后果，如用人单位与员工的社会保障关系；有的是随着劳动关系而附带产生的关系，如工会组织、国有企业员工参加企业和有关单位民主管理方面的关系。因为这些关系具有与劳动关系密切联系的特点，所以在我国的法律体系中把它们列入劳动法调整的范畴。

三、劳动关系的特征

1. 劳动关系的主体之间具有平等性和隶属性交错共存的特点

劳动关系的主体一方是劳动者，另一方是用人单位。劳动者与用人单位之间所形成的法律关系就是劳动关系。在劳动关系建立时，劳动者和用人单位是平等的主体，双方是否建立劳动关系及如何建立劳动关系，应由双方平等协商依法确定。也就是说，在劳动力市场上，由双方依法自我判断，双向选择。同时，劳动关系确立后，劳动者必须进入用人单位，使自己的劳动力归用人单位支配，并服从用人单位的指挥，这就使双方形成了一种职责上的隶属关系。劳动者与用人单位之间的平等性和隶属性交错共存的特点，与一般民事法律关系主体之间的平等性及行政法律关系之间的隶属性相区别，是劳动关系的主要特征之一。

2. 劳动关系的内容体现了国家与当事人的双重意志

劳动关系首先是双方当事人在平等、自愿的基础上缔结的，具体的劳动权利与劳动义务也允许双方当事人协商议定。但双方当事人在缔结劳动关系、确定劳动权利义务时，不得违背国家法律和行政法规的规定,劳动关系的这一特征区别于民事法律关系,后者遵循当事人意思自治原则。

3. *劳动关系的客体表现为兼有人身性与财产性关系的一定的劳动行为和财物*

双方当事人及国家法律对劳动行为和财物的具体要求与规范,都是围绕劳动力的让渡、劳动力的使用、劳动力的保护等进行的。劳动力的人身依附性和作为商品的财产性,决定了作为劳动关系客体的行为与财物有别于民事、行政、经济法律关系客体的行为与财物。这也是劳动关系区别于其他法律关系的显著特征。

四、劳动关系和雇佣关系、承揽关系的区别

(一)劳动关系和雇佣关系

雇佣关系是指经约定在雇员与雇主之间产生的由雇员向雇主提供劳务,雇主向雇员支付报酬的民事法律关系。实践中,习惯把这种雇佣关系与不构成劳务关系的提供劳动和接受劳务的双方关系称为劳务关系。

从历史上看,雇佣关系与劳动关系并无太大区别。但随着近代资本主义的发展和大工业的兴起,资本家占据了绝对的经济强势地位,而劳动者处于经济弱势地位,导致雇佣合同的附合化。为了修正传统民法只保护形式平等、忽视实质平等的不足,19 世纪初期,西方国家陆续产生了一些旨在保护劳动者合法权益的具有公法性质的劳动法规。由劳动法调整的这部分雇佣关系,被称为劳动关系。因此,从历史的角度看,劳动关系和雇佣关系的规范对象基本是一样的。现代意义上的雇佣关系具有如下特征。

雇佣关系的主体双方具有平等性,不具有隶属性。雇佣关系的主体范围非常广泛,双方既可以都是自然人,也可以一方为自然人,另一方为单位,且以双方都为自然人为常态。雇佣关系主体之间具有普遍的平等性,雇佣关系的产生、变更和消灭以及雇佣合同的履行,均可由主体双方在平等自愿的基础上自由协商确定,相互之间没有管理与被管理的隶属关系。雇佣关系具有财产关系和人身关系的双重属性。

在雇佣关系中,雇员出卖劳动力,雇主支付工资报酬,具有财产属性。雇佣关系中的财产关系应与承揽关系中以交付劳动成果为内容的财产关系相区别。雇佣关系还具有人身关系的性质,表现在雇佣关系中为雇主未经雇员同意,不得将其劳动力请求权让与他人;同样,雇员未经雇主同意,不得让他人代为提供劳务,这是由劳动力直接依附于劳动者人身不能分离的本性决定的。

雇佣关系受国家的干预程度较小,更加注重意思自治,体现契约自由原则。我国《劳动合同法》主要调整的是劳动关系,对雇佣关系的规范有限;雇佣关系主要由一般民法调整,后者对其的规范比较笼统。

当前我国雇佣关系的主要形式为家庭帮工、农民帮工、承包人用工等以完成特定劳动事项为限的雇佣形式、合作型雇工形式、人力资源代理形式等。另外,在建筑工地和家庭装修用工、装卸搬运工、企业帮工等临时用工中,雇佣关系也大量存在。

劳动关系与雇佣关系是劳动领域普遍存在的两种社会关系,两者之间既有相同之处,也有各自特点。正确区分劳动关系与雇佣关系对劳动法律实践具有重要意义。可以从以下几个方面来区分劳动关系和雇佣关系。

(1)关系主体的范围不同。

劳动关系的主体具有特定性,即一方只能是劳动者个人,另一方必须是用人单位,包括中国境内的企业、个体经济组织、民办非企业单位、国家机关、事业单位、社会团体等组织。并且作为劳动关系主体的劳动者受到严格的限制,即劳动者必须达到法定劳动年龄并具有劳动能力。16 周岁以下的劳动者、超过 55 周岁的女性劳动者、超过 60 周岁的男性劳动者,不构成劳动关系。雇佣关系的主体范围则更为广泛,凡平等主体的公民之间、法人或其他组织与公民之间均可形成雇佣关系。

(2)关系主体间的地位不同。

劳动关系中用人单位与劳动者之间不仅具有平等性,而且具有隶属关系,即管理与被管理的关系。劳动者系用人单位的成员,必须遵守用人单位的规章制度,在用人单位的领导、管理下从事工作。在雇佣关系中,尽管劳动者在一定程度上也要接受用人单位的监督、管理和支配,但用人单位的各项规章制度对劳动者通常不具有约束力,劳动者不需要遵守用人单位的考勤管理、奖惩管理、晋升管理、工资晋级管理等相关管理规定,劳动者在实际工作中是相对独立的,两者之间不存在隶属关系。

(3)关系适用的法律性质不同。

劳动关系主要由《劳动法》调整,《劳动法》属于社会法范畴,所维护的"劳动利益"是一种社会利益。因此,在《劳动法》上,劳动者享有较多权利、承担较少义务,而用人单位承担较多义务、享有较少权利。用人单位必须在保障最低标准之上与劳动者协商具体的权利义务关系。而雇佣关系主要由一般民法调整,包括《中华人民共和国民法典》(以下简称《民法典》)及最高人民法院有关司法解释。其对雇佣关系的规定比较宽泛、笼统,主要遵从当事人意思自治原则,对雇佣关系主体几乎没有最低保障的限制。

(4)劳动争议处理程序不同。

劳动关系主体间发生劳动争议后,当事人不愿协商、协商不成或者达成和解协议后不履行的,可以向调解组织申请调解;不愿调解、调解不成或者达成调解协议后不履行的,应当先向劳动争议仲裁委员会申请仲裁;对仲裁裁决不服的,除法律另有规定外,可以再向人民法院提起诉讼,劳动仲裁是提起诉讼的前置程序。而雇佣关系主体之间产生劳动纠纷,则适用民事争议处理程序,当事人可以采用仲裁或者诉讼的解决方式。当事人可根据仲裁协议或仲裁条款向仲裁机构申请仲裁,也可直接向人民法院提起诉讼,仲裁并非诉讼的前置程序。

(5)劳动者在工作过程中遭受人身损害后,相对方承担的赔偿责任不同。

在雇佣关系中,提供劳动的一方因工伤事故遭受人身损害,雇主应承担民事侵权赔偿责任。而在劳动关系中,劳动者因工伤事故遭受人身损害,用人单位则适用工伤保险进行赔付。

(6)受国家公权力的干预程度不同。

劳动关系主体的权利和义务在许多方面受国家的干预,体现国家的意志,须以国家法定的工资标准、劳动时间、劳动保护等条款为内容。比如,劳动者在法定工作时间内履行了正常劳动义务,用人单位所给付的工资不得低于当地最低工资标准。在劳动关系中,用人单位应当依法为劳动者提供劳动保护,如工伤保险、养老保险等。而在雇佣关系中,主体间的权利和义务,如劳动报酬、劳动时间、劳动内容等是通过双方的自由协商来确立的,贯彻的是私法中的"契约自由"精神,用人单位可以不为劳动者办理工伤、养老等社会保险,除非违反法律、法规的强制性规定,国家公权力对雇佣关系的干预相对较少。

(7)关系的稳定性不同。

一般来说,劳动关系中劳动者有长期、持续、稳定地在用工单位工作的主观意图,同时用人单位在招聘时也是以劳动者长期为单位提供劳动为目的。而在雇佣关系中一般以完成一项或几项工作为目的,不具有长期、持续、稳定的特征,劳动者没有成为用人单位一员的主观意图,用人单位也没有接纳劳动者成为单位内部职工的意图。劳动过程中劳动者虽然也要接受用人单位指挥、监督,但并不受用人单位内部各项规章制度的约束,双方处于同等地位,劳动过程主要依靠劳动者独立完成,劳动内容也并非用人单位业务的组成部分。

对劳动关系与雇佣关系的区分并没有一个绝对的、一成不变的标准。随着社会的发展进步,新的用工形式和关系将不断涌现。因此,对劳动关系与雇佣关系的区分不能停步,应紧跟时代变迁的步伐,为正确判断社会关系、解决劳动纠纷提供科学参考。

(二)劳动关系和承揽关系

承揽关系是承揽人按照定作人的要求以自己的生产工具完成一定的工作,交付工作成果,定作人接受工作成果并给付报酬而在双方当事人之间形成的法律关系。《民法典》第七百七十条规定:“承揽合同是承揽人按照定作人的要求完成工作,交付工作成果,定作人支付报酬的合同。”承揽关系是一种典型的完成一定工作的法律关系。承揽关系的标的是一定的工作成果,这是其主要特征。承揽注重的是工作成果,而不是工作本身。承揽人以自己的技术、设备和劳力独立完成工作,这是承揽关系的人身性表现。

实践中,区分事实劳动关系和承揽关系时应综合分析下列因素。

(1)双方当事人之间是否为一方提供劳务,另一方给付报酬;一方提供的劳务与所获报酬之间是否具有对价性质。事实劳动关系以劳动者直接提供劳务为目的;而承揽关系以完成工作成果为目的,提供劳务仅仅是完成工作成果的手段。

(2)一方是否受另一方的控制、指挥和监督,即双方是否具有从属关系。事实劳动关系中,劳动者从属于用人单位,提供的是从属性的劳动;而承揽关系中,承揽人与定作人之间并无从属关系,承揽人可以自行支配工作时间,并以自己的设备完成工作,负担危险责任,承揽人的劳务行为系独立性的劳动。

(3)当事人一方所提供的劳动是其独立的业务或者经营活动,还是构成合同相对方的业务或者经营的组成部分。如果当事人之间为一方向另一方提供劳务并接受其控制、指挥和监督,由其指定工作场所、限定工作时间、提供劳动工具或设备,定期给付劳动报酬,所提供的劳动是接受劳务一方生产经营活动的组成部分,可以认定为事实劳动关系;反之,则应认定为承揽关系。

第二节　劳动法的适用范围

劳动法的适用范围亦称劳动法的效力范围,是指劳动法在哪些空间内,在哪些时间内,对哪些主体发生效力。它包括劳动法的空间适用范围、主体适用范围和时间适用范围。正确理解、掌握劳动法的适用范围,对于正确运用劳动法有重要意义。

一、劳动法的空间适用范围

劳动法的空间适用范围是指劳动法在什么地域内有效。劳动法律规范的制定机关不同,其法律效力不同,适用的地域范围也不同。凡由全国人民代表大会及其常务委员会通过的劳动法律和国务院发布的劳动行政法规,除劳动法律、行政法规有特别规定的以外,适用于我国全部领域。凡属地方性的劳动法规,适用于制定地方性劳动法规的机关所辖地区或部门。民族自治地方的人民代表大会制定的劳动自治条例和单行条例,适用于该民族自治地方。

二、劳动法的主体适用范围

劳动法的主体适用范围是指《劳动法》和《劳动合同法》对哪些人发生法律效力。

由于我国劳动关系比较复杂,从我国的实际情况出发,劳动法就其适用范围作出专门规定。《劳动法》第二条规定:"在中华人民共和国境内的企业、个体经济组织(以下统称用人单位)和与之形成劳动关系的劳动者,适用本法。国家机关、事业组织、社会团体和与之建立劳动合同关系的劳动者,依照本法执行。"《劳动合同法》第二条规定:"中华人民共和国境内的企业、个体经济组织、民办非企业单位等组织(以下称用人单位)与劳动者建立劳动关系,订立、履行、变更、解除或者终止劳动合同,适用本法。国家机关、事业单位、社会团体和与其建立劳动关系的劳动者,订立、履行、变更、解除或者终止劳动合同,依照本法执行。"由此可以分析出我国劳动法的适用范围。

在用人单位的适用范围上,《劳动合同法》比《劳动法》多了一个"民办非企业单位"。所谓民办非企业单位,根据国务院颁布的《民办非企业单位登记管理暂行条例》规定,是指企业、事业单位、社会团体和其他社会力量以及公民个人利用非国有资产举办的从事非营利性社会服务活动的社会组织。在我国现行体制下,民办非企业单位和社会团体、基金会一样,其实质均为民间组织的一种。

《劳动合同法实施条例》第三条规定:"依法成立的会计师事务所、律师事务所等合伙组织和基金会,属于劳动合同法规定的用人单位。"由于会计师事务所、律师事务所等机构遍布,实践中律师、会计师与其执业机构的关系一直不明晰,各地各法院对此处理不一,《劳动合同法实施条例》的这条规定对劳动合同法所称的用人单位作了延伸解释。

因此,不管是国家机关还是事业单位,不管是以营利为目的的企业、个体经济组织,还是以非营利为目的的社会团体、民办非企业单位,只要与劳动者建立了劳动关系,就应当签订劳动合同,而只要签订劳动合同,都要依照《劳动合同法》执行。

我国劳动法不适用于公务员和比照实行公务员制度的事业组织与社会团体的工作人员,以及农村劳动者(乡镇企业职工和进城务工、经商的农民除外)、现役军人、家庭保姆、在中华人民共和国境内享有外交特权和外交豁免权的外国人等。

三、劳动法的时间适用范围

劳动法的时间适用范围是指劳动法生效或失效的时间。劳动法自生效之日起,到失效时止,持续地保持其法律效力。劳动法生效的时间,一种是规定从其通过或公布之日起生效;另一种是规定施行日期,待施行日期到来时开始生效。劳动法失效的时间,一种是规定失效日期或失效条件;另一种是按照"新法优于旧法"的原则,新法实施后旧法自动失效。

第三节　劳动关系的主体

劳动法通过对劳动关系的主体设定法律责任来规范和调控劳动力市场关系,保护劳动者的利益,维护社会整体利益,克服市场中资本的趋利弊端,实现社会发展。劳动关系的主体,是指参与劳动关系、享受劳动权利和承担劳动义务的当事人,主要包括劳动者和用人单位。

一、劳动者

(一)劳动者的法律含义

劳动法中的劳动者指达到法定年龄、具有劳动能力、以从事某种社会劳动获取的收入为主要生活来源的自然人。他们是依照法律或合同的规定,在用人单位的管理下从事劳动并获取劳动报酬的劳动关系当事人。

1. 本国公民

自然人参与劳动关系成为合法主体,必须具备一定的条件并取得劳动权利能力和劳动行为能力。反之,不具备法定资格的自然人则不能成为劳动关系中的合法当事人。国家法律赋予本国公民相应的劳动权利能力和劳动行为能力。

由于我国的特殊国情,长期以来,对台湾、香港、澳门居民中的中国公民在内地就业实行就业许可制度,由所在地的城(市)级劳动行政部门审批。2018 年 7 月 28 日,国务院发布《国务院关于取消一批行政许可等事项的决定》(国发〔2018〕28 号),该文宣布取消包括台港澳人员在内地就业许可等在内的 11 项行政许可等事项,废止了我国实行了几十年的台港澳人员在内地就业的许可制度。同时,同步印发《关于香港澳门台湾居民在内地(大陆)就业有关事项的通知》,明确港澳台人员在内地(大陆)就业不再需要办理“台港澳人员就业证”。在内地(大陆)求职、就业的港澳台人员,可使用港澳台居民居住证、港澳居民来往内地通行证、台湾居民来往大陆通行证等有效身份证件办理人力资源社会保障各项业务,以工商营业执照、劳动合同(聘用合同)、工资支付凭证或社会保险缴费记录等作为其在内地(大陆)就业的证明材料。在内地(大陆)就业的港澳台人员,依法享有各项劳动保障权益。与用人单位发生劳动人事争议或者合法劳动权益被侵害的,依照国家有关劳动人事争议处理、劳动保障监察的规定处理。

2. 外国人

我国政府对外国人在中国就业实行许可制度,即用人单位聘用外国人,必须为外国人申请就业许可,经批准后,方可聘用。外国人在中国就业许可制度分为申领“中华人民共和国外国人就业许可证书”、申办职业签证和办理“中华人民共和国外国人就业证”(简称外国人就业证)、外国人居留证件三个方面。经就业许可同意在中国就业的外国人,应持职业签证入境(有免签证协议的,按协议处理),入境后取得外国人就业证和外国人居留证件,方可在中国境内就业。《外国人在中国就业管理规定》(2017 年修正)第九条规定,凡符合下列条件之一的外国人可免办就业许可和就业证:由我国政府直接出资聘请的外籍专业技术和管理人员,或由国家机关和事业单位出资聘请,具有本国或国际权威技术管理部门或行业协会确认的高级技术职称或特殊技能资格证书的外籍专业技术和管理人员,并持有外国专家局签发的“外国专家证”的外国人;持有“外国人在中华人民共和国从事海上石油作业工作准证”从事海上石油作业、不需登陆、有特殊技能的外籍劳务人员;经文化部批准持“临时营业演出许可证”进行营业性文艺演出的外国人。

没有合法就业证的外国人与用人单位之间的“劳动关系”我国劳动法不予认可。

【案例 1-2】

2017 年 2 月 14 日，林某（马来西亚籍）与 A 公司签订期限自 2017 年 2 月 15 日至 2020 年 2 月 14 日的劳动合同，约定林某担任 A 公司总经理，税后年工资（基本工资）168 万元，平均税后月薪 14 万元；经双方协商，因 A 公司的经济情况，林某同意月工资上下浮动，但税后年工资总和不变，月工资累计总差额以奖金形式在转年度 8 月底前发放的薪资发放方式；林某在职期间，A 公司为林某本人及其直系亲属（包括配偶和子女）提供每年两次往返马来西亚和中国的商务客舱飞机票，机票价值约为 10 万元，为林某子女提供全额子女教育津贴，该津贴以发票形式实报实销，为林某本人及其直系亲属（包括配偶和子女）购买商业医疗及住院保险。

A 公司为林某办理了外国人就业证，就业证期限为 2017 年 4 月 21 日至 2019 年 4 月 22 日。

2017 年 2 月 15 日至 2018 年 4 月 30 日，A 公司实际每月支付林某 88 665 元。之后，A 公司未支付林某工资。2018 年林某与 A 公司签订的离职备忘录载明："经甲（A 公司）乙（林某）双方友好协商后，达成如下约定。1. 双方劳动关系已于 2018 年 4 月 30 日终止，薪资已发放至 2018 年 4 月底。2. 双方经协商确认，由于乙方负责的客户仍在接洽中，因此乙方最晚应于 2018 年 8 月 31 日办妥离职手续。2018 年 5 月 1 日至 2018 年 8 月 31 日期间，乙方自愿无偿为 A 公司提供劳务，处理正在进行的业务。乙方确认在 2018 年 8 月 31 日前完成所有交接工作。"2018 年 7 月 24 日，林某与 A 公司签署移交清单，移交内容有营业执照、公章、法人章、财务章、网银 U 盾等。2018 年 7 月 31 日，林某向 A 公司提交的员工辞职申请表载明："辞职原因为个人原因，离职日期为 2018 年 7 月 31 日。"同日，林某在员工离职手续单上签字，该手续单载明："本人确认与公司解除劳动关系，完成上述交接手续，已结清全部工资、奖金、津贴、提成、保险等，与公司不存在任何争议或纠纷。"

2019 年 7 月 22 日，林某向上海市劳动人事争议仲裁委员会申请仲裁，要求 A 公司支付 2017 年 2 月 15 日至 2018 年 8 月 31 日工资差额 1 393 022. 50 元（税后）、机票补贴 200 000 元、子女教育津贴 66 524 元、2018 年度商业保险费 102 530. 41 元。2019 年 10 月 21 日，该仲裁委员会作出裁决，对林某的仲裁请求（除不予处理外）不予支持。林某不服仲裁裁决，诉至法院。

法院审理认为：林某系马来西亚籍人员，2017 年 2 月 15 日至 4 月 20 日，林某未办理外国人就业证，没有在中国境内用人单位合法就业的资格，因此，依据劳动法律、法规规定，林某要求 A 公司支付工资差额、机票补贴、子女教育津贴及 2018 年度商业保险费的请求，不属于劳动争议民事诉讼案件的受理范围，本案不予处理。

（材料来源：威科先行法律信息库）

（二）公民劳动权利能力与劳动行为能力的概念

公民的劳动权利能力与劳动行为能力是指公民（即自然人）参与劳动法律关系必须具备的基本资格或者说一般资格，不具备这一资格的公民则不允许参与劳动法律关系成为合法主体。劳动权利能力是指公民依法享受劳动权利和承担劳动义务的资格，它是公民参与劳动法律关系成为主体的前提条件。

劳动行为能力是指公民能以自己的行为参与劳动法律关系，实际享受权利和履行义务的能力。它是公民作为劳动法律关系主体的基本条件。不具备劳动行为能力的公民,就不能够实际参与劳动法律关系享受权利和承担义务。

法律赋予公民的劳动权利能力与劳动行为能力基于以下两个条件。

1. 达到法定年龄

关于公民的就业年龄,世界各国的劳动法都有相应的规定,一般规定在14周岁到16周岁之间。我国《劳动法》将就业年龄规定为16周岁,禁止用人单位招用未满16周岁的未成年人;文艺、体育和特种工艺单位招用未满16周岁的未成年人,必须遵守国家有关规定,并保障其接受义务教育的权利。

2. 具有劳动能力

公民的劳动能力取决于自身生理状况,而不是由法律规定的。根据自然人的生理状况,公民的劳动能力一般表现为三种情况,即有完全劳动能力、有部分劳动能力和无劳动能力。具体来讲,因身体有残疾根本不能劳动的人,视为无劳动能力的人;因身体有残疾不能提供正常劳动,但没有完全丧失劳动能力的人,视为有部分劳动能力的人;而身体健康、智力健全的人则是有完全劳动能力的人。

只有达到法定年龄,且具有完全劳动能力或部分劳动能力的公民,法律才赋予其劳动权利能力和劳动行为能力。反之,未达到法定年龄的未成年人,即使已经具有劳动能力,也不能参与劳动法律关系而成为合法主体。同时无劳动能力的人,无论是生来就没有劳动能力的,还是后来因丧失劳动能力而离开劳动岗位的,都不具备主体资格。

公民的劳动权利能力与劳动权利是两个不同的概念。劳动权利能力只是享有劳动权利的前提。劳动权利是具体权利和主观权利,如取得劳动报酬权、享受物质帮助权、参加民主管理权等;而劳动权利能力则是抽象权利和客观权利,是公民实际取得劳动权利的一种资格。有劳动能力的公民具有相同的劳动权利能力,但运用劳动权利能力取得具体劳动权利的结果则不相同,因为劳动权利的实现受到公民劳动能力所表现出来的脑力、体力等因素的限制。

(三)在校学生劳动者主体身份认定问题

1. 在校学生做兼职

在校学生做兼职已是比较普遍的现象,随之产生了做兼职的在校学生与用人单位之间的劳动关系问题,实践中有不同观点和判例。劳动部《关于贯彻执行〈中华人民共和国劳动法〉若干问题的意见》第十二条规定,在校生利用业余时间勤工助学,不视为就业,未建立劳动关系,可以不签订劳动合同。有的观点认为在校学生具有劳动者主体身份,如果与用人单位达成缔结劳动关系的合意,在不违反相关劳动法律法规的情况下,可以同用人单位建立劳动关系。

传统观点认为劳动关系具有依附性、人身性、有偿性。原劳动和社会保障部《关于确立劳动关系有关事项的通知》(劳社部发〔2005〕12号)规定,将用人单位和劳动者是否具有主体资格、劳动者是否接受用人单位行政管理及劳动者提供的劳动是否为用人单位业务的组成部分,作为确立双方劳动关系的判断标准,实践中亦被广泛应用。如果否认在校学生与用人单位的劳动关系,那么在校学生相关权益将无法得到劳动法律法规的有效保护,部分用人单位会滥用在校学生(特别是16周岁至18周岁的未成年人)做兼职,以降低用工成本,规避法律责任。一旦发生劳动伤害,在校学生无法获得劳动关系框架内的工伤保障,需要通过民事途径要求人身损害赔偿,程序烦琐、举证责任较重。

因此简单否认达到法定劳动年龄的在校学生的劳动者主体资格，进而否认其与用人单位存在劳动关系，会带来理论和实践的困扰。建议在尊重在校学生的劳动者主体身份的基础上，探索建立专门的制度，对兼职学生和用人单位的权益予以特别的法律规制。学生做兼职的时间一般较短，用人单位按现有框架下劳动关系承担义务和责任较重。如能特殊对待，既可打消用人单位的顾虑，为学生社会实践创造宽松的环境，也有利于学生的职业成长和整个社会的人才培养。

2. 在校学生实习期间参加劳动

在校学生实习期间参加劳动一般有两种情况。第一种情况是由学校统一安排，有老师带队，学校与实习单位一般有较紧密的联系，这种情况在职业院校特别是中等职业院校较为常见。学校、实习单位和学生一般有相应的协议或者总体的实习合作合同等。学校和实习单位对学生都有进行安全教育与相关培训的义务，实习单位还有提供劳动场所的安全保障义务。这种情况下一般不认定学生与单位之间存在劳动关系，而是一种学校教学活动的延伸。如学生在劳动中遇到伤害，按照过错责任来处理。

第二种情况是学生自主实习，即学生在市场上与普通劳动者一样求职，签订劳动合同或者未签订劳动合同。学生入职后与用人单位其他员工一样被同等对待，唯一的区别在于有没有在校学生的身份。这期间只要学生具备劳动行为能力，就应该认定其和用人单位之间形成劳动关系。

【案例 1-3】

李某某作为中等职业学校在校学生，在实习中受伤。李某某通过与某工商学校、通用富士公司签订“学生实习协议书”后到通用富士公司实习，该法律关系的三方当事人除受该协议约定约束外，还应受到中等职业学校学生实习相关法律法规的约束。依据三方当事人庭审中的一致确认，事发当日李某某确实系周六加班，且带教老师未陪同加班。对于李某某在此次加班过程中因操作危险工作设备所受之伤害，各方承担责任如下。首先，通用富士公司系李某某实习期间的直接管理人，对李某某如何从事实习工作能够支配和安排，并能够对工作过程实施监督和管理。李某某虽为实习生，但其所从事的劳动客观上系为通用富士公司创造经济利益，李某某仍然享有劳动保护的权利。通用富士公司应当对本案李某某所受之损害承担主要赔偿责任。其次，某工商学校作为李某某实习期间的间接管理人，应就学生在实习中的安全防范和权益依法提供必要的保障。某工商学校在清楚实习单位不得安排实习生加班的相关规定的情况下，未通过加强对学生的安全教育以及与企业明确约定等方式予以防范，却放任实习生加班情形的存在，因此，某工商学校未尽到其防范督促职责。考虑到某工商学校无法直接支配李某某在通用富士公司的具体工作，故某工商学校应当对李某某所受损害承担次要责任。最后，李某某作为实习生，技能尚处于学习阶段，劳动报酬也区别于通用富士公司正常员工。因此，李某某在劳动过程中应尽到的谨慎注意义务不能以通用富士公司正常员工为标准。李某某事发当日在没有带教老师陪同加班的情况下所出现的操作不当尚不足以构成重大过失，相较于通用富士公司、某工商学校对风险防范所应尽的义务，李某某自身的一般过失不能减轻通用富士公司及某工商学校所应承担的赔偿责任。况且，正常建立劳动关系的员工即便因自身过错发生类似本案的工伤事故，员工能够获得的工伤赔偿也不因其自身过错而减少，则对于尚在实习工作的李某某而言，更不能因其自身一般性过错而减轻相关责任方应负的赔偿责任。故一审法院要求李某某自负20%的人身伤害损失有所不当。鉴于某工商学校在本案中存在一定过错，一审判令通用富士公司对损害后果承担80%赔偿责任并无不当，剩余20%的赔偿责任应由某工商学校承担。

（案例来源：《最高人民法院公报》2015年第12期。生效判决作出法院：上海市第二中级人民法院，审结日期2015年9月7日）

【案例1-4】

郭某诉江苏益丰大药房连锁有限公司劳动争议案

郭某（原告）在实习期以就业为目的，与江苏益丰大药房连锁有限公司（以下简称益丰公司）（被告）签订了劳动合同，因郭某与益丰公司之间产生了劳动纠纷，益丰公司申请劳动仲裁，请求仲裁确认郭某与益丰公司之间的劳动关系不成立。劳动争议仲裁部门裁决认定：郭某与益丰公司间的争议不属于劳动争议仲裁处理范围，终止裁决。郭某不服，上诉法院，请求法院裁决两者之间的劳动合同有效。

法院一审裁决：劳动合同有效。益丰公司对一审裁决不服，进行上诉。

法院二审确认：驳回上诉，维持原判。

首先，判断郭某与益丰公司签订的劳动合同是否有效，要看郭某是否具备劳动关系的主体资格。郭某与益丰公司签订劳动合同时已年满19周岁，符合《劳动法》规定的就业年龄，具备与用工单位建立劳动关系的行为能力和责任能力。原劳动部《关于贯彻执行〈中华人民共和国劳动法〉若干问题的意见》（以下简称《意见》）第四条仅规定了公务员和比照实行公务员制度的事业组织和社会团体的工作人员，以及农村劳动者（乡镇企业职工和进城务工、经商的农民除外）、现役军人和家庭保姆不适用劳动法，并未将在校学生排除在外，因此学生身份并不限制郭某作为普通劳动者加入劳动力群体。《意见》第十二条规定："在校生利用业余时间勤工助学，不视为就业，未建立劳动关系，可以不签订劳动合同。"该条规定仅适用于在校生勤工助学的行为，并不能由此否定在校生的劳动权利，推定出在校生不具备劳动关系的主体资格。综上，法律并无明文规定在校生不具备劳动关系的主体资格，故郭某能够成为劳动关系的主体。其次，郭某于益丰公司处劳动的行为不属于《意见》第十二条规定的情形。该条规定针对的是学生仍以在校学习为主，不以就业为目的，利用业余时间在单位进行社会实践，打工补贴学费、生活费的情形。勤工助学和实习时，学生与单位未建立劳动关系，可以不签订劳动合同，不需要明确岗位、报酬、福利待遇等。本案中，郭某的情形显然不属于勤工助学或实习。郭某在登记求职时，已完成了全部学习任务，明确向益丰公司表达了求职就业愿望，双方签订了劳动合同。郭某在与益丰公司签订劳动合同后，亦按照规定内容为益丰公司付出劳动，益丰公司向郭某支付劳动报酬，并对其进行管理，这完全符合劳动关系的本质特征。故益丰公司辩称双方系实习关系的理由不能成立。最后，郭某签约时虽不具备益丰公司要求的录用条件，但郭某在填写益丰公司求职人员登记表时，明确告知了益丰公司其系2008届毕业生，2007年是学校规定的实习年，自己可以正常上班，但尚未毕业。益丰公司对此情形完全知晓，双方在此基础上就应聘、录用达成一致意见，签订劳动合同。因此，劳动合同的签订是双方真实意思的表示，不存在欺诈、隐瞒事实或胁迫等情形，并没有违反法律、行政法规的规定，且郭某已于2008年

7月取得毕业证书，益丰公司辩称郭某不符合录用条件的理由亦不能成立。

综上郭某与益丰公司存在劳动关系，双方签订的劳动合同合法、有效，对双方均具有法律约束力。

（案例来源：《最高人民法院公报》2010年第6期。生效判决作出法院：江苏省南京市白下区人民法院，审结日期2009年4月7日）

（四）超龄劳动者的劳动关系

《中华人民共和国宪法》（以下简称《宪法》）第四十二条规定，中华人民共和国公民有劳动的权利和义务。《劳动法》第十五条规定，禁止用人单位招用未满十六周岁的未成年人。《宪法》和《劳动法》对于年龄的上限没有明确的规定，对于劳动强调其为公民的光荣职责。社会劳动的背后，有劳务关系和劳动关系，劳动关系受《劳动法》的保护，劳务关系受《民法典》的保护，不受《劳动法》的保护，两者的差别很大。《劳动合同法》第四十四条第二项规定，劳动者开始依法享受基本养老保险待遇的，劳动合同终止。可见劳动合同终止的前提是，劳动者享受养老保险待遇。享受养老保险待遇的时间和退休年龄基本上是一致的，但在实践中有例外情形：一是提前退休的，二是达到法定退休年龄未享受养老保险待遇的。未享受养老保险待遇的超龄人员在用人单位提供社会劳动的，其与用人单位之间到底是劳动关系还是劳务关系？这一点《劳动合同法实施条例》与《劳动法》的规定不同，《劳动合同法实施条例》第二十一条规定，劳动者达到法定退休年龄的，劳动合同终止。按此规定，达到法定退休年龄之后，不管是在法定退休年龄之前招用还是之后招用，都是劳务关系。不过，《最高人民法院关于审理劳动争议案件适用法律若干问题的解释（三）》第七条规定，用人单位与其招用的已经依法享受养老保险待遇或领取退休金的人员发生用工争议，向人民法院提起诉讼的，人民法院应当按劳务关系处理。各地的劳动法实务中，对此认识多有分歧，近年来主要意见还是按《劳动合同法实施条例》第二十一条处理，即认定为劳务关系。

《民法典》出台后，最高人民法院对劳动争议司法解释进行了整理。《最高人民法院关于审理劳动争议案件适用法律若干问题的解释（一）》（以下简称劳动争议司法解释一）已于2020年12月25日由最高人民法院审判委员会第1825次会议通过，自2021年1月1日起施行，其中第三十二条规定，用人单位与其招用的已经依法享受养老保险待遇或者领取退休金的人员发生用工争议而提起诉讼的，人民法院应当按劳务关系处理。

最高人民法院郑学林、刘敏、于蒙、危浪平在《人民司法》2021年第7期上发表了《〈关于审理劳动争议案件适用法律问题的解释（一）〉几个重点问题的理解与适用》，文中提出："关于达到法定退休年龄人员的用工认定问题，司法实践中仍有争议，劳动争议司法解释一第32条对此作了规定。准确理解这一条，应当注意以下两个方面：第一，关于与依法享受养老保险待遇或者领取退休金人员建立的用工关系的性质认定。依法享受养老保险待遇或者领取退休金人员再就业情况非常普遍，对于这类人员的用工关系如何定性，目前司法实践争议不大。依照《劳动合同法》第四十四条第（二）项规定，劳动者依法享受养老保险待遇，是劳动者与用人单位劳动合同终止的法定原因。劳动者只要享受基本养老保险待遇，劳动合同即终止，不宜再建立劳动关系。所以用人单位与这类人员建立的用工关系，不应当认定为劳动关系，否则违背《劳动合同法》规定，也违背基本养老保险待遇制度初衷。因此劳动争议司法解释一第32条第1款规定，用人单位与已经依法享受养老保险待遇或者领取退休金人员发生用工争议提起诉讼的,应当按劳务关系处理。第二,关于与达到法定退休年龄但不能享受养老保险待遇人员建立的用工关系的性质认定。一般情况下,享受养老保险待遇的人员已经达到法定退休年龄,但是达到法定退休年龄不一定能够享受养老保险待遇。对于用人单位与已达到法定退休年龄但是不能享受养老保险待遇人员的用工关系定性,实践中存在争议。一种意见认为,用人单位应当继续履行劳动合同,为劳动者缴纳社会保险,当符合享受基本养老保险待遇的条件时,用人单位可以终止劳动合同。另一种意见认为,劳动者已经达到法定退休年龄而不能依法享受基本养老保险待遇的情况非常复杂,可能用人单位为劳动者缴纳了社会保险费,但是由于该劳动者累计缴费年限不满15年,因此不能享受按月支付的基本养老保险待遇;还有的地方没有把农民工等人员纳入基本养老保险覆盖范围,这些劳动者可能根本没有参加基本养老保险。如果在这些情况下,一律禁止用人单位终止劳动合同,对其不公。《劳动合同法实施条例》第二十一条规定,劳动者达到法定退休年龄的,劳动合同终止。我们认为,可以将该条规定视为《劳动合同法》第四十四条第(六)项规定的'法律、行政法规规定的其他情形'。但是这并不意味着劳动关系必然自动终止。人民法院应当对该条规定适用情形作实质审查,对于达到法定退休年龄,但是非因用人单位原因不能享受基本养老保险待遇的,例如前述另一种意见中出现的情况,可以终止劳动关系;对于达到法定退休年龄,但是因为用人单位原因不能享受基本养老保险待遇的,不能随意终止劳动关系。"

二、用人单位的概念和种类

用人单位是指依法招用和管理劳动者,并按法律规定或合同约定向劳动者提供劳动条件、劳动保护和支付劳动报酬的劳动组织。我国现阶段的用人单位包括企业、事业单位、国家机关、社会团体和个体经济组织,其中企业和个体经济组织是劳动关系的主要主体。

1. 企业

企业是以一定数量的生产资料和劳动者的结合为前提,以营利为目的,从事生产经营活动的经济组织。按不同标准划分,企业有多种分类。按照企业的经济成分来划分,我国目前有国有企业、集体企业、私营企业、股份制企业和外商投资企业等,无论是什么性质的企业,也无论企业招用管理人员、技术人员还是生产工人,都必须依法通过签订劳动合同确立劳动关系。因此企业与劳动者之间就产生了劳动关系。企业是最基本的劳动法用人单位主体。

2. 事业单位和社会团体

事业单位和社会团体是指为国家创造和改善生产条件,为社会物质文化生活需要服务,不以为国家积累资金为直接目的,不以营利为生存、发展条件的单位。事业单位与社会团体用人和企业用人相同,但在我国现阶段还有些特殊,即在事业单位和社会团体中仍实行人事制度和劳动制度并存的用人体制。人事制度适用于干部的任用和管理,劳动制度适用于工人的招用和管理。根据我国劳动法的规定,事业单位、社会团体与劳动者通过签订劳动合同确立劳动关系的,适用劳动法调整。随着我国劳动制度改革的逐步深入,事业单位和社会团体以劳动合同与劳动者确立劳动关系的范围将逐渐扩大,适用劳动法的范围也将越来越宽。

3. 国家机关

国家机关是依法设立的行使国家管理职能的机构。国家机关的干部统一实行公务员制度,但对那些不在管理岗位上的办事人员和后勤服务人员的招用和管理,也统一按照劳动法规范进行。国家机关与劳动者通过签订劳动合同确立劳动关系的,国家机关则成为劳动关系中的用人主体。

4. 个体经济组织

个体经济组织是依法经工商行政管理部门核准登记，并领取营业执照从事工商业生产、经营活动的个体单位，亦称个体工商户。个体经济组织以个人或家庭劳动为基础，法律允许他们雇用一定数量的帮工或招收学徒。这就在个体经济组织与帮工、学徒之间产生了劳动关系，这种劳动关系同样受劳动法的调整而成为劳动关系。

用人单位作为劳动关系的一方当事人，必须具备一定的条件，并取得劳动行为能力和劳动权利能力。

第四节　劳动关系的内容

一、劳动权利与劳动义务的含义

（一）劳动权利

劳动权利是指劳动法主体依法能够为一定行为和不为一定行为或要求人为一定行为和不为一定行为，以实现其意志或利益的可能性。

（1）在劳动法规定的范围内，权利主体有权作出一定行为（包括作为和不作为），以实现其意志和利益。

（2）在劳动法规定的范围内，权利主体有权要求对方作出一定行为（包括作为与不作为），以保证实现或不影响实现其意志和利益。

（3）在劳动法规定的范围内，权利主体由于对方的行为而使其权利不能实现或受到侵害时，有权请求国家有关机关予以保护。

（二）劳动义务

劳动义务是指劳动法主体根据法律的规定，为满足权利主体的要求，劳动过程中履行某种行为的必要性。

（1）义务主体要依据法律作出一定行为（包括作为与不作为），以保证国家利益和权利主体的权利得以实现。

（2）义务主体应自觉履行法定义务，如不履行或不完全履行则要受到法律的制裁。劳动义务是实现劳动权利的条件，与劳动权利形成对立统一关系，权利以义务为条件，义务以权利为前提。建立在平等主体之间的劳动权利与劳动义务具有对应性和一致性的特点。

二、劳动者的基本权利

绝大多数国家的宪法和劳动法对公民的劳动基本权利都作了相应的规定。我国《劳动法》第三条规定："劳动者享有平等就业和选择职业的权利、取得劳动报酬的权利、休息休假的权利、获得劳动安全卫生保护的权利、接受职业技能培训的权利、享受社会保险和福利的权利、提请劳动争议处理的权利以及法律规定的其他劳动权利。"据此规定，我国劳动者的基本权利可以概括为以下几个方面。

（一）劳动权

劳动权是指具有劳动能力、达到法定就业年龄的劳动者有获得劳动机会的权利，它主要包括获得工作权、自由择业权和平等就业权。

自由择业权和平等就业权,表明劳动是自由的,是否就业,从事何种职业,均由劳动者自己选择,对不愿意就业的劳动者不得加以强迫;同时,每个劳动者参加劳动的机会也是平等的,在平等的基础上竞争,不允许任何人以任何方式妨碍公民就业。劳动者就业不因民族、种族、宗教、信仰不同而受歧视,妇女享有与男子平等就业的权利。

获得工作权意味着:首先,一切有劳动资格和意愿的劳动者均有获得劳动机会的权利;其次,国家有义务通过各种途径创造就业条件,帮助劳动者就业;最后,任何用人单位不得滥用解雇权。

(二)劳动报酬权

劳动报酬权是指劳动者参加社会劳动,按其劳动的数量和质量,从用人单位取得报酬的权利。工资是劳动报酬的基本形式,奖金和津贴是劳动报酬的组成部分。通过劳动取得报酬,作为劳动者的一项劳动基本权利,其内容包括报酬协商权、报酬请求权和报酬支配权。

(三)劳动保护权

劳动保护权是指劳动者在劳动过程中,其生命安全与身体健康依法受到保护的权利。在生产劳动过程中,客观地存在着各种不安全、不卫生的因素,如果不采取必要的防范措施,就会危害劳动者的生命安全与身体健康。同时,也会妨碍生产的正常进行。劳动者劳动保护权的实现主要靠用人单位全面履行义务。其具体内容有:①用人单位必须按照国家劳动安全卫生规程标准,配备劳动安全设施和发放劳动保护用品;②用人单位必须依法给予女职工和未成年工以特殊的劳动保护;③用人单位有责任对全体职工进行全面的安全生产教育,并建立健全安全生产管理制度;④经劳动鉴定委员会确认,用人单位劳动卫生条件极为恶劣,以致危害劳动者身体健康的,劳动者有权拒绝投入生产劳动,直到劳动条件得到改善;⑤因劳动安全卫生条件差,致劳动者伤、残或患职业病的,用人单位有义务负责给予治疗,并承担由此产生的一切费用;⑥用人单位有责任在发展生产的基础上不断改善劳动条件和提高劳动保护标准。

此外,休息权也属于广义的劳动保护权范畴。休息权是指劳动者经过一定时间的劳动之后,获得充分的休息的权利。《宪法》第四十三条规定:"中华人民共和国劳动者有休息的权利。""国家发展劳动者休息和休养设施,规定职工的工作时间和休假制度。"《劳动法》统一规定了劳动者公休假日、法定节日、年休假等休假制度,并对用人单位随意安排加班加点作了严格的限制。国家要在发展生产的基础上,逐步增设疗养院、休养院、文化宫、俱乐部、运动场、图书馆等,使劳动者享有的休息权有更加丰富的内容。

(四)职业培训权

职业技能培训是指对具有劳动能力的未正式参加工作的劳动者和在职劳动者进行技术业务知识和实际操作技能的教育和训练,包括就业前的培训和在职培训。掌握职业技能是劳动者赖以进行社会劳动竞争的资本;同时,职业技能培训也是社会生产力发展本身的要求。就我国目前劳动者享有的职业培训权的内容来看:

(1)就业前的劳动者有权通过各种途径使自己获得专业知识和技能,从而为就业创造条件,国家应鼓励和帮助劳动者实现这一权利;

(2)在职劳动者有权利用业余时间参加各类学校学习,以丰富科学文化知识和提高专业理论水平,用人单位应对职工学习给予鼓励和支持;

(3)有条件的单位应根据实际需要有计划、多渠道地加强对整个职工队伍知识、技能方面的训练,以适应现代化生产过程的要求。

(五)生活保障权

生活保障权亦称享受社会保险权或物质帮助权,是指劳动者暂时或永久丧失劳动能力时,有权依法获得物质帮助,以保证劳动者在生、老、病、死、伤、残等情况下,本人及其直系亲属的生活需要。我国是社会主义国家,《宪法》第四十五条规定:"中华人民共和国公民在年老、疾病或者丧失劳动能力的情况下,有从国家和社会获得物质帮助的权利。"这就为劳动者的生活保障权提供了法律依据。劳动者的生活保障权,体现在我国劳动制度中的退休保险待遇、疾病保险待遇、工伤保险待遇、失业保险待遇和生育保险待遇。随着我国经济的不断发展,劳动者生活保障权的范围会更加扩大,待遇标准也会逐步提高。

(六)结社权与集体协商权

我国现行法律中规定了劳动者的结社权与集体协商权。我国宪法没有明确规定劳动法意义上的结社权,只是从公民基本权利的角度宽泛地规定了公民的结社权,《劳动法》和《工会法》(《中华人民共和国工会法》的简称,下同)从法律层面具体确认了劳动者的结社权与集体协商权(在多数国家称为集体谈判权或团体交涉权)。集体协商权是指代表劳动者的工会代表与雇主或雇主组织的代表进行谈判协商,从而签订有关劳动条件的集体协议(合同)的权利。集体协商权的意义在于弥补劳动合同的不足,避免个别劳动合同中的不合理或不平等条款,并在此基础上进一步为劳动者争取更好的劳动条件与待遇。

(七)合法权益保护权

合法权益保护权即提请劳动争议处理权,是指劳动者有权在自己的合法权益受到侵害时,通过申请调解、提请仲裁和提起诉讼,排除侵害行为,并使由此而受到的损失得到补偿的权利。

三、用人单位的权利

(一)招收录用职工权

用人单位有权依照国家规定和本单位需要择优录用职工,并有权自主决定招工方式、招工数量、招工条件和招工时间。

(二)合理组织调配权

用人单位有权根据自身的生产规模、生产特点,自行决定内部机构设置和人员配备。劳动行政部门依法对用人单位的劳动管理活动、劳动安全卫生条件等进行监督和检查。

(三)劳动报酬分配权

用人单位有权制定本单位的工资形式及奖金、津贴的分配办法;有权组织各种形式的考核以确定职工的工资级别和等级标准;有权通过民主程序制定职工工资晋升条件、标准和时间,当然,用人单位确定的职工工资标准不得低于当地政府所制定的最低工资标准。

(四)劳动奖惩权

用人单位有权依法制定和实施劳动规章制度;有权决定奖惩条件和奖惩办法。

(五)辞退职工权

辞退职工权是用人单位用人自主权的有机组成部分。它与招收录用职工权相配合,解决职工能进能出的问题。用人单位有权按照劳动法规定的条件和程序,通过解除劳动合同的方式来实现辞退权。

【案例 1-5】

基本案情

2016 年 4 月 8 日，聂某与北京某文化有限公司（以下简称某公司）签订了“合作设立茶叶经营项目的协议”，内容为：“第一条：双方约定，甲方出资进行茶叶项目投资，聘任乙方为茶叶经营项目经理，乙方负责公司的管理与经营。第二条：待项目启动后，双方相机共同设立公司，乙方可享有管理股份。第三条：利益分配。在公司设立之前，乙方按基本工资加业绩方式取酬。公司设立之后，按双方的持股比例进行分配。乙方负责管理和经营，取酬方式：基本工资 + 业绩、奖励 + 股份分红。第四条：双方在运营过程中，未尽事宜由双方友好协商解决。第五条：本合同正本一式两份，公司股东各执一份。”

协议签订后，聂某到该项目所在地工作，工作内容为负责“中国书画”艺术茶社的经营与管理，主要负责客户接待、茶叶销售等工作。某公司的法定代表人林某按照每月基本工资 10 000 元的标准，每月 15 日通过银行转账向聂某发放上一自然月的工资。聂某请假需经林某批准，且实际出勤天数影响工资的实发数额。2017 年 5 月 6 日某公司通知聂某终止合作协议。聂某实际工作至 2017 年 5 月 8 日。

聂某申请劳动仲裁，认为双方系劳动关系并要求某公司支付未签订书面劳动合同二倍工资差额。某公司主张双方系合作关系。北京市海淀区劳动人事争议仲裁委员会作出京海劳人仲字〔2017〕第 9691 号裁决：驳回聂某的全部仲裁请求。聂某不服仲裁裁决，于法定期限内向北京市海淀区人民法院提起诉讼。

裁判结果

北京市海淀区人民法院于 2018 年 4 月 17 日作出〔2017〕京 0108 民初 45496 号民事判决：一、确认某公司与聂某于 2016 年 4 月 8 日至 2017 年 5 月 8 日期间存在劳动关系；二、某公司于判决生效后七日内支付聂某 2017 年 3 月 1 日至 2017 年 5 月 8 日期间工资 22 758. 62 元；三、某公司于判决生效后七日内支付聂某 2016 年 5 月 8 日至 2017 年 4 月 7 日期间未签订劳动合同二倍工资差额 103 144. 9 元；四、某公司于判决生效后七日内支付聂某违法解除劳动关系赔偿金 27 711. 51 元；五、驳回聂某的其他诉讼请求。某公司不服一审判决，提出上诉。北京市第一中级人民法院于 2018 年 9 月 26 日作出〔2018〕京 01 民终 5911 号民事判决：一、维持北京市海淀区人民法院〔2017〕京 0108 民初 45496 号民事判决第一项、第二项、第四项；二、撤销北京市海淀区人民法院〔2017〕京 0108 民初 45496 号民事判决第三项、第五项；三、驳回聂某的其他诉讼请求。某公司不服二审判决，向北京市高级人民法院申请再审。北京市高级人民法院于 2019 年 4 月 30 日作出〔2019〕京民申 986 号民事裁定：驳回某公司的再审申请。

裁判理由

法院生效裁判认为：申请人某公司与被申请人聂某签订的合作设立茶叶经营项目的协议系自愿签订的，不违反强制性法律、法规规定，属有效合同。对于合同性质的认定，应当根据合同内容所涉及的法律关系，即合同双方所设立的权利义务来进行认定。双方签订的协议第一条明确约定聘任聂某为茶叶经营项目经理，“聘任”一词一般表明当事人有雇佣劳动者为其提供劳动之意；协议第三条约定了聂某的取酬方式，无论在双方设定的目标公司成立之前还是之后，聂某均可获得“基本工资”“业绩”等报酬，与合作经营中的收益分配明显不符。合作经营合同的典型特征是共同出资，共担风险，本案合同中既未约定聂某出资比例，也未约定共担风险，与合作经营合同不符。从本案相关证据来看，聂某接受某公司的管理，按月汇报员工的考勤、款项分配、开支、销售、工作计划、备用金的申请等情况，且所发工资与出勤天数密切相关。双方在履行合同过程中形成的关系，符合劳动合同中人格从属性和经济从属性的双重特征。故原判认定申请人与被申请人之间存在劳动关系并无不当。双方签订的合作协议还可视为书面劳动合同，虽缺少一些必备条款，但并不影响已约定的条款及效力，仍可起到固定双方劳动关系、权利义务的作用，二审法院据此依法改判是正确的。某公司于2017年5月6日向聂某出具了“终止合作协议通知”，告知聂某终止双方的合作，具有解除双方之间劳动关系的意思表示，根据《最高人民法院关于民事诉讼证据的若干规定》第六条，在劳动争议纠纷案件中，因用人单位作出的开除、除名、辞退、解除劳动合同等决定而发生的劳动争议，由用人单位负举证责任，某公司未能提供解除劳动关系原因的相关证据，应当承担不利后果。二审法院根据本案具体情况和相关证据所作的判决，并无不当。

（案例来源：最高人民法院2022年7月4日发布第179号指导案例）

思考练习

一、单项选择题

1. 在劳动法学中劳动者与所在单位之间的关系是(　　)。

A. 经济关系　　B. 劳动关系　　C. 人事关系　　D. 政治关系

2.《劳动法》适用于(　　)。

A. 国家机关公务员　　B. 企业职工　　C. 部队军人　　D. 家庭保姆

3.《劳动合同法》自(　　)起施行。

A. 2008年1月1日　　B. 1994年10月1日　　C. 1995年1月1日　　D. 1995年7月5日

4. 下列关于劳动权利能力和劳动行为能力与民事权利能力和民事行为能力的比较中，不正确的是(　　)。

A. 劳动者的劳动权利能力开始于16周岁，而公民的民事权利能力始于出生，终于死亡

B. 劳动者的劳动行为能力开始于16周岁，而公民的完全民事行为能力开始于14周岁

C. 劳动者的劳动权利能力和劳动行为能力只能由劳动者本人亲自实现，而公民可以委托他人代理自己行使民事权利能力和民事行为能力

D. 某些劳动者的劳动权利能力和劳动行为能力受到一定的限制，而公民的民事权利能力和民事行为能力在法律规定的范围内不受任何限制

5. 下列主体中不属于《劳动法》适用范围的是(　　)。

A. 在我国境内设立的外商独资企业

B. 我国公民在境外设立的独资企业

C. 我国境内设立企业派驻境外的劳动者

D. 我国境内的个体经济组织

二、多项选择题

1. 以下属于劳动关系，适用《劳动法》规定的是(　　)。

A. 乡镇企业与其职工之间的关系
B. 某家庭与其聘用的保姆之间的关系
C. 个体老板与雇工之间的关系
D. 国家机关与实行劳动合同制的工勤人员之间的关系
E. 国家机关与其工作人员之间的关系

2. 劳动者个人的权利有(　　)。
A. 劳动就业权　B. 报酬请求权　C. 休息休假权　D. 自主择业权

3. 以下法律事实中(　　)会引起劳动关系的消灭。
A. 劳动者丧失劳动能力　B. 劳动者死亡
C. 劳动关系主体变更　D. 劳动合同期限届满

4. 能引起劳动关系变更或消灭的法律事实是(　　)。
A. 合法行为　B. 违法行为　C. 事件　D. 劳动者辞职
E. 劳动者死亡

5. 构成劳动关系的基本要素有(　　)。
A. 劳动关系主体　B. 劳动关系客体
C. 劳动关系内容　D. 劳动行为

6. 以下属于劳动法律事实的是(　　)。
A. 张某与某企业依法签订劳动合同　B. 李某因严重违纪被企业辞退
C. 王某向公司请10天年假　D. 陈某因患病丧失劳动能力

7. 能够引起劳动关系产生的劳动法律事实必须具备以下条件中的(　　)。
A. 是劳动关系主体双方表示一致的行为
B. 特殊情况下也可以是单方行为
C. 须为合法行为
D. 既可以是合法行为也可以是违法行为

8. 可以作为劳动关系中劳动者的是(　　)。
A. 具有劳动能力的外国人　B. 与国家机关建立劳动关系的劳动者
C. 事业单位中的合同聘用人员　D. 个体经济组织的劳动者
E. 公务员

9. 下列劳动法律事实中,属于行为的有(　　)。
A. 用人单位无故拖欠劳动者的工资　B. 劳动者因违反劳动纪律被除名
C. 劳动者因触犯刑法被监禁　D. 劳动者因交通事故而死亡
E. 劳动者因公致残,完全丧失劳动能力

10. 下列情形中,属于劳动关系变更的有(　　)。
A. 因为生产任务的需要,企业领导把职工安排到新的工作岗位
B. 某公司的员工因打架滋事,经理决定将其调离原来的部门
C. 女工因为怀孕,不能从事原来的工作,被调到其他岗位
D. 企业破产后被另外的企业兼并,劳动者被新的企业留下来继续从事原来的工作
E. 劳动者因为严重违反劳动纪律被用人单位通知解除劳动合同

三、案例分析

1. 张某现年 64 岁，系南昌市某建筑公司职工。因其技术过硬，退休后被单位返聘，到单位承建的工程项目工地从事水电机械维修工作。一天，张某在工地工作时受伤，住院接受治疗。经司法鉴定所鉴定，张某的伤残等级为九级。后由于双方因赔偿金额未能达成协议，张某到法院起诉。

问：张某与公司之间是否存在劳动关系？张某应如何主张才能维护自身的权益？

2. 周某从四川到北京打工，2001 年 8 月被一家个体餐馆招为厨房勤杂工，双方口头约定周某每月的工资 450 元，另外，餐馆每天免费提供两顿饭，如发生其他费用，餐馆概不负责。2002 年 3 月，由于连日加班，周某在切肉时不小心把左手食指切断，为接食指花费医药费 5 000 元。周某同乡告诉她可以要求老板支付医疗费和营养补助费。周某随后向该餐馆老板提出了支付医疗费和营养费的请求，老板拒绝了周某的请求，并解雇了周某。2002 年 4 月，周某向北京市某劳动争议仲裁委员会提出申诉。

问：(1) 该餐馆的做法是否正确？为什么？

(2) 劳动争议仲裁委员会应如何裁决本案？

3. 2001 年 9 月，某工艺厂与吴某签订合同，约定由工艺厂提供原材料和花样图案，吴某为工艺厂制作藤编工艺品，工艺厂每月按照吴某交付的工艺品数量给付报酬，合同期限为一年。合同履行六个月之后，因为市场上的藤编工艺品滞销，工艺厂单方面解除了与吴某的合同，吴某为此向劳动争议仲裁委员会提出申诉。

问：(1) 工艺厂与吴某之间的法律关系是什么关系？这种关系是否受劳动法的调整？

(2) 吴某能否向劳动争议仲裁委员会提出申诉？如申诉成功工艺厂应当承担怎样的后果？

4. 某化工厂在 2002 年 8 月招收了一批工人并与之签订了三年的劳动合同。合同履行开始后，化工厂只在开始的两个月按照合同约定给工人发了工资，之后一直拖欠工人工资达半年之久，工人多次请求发放工资，化工厂均以效益不好为由搪塞，同时却经常要求工人加班，使得每位工人的平均日工作时间达到了 13 小时，如果有工人不愿加班，就以所拖欠工资不予发放相威胁。因为从事的是有毒化工产品的加工生产，化工厂又未向工人提供必要的保护措施，致使许多工人患上了职业病，工人就医时发现，化工厂并未按照合同上的承诺，为其缴纳社会保险费。为此，工人们组织起来，推选代表准备向劳动争议仲裁委员会提出申诉。化工厂得知此消息后，派人对职工代表进行威胁和殴打。

问：化工厂的上述行为侵犯了劳动者的哪些权利？请一一列举。

5. 2003 年 2 月，李某刚好满 15 岁，中学辍学后李某即外出打工，并于同年与一羊毛衫厂签订劳动合同，后厂长屡次不满意李某的工作能力，多次调动李某的工作。一年后李某无法忍受频繁调动，辞去工作，并于 2004 年 3 月与一摩托车配件厂签订劳动合同。开始李某做搬运工，因为年龄偏小，工作一个月后于 4 月被调到流水车间。但是李某的业绩仍旧不如同车间的其他工人，老板无奈只能将其工资从 1 500 元/月降到 1 200 元/月。2004 年 6 月，李某出差在外，遭遇车祸致使右腿骨折，回厂后，8 月份被调到厂长办公室任秘书。12 月份，因李某家人多次请求，李某正式辞去工作，回家养伤。

问：本案中有哪些劳动法律事实，在劳动法律关系方面各引起了怎样的变化？

文书实例

中华人民共和国最高人民法院
民 事 裁 定 书

〔2020〕最高法民申××号

再审申请人(一审原告、二审被上诉人):某甲,女。

再审被申请人(一审被告、二审上诉人):重庆某乙有限公司。

再审申请人某甲因与被申请人重庆某乙有限公司(以下简称乙公司)劳动争议纠纷一案,不服重庆市高级人民法院〔2020〕渝民终××号民事判决,向本院申请再审。本院依法组成合议庭进行了审查,现已审查终结。

某甲向本院申请再审称,(一)二审法院将胡某、周某的证言作为改判依据,违反了法定程序。首先,乙公司提交的"胡某关于某甲受伤一案的说明"属于证人证言,证人未出庭接受询问,不得作为认定案件事实的依据。其次,证人胡某、周某的证言在一审庭审结束前就已客观存在,不属于二审中的新证据,且乙公司是在二审举证期限届满后才当庭申请证人周某出庭作证的,超过了举证期限。(二)二审法院认定某甲与乙公司之间不存在劳动关系属认定事实错误。1.劳动者相对于用人单位处于弱势地位,劳动者掌握的证据较少。本案中,某甲一审提交了病历资料、乙公司销售发货单、录音文件等证据,已经尽到了举证责任。2.叶某在某甲的入院记录中签字确认了某甲的工作单位是乙公司,同时又在某甲手术知情同意书上签字确认了与某甲是同事关系,均能证明某甲是乙公司的员工。某甲举示的乙公司销售发货单系乙公司的内部文件,由乙公司掌管,对外使用代表了乙公司的行为,能够证明某甲与乙公司之间存在事实劳动关系。二审法院认定乙公司内部单据系其遗留而被周某等人捡取、使用系主观推断,并无相应证据证明。3.乙公司举示的"场地租赁协议"约定的租金远远低于同一厂区厂房租金,明显不符合常理,况且乙公司未提供有效证据证明"场地租赁协议"的履行情况,该证据系串通伪造的可能性极大。综上所述,请求:撤销重庆市高级人民法院〔2020〕渝民终××号民事判决,维持重庆市第五中级人民法院〔2019〕渝05民初××号民事判决。

本院经审查认为,应当结合某甲与乙公司权利义务的履行情况来判断双方是否存在劳动关系,并从双方是否存在人身依附性及财产性,劳动者是否实际受用人单位的管理、指挥或者监督等方面进行综合考量。某甲主张乙公司提交的其与案外人胡某签订的"场地租赁协议"系串通伪造,但并未提供相应证据证明。某甲主张证人胡某、周某的证言不属于二审新证据,且胡某未到庭接受询问,该二人证言不应采信。本院认为,依照《最高人民法院关于适用〈中华人民共和国民事诉讼法〉的解释》第一百零二条的规定,当事人因故意或者重大过失逾期提供的证据,人民法院不予采纳。但该证据与案件基本事实有关的,人民法院应当采纳,并依照民事诉讼法第六十五条、第一百一十五条第一款的规定予以训诫、罚款。胡某、周某的证言虽系乙公司在二审中提交,但该证据与本案基本事实有关,胡某二审虽未到庭,但其出具的书面陈述明显对己不利,且由公证机关进行了公证,胡某的书面证言能与周某证言、"场地租赁协议"等证据相互印证,故二审法院予以采信并无不当。根据原审查明的事实,虽然某甲工作的地点是在乙公司厂区内，记录某甲工作量的收据系用印有乙公司的销售发货单记录，但乙公司已将其厂区2号车间底楼车间出租给胡某用于生产经营，叶某、周某受胡某委托对承租车间进行现场管理。叶某虽系乙公司股东，但其行为并不必然代表乙公司，某甲亦无证据证明另一管理人周某与乙公司之间存在利害关系，或周某的管理行为代表乙公司。某甲原审中提交的病历资料、乙公司销售发货单并不足以证明乙公司与某甲之间存在管理与被管理的人身隶属关系，乙公司也未向某甲发放过劳动报酬，故某甲主张其与乙公司之间存在事实劳动关系，缺乏事实依据。

综上，某甲的再审申请不符合《中华人民共和国民事诉讼法》第二百条规定的再审情形。依照《中华人民共和国民事诉讼法》第二百零四条第一款、《最高人民法院关于适用〈中华人民共和国民事诉讼法〉的解释》第三百九十五条第二款规定，裁定如下：

驳回某甲的再审申请。

审 判 长　王某某
审 判 员　孙某某
审 判 员　司 某
二〇二〇年九月十五日
法官助理　万 某
书 记 员　邓 某

第二章　促进就业与劳动保护制度

案例回放

吴某是一名来自山东的外来务工人员,2008 年 3 月他独自到北京打工,在六里桥附近遇到一名自称职业介绍所工作人员的男子,并被该男子带到了一家职业介绍所内。在大概询问了吴某的基本情况后,该男子表示可以马上给他安排一份保安的工作,但需要他交纳 800 元的职业介绍费。当吴某表示身上只带了 500 元现金之后,该男子又要求他留下身份证做抵押,等有了钱再回来拿身份证。

《中华人民共和国就业促进法》(以下简称《就业促进法》)第三十九条规定:"从事职业中介活动,应当遵循合法、诚实信用、公平、公开的原则。用人单位通过职业中介机构招用人员,应当如实向职业中介机构提供岗位需求信息。禁止任何组织或者个人利用职业中介活动侵害劳动者的合法权益。"其中所称组织,既包括未经许可成立的非法组织,也包括存在违规行为的合法组织。在职业中介活动中侵害求职者权益的主体,可能是用人单位,也可能是中介组织或个人。在职业中介活动中侵害劳动者权益的行为,对用人单位而言,主要包括提供虚假招聘信息,向求职者收取招聘费用,扣押被录用人员的居民身份证或其他证件,向被录用人员收取保证金或押金;对职业中介机构而言,主要包括提供虚假信息,为无合法证照的用人单位提供中介服务,超标准收费,介绍求职者从事法律、法规禁止从事的职业,以暴力、胁迫、欺诈等方式进行职业介绍活动,扣押求职者证件,收取押金等。因此,这家职业介绍机构的做法是有悖于《就业促进法》的。

(案例来源:根据北京市人力资源和社会保障局网站案例改编)

理论要点

第一节　促进就业与劳动就业概述

一、促进就业概述

(一)促进就业的概念和目标

劳动就业是有劳动能力的人通过一定方式与生产资料相结合,实现劳动过程,获得劳动报酬或经营收入的活动。从就业制度这一角度来看,劳动就业的实质就是劳动力与生产资料相结合,使劳动过程得以实现,从而生产出社会所需要的产品,推动社会的进步和发展。从劳动者的权利这一角度来看,劳动者依法享有的劳动权,只有且只能通过劳动就业实现。在就业之前,劳动权利处于一种虚置状态;通过就业,劳动权才成为现实。劳动就业的社会功能促进了一个社会的经济繁荣，社会稳定在很大程度上取决于良好的就业状态。促进就业是指国家为保障公民实现劳动权采取的创造就业条件、扩大就业机会的各种措施的总称。它是国家和各级政府的职责，包括制定劳动就业方针、确定劳动就业原则、拓宽劳动就业途径、实施劳动就业计划、设置劳动就业基金、提供劳动就业服务、实施失业保护等。

2007 年 8 月 30 日第十届全国人民代表大会常务委员会第二十九次会议通过的《就业促进法》，于 2008 年 1 月 1 日和《劳动合同法》同时开始实施。

（二）促进就业内容

失业的增加不只是失业者自身困难的增加，还是政府应当承担起的促进就业责任的增加。减少失业、促进就业是世界各国共同努力的目标。各国政府在就业促进中的责任包括：尽量降低社会的失业率，尽量达到充分就业；通过监督与干预，建立公平竞争的就业环境；扶助特殊社会群体就业，对失业者给予救济；建立公共就业介绍体制，为社会成员免费提供有效的就业服务。

《劳动法》第十一条规定："地方各级人民政府应当采取措施，发展多种类型的职业介绍机构，提供就业服务。"此条明确了各级人民政府在就业服务与就业指导方面的地位和职责。为了更好地履行职责，2007 年 10 月 30 日中华人民共和国劳动社会保障部（以下简称劳动和社会保障部）通过的《就业服务与就业管理规定》取代了劳动部 1994 年 10 月 27 日颁布的《职业指导办法》和 2000 年 12 月 8 日劳动和社会保障部发布施行的《劳动力市场管理规定》，于 2008 年 1 月 1 日起施行，为政府对劳动力市场的管理以及政府提供就业服务的机构与职权等提供了依据。《就业促进法》第十五条规定："县级以上人民政府应当根据就业状况和就业工作目标，在财政预算中安排就业专项资金用于促进就业工作。"就业专项资金用于职业介绍、职业培训、公益性岗位、职业技能鉴定、特定就业政策和社会保险等的补贴，小额贷款担保基金和微利项目的小额担保贷款贴息以及扶持公共就业服务等。

根据《劳动法》的规定，劳动者就业不因民族、种族、性别、宗教信仰不同而受歧视；妇女享有与男子平等的就业权利，在录用职工时，除国家规定的不适合妇女的工种或者岗位外，不得以性别为由拒绝录用妇女或提高对妇女的录用标准。《就业促进法》第二十六条规定："用人单位招用人员、职业中介机构从事职业中介活动，应当向劳动者提供平等的就业机会和公平的就业条件，不得实施就业歧视。"

根据《劳动法》第十四条规定："残疾人、少数民族人员、退出现役的军人的就业，法律、法规有特别规定的，从其规定。"特殊群体的就业除适用劳动法的规定外，其他专门法律如有特别规定，应当适用特别规定。

《就业促进法》第五十二条规定："各级人民政府建立健全就业援助制度，采取税费减免、贷款贴息、社会保险补贴、岗位补贴等办法，通过公益性岗位安置等途径，对就业困难的人员实行优先扶持和重点帮助。"

二、劳动就业概述

（一）劳动就业的概念和特征

劳动就业是指具有劳动能力的公民在法定劳动年龄内，从事有一定劳动报酬或经营收入的社会职业。劳动就业与促进就业既有联系，又有区别。它们的共同点是使具有劳动能力的公民都能就业，不同点是促进就业是在劳动就业的基础上，加强就业的力度并采取相应的措施。

劳动就业的主体具有特定性。劳动就业的主体必须是具有劳动权利能力和劳动行为能力的公民。我国劳动法规定,年满16周岁的公民,才具有劳动就业的资格。劳动就业必须出自公民的自愿,即公民在主观上必须具有求职的愿望。劳动就业所指的劳动必须是一种能够为社会创造财富或有益于社会的劳动,即劳动就业要求劳动者必须从事法律允许的有益于社会的社会劳动,这是劳动者的劳动是否得到社会承认和法律保护的客观依据。劳动就业必须使劳动者能够获得一定的劳动报酬或经营收入。

(二)劳动就业原则

劳动就业原则是指劳动法规定的劳动就业工作必须遵循的基本准则。我国劳动就业原则概括起来有以下几项。

1. 国家促进就业原则

国家促进就业是指国家采取各种措施创造就业条件和扩大就业机会。

2. 平等就业原则

平等就业是指劳动者享有平等的就业权利和就业机会。劳动者就业,不因民族、种族、性别、宗教信仰不同而受歧视。劳动者就业机会均等,自主择业,竞争就业。

3. 劳动者与用人单位相互选择原则

劳动者与用人单位相互选择是指劳动者自由选择用人单位,用人单位择优录用劳动者。在劳动力市场中,劳动者与用人单位在平等自愿、协商一致的基础上签订劳动合同。

4. 照顾特殊群体人员就业原则

特殊群体人员是对谋求职业有困难或处境不利的人员的统称,包括妇女、残疾人、少数民族人员、退出现役的军人等。对于其他特殊就业群体,如劳改或劳教释放人员、长期失业者和因产业结构变化而失业的人员,也应尽量为他们创造合适的就业机会。

5. 禁止未成年人就业原则

2002年国务院颁布的《禁止使用童工规定》,禁止用人单位招用未满16周岁的未成年人,并且规定:禁止国家机关、社会团体、企事业单位和个体工商户、城镇居民等使用童工;禁止各种职业介绍机构以及其他单位和个人为未满16周岁的少年儿童介绍就业;禁止各级工商行政管理部门为未满16周岁的少年儿童颁发个体营业执照;父母或其他监护人不得允许未满16周岁的子女或被监护人做童工。

【案例2-1】

基本案情

2019年7月,浙江某度假村有限公司(以下简称某公司)通过智联招聘平台向社会发布了一批公司人员招聘信息,其中包含"法务专员""董事长助理"两个岗位。2019年7月3日,闫某通过"智联招聘"APP针对某公司发布的前述两个岗位分别投递了求职简历。闫某投递的求职简历中,包含姓名、性别、出生年月、户口所在地、现居住城市等个人基本信息,其中户口所在地填写为"河南南阳",现居住城市填写为"浙江杭州西湖区"。据杭州市杭州互联网公证处出具的公证书记载,公证人员使用闫某的账户、密码登录"智联招聘"APP,显示闫某投递的前述"董事长助理"岗位在2019年7月4日14点28分被查看,28分时给出岗位不合适的结论,

“不合适原因:河南人”;“法务专员”岗位在同日14点28分被查看,29分时给出岗位不合适的结论,“不合适原因:河南人”。闫某因案涉公证事宜,支出公证费用1 000元。闫某向杭州互联网法院提起诉讼,请求判令某公司赔礼道歉、支付精神抚慰金以及承担诉讼相关费用。

裁判结果

杭州互联网法院于2019年11月26日作出〔2019〕浙0192民初××号民事判决:一、被告某公司于本判决生效之日起十日内赔偿原告闫某精神抚慰金及合理维权费用损失共计10 000元。二、被告某公司于本判决生效之日起十日内,向原告闫某进行口头道歉并在《法治日报》公开登报赔礼道歉(道歉声明的内容须经本院审核);逾期不履行,本院将在国家级媒体刊登判决书主要内容,所需费用由被告某公司承担。三、驳回原告闫某其他诉讼请求。宣判后,闫某、某公司均提起上诉。杭州市中级人民法院于2020年5月15日作出〔2020〕浙01民终××号民事判决:驳回上诉,维持原判。

裁判理由

法院生效裁判认为:平等就业权是劳动者依法享有的一项基本权利,既具有社会权利的属性,亦具有民法上的私权属性;劳动者享有平等就业权是其人格独立和意志自由的表现,侵害平等就业权在民法领域侵害的是一般人格权的核心内容——人格尊严,人格尊严重要的方面就是要求平等对待,就业歧视往往会使人产生一种严重的受侮辱感,对人的精神健康甚至身体健康造成损害。据此,劳动者可以在其平等就业权受到侵害时向人民法院提起民事诉讼,寻求民事侵权救济。

闫某向某公司两次投递求职简历,均被某公司以“河南人”不合适为由予以拒绝,显然在针对闫某的案涉招聘过程中,某公司使用了主体来源的地域空间这一标准对人群进行归类,并根据这一归类标准给予闫某低于正常情况下应当给予其他人的待遇,即拒绝录用,可以认定某公司因“河南人”这一地域事由要素对闫某进行了差别对待。

《就业促进法》第三条在明确规定民族、种族、性别、宗教信仰四种法定禁止区分事由时使用“等”字结尾,表明该条款是一个不完全列举的开放性条款,即法律除认为前述四种事由构成不合理差别对待的禁止性事由外,还存在与前述事由性质一致的其他不合理事由,亦为法律所禁止。何种事由属于前述条款中“等”的范畴,一个重要的判断标准是,用人单位是根据劳动者的专业、学历、工作经验、工作技能以及职业资格等与“工作内在要求”密切相关的“自获因素”进行选择,还是基于劳动者的性别、户籍、身份、地域、年龄、外貌、民族、种族、宗教等与“工作内在要求”没有必然联系的“先赋因素”进行选择,后者构成法律禁止的不合理就业歧视。劳动者的“先赋因素”,是指人们出生伊始所具有的人力难以选择和控制的因素,法律作为一种社会评价和调节机制,不应该基于人力难以选择和控制的因素给劳动者设置不平等条件;反之,应消除这些因素给劳动者带来的现实上的不平等,将与“工作内在要求”没有任何关联性的“先赋因素”作为就业区别对待的标准,根本违背了公平正义的一般原则,不具有正当性。

本案中,某公司以地域事由要素对闫某的求职申请进行区别对待,而地域事由属于闫某乃至任何人都无法自主选择、控制的与生俱来的“先赋因素”,在某公司无法提供客观有效的证据证明,地域要素与闫某申请的工作岗位之间存在必然的内在关联或存在其他的合法目的的情况下,某公司的区分标准不具有合理性,构成法定禁止事由。故某公司在案涉招聘活动中提出与职业没有必然联系的地域事由对闫某进行区别对待，构成对闫某的就业歧视，损害了闫某平等地获得就业机会和就业待遇的权益，主观上具有过错，构成对闫某平等就业权的侵害，依法应承担公开赔礼道歉并赔偿精神抚慰金及合理维权费用的民事责任。

（案例来源：最高人民法院2022年7月4日发布第185号指导案例）

第二节　人力资源市场

一、人力资源市场概述

人力资源是经济社会发展的第一资源，人力资源市场是生产要素市场的重要组成部分。我国的人力资源市场由原中华人民共和国人事部和原中华人民共和国劳动和社会保障部分别管理的人才市场、劳动力市场统一整合而成。人力资源市场是国家通过法律法规的调控促进各层次的劳动者（高校毕业生、农民工和就业困难人士）的求职、就业，引导人力资源服务机构为劳动者提供就业服务，帮助用人单位获得生产经营中的人力资源这一最重要的生产要素的市场。

改革开放40多年来，我国人力资源市场蓬勃发展，人力资源服务领域不断拓宽，对就业、创业和人力资源流动发挥了重大作用。公共人力资源服务机构和经营性人力资源服务机构共同发力，成为推动就业的重要渠道。2021年末，全行业共有人力资源服务机构5.91万家，从业人员103.15万人。全年共为3.04亿人次劳动者提供就业、择业和流动服务，为5 099万家次用人单位提供专业支持①。

目前，我国对人力资源市场的主要监管法律规范为国务院的行政法规和人力资源和社会保障部的部门规章，包括《人力资源市场暂行条例》、《外商投资人才中介机构管理暂行规定》、《外商投资职业介绍机构设立管理暂行规定》和《网络招聘服务管理规定》等。

二、职业介绍制度

职业介绍是指国家指定的或依法成立的机构为劳动者和用人单位提供沟通和咨询，为劳动者提供就业的一种中介服务活动。

（一）职业介绍机构的类别及性质

职业介绍机构是指依法设立的从事职业介绍活动的专门机构，按其性质分为非营利性职业介绍机构和营利性职业介绍机构。其中，非营利性职业介绍机构包括公共职业介绍机构和其他非营利性职业介绍机构。

公共职业介绍机构是指由各级劳动行政部门举办、承担公共就业服务职能的公益性服务机构。公共职业介绍机构使用全国统一标志。

其他非营利性职业介绍机构是指由劳动行政部门以外的其他政府部门、企事业单位、社会团体和其他社会力量举办，从事非营利性职业介绍活动的服务机构。

营利性职业介绍机构是指由法人、其他组织和公民个人举办，从事营利性职业介绍活动的服务机构。

---

① 引自《2021年度人力资源和社会保障事业发展统计公报》。

（二）职业介绍机构的资格及业务范围

《就业促进法》第四十条规定，设立职业中介机构应当具备这些条件：第一，有明确的章程和管理制度；第二，有开展业务必备的固定场所、办公设施和一定数额的开办资金；第三，有一定数量具备相应职业资格的专职工作人员；第四，法律、法规规定的其他条件。

设立职业中介机构应当在工商行政管理部门办理登记后，向劳动行政部门申请行政许可。未经许可和登记的机构，不得从事职业中介活动。国家对外商投资职业中介机构和向劳动者提供境外就业服务的职业中介机构另有规定的，依照其规定。

职业介绍机构可以为求职者介绍用人单位；为用人单位和居民家庭推荐求职者；开展职业指导、咨询服务；收集和发布职业供求信息；根据国家有关规定，从事互联网职业信息服务；经劳动行政部门批准，组织职业招聘洽谈会；具备相应资格的，从事劳动力跨省流动就业中介服务；经劳动行政部门核准的其他服务项目。

职业介绍机构不得有下述行为：①超出核准的业务范围经营；②提供虚假信息；③超标准收费；④介绍求职者从事法律、法规禁止从事的职业；⑤为无合法证照的用人单位或者无合法身份证件的求职者提供职业介绍服务；⑥以暴力、胁迫、欺诈等方式进行职业介绍活动；⑦伪造、涂改、转让批准文件；⑧以职业介绍为名牟取不正当利益或进行其他违法活动。

（三）对外劳务合作

对外劳务合作是指组织劳务人员赴其他国家或者地区为国外的企业或者机构（以下统称国外雇主）工作的经营性活动。对外劳务合作是一种就业地域在国外的特殊就业，国家鼓励和支持依法开展对外劳务合作，提高对外劳务合作水平，维护劳务人员的合法权益。2012 年 5 月 16 日国务院通过的《对外劳务合作管理条例》规定了从事对外劳务合作的企业的设立条件和劳务人员的权利，相关的合同管理制度和政府的服务及管理职责，该条例自 2012 年 8 月 1 日起施行。

《对外劳务合作管理条例》规定，从事对外劳务合作，应当按照省、自治区、直辖市人民政府的规定，经省级或者设区的市级人民政府商务主管部门批准，取得对外劳务合作经营资格。

申请对外劳务合作经营资格，应当具备下列条件：

（1）符合企业法人条件；

（2）实缴注册资本不低于 600 万元人民币；

（3）有 3 名以上熟悉对外劳务合作业务的管理人员；

（4）有健全的内部管理制度和突发事件应急处置制度；

（5）法定代表人没有故意犯罪记录。

对对外劳务合作企业实行备用金管理制度。对外劳务合作企业应当自工商行政管理部门登记之日起 5 个工作日内，在负责审批的商务主管部门指定的银行开设专门账户，缴存不低于 300 万元人民币的对外劳务合作风险处置备用金（以下简称备用金）。备用金用于支付对外劳务合作企业拒绝承担或者无力承担的下列费用：

（1）对外劳务合作企业违反国家规定收取的，应当退还给劳务人员的服务费；

（2）依法或者按照约定应当由对外劳务合作企业向劳务人员支付的劳动报酬；

（3）依法赔偿劳务人员的损失所需费用；

（4）因发生突发事件，劳务人员回国或者接受紧急救助所需费用。

备用金使用后,对外劳务合作企业应当自使用之日起20个工作日内将备用金补足到原有数额。

国外的企业、机构或者个人不得在中国境内招收劳务人员赴国外工作。

三、网络招聘服务管理

网络招聘是指人力资源服务机构在中华人民共和国境内通过互联网等信息网络,以网络招聘服务平台、平台内经营、自建网站或者其他网络服务方式,为劳动者求职和用人单位招用人员提供的求职、招聘服务。

网络招聘是劳动者求职和用人单位招聘的重要渠道。为了贯彻《就业促进法》《人力资源市场暂行条例》等有关法律法规,2020年12月18日人力资源社会保障部出台了《网络招聘服务管理规定》(以下简称《规定》)。其作为我国网络招聘服务领域第一部部门规章,对网络招聘服务的基本问题、基本内容、基本规范等作了规定,为人力资源服务机构从事网络招聘服务提供了基本依据。《规定》是健全人力资源市场法规体系、加强网络招聘服务管理、规范网络招聘服务的重要举措。《规定》的颁布实施,对于保障求职者求职和用人单位网络招聘的合法权益,推进网络招聘服务健康发展,更好地促进就业和人力资源合理流动配置具有重要意义。《规定》的颁布实施,将加强对网络招聘服务的监督管理。一是加强网络招聘服务准入管理。对经营性人力资源服务机构从事网络招聘服务,应当依法实施人力资源服务许可。二是强化网络招聘服务各方主体责任。指导网络招聘服务机构建立完备的网络招聘信息管理制度,依法对用人单位所提供材料的真实性、合法性进行审查,履行网络安全保护义务,健全用户信息保护制度。指导以平台方式从事网络招聘服务的机构制定平台服务协议和服务规则,依法核验、登记进入平台的人力资源服务机构,记录、保存平台上发布的招聘信息、服务信息。落实用人单位的主体责任,用人单位提供的招聘信息应当合法真实,不得含有歧视性等内容。倡导劳动者诚实求职,向用人单位和人力资源服务机构如实提供个人相关信息。规范的日常监管和对违法行为的查处将推进网络招聘服务领域的诚信建设,促进网络招聘服务规范发展。

第三节　职业培训制度

一、职业培训的概念

职业培训又称为职业技能培训或职业技术培训,是指根据社会职业的需求和劳动者从业的意愿及条件,按照一定的标准,对劳动者进行的旨在培养和提高其职业技能的教育和训练活动。其含义包括:职业培训的对象为劳动者;职业培训的目的是开发职业技能;职业培训的内容是技术业务知识和实际操作能力。

职业培训与普通教育不同,主要体现在以下几个方面。第一,在教育的目的上,职业培训以提高劳动者在某一领域的专业技术和实际操作技能为目的,具有很强的针对性;而普通教育以提高受教育者的基础文化水平为目的,具有基础性和普及性。第二,在教育的对象上,职业培训的对象是社会劳动者,包括失业劳动者、企业的下岗人员、在职职工和其他求职者;普通教育的对象主要是处于学龄期的青少年。第三,在教育的内容上,职业培训以有关的运用知识和实际操作技能为主,在教育内容上具有选择性和单一性;而普通教育具有基础性和系统性。第四，在教育的方法和手段上，职业培训通常是一种非规范性的学习，可以是学徒培训、短期的职校培训等；而普通教育一般都是全日制的常规教育。

目前我国的职业培训主要有以下几种形式。①学徒培训，是指由用人单位招收学徒工，在师傅直接指导下，通过实际操作，让其掌握一定技能的培训形式。②学校培训，是职业培训的一个很重要的部分，其中包括技术学校、职业（技术）院校和成人高等学校教育等形式。③就业训练中心培训，是指在各级劳动行政部门领导下，由劳动就业服务机构管理指导的就业训练实体。就业训练中心是培训失业人员的主要基地，其培训对象主要是失业青年和失业职工。④社会力量办学培训，是企业组织、社会团体及其他社会组织和公民个人利用非国家财政性教育经费，面向社会举办的培训机构。⑤劳动预备制度，是国家为提高青年劳动者素质、培养劳动后备军而建立和推行的一项新型培训制度。这一制度的基本内容是组织新生劳动力和其他求职人员在就业前接受一到三年的职业培训和职业教育，使其取得相应的职业资格或掌握一定的职业技能后，在国家政策的指导和帮助下，通过劳动力市场实现就业。⑥再就业培训，为帮助下岗职工转变就业观念、提高职业技能、尽快实现再就业，国家鼓励实行在政府指导和扶持下，个人自学、企业组织和社会帮助相结合，大力开展多种形式的再就业培训。⑦创业培训，为鼓励引导下岗职工和失业人员积极开展创业活动，通过组织开展培训指导、政策咨询和跟踪服务，切实提高下岗职工和失业人员从事个体、私营经济或创办小企业的能力。⑧职工培训，也称职工教育或在职培训，是指在职职工为了更新文化知识和提高劳动技能而接受的一种训练方式。

二、职业技能鉴定

（一）职业技能鉴定的概念和特征

职业技能鉴定是指依法对劳动者的职业技能进行的技术等级资格考核和认定的活动。职业技能鉴定的鉴定主体是政府批准的专门机构，鉴定客体是劳动者所具有的业务水平和操作能力，以国家规定的职业技能标准为鉴定依据。职业技能鉴定是确认劳动者职业资格的法定形式。

（二）职业鉴定机构及其设立条件

职业技能鉴定站（所）是具体实施职业技能的鉴定机构。其设立必须具备四个条件：①有与所鉴定工种（专业）及其等级或类别相适应的考核场地和设备；②有与所鉴定工种（专业）及其等级或类别操作技能相适应的符合国家标准的检测仪器；③有专（兼）职的组织管理人员和考评员；④有完善的管理办法等。

（三）职业技能鉴定的对象

企业、事业单位的职工及社会各类人员，依自愿申请鉴定。目前各类职业技能学校和培训机构的毕业生和企业、事业单位学徒期的劳动者是参加职业技能鉴定的主体。

三、职业资格证书

职业资格是指对从事某一职业所必须具备的知识、技术和能力的基本要求，是可以从事该职业的资格。职业资格证书是由有关部门通过学历认定、资格考试、专家评定、职业技能鉴定等方式作出评价的具有法律效力的证明文件。

职业资格证书是国家对申请专业（工种）知识、能力的认可，是求职、任职、独立开业和单位录用的主要依据。

对技术考核合格的劳动者，由劳动行政部门按规定核发相应的技术等级证书、技师合格证书或高级技师合格证书。

【案例2-2】

小郑是一名外来务工人员，经老乡介绍，他来到一家工厂给人看仓库。小郑来了不到两个月，该工厂的电工辞职了。这事急坏了工厂的经理，因为仓库有不少需要冷冻保存的货物，一旦电路出问题，损失就得由工厂来承担。小郑心想：电工的工资可比看仓库高多了，自己在农村跟当电工的叔叔经常帮人维修电路，干这个应该不成问题。于是他毛遂自荐，经理一看眼下确实缺人，在简单地了解了小郑所掌握的电路基础知识后，就让他上岗了。

评析：《中华人民共和国安全生产法》第三十条规定："生产经营单位的特种作业人员必须按照国家有关规定经专门的安全作业培训，取得相应资格，方可上岗作业。"特种作业，是指容易发生事故，对操作者本人、他人的安全健康及设备、设施的安全可能造成重大危害的作业。特种作业的范围由特种作业目录规定。特种作业人员必须经专门的安全技术培训并考核合格，取得《中华人民共和国特种作业操作证》后，方可上岗作业。而电工作业属于特种作业，因此该工厂经理的做法不合法。

（案例来源：根据北京市人力资源和社会保障局网站案例改编）

第四节　特殊劳动者的就业保障与劳动保护

一、就业保障

（一）妇女就业保障

对妇女就业的保障首先就是要保障妇女与男子的平等就业权利。《就业促进法》第二十七条规定，国家保障妇女享有与男子平等的劳动权利。用人单位招用人员，除国家规定的不适合妇女的工种或者岗位外，不得以性别为由拒绝录用妇女或者提高对妇女的录用标准。用人单位录用女职工，不得在劳动合同中规定限制女职工结婚、生育的内容。法律规定，妇女就业不因性别不同而受歧视，不得以性别为由拒绝录用女工。

同时由于妇女的生理特点及其所承担的社会责任，又要对妇女就业实施特殊保护，作出特别规定。《劳动法》规定，不得安排妇女从事禁忌的劳动，对于处于孕期、产期和哺乳期"三期"期间的女职工，任何单位不能随意辞退或者单方解除劳动合同。

2006年1月12日，我国正式批准了《1958年消除就业和职业歧视公约》，进一步表明了国家在消除就业和职业歧视方面应当承担的责任。

（二）残疾人就业保障

国家对残疾人的就业，采取集中与分散相结合、鼓励自谋职业的方针，即通过开办各种形式的残疾人福利企业，集中安排残疾人就业；各机关团体、企事业单位、城乡集体经济组织，结合各自的特点，应当安排一定比例的残疾人就业，并为其选择适当的工种和岗位；同时，鼓励残疾人根据自身的职业能力情况自谋职业。

国家对残疾人就业采取优惠的就业政策。国家对残疾人福利企业组织和城乡残疾人个体劳动者，实行税收减免政策，并在生产、经营、技术、资金、物资、场地等方面给予扶持；地方人民政府和有关部门应当确定适合残疾人生产的产品，优先安排残疾人福利企业生产，并逐步确定某些产品由残疾人福利企业生产；对于申请从事个体工商业的残疾人，有关部门应当优先核发营业执照，并在场地、信贷等方面给予照顾；对于从事各类生产劳动的农村残疾人，有关部门应当优先在生产服务、技术指导、农用物资供应、农副产品收购和信贷等方面给予帮助。

国家保护残疾人福利企业、事业组织的合法权益，其在职工的招用、聘用、转正、晋级、职称评定、劳动报酬、生活福利等方面不应受任何歧视；对于国家分配的高等学校、中专学校、技工学校的有残疾的毕业生，有关单位不得因其有残疾而拒绝接收。机关、团体、企业、事业单位和城乡集体经济组织安排残疾人就业达不到一定比例的，要缴纳残疾人保障金。

2007 年 2 月 14 日，国务院第 169 次常务会议通过了《残疾人就业条例》，该条例自 2007 年 5 月 1 日起施行。

（三）退役军人就业的保障

2001 年 1 月 19 日，国务院和中央军委（中国共产党中央军事委员会的简称，下同）联合印发《军队转业干部安置暂行办法》，对军队退出现役作转业安置的军官和文职干部的就业安置作出规定。

担任师级职务的军队转业干部或者担任营级以下职务（含科级以下文职干部和享受相当待遇的专业技术干部，下同）且军龄不满 20 年的军队转业干部，由党委、政府采取计划分配的方式安置。担任团级职务的军队转业干部或者担任营级职务且军龄满 20 年的军队转业干部，可以选择计划分配或者自主择业的方式安置。计划分配的军队转业干部，党委、政府应当根据其德才条件和在军队的职务等级、贡献、专长安排工作和职务。担任师级领导职务或者担任团级领导职务且任职满最低年限的军队转业干部，一般安排相应的领导职务。接收师、团级职务军队转业干部人数较多、安排领导职务确有困难的地区，可以安排相应的非领导职务。其他担任师、团级职务或者担任营级领导职务且任职满最低年限的军队转业干部，参照上述规定，合理安排。

各地区、各部门、各单位应当采取使用空出的领导职位、按规定增加非领导职数或者先进后出、带编分配等办法，安排好师、团级职务军队转业干部的工作和职务。党和国家机关按照军队转业干部安置计划数的 15% 增加行政编制，所增加的编制主要用于安排师、团级职务军队转业干部。

各地区、各部门、各单位应当把师、团级职务军队转业干部的安排与领导班子建设通盘考虑，有计划地选调师、团级职务军队转业干部，安排到市（地）、县（市）级领导班子或者事业单位、国有大中型企业领导班子任职。

担任专业技术职务的军队转业干部，一般应当按照其在军队担任的专业技术职务或者国家承认的专业技术资格，聘任相应的专业技术职务；工作需要的可以安排行政职务。担任行政职务并兼任专业技术职务的军队转业干部，根据地方工作需要和本人志愿，可以安排相应的行政职务或者聘任相应的专业技术职务。

国家下达的机关、团体、事业单位的年度增人计划，应当首先用于安置军队转业干部。编制满员的事业单位接收安置军队转业干部，按照实际接收人数相应增加编制，并据此增加人员工资总额计划。

党和国家机关接收计划分配的军队转业干部，按照干部管理权限，在主管部门的组织、指导下，对担任师、团级职务的，采取考核选调等办法安置；对担任营级以下职务的，采取考试考核和双向选择等办法安置。对有的岗位，也可以在军队转业干部中采取竞争上岗的办法安置。

对计划分配到事业单位的军队转业干部，参照其军队职务等级安排相应的管理或者专业技术工作岗位，并给予3年适应期。

企业接收军队转业干部，由军队转业干部安置工作主管部门编制计划，根据军队转业干部本人志愿进行分配，企业安排管理或者专业技术工作岗位，并给予2年适应期。

军队转业干部可以按照有关规定与用人单位签订无固定期限或者有固定期限劳动、聘用合同，用人单位不得违约解聘、辞退或者解除劳动、聘用合同。

2011年10月29日，国务院、中央军委发布《退役士兵安置条例》，该条例自2011年11月1日起施行。

《退役士兵安置条例》规定，国家建立以扶持就业为主，自主就业、安排工作、退休、供养等多种方式相结合的退役士兵安置制度，妥善安置退役士兵。

具有士官服现役满12年的、服现役期间平时荣获二等功以上奖励或者战时荣获三等功以上奖励的、因战致残被评定为5级至8级残疾等级的、是烈士子女的四种情形之一的退役士兵由人民政府安排工作。

义务兵和服现役不满12年的士官退出现役的，由人民政府扶持自主就业。国家给予就业培训、小额贷款和税收等方面的优惠政策。

自主就业的退役士兵入伍前是国家机关、社会团体、企事业单位工作人员或者职工的，退出现役后可以选择复职复工，其工资、福利和其他待遇不得低于本单位同等条件人员的平均水平。

（四）少数民族人员就业保障

我国是一个多民族的国家，国家对少数民族人员的就业问题历来十分重视。依据《中华人民共和国民族区域自治法》等法律的规定，对少数民族人员就业权的保障主要包括：民族自治地方的企事业单位在招收人员的时候，要优先招收少数民族人员；上级国家机关隶属的在民族自治地方的企事业单位在招收人员时，应当优先招收当地少数民族人员。

（五）关于未成年人就业的特殊规定

根据《劳动法》、《中华人民共和国未成年人保护法》（以下简称《未成年人保护法》）、《禁止使用童工规定》，考虑到未成年人的身体、智力、心理发育特点，为保护未成年人的身心健康，维护未成年人的合法权益，国家对未成年人的就业作了特殊的规定。

1. 限制就业年龄

《劳动法》规定，禁止用人单位招用未满16周岁的未成年人。文艺、体育和特种工艺单位招用未满16周岁的未成年人，必须依照国家有关规定，履行审批手续，并保障其接受义务教育的权利。

《禁止使用童工规定》规定，国家机关、社会团体、企业、事业单位、民办非企业单位或者个体工商户均不得招用不满16周岁的未成年人。禁止任何单位或者个人为不满16周岁的未成年人介绍就业。禁止不满16周岁的未成年人开业从事个体经营活动。

2. 保障未成年工接受义务教育的权利

《劳动法》《禁止使用童工规定》均明确了用人单位必须保障未成年工接受义务教育的权

利。

3. 有关机关的监督检查责任

用人单位招用人员时，必须核查被招用人员的身份证，对不满16周岁的未成年人，一律不得录用。用人单位录用人员的录用登记、核查材料应当妥善保管；县级以上各级人民政府劳动行政部门负责本规定执行情况的监督检查。县级以上各级人民政府、公安、工商行政管理、教育、卫生等行政部门在各自职责范围内对本规定的执行情况进行监督检查，并对劳动行政部门的监督检查给予配合。工会、共青团、妇联等群众组织应当依法维护未成年人的合法权益。任何单位或者个人发现使用童工的，均有权向县级以上人民政府劳动行政部门举报。

4. 违法行为的处罚

《禁止使用童工规定》对违法招用童工的行为的处罚作出了规定，对于有关单位和人员不同违法行为所应承担的责任分别作了明确的规定。

（六）农村剩余劳动力的就业保障

在农村经济体制改革的基础上，随着工业化、城镇化速度的加快和社会经济的发展以及劳动力市场的形成，大批农村剩余劳动力向非农业领域转移。按照劳动者享有的劳动权和平等的就业权的内在要求，应当妥善解决农村剩余劳动力的就业问题。解决农村剩余劳动力就业问题的根本途径是：按照城乡统筹就业的原则，逐步建立统一、开放、竞争、有序、城乡一体化的劳动力市场，大力推进城市化进程。

二、女职工和未成年工特殊保护

女职工和未成年工特殊保护又称女职工和未成年工劳动保护，是指在通常的劳动保护之外，根据女职工和未成年工身体结构、生理机能的特点，适用于女职工和未成年工的一种特殊的劳动保护。法律对于女职工和未成年工的劳动保护作出专门规定，是由女职工和未成年工的身体结构和生理特点所决定的。女性的身体结构和生理机能特点决定女性与男性不同，需要得到不同的保护。对于女性的保护，还关系到下一代的身体健康。未成年工是未成年的劳动者。作为未成年人，其仍处于生长发育期间，身体尚未发育成熟，通过专门的法律规定来保护其正常的发育成长是必要的。对女职工和未成年工实行特殊的劳动保护，有利于提高人口的质量和劳动者的基本素质。

（一）女职工特殊保护

女职工特殊保护，是指根据女职工身体结构、生理特点和哺育子女的需要，对其在劳动过程中的安全健康所采取的有别于男性的保护。

《劳动法》第五十九条至第六十三条和2012年4月18日开始施行的《女职工劳动保护特别规定》，对女职工不能从事和经期、孕期、哺乳期不能从事的劳动范围进行了明确的规定。

女职工禁忌从事的劳动包括：矿山井下作业；体力劳动强度分级标准中规定的第四级体力劳动强度的作业；每小时负重6次以上、每次负重超过20公斤的作业，或者间断负重、每次负重超过25公斤的作业。

女职工在经期禁忌从事的劳动包括：冷水作业分级标准中规定的第二级、第三级、第四级冷水作业；低温作业分级标准中规定的第二级、第三级、第四级低温作业；体力劳动强度分级标准中规定的第三级、第四级体力劳动强度的作业；高处作业分级标准中规定的第三级、第四级高处作业。

女职工在孕期禁忌从事的劳动如下：

(1)作业场所空气中铅及其化合物、汞及其化合物、苯、镉、铍、砷、氰化物、氮氧化物、一氧化碳、二硫化碳、氯、己内酰胺、氯丁二烯、氯乙烯、环氧乙烷、苯胺、甲醛等有毒物质浓度超过国家职业卫生标准的作业；

(2)从事抗癌药物、己烯雌酚生产，接触麻醉剂气体等的作业；

(3)非密封源放射性物质的操作，核事故与放射事故的应急处置；

(4)高处作业分级标准中规定的高处作业；

(5)冷水作业分级标准中规定的冷水作业；

(6)低温作业分级标准中规定的低温作业；

(7)高温作业分级标准中规定的第三级、第四级的作业；

(8)噪声作业分级标准中规定的第三级、第四级的作业；

(9)体力劳动强度分级标准中规定的第三级、第四级体力劳动强度的作业；

(10)在密闭空间、高压室作业或者潜水作业，伴有强烈振动的作业，或者需要频繁弯腰、攀高、下蹲的作业。

女职工在哺乳期禁忌从事的劳动范围包括：孕期禁忌从事的劳动范围的第一项、第三项、第九项；作业场所空气中锰、氟、溴、甲醇、有机磷化合物、有机氯化合物等有毒物质浓度超过国家职业卫生标准的作业。

(二)未成年工特殊保护的概念和特征

未成年工特殊保护是指根据未成年工生长发育的特点及其接受义务教育的需要，对其在劳动关系中所应享有的特殊权益的保护，包括限制就业年龄、限制工作时间、禁止从事某些作业、定期进行健康检查等。

未成年工是具有劳动权利能力和劳动行为能力的劳动者，能够充当劳动关系的主体。但是并非所有未成年人都能充当劳动关系的主体。特别是童工，未达到法定就业年龄，不具有劳动权利能力和劳动行为能力，不能充当劳动关系的主体。未成年工充当劳动关系的主体，享有与成年工不同的特殊权益，受法律特别保护。

未成年人正处在生长发育的时期，人体器官尚未定型，身体一般不高，体力较弱，抵抗力不强，缺乏耐力，睡眠较多。因此必须根据未成年工生长发育的特点，采取适宜的措施保证其在劳动过程中的安全和健康。

根据《劳动法》《未成年人保护法》《禁止使用童工规定》《未成年工特殊保护规定》等法律法规的规定，未成年工特殊保护的内容主要有以下几个方面。

1. 未成年工禁忌从事的劳动

用人单位招收未成年工，应在劳动过程中给予特殊保护，在工种、劳动时间、劳动强度和保护措施等方面严格执行国家有关规定，不得安排其从事过重、有毒、有害的劳动或者危险作业。《劳动法》第六十四条规定："不得安排未成年工从事矿山井下、有毒有害、国家规定的第四级体力劳动强度的劳动和其他禁忌从事的劳动。"《未成年工特殊保护规定》对未成年工禁忌从事的劳动范围作了具体规定。

2. 对未成年工进行定期健康检查

由于未成年工尚处于生长发育期，过大的劳动量和劳动消耗都可能对其身体造成影响，必须对未成年工进行定期健康检查，如果发现其身体状况不适合该工作，应及时进行调整。《劳动法》第六十五条规定："用人单位应当对未成年工定期进行健康检查。"《未成年工特殊保护规定》对未成年工定期进行健康检查作了具体规定。

3. 对未成年工的使用和特殊保护实行登记制度

国家对未成年工的使用和特殊保护实行登记制度。要求用人单位招收使用未成年工，除符合一般用工要求外，还须向所在地的县以上劳动行政部门办理登记。劳动行政部门根据"未成年工健康检查表""未成年工登记表"，核发未成年工登记证，未成年工须持未成年工登记证上岗。

第五节　劳动安全卫生制度

一、劳动安全卫生的概念和特征

劳动安全卫生是指劳动场所的安全卫生条件或状态。劳动安全是指在劳动场所中无急性伤害事故发生，即无急性中毒、触电、机械外伤、车祸、坠落、塌陷、爆炸、火灾等危及劳动者人身安全的事故发生。劳动卫生是指在劳动场所中无慢性职业危害发生，即无因不良劳动条件、有毒有害物质产生的危害劳动者身体健康的职业中毒、职业病发生。

劳动安全卫生制度是以保护劳动者的生命安全和身体健康为目的而设立的劳动保护法律制度，包括劳动安全技术规程、劳动卫生规程、企业安全卫生管理制度等。劳动保护工作必须遵循"安全第一，预防为主"的方针。

十一届三中全会以来，我国的劳动安全卫生立法有了很大的发展。1992 年 11 月，第七届全国人民代表大会常务委员会第二十八次会议通过了《中华人民共和国矿山安全法》(以下简称《矿山安全法》)，这是我国第一部有关劳动安全卫生的法律，该法于 1993 年 5 月 1 日起正式实施。1994 年 7 月 5 日第八届全国人民代表大会常务委员会第八次会议通过的《中华人民共和国劳动法》第六章专章规定了"劳动安全卫生"。2002 年 6 月，全国人民代表大会通过《中华人民共和国安全生产法》，该法于 2002 年 11 月 1 日起施行。2001 年 10 月，我国颁布《职业病防治法》，该法于 2002 年 5 月 1 日起施行。

二、劳动安全卫生技术规程

(一)劳动安全技术规程

1. 工厂安全技术规程

《劳动法》第五十三条规定："劳动安全卫生设施必须符合国家规定的标准。新建、改建、扩建工程的劳动安全卫生设施必须与主体工程同时设计、同时施工、同时投入生产和使用。"《工厂安全卫生规程》明确规定了生产过程中必须达到的安全卫生标准。例如，动力锅炉和压力容器的安全要求。动力锅炉和压力容器是工业生产和交通运输等部门常用的生产和运输设备，要求能承受各种温度和压力。工业锅炉要求有安全阀、压力表和水位表，并且要保持准确、有效，还应有保养、检修和水压试验制度。锅炉的运行工作应该由经过专门训练并考试合格的人员负责。各种压力容器在存放使用时，必须距离明火 10 米以上，并且避免在阳光下曝晒，搬运时不能碰撞。

2. 建筑安装工程安全技术规程

建筑安装工程具有高空作业、露天作业、流动性大、劳动强度大、可变因素多和劳动条件差等特点。各施工单位必须严格执行国家有关建筑安装工程安全技术规程的规定。对于从事高空作业的工人,必须进行身体检查,不适宜在高空作业的人,禁止从事高空作业。遇有6级以上强风时,禁止露天进行起重工作和高空作业。施工现场应符合安全卫生标准。脚手架的负荷量,每平方米不能超过270千克。进行土方工程前,应做好必要的地质、水文和地下设备的调查和勘察工作。挖掘土方应从上而下施工,禁止采用挖空底脚的操作方法,并且应该做好排水措施。拆除工程的施工,必须在工程负责人员的统一领导和监督下进行。拆除建筑物,应该自上而下按顺序进行,禁止数层同时拆除。

3. 矿山安全法律制度

采矿业是我国重要的原料工业,在矿山生产中,受自然条件的限制,存在许多不安全和不卫生的因素,容易对劳动者的安全和健康造成威胁。为了保障矿山生产的安全,保护劳动者的生命安全,国家制定了一系列有关矿山安全的措施。《矿山安全法》适用于在中华人民共和国领域和中华人民共和国管辖的其他海域从事矿产资源的开采活动的公民、法人或者其他组织。其主要内容包括:①矿山设计的安全要求;②矿山开采的安全要求;③作业场所的安全要求。

(二)劳动卫生技术规程

1. 防止粉尘危害的规定

国家制定了一系列有关防止粉尘危害的法规,如《工厂防止矽尘危害技术措施暂行办法》《国务院关于加强防尘防毒工作的决定》《中华人民共和国尘肺病防治条例》等。作业场所的粉尘浓度超过国家卫生标准,又未积极治理,严重影响职工安全健康时,职工有权拒绝操作。各企业、事业单位对新从事粉尘作业的职工,必须进行健康检查;对在职和离职的从事粉尘作业的职工,也要定期进行健康检查。对于有粉尘作业的企业、事业单位,必须定期测定作业场所的粉尘浓度,并建立测尘资料档案。

2. 防止有毒有害物质危害的规定

我国颁布了有关防止职业中毒的法律规范,如《职业中毒和职业病报告试行办法》。根据有关规定,作业场所中,有毒有害物质的浓度不得超过国家标准。对于散发有害健康的蒸气、气体和粉尘的设备要严加密闭,必要时应安装通风、吸尘和净化装置。有毒物和危险物品应该分别储藏,并且应该严格管理。在接触酸、碱等腐蚀性物质并且有烧伤危险的工作地点,应该设有冲洗设备。对有传染病危险的原料进行加工时,必须采取严格的防护措施。对有毒或有传染性危险的废料,应该在当地卫生机关的指导下进行处理。对废料和废水应该妥善处理,不要危害工人和附近居民。

3. 防止噪声、强光刺激和辐射的规定

为减小和消除噪声和强光刺激等不良影响,国务院颁布了《工厂安全卫生规程》。根据有关规定,对于发出强烈噪声的生产,应该尽可能在设有消声设备的单独工作房中进行。对于在有噪声、强光、辐射热和飞溅火花、碎片、刨屑的场所操作的工人,应配备必要的个人防护用品,应采取各种措施防止噪声和强光对劳动者的身体健康造成损害。

4. 防暑降温、防冻取暖和防湿的规定

在防暑方面,根据有关的规定,室内工作地点的温度经常高于32 ℃的,应该采取降温措施。为了减少车间内热量的散发，热源应尽量布置在车间外面，热源在车间内的应采取降温措施和各种有效的隔热挡热措施。在高温条件下操作的工人，应该由工厂供给含盐清凉饮料。在防寒方面，室内工作地点的温度经常低于5 ℃的，应该设置取暖设备。对于经常在寒冷气候中进行露天操作的工人，工厂应设有取暖设备的休息处所。在防湿方面，生产时用水较多或产生大量湿气的车间，应采取排水防湿设施，防止顶棚滴水和地面积水。经常有水或者其他液体的地面，应该注意排水和防止液体的渗透。在脚部易受潮湿、受寒的工作地点，要设木头站板，对于操作的工人应供给防水靴或防水鞋。

5. 通风和照明的规定

《工厂安全卫生规程》和《矿山安全法》对此作了规定，根据有关规定，工作场所的光线应该充足。工作地点局部照明的亮度，既要符合操作要求，也不要光线刺目。通道应该有足够的照明。窗户要经常擦拭，启闭装置应该灵活，人工照明设备应该保持清洁完好。室内还应采取自然通风或机械通风等方式，以保持良好的通风条件。

6. 生产辅助设施和个人防护用品的规定

根据有关规定，工厂应根据需要设置浴室、厕所、更衣室、休息室、妇女卫生室等生产辅助设施，并保持完好与清洁。在个人防护用品方面，工厂应供给工人工作服，并根据不同工种和作业的需要，发给工人防寒服、防护手套、防护帽、防护用鞋、防护面具、安全带等防护用品。

思考练习

一、单项选择题

1. 以下符合劳动就业特征的是(　　)。

A. 从事贩毒　　B. 1985 年出生的公民

C. 自愿在家，不想工作　　D. 义务劳动

2. 我国劳动法禁止用人单位招用未满(　　)的未成年人。

A. 14 周岁　　B. 15 周岁　　C. 16 周岁　　D. 18 周岁

3. 属于我国劳动行政部门设立的职业介绍机构的是(　　)。

A. 营利性职业介绍机构　　B. 境外就业中介机构

C. 公共职业介绍机构　　D. 其他非营利性职业介绍机构

4. 公共职业介绍机构是(　　)。

A. 由政府部门、企事业单位、社会团体和其他社会力量依法设立的，从事职业介绍服务的机构，属营利性质

B. 由事业单位依法设立的从事职业介绍服务的机构，属非营利性质

C. 由政府部门、企事业单位、社会团体和其他社会力量依法设立的，从事职业介绍服务的机构，属非营利性质

D. 由劳动行政部门举办的、承担公共就业服务的机构，属非营利性质

二、多项选择题

1. 根据我国有关规定，我国境外就业服务中介实行的制度有(　　)。

A. 许可证制度　　B. 登记备案制度　　C. 备用金制度　　D. 保证金制度

2. 未满 16 周岁的少年儿童从事以下劳动中的(　　)不属于童工范畴。

A. 参加家庭劳动

B. 学校组织的勤工俭学

C. 与单位发生劳动关系,从事有经济收入的劳动

D. 无损于身心健康的、力所能及的辅助性劳动

3. 下列论述中,符合劳动就业的法律特征的有(　　)。

A. 劳动就业的主体必须符合法定的就业年龄

B. 劳动就业必须使劳动者能够获得劳动报酬或经营收入

C. 劳动就业必须是出自公民的自愿

D. 劳动就业所指的劳动必须是能够为社会创造财富或有益于社会的劳动

三、案例分析题

彭某原系志光中学的学生,1988 年 5 月出生,2003 年 3 月因故辍学。经民昌职业介绍所的介绍,彭某于 2003 年 9 月到当地张某开的一家小煤矿厂工作,当时双方约定是招用临时工,故张某与彭某未签订劳动合同。2004 年 4 月,彭某在工作中发生劳动安全事故,煤窑塌陷,致使彭某下身瘫痪。彭某的家人要求煤矿按照工伤进行赔偿,但被张某以双方并未签订劳动合同为由拒绝。彭某的父母遂诉至法院。

问:(1)张某的行为是否合法?是否应当支付彭某的医药费?

(2)用人单位违法招收童工应当承担怎样的法律责任?

(3)为彭某介绍工作的民昌职业介绍所是否应当承担法律责任?

文书实例

上海市黄浦区人民法院
民 事 判 决 书

〔2014〕黄浦民一(民)初字第 4034 号

原告王某。

被告上海某培训中心。

法定代表人刘某。

委托代理人麦某。

委托代理人席某。

原告王某与被告上海某培训中心劳动合同纠纷一案,本院受理后,依法组成合议庭,公开开庭进行了审理。原告王某,被告上海某培训中心的委托代理人麦某、席某到庭参加诉讼。本案现已审理终结。

原告王某诉称,原告于 2012 年 9 月 17 日入职被告处担任全职雅思英语老师,双方签订两年期的劳动合同,合同期限至 2014 年 9 月 16 日。在填写求职申请表及员工基本情况登记表时,原告因担心就业歧视而失去工作机会,故隐瞒未育事实,将婚育状态填写为已婚已育,虚报已育有一女的信息。2014 年 2 月,原告怀孕后即告知被告。2014 年 4 月 8 日,被告以原告入

职时虚报个人资料为由与原告解除劳动合同。原告认为，其确实虚报了个人生育情况，但原告说谎只是出于担心生育歧视而采取的无奈之举，并非主观恶意欺诈，实际也未给公司造成任何损失。女职工是否生育与工作招聘、个人能力及签订劳动合同并无直接关系，属于个人隐私，员工有权保留，也没有义务如实向被告说明，被告要求员工在求职申请表中填写个人婚育情况本身带有用工歧视和违反劳动法，故被告以虚报个人资料，严重违反规章制度为由解除劳动合同的行为违反法律规定。现起诉要求判令被告与原告恢复劳动关系。

被告上海某培训中心辩称，确认原告所述的入职时间、岗位、合同签订情况。原告入职后共填写或签收了四份文件(求职申请表、员工基本情况登记表、员工手册、奖励和处罚制度)，这些文件均有要求原告提供真实信息的意思表示。双方签订的劳动合同第七条约定，“员工个人简历、求职申请表所列内容与自然情况不符，单位可以解除劳动合同”；原告填写的求职申请表中，根据其中相应声明，“如应聘者在求职申请表中提供的个人信息以及工作经历存在伪造情况，公司有权停止雇佣，公司对其欺骗行为予以解除劳动合同”；员工手册第三部分第一项第三条规定，“公司提倡正直诚信，并保留随时审查员工所提供个人资料的权利。员工个人资料如虚假……公司也可以欺诈为由解除劳动合同”；奖惩与处罚制度第四条约定，“虚报个人资料、伪造学历、体检结果、制造虚假业务记录及账单等欺骗公司的行为，公司予以解雇”。因原告伪造已育的个人信息，属于不诚信的行为，且原告所处教师岗位，诚信原则尤为重要。故被告是依据规章制度依法与原告解除劳动合同，不同意原告的诉请请求。

经审理查明，原告2012年9月17日入职被告处，原、被告签订了期限为2012年9月17日至2014年9月16日的劳动合同，其中2012年9月17日至2012年11月16日为试用期。合同约定：原告担任全职英语教师，每月基本工资2 000元，岗位工资1 200元。其中试用期基本工资2 000元，岗位工资1 000元。每个工作日享有餐费补贴8元。每月享有交通补贴100元。原、被告签订的补充合同约定：原告每月应完成授课工作量80小时，超过80小时的课时费按80元/小时支付。原告因担心被告存在用工歧视，遂在求职申请表中将婚育状态填写为已婚已育，并在员工基本情况登记表中虚构子女信息。求职申请表中的声明约定，“如应聘者在申请表中提供的个人信息以及工作经历存在伪造情况，公司有权停止雇佣，公司对其欺骗行为予以解除劳动合同”。

2014年2月，原告至医院进行身体检查时发现怀孕，此怀孕为首胎。原告将怀孕情况告知被告后，2014年4月8日被告以原告虚报个人信息为由与其解除劳动合同。同年5月7日原告申请劳动仲裁，要求被告自解除劳动合同之日起与原告恢复劳动关系。仲裁裁决不支持原告的请求。原告不服诉至法院。2014年10月6日，原告生育一子。

以上事实，由原告提供的劳动合同、劳动合同解除通知书、个人婚育情况证明、仲裁庭庭审笔录、黄劳人仲〔2014〕办字第980号裁决书，被告提供的求职申请表、员工基本情况登记表、奖励和处罚制度、员工手册，以及原、被告的陈述为证。

本院认为《劳动合同法》规定，用人单位招用劳动者时，应当如实告知劳动者工作内容、工作条件、工作地点、职业危害、安全生产状况、劳动报酬，以及劳动者要求了解的其他情况；用人单位有权了解劳动者与劳动合同直接相关的基本情况，劳动者应当如实说明。上述条款包括用人单位及劳动者各自负有的如实告知义务。本案争议的焦点为生育状况是否属于告知义务，未如实告知将产生怎样的法律后果。“与劳动合同直接相关的基本情况”指与劳动合同履行存在实质性意义的事项，通常包括劳动者个人身份信息资料，能在一定程度上反映劳动者工作能力、技术熟练程度的工作履历，原单位推荐函，特殊岗位必须具备的资格证书或健康资料等。《劳动合同法》在劳动合同签订过程中设定劳动者如实告知义务及对不诚信行为进行规制，目的亦是确保劳动合同目的的实现。劳动合同签订中的虚假陈述构成欺诈是用人单位行使解雇权的依据。所谓欺诈，是一方当事人故意告诉对方虚假信息，或者故意隐瞒真实情况，诱使对方当事人作出错误意思表示的行为。本案中，被告上海某培训中心明确表示，原告是否生育与原告竞聘的岗位无关，被告并非相信了原告已生育的虚假陈述而与原告签订劳动合同。婚姻、生育状况通常与劳动合同的履行没有必然的关系，属于个人隐私。原告因担心就业压力虚报个人生育状况不构成欺诈，故对被告以原告在签订劳动合同、填写求职申请表及员工基本情况登记表时对生育状况作不实陈述并据此解除劳动合同，违反法律规定。原告现处于产假期内，对原告要求与被告恢复劳动关系的诉请，应予支持。为此，依照《劳动合同法》第八条、第二十六条、第四十八条之规定，判决如下：

被告上海某培训中心与原告王某自2014年4月8日起恢复劳动合同关系。

案件受理费人民币10元，由被告上海某培训中心负担。

如不服本判决，可在判决书送达之日起十五日内，向本院递交上诉状，并按对方当事人的人数提出副本，上诉于上海市第二中级人民法院。

审 判 长　　袁 某
审 判 员　　许 某
人民陪审员　　周某某
二〇一五年一月九日
书 记 员　　章某某

（案例来源：中国裁判文书网）

第三章　社会保险法律制度

案例回放

2014 年 11 月 21 日，陈某与甲汽车配件公司签订劳动合同并办理入职，一直工作至 2020 年 9 月 14 日。陈某于 2021 年 6 月 9 日前往江北区社会保险局办理退休手续时，发现甲汽车配件公司未按法律规定为其缴纳养老保险，导致其无法办理退休手续。陈某找到甲汽车配件公司，要求为其补缴养老保险，甲汽车配件公司以没钱为由推脱。陈某无奈之下只好自己垫付 7 157.88 元养老保险费用并将甲汽车配件公司诉至法院要求其支付。

法院判决被告甲汽车配件有限公司支付原告陈某代缴的养老保险费用（含滞纳金）7 157.88 元。

理论要点

第一节　社会保险法律制度概述

一、社会保险的概述

社会保险是社会保障的一种形式，是指国家通过立法建立的，以劳动者为保障对象，以劳动者的年老、疾病、工伤、失业、死亡等特殊事件为保障内容，通过税收或缴费建立社会保险基金，从而帮助劳动者克服上述社会风险的一种正式的国家生活保障制度。社会保险是工业化的产物。工业革命不仅带来了技术上的飞跃，而且将市场经济体制引入了人类社会。市场经济在为人们带来无限机遇的同时，也带来更大的风险，如养老的风险、健康的风险、失业的风险等。《礼记・礼运》描绘了大同社会的理想状态："鳏寡孤独废疾者，皆有所养。"时至今日，老有所养、病有所医、失有所保，依然是人们对生活的美好憧憬。社会保险的项目一般包括养老保险、医疗保险、疾病保险、失业保险、工伤保险和生育保险。

社会保险的作用是当劳动者遇到劳动风险、失去劳动报酬之后，为其提供基本的生活保障。凡依照法律规定必须投保的劳动者和用人单位都必须参加社会保险，社会保险当事人不得自行确定是否参加社会保险，不得自行选择或退出所参加的社会保险项目。被保险人及其用人单位必须依据国家法律规定的保险费率足额缴纳社会保险费。社会保险的基金来源于劳动者创造的物质财富，国家通过社会保险将一部分物质财富再返回给劳动者，其实质是对劳动者过去劳动的一种补偿。社会保险对符合条件享受社会保险待遇的劳动者，在给予各种保险金支付的同时，按照实际需要，提供医疗护理、伤残康复、职业培训及各种社会服务。

办理社会保险系用人单位的法定义务，是否为员工购买商业人身保险则是由单位自行决定的员工福利问题，但商业保险不能取代社会保险。

【案例3-1】

2011年11月，深圳市甲远洋渔业有限公司（以下简称甲公司）与浙江乙远洋渔业有限公司（以下简称乙公司）签订委托招聘合同，约定乙公司为甲公司名下6艘船舶招聘远洋船员。

2012年7月8日，安某一与乙公司签订大管轮聘用合同，约定乙公司招聘安某一为远洋大管轮，乙公司负责为安某一投保人身意外险，如在聘用期内发生因工伤亡，按有关意外保险条款执行。

2012年8月22日，甲公司作为投保人，为包括安某一在内的48名船员向中国人民财产保险股份有限公司深圳市分公司（以下简称人保公司）投保团体意外伤害保险，保障项目为意外身故、残疾、烧伤给付，每人保险金额为60万元。

2012年9月，安某一等14名船员被派遣至轮上进行远海捕鱼作业。2013年8月5日，轮船在法属波利尼西亚南方群岛拉帕岛附近海域遇险侧翻。2014年1月16日，安某一被河南省栾川县人民法院宣告死亡。人保公司向安某和兰某实际支付了安某一身故赔偿金60万元。

2014年12月10日，浙江省绍兴市越城区人民法院判决，确认甲公司与安某一存在劳动关系。

2015年3月16日，深圳市人力资源和社会保障局认定安某一属于工伤。

安某是安某一的父亲，兰某是安某一的母亲。兰某肢体残疾等级为3级。

安某、兰某请求判令甲公司支付拖欠安某一的工资及奖金，以及丧葬补助金、供养亲属抚恤金、一次性工亡补助金等工伤保险待遇。

法院认为《中华人民共和国工伤保险条例》（以下简称《工伤保险条例》）第二条第一款规定："中华人民共和国境内的企业、事业单位、社会团体、民办非企业单位、基金会、律师事务所、会计师事务所等组织和有雇工的个体工商户（以下称用人单位）应当依照本条例规定参加工伤保险，为本单位全部职工或者雇工（以下称职工）缴纳工伤保险费。"根据该项规定，为职工缴纳工伤保险费是甲公司的法定义务，该法定义务不得通过任何形式予以免除或变相免除。

《工伤保险条例》第六十二条第二款又进一步规定："依照本条例规定应当参加工伤保险而未参加工伤保险的用人单位职工发生工伤的，由该用人单位按照本条例规定的工伤保险待遇项目和标准支付费用。"在甲公司未为安某一缴纳工伤保险费的情况下，甲公司应向安某一的父母安某和兰某支付工业保险待遇费用。

甲公司为安某一购买的商业性意外伤害保险，性质上是甲公司为安某一提供的一种福利待遇，不能免除甲公司作为用人单位负有的法定的缴纳工伤保险费的义务或支付工伤保险待遇费用的义务。

此外，法律及司法解释并不禁止受工伤的职工或其家属获得双重赔偿。

《最高人民法院关于审理工伤保险行政案件若干问题的规定》第八条第一款规定"职工因第三人的原因受到伤害，社会保险行政部门以职工或者其近亲属已经对第三人提起民事诉讼或者获得民事赔偿为由，作出不予受理工伤认定申请或者不予认定工伤决定的，人民法院不予支持"，第三款规定"职工因第三人的原因导致工伤，社会保险经办机构以职工或者其近亲属已经对第三人提起民事诉讼为由，拒绝支付工伤保险待遇的，人民法院不予支持，但第三人已经支付的医疗费用除外”。由此可见,上述规定并不禁止受工伤的职工同时获得民事赔偿和工伤保险待遇赔偿。

甲公司称安某和兰某同时获得保险金和工伤保险待遇属一事二赔、违反公平原则,没有法律依据,不予支持。判决甲公司向安某和兰某支付工伤保险待遇费用。

(案例来源:威科先行案例数据库)

二、社会保险制度的概述

(一)社会保险制度的发展

从20世纪90年代至今,我国已经建立起一套社会保险法律体系,社会保险事业获得了较大的发展。2010年10月28日第十一届全国人民代表大会常务委员会第十七次会议通过了《中华人民共和国社会保险法》(以下简称《社会保险法》),该法于2011年7月1日开始施行。

据2021年度人力资源和社会保障事业发展统计公报,截至2021年末,我国参加基本养老保险人数为102 871万人,失业保险人数为22 958万人,工伤保险人数为28 287万人,全国有11.75万户企业建立企业年金,参加职工2 875万人。但城乡之间,地区之间,机关、事业单位和企业单位之间的社保制度仍然存在一些不平衡和社会保险待遇差别较大等问题。

(二)《社会保险法》的主要内容

《社会保险法》的颁布实施,使我国社会保险制度发展全面进入法治轨道,为推动整个人力资源和社会保障事业科学发展提供了进一步的法治保障。《社会保险法》不仅极大地促进了社会保险工作,而且对整个人力资源和社会保障事业产生了积极而深远的影响。该法确立了广覆盖、可转移、可衔接的社会保险制度,从法律上破除了各类人才自由流动阻碍、劳动者在地区之间和城乡之间流动就业的制度性障碍,有利于形成和发展统一规范的人力资源市场;进一步规范和明确了劳动者和用人单位的社会保险权利义务关系,有利于促进劳动关系的稳定与和谐。《社会保险法》的出台,与以前颁布实施的《劳动法》《公务员法》《劳动合同法》《就业促进法》《劳动争议调解仲裁法》一起,构成了我国人力资源和社会保障法律体系完整的顶层架构,对推进人力资源和社会保障事业在法治轨道上实现科学发展具有重要意义。

《社会保险法》规定,国家建立基本养老保险、基本医疗保险、工伤保险、失业保险、生育保险等社会保险制度,保障公民在年老、疾病、工伤、失业、生育等情况下依法从国家和社会获得物质帮助的权利。

(1)基本养老保险包括职工基本养老保险、新型农村社会养老保险和城镇居民社会养老保险。《社会保险法》总结20多年来我国养老保险制度改革的经验,对职工基本养老保险制度的覆盖范围、基本模式、资金来源、待遇构成、享受条件和调整机制等作了比较全面的规范,并规定了病残津贴和遗属抚恤制度。此外,还规定国家建立和完善城镇居民社会养老保险制度,同时授权省、自治区、直辖市人民政府根据实际情况,将城镇居民社会养老保险和新型农村社会养老保险合并实施,为逐步建立统筹城乡的养老保障体系奠定了法律基础。

(2)基本医疗保险包括职工基本医疗保险、新型农村合作医疗保险和城镇居民基本医疗保险。对职工基本医疗保险制度和城镇居民基本医疗保险制度的覆盖范围、资金来源、待遇项目及享受条件、医疗保险费用结算办法等作了比较全面的规定,对新型农村合作医疗制度作了原则规定,并授权国务院规定管理办法。

(3)工伤保险、失业保险和生育保险制度经过10多年的实践,已经比较成熟。《社会保险法》在总结实践经验的基础上，对工伤保险、失业保险和生育保险也分别单独成章，对其覆盖范围、资金来源、待遇项目和享受条件等作了具体规定。

（三）社会保险的覆盖范围

《社会保险法》中的基本养老保险制度和基本医疗保险制度覆盖了我国城乡全体居民。工伤保险、失业保险和生育保险制度覆盖了所有用人单位及其职工。被征地农民按照国务院规定被纳入相应的社会保险制度。被征地农民到用人单位就业的，都应当参加全部五项社会保险。对于未就业，转为城镇居民的，可以参加城镇居民社会养老保险和城镇居民基本医疗保险；继续保留农村居民身份的，可以参加新型农村社会养老保险和新型农村合作医疗保险。

在中国境内就业的外国人，也应当参照《社会保险法》规定参加我国的社会保险。

三、社会保险国际协作

国际上，社会保险通常遵循属地化原则，公民在非国籍国就业按就业国规定参加社会保险。劳动者双重缴纳社会保险费的现象普遍存在。为解决这一问题，世界各国的通行做法是政府间签订社保协定。政府间双边社保协定的签署将有效减轻双方企业和人员的社保缴费负担，进一步便利两国经贸和人员往来。

2016 年 10 月 31 日，《中华人民共和国政府和法兰西共和国政府社会保障协定》签字仪式在北京举行。根据协定，双方派遣人员、船员、空乘人员、外交领事机构人员、公务员及政府雇员将免除在对方国的相关社会保险缴费。截至目前，除了法国以外，中国政府已与荷兰、德国、韩国、丹麦、芬兰、加拿大和瑞士等 7 国分别签署了双边社会保障协定，实现了双边社保互惠。

第二节　基本养老保险

一、养老保险的概述

（一）养老保险的概念

养老保险又称年金保险，是国家根据劳动者的体质和劳动力资源的状况，规定一个年龄界限，允许劳动者在达到这个年龄时，因年老丧失劳动能力而解除劳动义务，由国家和社会提供物质帮助，保证劳动者晚年生活，使其老有所养的一种社会保险制度。

根据《社会保险法》规定，针对不同群体，养老保险有基本养老保险、新型农村社会养老保险和城镇居民社会养老保险。

职工应当参加基本养老保险，由用人单位和职工共同缴纳基本养老保险费。无雇工的个体工商户、未在用人单位参加基本养老保险的非全日制从业人员以及其他灵活就业人员可以参加基本养老保险，由个人缴纳基本养老保险费。

2014 年 7 月 1 日起施行的《事业单位人事管理条例》第三十五条规定，事业单位及其工作人员依法参加社会保险，工作人员依法享受社会保险待遇。目前，全国各地的事业单位均已纳入了养老保险统筹范围。2015 年 1 月 3 日国发〔2015〕2 号文《国务院关于机关事业单位工作人员养老保险制度改革的决定》决定改革机关事业单位工作人员养老保险制度，将按照《公务员法》管理的单位、参照《公务员法》管理的机关（单位）、事业单位及其编制内的工作人员纳入养老保险统筹，并从 2014 年 7 月 1 日执行。

（二）养老保险的特点

1. 补偿性

劳动者享受养老保险待遇，必须先行缴费；劳动者缴纳保险费，在退休、退职后就可以从养老保险经办机构领取退休金。劳动者所领取的退休金和获得的其他待遇中有一部分是自己所缴纳的保险费的返回，具有一定的补偿性质。

2. 广泛性

养老保险的适用对象是所有退休、退职的劳动者。

3. 必然性

养老保险的必然性是指参加养老保险的劳动者一般都能享受养老保险待遇。但其他保险，包括失业保险、医疗保险、生育保险和工伤保险则与此不同。

【案例 3-2】

某科技公司是一家从事计算机软件开发的外商独资企业，其于 2003 年 7 月高薪聘用了一位博士研究生郑某担任副总经理。双方约定月工资为 12 000 元，除了工资以外，公司不再提供其他福利待遇，医药费报销、养老等问题都由郑某自己解决，公司概不负责。郑某考虑到自己年轻，一般也不会有什么大病，工资比较高，自己可以储蓄养老，遂与公司签订了劳动合同。几个月后，由于郑某与董事长在公司的经营管理等重大问题上产生了分歧，被炒了“鱿鱼”。郑某不服，向劳动争议仲裁委员会申请仲裁。

在申请仲裁期间，郑某同时又提出了公司未给他缴纳养老保险的问题，他认为，这也是侵犯他合法权益的行为。但公司董事长抗辩道：“不为你缴纳养老保险，是事先跟你讲好的。咱们的协议已经达成，你现在无权反悔。”

评析：养老保险待遇并不等同于职工工资待遇，应当注意区分工资和养老金这两个概念。工资是指基于劳动关系，用人单位根据劳动者提供的劳动数量和质量，按照劳动合同约定支付的货币报酬；而养老保险是劳动者达到法定退休年龄，退出工作岗位后，所享受的一种社会保险待遇，是保障离退休人员的“养命钱”。因此，用人单位给其职工的工资再高，也不能取代其应享有的养老保险待遇。同时，《劳动法》规定的这种社会保险，不同于保险公司的商业保险，主要区别在于：①前者是在与用人单位发生劳动关系时，劳动者应享有的权利，但后者却是商业保险关系；②前者是强制性的，即企业和劳动者必须依法参加，而后者是自愿性的，即是否参加完全凭企业或劳动者自愿。所以，郑某接受高薪，自己向保险公司投保的养老保险，不能代替社会保险中的养老保险。

我国《劳动法》第七十二条规定，用人单位和劳动者必须依法参加社会保险，缴纳社会保险费。参加社会保险，缴纳社会保险费不光是用人单位的义务，也是劳动者的义务。对于劳动者的权利，劳动者当然可以放弃，但是对于义务就必须履行，无权放弃。因此，即使劳动者不想参加社会保险也是不行的。本案中，郑某当初默许公司不参加养老保险，并不能免除公司缴纳社会保险费的责任。

某科技公司以高薪来取代职工的养老保险，是违反法律规定的。该公司不仅应该依法为职工缴纳养老保险，还应该同时缴纳失业、医疗等政府规定的社会保险。只有这样，才能保障职工的合法权益，并免受因违法而带来的制裁。

（材料来源：江西新余市政府网）

二、养老保险基金的征缴

（一）筹资渠道

职工参加基本养老保险，由用人单位和职工共同缴纳基本养老保险费。无雇工的个体工商户、非全日制从业人员可以参加基本养老保险，由个人缴纳基本养老保险费。

国有企业、事业单位职工参加基本养老保险前，视同缴费年限期间应当缴纳的基本养老保险费由政府承担。

基本养老保险基金出现支付不足时，政府给予补贴。

新型农村社会养老保险实行个人缴费、集体补助和政府补贴相结合。

（二）缴费方式

用人单位应当按照国家规定的本单位职工工资总额的比例缴纳基本养老保险费。职工应当按照国家规定的本人工资的比例缴纳基本养老保险费，并记入个人账户。

所谓按比例缴纳是按照上月本单位职工工资总额和职工本人实际工资来确定缴费规模。企业缴纳的基本养老保险费不得超过企业工资总额的20%，个人缴纳的基本养老保险费不得低于本人缴费工资的4%，并从1998年起，每两年提高一个百分点，最终达到本人缴费工资的8%。

个人基本养老保险账户的规模按照本人缴费工资的11%建立，职工个人缴费全部记入个人账户，其余部分从企业缴费中划入，随着个人缴费比例的提高，企业缴费划入个人账户部分最终逐步降至3%。

无雇工的个体工商户、非全日制从业人员参加基本养老保险的，应当按照国家规定的比例缴纳基本养老保险费，并按照规定分别记入基本养老保险社会统筹基金和个人账户。

（三）“老人老办法”原则

国有企业、事业单位职工参加基本养老保险前视同缴费年限期间应当缴纳的基本养老保险费由政府承担。基本养老保险基金出现支付不足时，政府给予补助。由于人口老龄化的提早到来，对可能出现的基本养老保险基金支付不足，明确了政府补助的责任，以保障基本养老保险基金的安全性。

（四）禁止“退保”

个人账户的养老金不得提前支取，每年参考同期银行存款利率和物价指数确定记账利率，免征利息税。个人死亡的，个人账户的养老金余额可以继承。

三、基本养老保险待遇

参加基本养老保险的个人，达到法定退休年龄时累计缴费满15年的，按月领取基本养老金。参加基本养老保险的个人，达到法定退休年龄时累计缴费不足15年的，可以缴费至满15年，按月领取基本养老金；也可以转入新型农村社会养老保险或者城镇居民社会养老保险，按照国务院规定享受相应的养老保险待遇。

参加基本养老保险的个人，因病或者非因工死亡的，其遗属可以领取丧葬补助金和抚恤金；在未达到法定退休年龄时因病或者非因工致残完全丧失劳动能力的，可以领取病残津贴。所需资金从基本养老保险基金中支出。

国家建立基本养老金正常调整机制。根据职工平均工资增长、物价上涨情况，适时提高基本养老保险待遇水平。

四、跨地区转移

基本养老保险关系不能转移接续，成为制约我国社会保险事业发展的突出问题。由于无法转移接续，跨地区就业劳动者的缴费年限不能累计计算，致使很多劳动者不能享受基本养老保险待遇，造成劳动者参保积极性不高，有的地方甚至出现了大量进城务工人员退保，对基本养老保险的推行带来不利影响。因此《社会保险法》规定，个人跨统筹地区就业的，其基本养老保险关系随本人转移，缴费年限累计计算。

国务院办公厅转发的人力资源社会保障部、财政部《城镇企业职工基本养老保险关系转移接续暂行办法》(国办发〔2009〕66 号)，人力资源社会保障部发布的《关于贯彻落实国务院办公厅转发城镇企业职工基本养老保险关系转移接续暂行办法的通知》(人社部发〔2009〕187 号)、《关于印发城镇企业职工基本养老保险关系转移接续若干具体问题意见的通知》(人社部发〔2010〕70 号)、《人力资源社会保障部办公厅关于职工基本养老保险关系转移接续有关问题的函》(人社厅函〔2013〕250 号)和《人力资源社会保障部关于城镇企业职工基本养老保险关系转移接续若干问题的通知》(人社部规〔2016〕5 号)对养老保险关系的跨地区转移作出了具体规定。

五、养老保险待遇损失案件的司法处理

实践中，员工达到退休年龄时，通常因为企业在劳动关系存续期间未缴纳养老保险，或者缴费年限缺失，或者缴费基数不足额，或者存在漏缴纳的情形，导致员工无法办理退休手续并领取养老保险待遇，或者办理退休手续时领取的养老金待遇与按照实际情况缴费存在差异。因此，在养老保险待遇损失问题上，企业和员工之间容易发生争议。针对养老保险待遇损失的问题，通常会衍生出以下三大类问题：未依法缴纳社保能否提出解除劳动合同、主张经济补偿要求的问题；养老保险补缴的问题；无法补缴时赔偿损失的问题。

2020 年 12 月 25 日，最高人民法院审判委员会第 1825 次会议通过的《最高人民法院关于审理劳动争议案件适用法律问题的解释(一)》的第一条规定："劳动者与用人单位之间发生的下列纠纷，属于劳动争议，当事人不服劳动争议仲裁机构作出的裁决，依法提起诉讼的，人民法院应予受理：……(五)劳动者以用人单位未为其办理社会保险手续，且社会保险经办机构不能补办导致其无法享受社会保险待遇为由，要求用人单位赔偿损失发生的纠纷；(六)劳动者退休后，与尚未参加社会保险统筹的原用人单位因追索养老金、医疗费、工伤保险待遇和其他社会保险待遇而发生的纠纷。"因此，劳动者可以就养老保险损失向企业进行追索。

关于养老保险待遇的损失如何计算，各省、直辖市和自治区的标准均有不同。《重庆市高法院民一庭关于用人单位未为劳动者办理社会保险手续，且社会保险经办机构不能补办导致劳动者无法享受社会保险待遇的，用人单位应如何赔偿损失的通知》规定劳动者以用人单位未为其办理社会保险手续，且社会保险经办机构不能补办导致其无法享受社会保险待遇为由，要求用人单位赔偿损失的，按以下原则处理：如劳动者在同一用人单位工作年限满 15 年的，则参照劳动者达到法定退休年龄前一年的重庆市退休职工社会月平均养老金标准的 70% 确定劳动者的损失，由用人单位按月赔付；如劳动者在同一用人单位连续工作不满 15 年的，则以劳

动者在用人单位的实际工作年限除以15年,再乘以其达到法定退休年龄前一年的重庆市退休职工月社会平均养老金标准的70%确定劳动者的损失,由用人单位按月赔付。

实践中欠缴、漏缴、不足额缴纳社保费用这类争议,最高院及各地法院在不同场合明确过,这些不属于劳动争议受案范围,不属于人民法院审理范围。最高人民法院于2010年12月21日在其官网答复:2010年9月最高人民法院颁发的《关于审理劳动争议案件适用法律若干问题的解释(三)》第一条规定了劳动者以用人单位未为其办理社会保险手续,且社会保险经办机构不能补办导致其无法享受社会保险待遇为由,要求用人单位赔偿损失而发生争议的,人民法院应予受理。而对用人单位欠缴社会保险费或者因缴费年限、缴费数额等发生争议的,未规定由法院受理。因社会保险机构对用人单位欠缴费用负有征缴的义务,如果劳动者、用人单位与社会保险机构就欠费等发生争议,是征收与缴纳之间的纠纷,属于行政管理的范畴,带有社会管理性质,不是单一的劳动者与用人单位之间的社会保险争议。因此,此类争议不宜纳入民事审判的范围,劳动者对用人单位欠缴社会保险费或者因缴费年限、缴费数额等发生争议的,应向相关部门申请解决。该答复虽依据已经废止的《最高人民法院关于审理劳动争议案件适用法律若干问题的解释(三)》作出,但2021年1月1日起施行的《最高人民法院关于审理劳动争议案件适用法律问题的解释(一)》的规定与此基本相同,虽然答复用词为"仅供参考",但法院一般依此处理。

【案例3-3】

2021年1月10日原告戴某诉被告某公司重庆分公司养老保险待遇纠纷。诉讼请求:判决被告支付退休待遇损失180 000元(3 000元/月×12个月×5年)。原告于1998年4月30日入职该公司,但是,被告从2008年3月才开始为原告缴纳社会保险,导致原告在2019年12月6日满50周岁时因参保年限不足,无法享受退休待遇,给原告造成重大损失,致使原告生活受到严重影响。

法院认为,依照《劳动法》第七十三条和《社会保险法》第十条、第十二条以及《最高人民法院关于审理劳动争议案件适用法律若干问题的解释(三)》第一条规定,劳动者退休后依法享受社会基本养老保险待遇,职工应当参加社会基本养老保险,由用人单位和职工共同缴纳养老保险费用。生效判决已认定原被告之间的劳动关系始于2008年3月,被告从此时为原告缴纳社会保险符合法律规定,并不存在欠缴原告养老保险的情形。《最高人民法院关于审理劳动争议案件适用法律若干问题的解释(三)》第一条规定:"劳动者以用人单位未为其办理社会保险手续,且社会保险经办机构不能补办导致其无法享受社会保险待遇为由,要求用人单位赔偿损失而发生争议的,人民法院应予受理。"原告要求被告赔偿养老保险待遇损失,不予支持。

(案例来源:威科先行法律信息库)

【案例3-4】

原告罗某与被告重庆某工贸有限公司养老保险待遇纠纷案件中原告的诉讼请求为:要求被告向原告赔偿2011年5月至2020年8月期间的养老保险待遇损失145 600元;要求被告配合原告办理养老保险申报及领取手续(提供工资表、申报表等),即要求被告为原告补交养老保险;由被告承担案件受理费。根据《最高人民法院关于审理劳动争议案件适用法律若干问题的解释(三)》第一条"劳动者以用人单位未为其办理社会保险手续,且社会保险经办机构不能补办导致其无法享受社会保险待遇为由,要求用人单位赔偿损失而发生争议的,人民法院应予受理"的规定,本案中原告罗某要求被告赔偿养老保险待遇损失且要求被告为原告补交养老保险,法院通过向重庆市万盛经济技术开发区社会保障局走访调查得知,本案中原告罗某的情形属于可以补办社会保险手续的情形,但需要被告配合提交工资表等相关材料,故本案所涉养老保险待遇纠纷不属于人民法院受案范围,原告可通过相应的行政途径解决有关纠纷,于是驳回原告的起诉。

(案例来源:威科先行法律信息库)

第三节　基本医疗保险

一、医疗保险的概述

(一)医疗保险的概念

医疗保险是指根据法律规定,通过强制性社会保险,由国家、雇主(用人单位)和个人共同建立起医疗保险基金,为个人接受医疗保险服务提供医疗费用补偿的一种社会保险制度。从广义上讲,疾病保险包括医疗服务和医疗津贴,因而医疗保险是其组成部分;但从狭义讲,疾病保险仅指医疗津贴,与医疗保险所提供的医疗服务显然不同。国际上将医疗津贴称为疾病津贴或生活补助,我国称为病假工资。

(二)医疗保险的特点

1. 交叉性

医疗保险与其他保险之间的交叉性较大,其他保险形式中也都包含着对发生疾病的医疗费补偿和疾病津贴的内容。如养老保险待遇项目中包含着医疗费用待遇,而工伤保险待遇中也包含着工伤医疗费用和津贴,失业保险待遇中有失业期间的医疗补助金等。

2. 补充性

医疗保险的补充性体现在,其他保险形式所不能涵盖的风险(非工伤范畴的疾病,非生育、失业和养老期间的疾病),只能通过医疗保险和疾病保险实现保障。正是有了医疗保险和疾病保险的兜底作用,社会保险制度才在保障功能的发挥上表现出严密性和充分性。

3. 普遍性

医疗保险和疾病保险的范围是整个社会公民,不限于单位职工和城市居民。正是由于医疗保险和疾病保险有覆盖面宽广的特点,在某种意义上,我们也可以将这种保险形式看成一种社会福利。

二、基本医疗保险的基本内容

(一)基本医疗保险的种类

(1)职工基本医疗保险。

(2)城镇居民基本医疗保险。

(3)新型农村合作医疗保险。

(二)缴费方式

(1)职工应当参加职工基本医疗保险,由用人单位和职工共同缴纳基本医疗保险费。

(2)用人单位应当按照国家规定的本单位职工工资总额的比例缴纳基本医疗保险费(用人单位缴费率控制在职工工资总额的6%左右)。

(3)职工应当按照国家规定的本人工资的比例缴纳基本医疗保险费(职工缴费率一般为本人工资收入的2%,个人缴费全部记入个人账户)。

(4)城镇居民基本医疗保险和新型农村合作医疗保险实行家庭缴费和政府补助相结合。缴费和补助标准由省、自治区、直辖市人民政府规定。

(5)享受最低生活保障的人、丧失劳动能力的重度残疾人、低收入家庭60周岁以上的老年人等所需家庭缴费部分,由政府给予补助。

(6)职工及其所在用人单位已经缴纳基本医疗保险费的,职工的医疗费用按照国务院有关规定从基本医疗保险基金中支付。

(7)职工退休时累计缴费达到国家规定年限的,退休后不缴纳基本医疗保险费,按照国家规定享受基本医疗保险待遇。

(三)城乡待遇标准的地方化

(1)城镇居民基本医疗保险和新型农村合作医疗保险的待遇标准由省、自治区、直辖市人民政府规定。

(2)省、自治区、直辖市人民政府根据实际情况,可以将城镇居民基本医疗保险和新型农村合作医疗保险统一标准,合并实施。

(四)支付范围

(1)符合国家规定的基本医疗保险药品目录、诊疗项目、医疗服务设施标准以及急诊、抢救的医疗费用从基本医疗保险基金中支付。

(2)基本医疗保险药品目录、诊疗项目、医疗服务设施标准以及医药费用结算管理办法,按照国家有关规定执行。

(五)不纳入基本医疗保险基金支付范围的医疗费用

(1)应当由工伤保险基金支付的。

(2)应当由第三人负担的。

(3)应当由公共卫生负担的。

(4)在境外就医的。

医疗费用依法应当由第三人负担,第三人不支付或者无法确定第三人的,由基本医疗保险基金先行支付。基本医疗保险基金先行支付后,有权向第三人追偿。

(六)管理服务机制

(1)社会保险经办机构根据社会保险管理服务的需要,可以与医疗机构、药品经营单位签订服务协议。

(2)医疗机构应当为参保人员提供合理、必要的医疗服务,保护参保人员的合法权益。

(七)跨地区转移

个人跨地区就业的,其基本医疗保险关系随本人转移,缴费年限累计计算。

第四节　工伤保险

一、工伤保险的概念与特征

（一）工伤保险的概念

工伤保险又称职业伤害保险，是指劳动者在生产、工作过程中，由于意外事故负伤、致残、死亡，或者患职业病，造成本人及家属收入中断，从工伤保险基金中获得医疗费、康复费、生活费、经济补偿等必要费用的一种社会保险制度。目前，我国的工伤保险适用广义的工伤概念，将职业病作为工伤保险的一项内容，为工伤保险所吸纳。

（二）工伤保险的特征

（1）工伤保险的对象范围是全体职工，不论劳动合同期限的长短，不论何种用工形式的职工，都平等地享受工伤保险待遇。

修订后的《工伤保险条例》第二条规定："中华人民共和国境内的企业、事业单位、社会团体、民办非企业单位、基金会、律师事务所、会计师事务所等组织和有雇工的个体工商户（以下称用人单位）应当依照本条例规定参加工伤保险，为本单位全部职工或者雇工（以下称职工）缴纳工伤保险费。中华人民共和国境内的企业、事业单位、社会团体、民办非企业单位、基金会、律师事务所、会计师事务所等组织的职工和个体工商户的雇工，均有依照本条例的规定享受工伤保险待遇的权利。"

用人单位依照《工伤保险条例》规定应当参加工伤保险而未参加的，由社会保险行政部门责令限期参加，补缴应当缴纳的工伤保险费，并自欠缴之日起，按日加收万分之五的滞纳金；逾期仍不缴纳的，处欠缴数额 1 倍以上 3 倍以下的罚款。

应当参加工伤保险而未参加工伤保险的用人单位职工发生工伤的，由该用人单位按照本条例规定的工伤保险待遇项目和标准支付费用。

（2）工伤保险的责任具有赔偿性。工伤保险是基于对工伤职工的赔偿责任而设立的一种社会保险制度，其他社会保险是基于对职工生活困难的帮助和补偿责任而设立的。

（3）工伤保险实行无过错责任原则，无论工伤事故的责任归于用人单位还是职工个人或第三人，用人单位均应承担保险责任。

（4）工伤保险不同于养老保险等险种，劳动者不缴纳保险费，全部费用由用人单位负担，即工伤保险的投保人为用人单位。

（5）工伤保险待遇相对优厚，标准较高，但因工伤事故的不同而有差别。工伤职工达到退休年龄并办理退休手续后，停发伤残津贴，按照国家有关规定享受基本养老保险待遇。基本养老保险待遇低于伤残津贴的，由工伤保险基金补足差额。

（三）工伤保险法

《工伤保险条例》自 2004 年 1 月 1 日施行以来，对维护工伤职工的合法权益、分散用人单位的风险、规范和推进工伤保险工作发挥了积极作用。全国参加工伤保险的职工由《工伤保险条例》实施前的 4 575 万人增至 2010 年 9 月的 1.58 亿人，其中农民工 6 131 万人。

从《工伤保险条例》实施至 2009 年底，认定工伤 420 万人，享受工伤医疗待遇 1 080 万人次，享受伤残津贴和工亡抚恤待遇 434 万人。

近年,随着我国经济社会的发展,工伤保险制度面临一些新情况、新问题。例如,事业单位、社会团体、民办非企业单位等组织的职工工伤政策不明确,工伤认定范围不够合理,工伤认定、鉴定和争议处理程序复杂、时间冗长,一次性工伤死亡补助金和一次性伤残补助金标准偏低等,这些问题都需要从制度层面加以解决、完善。2009 年 7 月 24 日国务院法制办公布《国务院关于修改〈工伤保险条例〉的决定(征求意见稿)》,在充分征求社会各界意见后,2010 年底国务院公布了《国务院关于修改〈工伤保险条例〉的决定》,新《工伤保险条例》自 2011 年 1 月 1 日起施行。

新《工伤保险条例》主要修改了下述几个方面:一是扩大了工伤保险的适用范围;二是调整了工伤认定范围;三是简化了工伤认定、鉴定和争议处理程序;四是提高了部分工伤待遇标准;五是减少了由用人单位支付的待遇项目,增加了由工伤保险基金支付的待遇项目等。

2005 年,劳动和社会保障部、人事部、民政部和财政部联合发布《关于事业单位、民间非营利组织工作人员工伤有关问题的通知》,对参照《公务员法》管理和不属于财政拨款的两类事业单位、社会团体、民办非企业单位等组织的工作人员的工伤待遇作了明确规定。但对这两类之外的其他事业单位、社会团体、民办非企业单位以及基金会、律师事务所、会计师事务所等组织的工作人员的工伤待遇问题未作规定,交由省级地方政府规定。但多数省级地方政府未作规定,或规定的情形不统一。为了解决这部分职工的工伤政策不明确、不统一的问题,《工伤保险条例》扩大了工伤保险的适用范围,将不参照《公务员法》管理的事业单位、社会团体以及民办非企业单位、基金会、律师事务所、会计师事务所等组织纳入工伤保险适用范围。2011 年 1 月 1 日新《工伤保险条例》施行后,企业、事业单位、社会团体、民办非企业单位、基金会、律师事务所、会计师事务所等组织和有雇工的个体工商户都需参加工伤保险。

二、工伤保险的内容

(一)缴纳主体

职工应当参加工伤保险,根据雇主责任原则由用人单位缴纳工伤保险费,职工不缴纳工伤保险费。

(二)差别费率

国家根据不同行业的工伤风险程度确定行业的差别费率,并根据工伤保险费使用、工伤发生率等情况在每个行业内确定若干费率档次。行业差别费率及行业内费率档次由国务院社会保险行政部门制定,报国务院批准后公布施行。

国务院社会保险行政部门应当定期了解全国各统筹地区工伤保险基金收支情况,及时提出调整行业差别费率及行业内费率档次的方案,报国务院批准后公布施行。

(三)缴费方式

用人单位应当按照本单位职工工资总额和社会保险经办机构确定的费率档次缴纳工伤保险费。

对难以按照工资总额缴纳工伤保险费的行业,其缴纳工伤保险费的具体方式由国务院社会保险行政部门规定。

企业破产的,在破产清算时依法拨付应当由单位支付的工伤保险待遇费用。

(四)工伤的认定

《社会保险法》第三十六条规定:“职工因工作原因受到事故伤害或者患职业病,且经工伤认定的，享受工伤保险待遇；其中，经劳动能力鉴定丧失劳动能力的，享受伤残待遇。”《工伤保险条例》第十四条规定，职工有下列情形之一的，应当认定为工伤：

（1）在工作时间和工作场所内，因工作原因受到事故伤害的；

（2）工作时间前后在工作场所内，从事与工作有关的预备性或者收尾性工作受到事故伤害的；

（3）在工作时间和工作场所内，因履行工作职责受到暴力等意外伤害的；

（4）患职业病的；

（5）因工外出期间，因工作原因受到伤害或者发生事故下落不明的；

（6）在上下班途中，受到非本人主要责任的交通事故或者城市轨道交通、客运轮渡、火车事故伤害的；

（7）法律、行政法规规定应当认定为工伤的其他情形。

据此，一般工伤认定均必须具备工作原因、工作时间、工作场所三大要素。但对于三要素间的关系，法律法规并未作出明确规定，在实践中争议较大。结合《社会保险法》和《工伤保险条例》的规定，工作原因是认定工伤的充分条件，应该是工伤认定的核心要素。只要是工作原因，就足以认定工伤，即使不在通常意义的工作时间、工作场所内。工作场所、工作时间是工伤认定的辅助要素，它们的作用，一方面是进一步强调工作原因，另一方面是在工作原因无法查明时，用以推定是否属于工作原因。在工伤认定中，工作原因不仅是认定工伤的充分条件，而且还是认定工作场所、工作时间的核心标准。一般来说，一旦具备工作原因，其所涉及的时间和区域就是工作时间和工作场所。

现有法律法规对“三工”的规定比较严格，针对实践中的各种复杂情况，工伤认定可以考虑以下三个原则：一是对工作原因的认定应当考虑是否履行工作职责、是否受用人单位指派、是否与工作职责有关、是否基于用人单位的正当利益等因素；二是对工作时间的认定应当考虑是否属于因工作所需的时间；三是对工作场所的认定应当考虑是否属于因工作涉及的区域以及自然延伸的合理区域。

因此，实践中以下情形应当认定为工伤：职工在工作时间和工作场所内受到伤害，用人单位或者社会保险行政部门没有证据证明是非工作原因导致的；职工参加用人单位组织或者受用人单位指派参加其他单位组织的活动受到伤害的；在工作时间内，职工来往于多个与其工作职责相关的工作场所之间的合理区域因工受到伤害的；其他与履行工作职责相关，在工作时间及合理区域内受到伤害的。

【案例3-5】

2018年10月20日，江苏某公司总经理王某组织部分员工及家属至竹海公园参加登山活动，并由公司支付相关费用。在登山过程中王某突发疾病经医院抢救无效，于当日下午3时5分左右死亡。2018年11月20日，王某之妻向人力资源和社会保障局（以下简称人力资源和社会保障局）申请工伤认定。经调查，人力资源和社会保障局于2019年1月18日作出不予认定工伤决定书，对王某于2018年10月20日在竹海公园登山过程中突发疾病经医疗机构抢救无效死亡的情形不予认定为工伤或视同工伤。王某之妻不服，遂起诉至法院，要求撤销该工伤决定。一审判决：本次登山活动属于一般意义上的旅游活动，不构成工作的延伸或组成部分，不能认定为工伤。王某之妻认为王某符合“工作时间和工作岗位,突发疾病死亡或者48小时之内经抢救无效死亡”视同工伤的情形,王某在单位组织团建活动中具有组织、带领等多项义务,并不是以观光、休闲为主要目的,实际上还是为了工作,其死亡应当认定为工伤。法院认为,江苏省人力资源和社会保障厅《关于实施〈工伤保险条例〉若干问题的处理意见》第八条规定:“用人单位以工作名义安排或者组织职工参加餐饮、旅游观光、休闲娱乐等活动,或者从事涉及领导、个人私利的活动,不能作为工作原因。”

本案中,公司员工的登山活动虽然是以公司的名义组织进行并由公司支付费用,但活动安排在休息时间且职工可以自愿选择是否参加,当天参加活动的为公司部分职工以及家属,公司对未参加的职工没有施加任何影响力予以强制,该活动属于一般意义上的旅游活动,不构成工作的延伸或组成部分,王某即使在旅游过程中发挥了一定的组织、管理作用,其死亡亦不应认定为与工作原因或履行工作职责存在关联,法院判决驳回了王某之妻的诉讼请求。王某之妻上诉,二审法院维持了原判。

(案例来源:根据中国裁判文书网文书案例改编。裁判文书案号:〔2019〕苏04行终318号)

【案例3-6】

2008年9月3日,胡某开始在袁氏公司做杂工,职责为防火防盗。2012年1月24日,胡某在公司露天废铁堆码货场值班,因天气寒冷,欲生火取暖,在使用废钢剪切机剪切木柴时,不慎被机器砸伤右手。2013年8月20日,胡某向区人力资源和社会保障局提出工伤认定申请。9月25日,区人力资源和社会保障局作出工伤认定举证通知书,袁氏公司于10月8日领取该举证通知书。10月25日,区人力资源和社会保障局作出工伤认定中止审理决定书,后于12月14日作出工伤认定恢复审理决定书恢复审理。12月17日,区人力资源和社会保障局前往胡某工作地点查看现场并拍照,照片显示:现场为露天货场,有一工棚,一面靠墙,其余三面无遮挡。同日,区人力资源和社会保障局对胡某进行调查,并制作劳动和社会保险工伤认定调查笔录。2013年12月30日,区人力资源和社会保障局认定胡某受伤属工伤,并将认定工伤决定书送达袁氏公司和胡某。袁氏公司不服,向市人力资源和社会保障局提起行政复议。在市人力资源和社会保障局复议维持该决定书后,袁氏公司诉至重庆市江北区人民法院,要求撤销认定工伤决定书。

重庆市江北区人民法院经审理认为,袁氏公司向胡某提供的工作条件、工作环境极其恶劣,胡某因寒冷劈柴生火取暖的行为源自其正当生理需求,亦是为履行工作职责采取的必要措施。其在此过程中受到伤害,符合《工伤保险条例》第十四条第(一)项规定的“因工作原因受到事故伤害”的情形,应当认定为工伤,故驳回袁氏公司的诉讼请求。

袁氏公司不服,提起上诉。重庆市第一中级人民法院驳回上诉,维持原判。

评析:我国《工伤保险条例》第十四条、第十五条和第十六条对应当认定为工伤、视同工伤和不得认定或视同工伤的情形作了详细规定。其中,第十四条第(一)项规定,职工在工作时间和工作场所内,因工作原因受到事故伤害的,应当认定为工伤。就该项规定而言,工作时间、工作地点和工作原因是工伤认定的主要因素。因工作时间和工作地点皆具一定的延伸性和扩展性,在工作时间前后、因工外出期间或者在上下班途中皆有被认定为工伤的可能性。故又以工作原因最为关键。本案中,各方当事人对袁氏公司与胡某存在事实劳动关系,且胡某在工作时间、工作场所内受伤的事实并无异议，争议焦点在于胡某受伤是否因工作原因造成。

在工作时间和工作场所内，因工作环境恶劣，劳动者为了正常履行工作职责，采取必要措施保障自身正当生理需求，受到事故伤害的，即使劳动者自身行为存在过错，仍属因工作原因受伤，不影响工伤认定。本案中，胡某需要在严冬夜晚值守工地十余小时，用工单位本应保证其正当生理需求和安全健康，但工作场所之工棚三面透风，在无其他方式可取暖的情况下，胡某剪切木柴生火取暖，即使自身有过错，其本意也是为了保障自身正当生理需求，以正常履行工作职责，故其受伤应属因工作原因。

（案例来源："子非鱼说劳动法"微信公众号，作者重庆市江北区人民法院付鸣剑、王明辉、江朝丽）

【案例 3-7】

曾女士是江苏人，找了一家清洁服务公司的工作。虽然公司是上海的，但她被安排在老家的一家公司上班。公司为员工提供了食堂，平时大家都在食堂吃午饭，公司员工说通常 11 点到 12 点是吃饭、休息的时间。2015 年 2 月曾女士受姐姐邀请，去姐姐家吃午饭，因为母亲住在姐姐家，她心想不太远，又可以探望母亲，就答应了。到了午休，她便骑着电动自行车去了。

13∶25 分左右，曾女士在返回公司的路上，在交叉路口与一辆轿车发生碰撞，经抢救无效死亡。交警认定曾女士没有责任。但向人力资源和社会保障局申请工伤认定时，曾女士的女儿小徐拿到了一张不予认定工伤的决定书。小徐不理解，明明是工作日，而且是在上班途中发生的交通意外，怎么不算工伤呢？于是发生了纠纷，小徐最后选择起诉。

人力资源和社会保障局认为，曾女士是涉案公司的员工，该公司给员工提供了食堂进行就餐，意味着已经提供了合理且必要的条件满足员工午餐的基本生理需求。原告仍外出至其他地方就餐，此行为属于因私外出，不属于"上下班途中"的情形。

法院经审理后认为，曾女士作为员工的主体身份没有争议，本案焦点在"上下班途中"的认定上。分析相关法律规定及法理，构成工伤事故的上班途中不仅应考虑员工离开始发地的时间、事故发生地点，还应从员工离开单位的目的等进行综合考量。本案中一方面曾女士离开单位的直接目的是去其姐姐家吃饭，同时看望其母亲，都属于其个人原因；另一方面，根据用工单位证明，其午餐及休息时间为中午 11 点至 11 点半，而事故发生时间为 13∶25 时许，此时间超过午休时间 2 小时，显然不在合理时间范围内。综上，法院认为曾女士发生事故不符合法定的认定工伤或视同工伤的情形。

（案例来源：新浪上海 12 月 7 日文章，访问时间 2016 年 12 月 11 日，http://sh.sina.com.cn/news/2016－12－07/detail-ifxyiayq2586470.shtml）

【案例 3-8】

2012 年 2 月 28 日下午，张某与同事一同参加上海某医疗器械有限公司（以下简称医疗公司）举办的羽毛球比赛赛前训练，训练期间身体出现不适，随即被送往医院救治，经诊断为脑梗死（椎基底动脉系统），合并肺部感染、呼吸衰竭Ⅱ型、电解质紊乱及肝功能异常，于 2012 年 3 月 19 日经抢救无效死亡。2013 年 2 月 26 日，上海外服北京分公司向朝阳区人力资源和社会保障局提出工伤认定申请，并提交了工伤认定申请表、身份证复印件、诊断证明书、入院记录、住院病案、死亡医学证明书等材料。朝阳区人力资源和社会保障局于同日向申请人作出

《工伤认定一次性告知书》,告知应补交的材料,申请人当日进行补交。2013 年 2 月 26 日,朝阳区人力资源和社会保障局作出《工伤认定申请受理决定书》,并分别向各方进行送达。2013 年 4 月 25 日,根据申请人卢某(张某配偶)、上海外服北京分公司提交的材料以及调查核实的情况,朝阳区人力资源和社会保障局作出被诉不予认定工伤决定,并于次日向卢某和上海外服北京分公司送达。

2013 年 4 月 25 日,朝阳区人力资源和社会保障局作出京朝人社工伤认(1050F0241232)号《不予认定工伤决定书》(以下简称不予认定工伤决定),认定张某系上海外服北京分公司的员工。双方签有劳动合同,上海外服北京分公司将张某派遣到医疗公司工作,并为其缴纳了工伤保险。2012 年 2 月 28 日下午,张某与同事一同参加医疗公司举办的羽毛球比赛的赛前训练,训练期间突发疾病,随即被送往医院抢救,于 2012 年 3 月 19 日经抢救无效死亡。张某受到的伤害,不符合《工伤保险条例》第十四条、第十五条认定工伤或者视同工伤的情形,现决定不予认定或视同工伤。

卢某不服上述具体行政行为,诉至一审法院。一审法院经审理认为:依据《工伤保险条例》的规定,县级以上地方各级人民政府社会保险行政部门负责本行政区域内的工伤保险工作。上海外服北京分公司的注册地点在朝阳区,故朝阳区人力资源和社会保障局作为本行政区域内的工伤保险主管部门对涉案工伤认定申请具有审查并作出认定的法定职责。根据《工伤保险条例》第十五条第(一)项的规定,职工在工作时间和工作岗位,突发疾病死亡或者在 48 小时之内经抢救无效死亡的,视同工伤。本案中,朝阳区人力资源和社会保障局调取的证据能够证明张某于 2012 年 2 月 28 日下午,在与同事参加医疗公司组织的羽毛球比赛赛前训练活动中突发疾病,被医院诊断为脑梗死,后经抢救无效于 2012 年 3 月 19 日死亡的事实。张某从发病到死亡的时间达 21 天,不符合《工伤保险条例》的上述规定,不能被认定为视同工伤,同时张某的情形亦不符合《工伤保险条例》中应当认定为工伤的其他情形,朝阳区人力资源和社会保障局根据上述事实对张某作出不予认定工伤决定符合《工伤保险条例》的规定,予以支持。卢某关于朝阳区人力资源和社会保障局适用法律错误的主张没有事实和法律依据,不予支持。关于卢某所持朝阳区人力资源和社会保障局认定事实错误,主张张某系在参加单位组织的体育活动中意外摔倒、在打球过程中用力过猛扭伤脖子致脑梗死后抢救无效死亡的诉讼意见。

判决维持了朝阳区人力资源和社会保障局于 2013 年 4 月 25 日作出的不予认定工伤决定。

卢某不服一审判决,提出上诉。二审法院驳回上诉,维持一审判决。

【案例 3-9】

因超过招工年龄,王某甲无法到当地一煤矿公司上班。于是王某甲想到冒用其弟王某乙名字的办法。2000 年 7 月,王某甲以"王某乙"的名义到煤矿公司实习。同年 11 月,其被招聘到煤矿公司从事采煤工作。2004 年 7 月至 2012 年 7 月期间,煤矿公司为"王某乙"购买了工伤保险。

2012 年 7 月的一天,王某甲驾驶摩托车在下班途中发生车祸死亡,经当地人力资源和社会保障局认定其为工伤死亡。后因姓名问题,2014 年 9 月,王某甲亲属李某等人向当地人社申请将原工伤认定决定书中“王某乙”更改为“王某甲”。2015 年 1 月，王某甲的亲属向当地工伤保险管理部门申请王某甲的工伤死亡保险待遇。工伤保险管理部门审核认为，工伤保险实行实名制，既然工伤保险是以“王某乙”的名义购买，表明王某甲并未参加工伤保险，故核定不予支付一次性丧葬补助金、一次性工亡补助金及供养亲属抚恤金。

王某甲的亲属认为，相关部门已经认定王某甲为工伤死亡，王某甲所在的工作单位亦实际为其参保，工伤保险管理部门理应给予王某甲工伤死亡保险待遇，于是诉至重庆市某区人民法院。

法院经审理后认为，根据相关法律规定，用人单位应当为本单位职工缴纳工伤保险费。本案中，煤矿公司根据王某甲提供的“王某乙”的身份信息，以“王某乙”名义为王某甲缴纳工伤保险费，其真实意思表示应理解为投保对象实际为该公司职工王某甲，而不是与公司不具备劳动关系的王某乙，即王某甲与社会保险行政部门之间在事实上成立了工伤保险关系。本案中，王某甲已经相关部门认定为工伤死亡，煤矿公司亦为其缴纳了工伤保险费，故工伤保险管理部门应对王某甲核定工伤死亡保险待遇。据此，当地工伤保险管理部门在庭审过程中改变了原具体行政行为，原告遂撤回了诉讼。

《工伤认定办法》规定，与用人单位存在劳动关系的证明材料包括事实劳动关系的证明材料。也就是说，工伤保险法律规定中的职工是指与用人单位存在劳动关系的各种劳动者，这其中当然包括了事实劳动关系。本案中，王某甲虽然冒用他人身份，但与煤矿公司之间建立了事实劳动关系，属于《工伤保险条例》规定的法律意义上的职工，故其工伤死亡的情形符合工伤死亡保险待遇的范畴。

根据《工伤保险条例》第十五条的规定，职工有下列情形之一的，视同工伤：

(1)在工作时间和工作岗位，突发疾病死亡或者在 48 小时之内经抢救无效死亡的；

(2)在抢险救灾等维护国家利益、公共利益活动中受到伤害的；

(3)职工原在军队服役，因战、因公负伤致残，已取得革命伤残军人证，到用人单位后旧伤复发的。

关于《工伤保险条例》第十五条第一款的理解，2016 年 5 月 20 日人力资源社会保障部法规司在国务院法制办社会管理法制司转来的关于对《湖南省人民政府法制办公室关于如何理解〈工伤保险条例〉第十五条第(一)项的请示》的材料(国法社函〔2016〕16 号)复函中提出如下意见：

从立法本意看，《工伤保险条例》第十五条第一款第(一)项“在工作时间和工作岗位上，突发疾病死亡或者在 48 小时之内经抢救无效死亡的，视同工伤”的规定，考虑了此类突发疾病或在 48 小时之内经抢救无效死亡可能与工作劳累、工作紧张等因素有关，实质上是将工伤保险的范围由工作原因造成的事故伤害扩大到了其他情形，最大限度地保障了这部分人的权益。

但是，在工伤认定上，还应兼顾与用人单位、社会保险基金之间的利益平衡，不能无限制、无原则地扩大。从各地实践看，对视同工亡涉及的工伤认定，调查取证要求高，性质判定争议大，各地对条例的理解适用分歧也比较大。若不从严掌握，还将造成更多的执行偏差。

因此，建议对《工伤保险条例》第十五条第一款第(一)项视同工伤的理解和适用，应当严格按照工作时间、工作岗位、突发疾病、径直送医院抢救等四要件并重，具有同时性、连贯性来掌握，具体情形主要包括：①职工在工作时间和工作岗位突发疾病当场死亡；②职工在工作时间和工作岗位突发疾病，且情况紧急，直接送医院或医疗机构当场抢救并在48小时内死亡等。至于其他情形，如虽在工作时间、工作岗位发病或者自感不适，但未送医院抢救而是回家休息，48小时内死亡的，不应视同工伤。

【案例3-10】

代某燕系张某之妻，张某生前是北京铁路局工务段职工，从事汽车司机工作。2014年4月27日，张某因在单位值班时身体不适，于18点30分左右向办公室主任请假回家，到家后吃了止疼药感觉好些，就上床休息。代某燕做好晚饭后因张某已经睡着就没有叫醒他吃饭和去医院检查。次日早晨6点左右，代某燕做完早饭后，发觉丈夫还没起床，仔细查看发现丈夫没反应，赶紧拨打120急救电话，6点40分左右，120急救车赶到，医护人员检查后，告知张生已经死亡。2014年5月29日，代某燕就张某死亡一事，向省人力资源和社会保障厅提起工伤认定申请。省人力资源和社会保障厅受理后，于2014年8月8日作出被诉《不予认定工伤决定书》，并送达给代某燕。代某燕不服，向河北省人民政府申请行政复议。河北省人民政府于2014年11月24日作出冀政复决〔2014〕43号行政复议决定，维持了省人力资源和社会保障厅作出的不予认定工伤决定。

代某燕不服向法院提起行政诉讼，一、二审均败诉，代某燕又提起再审。

最高人民法院再审认为，本案争议焦点是本案是否符合《工伤保险条例》第十五条第一款第(一)项规定的视同工伤情形。

《工伤保险条例》第十五条第一款第(一)项规定，职工在工作时间和工作岗位，突发疾病死亡或者在48小时之内经抢救无效死亡的，视同工伤。上述条款主要是针对在工作时间、工作岗位上突发疾病，不能坚持工作，需要紧急到医院进行抢救的情况而设定的。如果是在回家之后再到医院救治或突发疾病死亡的，就不属于这一条规定的适用范围。

本案中，张某在工作时间和工作岗位感到身体不适，请假回家后卧床休息，至次日被家人发现、经抢救无效死亡。虽然该不幸后果值得同情，但并不属于《工伤保险条例》规定的视同工伤情形，省人力资源和社会保障厅作出不予认定工伤决定于法有据。一、二审法院认定事实清楚，适用法律法规并无不当。至于再审申请人提出省人力资源和社会保障厅作出的不予认定工伤决定与其下发的冀劳社办〔2006〕137号文件相矛盾的问题，该文件仅为河北省工伤案例分析会议纪要，不具有普遍约束力，故该申请再审理由本院不予支持。2017年11月13日作出裁定驳回代某燕的再审申请。

(案例来源：中国裁判文书网。案号：〔2017〕最高法行申3687号)

修订后的《工伤保险条例》关于在上下班途中受到机动车事故伤害认定为工伤的情形限定为非本人主要责任的机动车事故。此种情形下的工伤认定要看职工在交通事故中的责任承担情况。职工步行、骑自行车、自驾车上下班途中，在必须经过的路段发生交通事故而受伤，且交警部门认定是劳动者主要责任、全部责任之外的，都属工伤。因此，交警部门作出的事故责任认定成为是否认定工伤的关键因素。

从《工伤保险条例》第十四条第(六)项文义上讲，上下班途中劳动者受到伤害的原因限于非本人主要责任的交通事故，突发疾病，人、动物的袭击或其他意外事件不包括在内。

《第八次全国法院民事商事审判工作会议(民事部分)纪要》中明确了社会保险与侵权责

任的关系问题,被侵权人有权获得工伤保险待遇或者其他社会保险待遇的,侵权人的侵权责任不因受害人获得社会保险而减轻或者免除。根据《社会保险法》第三十条和四十二条的规定,被侵权人有权请求工伤保险基金或者其他社会保险支付工伤保险待遇或者其他保险待遇。用人单位未依法缴纳工伤保险费,劳动者因第三人侵权造成人身损害并构成工伤,侵权人已经赔偿的,劳动者有权请求用人单位支付除医疗费之外的工伤保险待遇。用人单位先行支付工伤保险待遇的,可以就医疗费用在第三人应承担的赔偿责任范围内向其追偿。

职工上下班途中受到非本人主要责任的机动车事故伤害和工作过程中受到机动车事故伤害,既认定为工伤又属于交通事故,那么是否可以获得工伤和交通事故的双重赔偿在实践中法院有不同的判例。

【案例 3-11】

原告系被告下属单位彬县公路管理段清洁工,2009 年 3 月 1 日 10 时许,在 312 国道 KM1624 + 850 m 处上班过程中,由于陕 D28 × × × 和陕 D39 × × × 两车追尾,将正在清扫卫生的原告碰倒致伤,经彬县公安局交通警察大队认定,陕 D28 × × × 车驾驶员刘某负事故的全部责任,原告无责任。原告在彬县县医院抢救治疗后,于 2009 年 4 月 28 日经陕西省咸阳市司法医学鉴定中心鉴定,残疾程度为六级。后原告向彬县人民法院起诉,要求陕 D28 × × × 车车主赵某及其保险公司人保财险咸阳市秦都支公司赔偿其医疗费、残疾生活补助费等 349 600 元。2009 年 7 月 20 日,彬县人民法院作出〔2009〕彬民初字第 00280 号民事判决书,判决原告医疗费、误工费、护理费、住院伙食补助费、营养费、交通费、住宿费、复印费、残疾生活补助费、残疾辅助器具费、精神损害抚慰金共计 293 028. 16 元,由赵某赔偿 173 028. 16 元,人保财险咸阳市秦都支公司赔偿 120 000 元。

2010 年 1 月 22 日,彬县人力资源和社会保障局作出彬劳社伤险认决字〔2010〕01 号工伤认定决定书,认定原告 2009 年 3 月 1 日上班时因车辆交通事故造成其伤残为工伤。同年 4 月 19 日,咸阳市劳动能力鉴定委员会认定原告劳动功能障碍等级为五级,生活自理障碍等级为部分生活不能自理。后原告又以工伤待遇为由,向彬县劳动争议仲裁委员会提出请求,要求陕西省咸阳公路管理局赔偿其停工留薪期工资福利待遇。2010 年 7 月 27 日,彬县劳动争议仲裁委员会作出彬劳仲案字〔2010〕第 01 号裁决书,裁决:陕西省咸阳公路管理局支付原告 9 个月停工留薪期待遇 6 390 元、一次性伤残补助金 11 360 元、第二次住院期间的医疗费和伙食补助费 1 893. 30 元、劳动能力鉴定费 260 元,驳回原告要求陕西省咸阳公路管理局支付其一次性工伤医疗补助金、一次性伤残就业补助金和生活护理费的请求。

2010 年 8 月 11 日,原告不服彬劳仲案字〔2010〕第 01 号裁决书,向彬县人民法院起诉。

彬县人民法院审理认为,由于原、被告约定原告在被告处劳动期限为 2008 年 4 月 1 日至 2009 年 3 月 31 日,说明原、被告之间已建立劳动合同关系。原告因第三人侵权造成损害,且构成工伤,其既是工伤事故中的受伤职工,又是侵权行为的受害人,用人单位和侵权人均应当依法承担各自所负赔偿责任,即使该劳动者已从其中一方先行获得赔偿,亦不能免除或减轻另一方的赔偿责任。因此此案应适用工伤保险赔偿,原告有权同时获得工伤保险赔偿和人身侵权赔偿,即双份赔偿。故被告认为其只对第三人造成的损害承担未赔部分的补偿责任之理由,不能成立。原告在工作中遭受交通事故,被评定为工伤,依法应享受工伤医疗待遇。停工留薪期一般不超过12个月,在停工留薪期内,原工资福利待遇不变,由所在单位按月支付。法院作出如下判决。

(1)被告陕西省咸阳公路管理局支付原告12个月的停工留薪期工资8 520元。

(2)被告陕西省咸阳公路管理局支付原告一次性伤残补助金11 360元。

(3)被告陕西省咸阳公路管理局支付原告第二次住院期间医疗费1 563.30元及住院生活补助费210元,共计1 773.30元。

(4)被告陕西省咸阳公路管理局支付原告停工留薪期护理费10 950元,并从2010年3月1日起按2009年度职工月平均工资2 524.42元的30%即757.33元逐月支付原告生活护理费。

(5)被告陕西省咸阳公路管理局支付原告一次性工伤医疗补助金60 586元、一次性伤残就业补助金60 586元。

(6)驳回原告其他诉讼请求。

(案例来源:根据中国法院网案例改编)

【案例3-12】

2010年8月1日,冯女士入职重庆市四通环卫有限公司(以下简称四通公司),在公路上做打扫清洁工作。同年12月29日,她在南岸区四公里枢纽站外打扫清洁时,被一辆公交车撞伤,住院87天,花了7万多元医疗费。肇事方重庆冠忠公共交通集团有限公司(下称冠忠集团公司)支付了这笔费用。

重庆市南岸区人力资源和社会保障局认定其为工伤,重庆市劳动能力鉴定委员会鉴定其为八级伤残。2011年8月11日,冯女士和冠忠集团公司达成赔偿协议:除了7万多元医疗费,冠忠集团公司另外一次性赔偿4万余元。

事故发生后,冯女士和四通公司解除了劳动关系。2012年5月31日,冯女士将四通公司起诉到法院,称她在工作时间、工作地点、因工作原因被撞伤,属于工伤,要求四通公司一次性支付工伤待遇9万余元。

法院审理认为,劳动者在工作中发生了交通事故,如果该交通事故又属于工伤,劳动者既可以选择交通事故索赔,也可以选择工伤事故索赔。但是,如果劳动者已获得交通事故责任方的民事赔偿,用人单位不再支付工伤保险待遇。如果交通事故得到的赔偿少于工伤赔偿,用人单位则应赔偿差额部分。

承办法官称,他们根据相关赔偿标准,计算出冯女士的工伤赔偿总额应为15.1万余元。冠忠集团公司在交通事故赔偿中,支付的赔偿和医疗费总金额为11.4万余元。两者相差3.6万余元。

最后,重庆市南岸区法院一审判决四通公司赔偿差额部分的工伤赔偿金3.6万余元。冯女士不服提起上诉,二审驳回上诉,维持原判。

(材料来源:工伤赔偿法律网)

2006年1月20日重庆市高级人民法院发布《关于审理工伤赔偿案件若干问题的意见》规定,类似于上班途中或工作过程中因第三人侵权造成的工伤案件,为保证分配公平,采取差额互补的工伤赔偿方式,即:当受伤职工已获得肇事者支付的足额民事赔偿时,工伤保险经办机构及用人单位不再支付其工伤保险待遇；而当民事赔偿金额低于工伤保险待遇时，则由保险经办机构及用人单位补足差额部分。

《社会保险法》第四十二条规定，由于第三人的原因造成工伤，第三人不支付工伤医疗费用或者无法确定第三人的，由工伤保险基金先行支付。工伤保险基金先行支付后，有权向第三人追偿。据此，《社会保险法》的立法精神应理解为交通事故和工伤竞合时，不支持劳动者获得双重赔偿，劳动者可根据具体情况选择行使其中之一请求权，请求第三人赔偿或者请求获得工伤保险待遇。因此，重庆市高级人民法院的规定更符合现行《社会保险法》的精神。

遇到这种情况，建议劳动者直接走工伤赔偿程序。因为如果选择交通事故赔偿，若交通事故赔偿责任方没有足额的机动车商业保险，可能因为转移财产或者偿还能力不足等原因无法执行。而工伤赔偿由国家的工伤保险基金和用人单位共同支付，后者显然更有保障。另外，如果按照交通事故赔偿来计算伤残赔偿金，赔偿金额比工伤赔偿金额可能要少。因为交通事故的人身损害伤残鉴定等级要比工伤的伤残鉴定等级严格。交通事故适用的鉴定标准是《人体损伤残疾程度鉴定标准（试行）》，而工伤适用的鉴定标准则是《劳动能力鉴定——职工工伤与职业病致残等级分级》。工伤鉴定中的八级伤残在交通事故中可能被鉴定为十级伤残，相比之下工伤赔偿的总金额更高。劳动者死亡的情况下，一般工伤赔偿比交通事故赔偿的金额高，交通事故赔偿还要区分劳动者是否为城市常住人口，以此作为赔偿依据。因此，劳动者遇到类似情况，建议先向劳动部门请求认定工伤，然后启动工伤赔偿程序。

（五）不认定为工伤的情形

有下列情形之一的，导致职工本人在工作中伤亡的，不得认定为工伤或者视同工伤：

（1）故意犯罪的；

（2）醉酒或者吸毒的；

（3）自残或者自杀的。

关于工伤的认定，2011 年 1 月 1 日修订后的《工伤保险条例》实施后，各地在工伤认定领域出现了一些新情况。为保护劳动者的权益，《最高人民法院关于审理工伤保险行政案件若干问题的规定》（以下简称《规定》）于 2014 年 4 月 21 日由最高人民法院审判委员会第 1613 次会议通过，自 2014 年 9 月 1 日起施行。《规定》对双重劳动关系、劳务派遣、指派、转包和挂靠关系、工作场所、工作时间、因工外出期间和上下班途中情形下的工伤认定进行了明确，同期发布了工伤认定的几个指导性行政案例。

职工与两个或两个以上单位建立劳动关系，工伤事故发生时，职工为之工作的单位担责；劳务派遣单位派遣的职工在用工单位工作期间因工伤亡的，派遣单位担责；单位指派到其他单位工作的职工因工伤亡的，指派单位担责；用工单位违反法律、法规规定将承包业务转包给不具备用工主体资格的组织或者自然人，该组织或者自然人聘用的职工从事承包业务时因工伤亡的，用工单位担责；个人挂靠其他单位对外经营，其聘用的人员因工伤亡的，被挂靠单位担责。

“工作原因、工作时间和工作场所”是工伤认定中最核心的问题。《规定》确定了三个原则：一是对“工作原因”的认定应当考虑是否履行工作职责、是否受用人单位指派、是否与工作职责有关、是否基于用人单位的正当利益等因素；二是对“工作时间”的认定应当考虑是否属于因工作所需的时间；三是对“工作场所”的认定应当考虑是否属于因工作涉及的区域以及自然延伸的合理区域。在此基础上,《规定》明确,社会保险行政部门认定下列情形为工伤的,人民法院应予支持:①职工在工作时间和工作场所内受到伤害,用人单位或者社会保险行政部门没有证据证明是非工作原因导致的;②职工参加用人单位组织或者受用人单位指派参加其他单位组织的活动受到伤害的;③在工作时间内,职工来往于多个与其工作职责相关的工作场所之间的合理区域因工受到伤害的;④其他与履行工作职责相关,在工作时间及合理区域内受到伤害的,都应该认定为工伤。

"因工外出期间"属于"工作时间"的一种特殊情形。《规定》列举了三种认定工伤的情形:职工受用人单位指派或者因工作需要在工作场所以外从事与工作职责有关的活动期间;职工受用人单位指派外出学习或者开会期间;职工因工作需要的其他外出活动期间。只要不属于"职工因工外出期间从事与工作或者受用人单位指派外出学习、开会无关的个人活动受到伤害"的,原则上应当认定为工伤。

《规定》列了四种情形为法定"上下班途中":①在合理时间内往返于工作地与住所地、经常居住地、单位宿舍的合理路线的上下班途中;②在合理时间内往返于工作地与配偶、父母、子女居住地的合理路线的上下班途中;③从事属于日常工作、生活所需要的活动,且在合理时间和合理路线的上下班途中;④在合理时间内其他合理路线的上下班途中。

【案例3-13】

基本案情

南通六建公司系国基电子(上海)有限公司A7厂房工程的承包人,其以油漆承揽合同的形式将油漆工程分包给自然人李某某,约定李某某所雇人员应当接受南通六建公司管理。李某某又将部分油漆工程转包给自然人王某某,王某某招用张某兵进行油漆施工。李某某和王某某均无用工主体资格,也无承揽油漆工程的相应资质。2008年3月10日,张某兵在进行油漆施工中不慎受伤。11月10日,松江区劳动争议仲裁委员会裁决确定张某兵与南通六建公司之间存在劳动关系,但该裁决书未送达南通六建公司。12月29日,张某兵提出工伤认定申请,并提交了劳动仲裁裁决书。上海市松江区人力资源和社会保障局立案审查后,认为张某兵受伤符合工伤认定条件,且南通六建公司经告知,未就张成兵所受伤害是否应被认定为工伤进行举证。上海市松江区人力资源和社会保障局遂于2009年2月19日认定张成兵受伤为工伤。南通六建公司不服,经复议未果,遂起诉请求撤销上海市松江区人力资源和社会保障局作出的工伤认定。

裁判结果

经上海市松江区人民法院一审,上海市第一中级人民法院二审认为,根据《劳动和社会保障部关于确立劳动关系有关事项的通知》(劳社部发〔2005〕12号)第四条规定,建筑施工、矿山企业等用人单位将工程(业务)或经营权发包给不具备用工主体资格的组织或自然人,对该组织或自然人招用的劳动者,由具备用工主体资格的发包方承担用工主体责任。本案中,南通六建公司作为建筑施工单位将油漆工程发包给无用工主体资格的自然人李某某,约定李某某所雇用的人员应服从南通六建公司管理。后李某某又将部分油漆工程再发包给王某某,并由王某某招用了上诉人张某兵进行油漆施工。上海市松江区人力资源和社会保障局依据上述规定及事实认定上诉人与被上诉人具有劳动关系的理由成立。根据《工伤保险条例》规定,张某兵在南通六建公司承建的厂房建设项目中进行油漆施工不慎受到事故伤害，属于工伤认定范围。据此，维持上海市松江区人力资源和社会保障局作出被诉工伤认定的具体行政行为。

（案例来源：中国法院网指导案例）

【案例 3-14】

基本案情

原告何某祥系原北沟镇石涧小学教师，2006 年 12 月 22 日上午，原告被石涧小学安排到新沂城西小学听课，中午在新沂市区就餐。因石涧小学及原告居住地到城西小学无直达公交车，原告采取骑摩托车、坐公交车、步行相结合方式往返。15:40 左右，石涧小学邢某民、何某强、周某宇等开车经过石涧村大陈庄水泥路时，发现何某祥骑摩托车摔倒在距离石涧小学二三百米处的水泥路旁，随即送往医院抢救治疗。12 月 27 日，原告所在单位就何某祥的此次伤害事故向被告江苏省新沂市人力资源和社会保障局提出工伤认定申请，后因故撤回。2007 年 6 月，原告就此次事故伤害直接向被告提出工伤认定申请。经历了两次工伤认定、两次复议、两次诉讼后被告于 2009 年 12 月 26 日作出职工工伤认定，认定：何某祥所受机动车事故伤害虽发生在上下班的合理路线上，但不是在上下班的合理时间内，不属于上下班途中，不认定为工伤。原告不服，向新沂市人民政府申请复议，复议机关作出复议决定，维持了被告作出的工伤认定决定。之后，原告诉至法院，请求撤销被告作出的工伤认定决定。

裁判结果

经江苏省新沂市人民法院一审，徐州市中级人民法院二审认为：上下班途中的“合理时间”与“合理路线”是两种相互联系的认定，属于上下班途中受机动车事故伤害情形的必不可少的时空概念，不应割裂开来。结合本案，何某祥在上午听课及中午就餐结束后返校的途中骑摩托车摔伤，其返校上班目的明确，应认定为合理时间。故判决撤销被告新沂市人力资源和社会保障局作出的职工工伤认定；责令被告在判决生效之日起 60 日内就何某祥的工伤认定申请重新作出决定。

（案例来源：中国法院网指导案例）

【案例 3-15】

基本案情

孙某兴系中力公司员工，2003 年 6 月 10 日上午受中力公司负责人指派去北京首都国际机场接人。其从中力公司所在天津市南开区华苑产业园区国际商业中心（以下简称商业中心）八楼下楼，欲到商业中心院内开车，当行至一楼门口台阶处时，孙某兴脚下一滑，从四层台阶处摔倒在地面上，经医院诊断为颈椎过伸性损伤合并颈部神经牵拉伤、上唇挫裂伤、左手臂擦伤、左腿皮擦伤。孙某兴向天津新技术产业园区劳动人事局（以下简称园区劳动局）提出工伤认定申请，园区劳动局于 2004 年 3 月 5 日作出工伤认定决定书，认为没有证据表明孙某兴的摔伤事故是在工作场所、基于工作原因造成的，决定不认定为工伤。

裁判结果

经天津市第一中级人民法院一审，天津市高级人民法院二审认为，该案焦点问题是孙某兴摔伤地点是否属于工作场所和是否由于工作原因。《工伤保险条例》规定，职工在工作时间和工作场所内，因工作原因受到事故伤害，应当认定为工伤。该规定中的“工作场所”，指职工从事职业活动的场所，在有多个工作场所的情形下，还应包括职工来往于多个工作场所之间的必经区域。本案中，位于商业中心八楼的中力公司办公室是孙某兴的工作场所，而其完成去机场接人的工作任务需驾驶的汽车处于另一处工作场所。汽车停在商业中心一楼的门外，孙某兴要完成开车任务，必须从商业中心八楼下到一楼门外停车处，故从商业中心八楼到停车处是孙某兴来往于两个工作场所之间的必经区域，应当认定为工作场所。园区劳动局认为孙某兴摔伤地点不属于其工作场所，将完成工作任务的必经之路排除在工作场所之外，既不符合立法本意，也有悖于生活常识。孙某兴为完成开车接人的工作任务，从位于商业中心八楼的中力公司办公室下到一楼，并在一楼门口台阶处摔伤，系为完成工作任务所致。上诉人园区劳动局以孙某兴不是开车时受伤为由，认为孙某兴不属于“因工作原因”摔伤，理由不能成立。故判决撤销被告园区劳动局所作的工伤认定决定书，限其在判决生效后60日内重新作出具体行政行为。

（案例来源：中国法院网指导案例）

【案例3-16】

基本案情

2013年12月23日，吴某海在上海温和足部保健服务部（以下简称服务部）工作时突发疾病，当日送同济医院救治，医院抢救后告知家属救治无望，家属得知救治无望后陪同吴某海一起乘坐急诊救护车回老家，在回老家的途中吴某海死亡。医院出具的死亡医学证明显示，吴某海的死亡时间为2013年12月24日，也就是突发疾病的次日，死亡地点为急诊救护车上。

吴某海死亡后，服务部不认可与吴某海存在劳动关系。家属申请劳动仲裁，2014年8月19日，上海市普陀区劳动人事争议仲裁委员会作出普劳人仲〔2014〕办字第2570号裁决书，认定吴某海与服务部自2012年12月20日至2013年12月24日存在劳动关系。

2014年10月13日，吴某海家属向上海市普陀区人力资源和社会保障局申请工伤认定，人力资源和社会保障局于2014年10月22日受理，经调查认为，吴某海的死亡符合《工伤保险条例》第十五条第一款第（一）项规定，属于“在工作时间和工作岗位，突发疾病死亡或者在48小时之内经抢救无效死亡”，并于2014年12月19日认定视同工伤。

服务部不服，提起行政诉讼，请求法院撤销普陀区人力资源和社会保障局作出的工伤认定结论。

裁判结果

上海市普陀区人民法院一审认可普陀区人力资源和社会保障局的工伤认定结论，驳回了服务部的诉讼请求；服务部不服，上诉至上海市第二中级人民法院，上海市第二中级人民法院驳回上诉，维持原判。

裁判理由

普陀区人力资源和社会保障局具有作出被诉工伤认定的法定职权。普陀区人力资源和社会保障局受理吴某海家属的工伤认定申请后，依法进行了调查，于法定期限内作出被诉工伤认定决定并送达双方当事人，行政程序合法。

普陀区人力资源和社会保障局依据服务部员工的调查笔录及吴某海的病历材料、居民死亡医学证明书等证据,认定吴某海于2013年12月23日工作时突发疾病,当日送同济医院救治,次日死亡的事实,证据充分、事实清楚。

普陀区人力资源和社会保障局依据《工伤保险条例》第十五条第一款第(一)项、《上海市工伤保险实施办法》第十五条第一款第(一)项之规定,认定吴某海因病死亡的情形属于视同工伤,适用法律正确。

关于服务部认为吴某海死亡系家属主动放弃治疗运送其回乡导致的,不属于《工伤保险条例》第十五条第一款第(一)项规定的"突发疾病死亡或者在48小时之内经抢救无效死亡"的情形的意见,本院认为,从吴某海发病后被送至同济医院治疗直至在救护车上死亡,其始终未脱离医疗机构的治疗抢救状态,其家属始终未有拒绝接受救治的意思表示,故服务部的主张不能成立。

据此,二审法院依照《中华人民共和国行政诉讼法》第八十九条第一款第(一)项的规定,判决如下:驳回上诉,维持原判。

案例启示

如果劳动者在工作中突发疾病,不要主动放弃治疗,否则可能不被认定为工伤;如果医疗机构认定救治无望,不要自行把劳动者运送回家,因为自行运送将导致脱离医疗机构的治疗抢救状态,之后发生的死亡很有可能不被认定为工伤。

(案例来源:《最高人民法院公报》2017年第4期016号)

(六)工伤认定的程序及劳动能力鉴定

1. 工伤认定

职工发生事故伤害或者按照《中华人民共和国职业病防治法》(以下简称《职业病防治法》)规定被诊断、鉴定为职业病,所在单位应当自事故伤害发生之日或者被诊断、鉴定为职业病之日起30日内,向统筹地区社会保险行政部门提出工伤认定申请。遇有特殊情况,经报社会保险行政部门同意,申请时限可以适当延长。

用人单位未按前款规定提出工伤认定申请的,工伤职工或者其直系亲属、工会组织在事故伤害发生之日或者被诊断、鉴定为职业病之日起1年内,可以直接向用人单位所在地统筹地区劳动行政部门提出工伤认定申请①。

用人单位未在规定的时限内提交工伤认定申请,在此期间发生符合本条例规定的工伤待遇等有关费用由该用人单位负担。

提出工伤认定申请应当提交下列材料:工伤认定申请表、与用人单位存在劳动关系(包括事实劳动关系)的证明材料、医疗诊断证明或者职业病诊断证明书(或者职业病诊断鉴定书)。工伤认定申请表应当写明事故发生的时间、地点、原因以及职工伤害程度等基本情况。

社会保险行政部门受理工伤认定申请后,根据审核需要可以对事故伤害进行调查核实,用人单位、职工、工会组织、医疗机构以及有关部门应当予以协助。职业病诊断和诊断争议的鉴定,依照《职业病防治法》的有关规定执行。对依法取得职业病诊断证明书或者职业病诊断鉴

① 2018年1月1日实施的《浙江省工伤保险条例》第十二条规定,受伤劳动者或者劳动者家属、工会组织可以自事故伤害发生之日或者被诊断、鉴定为职业病之日起1年内直接向工伤认定部门申请工伤认定,不需单位在规定的期限内未申请这一条件。

定书的，社会保险行政部门不再进行调查核实。

职工或者其近亲属认为是工伤，用人单位不认为是工伤的，由用人单位承担举证责任。

社会保险行政部门应当自受理工伤认定申请之日起60日内作出工伤认定的决定，并书面通知申请工伤认定的职工或者其近亲属和该职工所在单位。

社会保险行政部门对受理的事实清楚、权利义务明确的工伤认定申请，应当在15日内作出工伤认定的决定。

作出工伤认定决定需要以司法机关或者有关行政主管部门的结论为依据的，在司法机关或者有关行政主管部门尚未作出结论期间，作出工伤认定决定的时限中止。

2. *劳动能力鉴定*

职工发生工伤，经治疗伤情相对稳定后存在残疾、影响劳动能力的，应当进行劳动能力鉴定。劳动能力鉴定是指劳动功能障碍程度和生活自理障碍程度的等级鉴定。劳动功能障碍分为十个伤残等级，最重的为一级，最轻的为十级。生活自理障碍分为三个等级：生活完全不能自理、生活大部分不能自理和生活部分不能自理。

劳动能力鉴定由用人单位、工伤职工或者其近亲属向设区的市级劳动能力鉴定委员会提出申请，并提供工伤认定决定和职工工伤医疗的有关资料。省、自治区、直辖市劳动能力鉴定委员会和设区的市级劳动能力鉴定委员会分别由省、自治区、直辖市和设区的市级社会保险行政部门、卫生行政部门、工会组织、经办机构代表以及用人单位代表组成。设区的市级劳动能力鉴定委员会应当自收到劳动能力鉴定申请之日起60日内作出劳动能力鉴定结论，必要时，作出劳动能力鉴定结论的期限可以延长30日。劳动能力鉴定结论应当及时送达申请鉴定的单位和个人。

申请鉴定的单位或者个人对设区的市级劳动能力鉴定委员会作出的鉴定结论不服的，可以在收到该鉴定结论之日起15日内向省、自治区、直辖市劳动能力鉴定委员会提出再次鉴定申请。省、自治区、直辖市劳动能力鉴定委员会作出的劳动能力鉴定结论为最终结论。

自劳动能力鉴定结论作出之日起1年后，工伤职工或者其近亲属、所在单位或者经办机构认为伤残情况发生变化的，可以申请劳动能力复查鉴定。

（七）工伤保险待遇及给付

因工伤发生的下列费用，按照国家规定从工伤保险基金中支付：

（1）治疗工伤的医疗费用和康复费用；

（2）住院伙食补助费；

（3）到统筹地区以外就医的交通食宿费；

（4）安装配置伤残辅助器具所需费用；

（5）生活不能自理的，经劳动能力鉴定委员会确认的生活护理费；

（6）一次性伤残补助金和一至四级伤残职工按月领取的伤残津贴；

（7）终止或者解除劳动合同时，应当享受的一次性医疗补助金；

（8）因工死亡的，其遗属领取的丧葬补助金、供养亲属抚恤金和因工死亡补助金；

（9）劳动能力鉴定费。

因工伤发生的下列费用，按照国家规定由用人单位支付：

（1）治疗工伤期间的工资福利；

(2)五级、六级伤残职工按月领取的伤残津贴;

(3)终止或者解除劳动合同时,应当享受的一次性伤残就业补助金。

(八)工伤职工享受工伤保险待遇的例外

工伤职工有下列情形之一的,停止享受工伤保险待遇:

(1)丧失享受待遇条件的;

(2)拒不接受劳动能力鉴定的;

(3)拒绝治疗的。

(九)其他事项

用人单位分立、合并、转让的,承继单位应当承担原用人单位的工伤保险责任;原用人单位已经参加工伤保险的,承继单位应当到当地经办机构办理工伤保险变更登记。

用人单位实行承包经营的,工伤保险责任由职工劳动关系所在单位承担。

职工被借调期间受到工伤事故伤害的,由原用人单位承担工伤保险责任,但原用人单位与借调单位可以约定补偿办法。

企业破产的,在破产清算时依法拨付应当由单位支付的工伤保险待遇费用。

职工被派遣出境工作,依据前往国家或者地区的法律应当参加当地工伤保险的,参加当地工伤保险,其国内工伤保险关系中止;不能参加当地工伤保险的,其国内工伤保险关系不中止。

职工再次发生工伤,根据规定应当享受伤残津贴的,按照新认定的伤残等级享受伤残津贴待遇。

(十)工伤保险待遇的绝对保障

职工所在用人单位未依法缴纳工伤保险费,发生工伤事故的,由用人单位支付工伤保险待遇费用。用人单位不支付的,从工伤保险基金中先行支付。

从工伤保险基金中先行支付的工伤保险待遇费用应当由用人单位偿还。用人单位不偿还的,社会保险经办机构可以追偿。

【案例3-17】

2002年9月2日,申某向重庆市某区人力资源和社会保障局递交职业病认定申请,自称2000年8月起在某鞋业公司做鞋帮工,2002年3月起出现头晕无力、面色苍白等症状导致无法工作,2002年7月26日,在重庆市职业病防治院被确诊为职业性慢性重度苯中毒。重庆市某区人力资源和社会保障局经过调查,于2002年9月28日认定申某伤残性质为工伤。某鞋业公司不服,申请行政复议,要求撤销该工伤认定书。

某鞋业公司认为:首先,虽然申某曾在该鞋业公司工作,但在2002年3月即离开了该鞋业公司,双方已不存在劳动关系,某区人力资源和社会保障局在2002年9月作出的工伤认定书中仍把申某列为鞋业公司单位职工,与事实不符;其次,申某离开申请人处是2002年3月,申请工伤认定是2002年9月,在此期间,申请人无法了解申某的去向和工作单位,申某也没有充分证据证明其未在有害环境中工作,申某在离开申请人处后患病原因不明,不能将责任推给申请人。

重庆市某区人力资源和社会保障局经审查认为:在申某提出工伤认定申请后,该局即电话要求申请人提交工伤报告和相关材料,但申请人以种种理由推脱。2002年9月18日,该局到申请人单位进行调查取证,申请人单位不予合作,也不准申请人单位职工向该局提供任何相关证明材料。2002年8月5日,重庆市职业病防治院对申请人单位进行调查,作出“有毒有害作业工人劳动卫生调查表”和“空气中有毒物质检验报告单”,证明申请人单位空气中苯的浓度超出国家标准,而苯正是职业性重度苯中毒的病因。根据申某提供的病历和血液室化验报告单等证明材料,申某在2002年3月2日在当地医院被诊断为增生性贫血伴骨髓受损,2002年4月24日在重庆医科大学附属第一医院被诊断为慢性再生障碍性贫血,2002年7月26日在重庆市职业病防治院被确诊为职业性慢性重度苯中毒。申某是在申请人处工作期间因工作环境中接触职业性有害因素造成职业病的,事实清楚,证据充分。申请人未能提供工伤报告和相关材料对造成申某患职业病的事实予以反驳,应当依法予以认定,并由申请人承担工伤责任。

(材料来源:http://jobzd.cn/policy/paianshuofa/20061211/34535.html)

【案例3-18】

魏某2007年只身一人到郑州市某区打工,同年9月进入该区一童车厂工作。2007年11月23日上午8时许,魏某在工作中因他人操作不当导致右手中指、无名指、小指被钢丝绳截断。事故发生后厂方将魏某送往医院救治,仅为魏某支付了部分医疗费,对其他费用拒绝支付并拖欠魏某将近一个月的工资。

魏某多次与厂方交涉未果,向劳动行政部门申请工伤认定时,除了录音外,无法提供其他任何证据资料。其间魏某也曾通过信访途径,用信函将此情况反映给了河南省的几位主要领导。劳动行政部门到厂里进行调查,而厂方则矢口否认认识魏某,并举出种种证据证明自己的说法。2008年1月,魏某向该区劳动争议仲裁委员会提出申诉;2月1日,该区劳动争议仲裁委员会向魏某送达了不予受理案件通知书。

2008年2月15日,魏某将厂方诉到该区法院,经法院审理,认定双方存在劳动关系并判决厂方支付拖欠魏某的各种费用。此时魏某将这份判决书提供给劳动行政部门,由于有新的证据出现,加之仍在工伤认定的期限内,最终作出了魏某所受伤害属于工伤的决定。

(材料来源:http://www.hazzyq.cn/html/ff8080811fc51402011fc64112a50003/2009030216501828.html)

(十一)准工伤的处理

《工伤保险条例》规定,无营业执照或者未经依法登记、备案的单位以及被依法吊销营业执照或者撤销登记、备案的单位的职工受到事故伤害或者患职业病的,用人单位使用童工造成童工伤残、死亡的,由该单位向伤残职工、童工或者童工和死亡职工的近亲属给予一次性赔偿,赔偿标准不得低于《工伤保险条例》规定的工伤保险待遇。伤残职工、童工或者童工和死亡职工的近亲属就赔偿数额与单位发生争议的,按照处理劳动争议的有关规定处理。

【案例3-19】

龚某开办一塑料炼油厂,但未进行工商注册登记。2012年2月,龚某招收罗某为其工厂做工,同年7月5日晚上11时许,罗某在上班时被烧伤,后伤情经某司法鉴定中心鉴定为九级伤残。为此,罗某向县劳动人事争议仲裁委员会申请劳动仲裁。劳动人事争议仲裁委员裁决龚某支付罗某各项工伤待遇7万余元。龚某不服,诉至法院。

庭审中,龚某认为其与罗某之间是雇佣关系,其开办的塑料炼油厂未进行工商注册登记,没有营业执照，不符合劳动法规定的用人单位用工主体资格，其炼油厂与罗某不能形成劳动关系，只能与罗某形成雇佣关系。

法院认为，双方存在劳动关系。首先，劳动者作为非法用工关系中的相对方，并不存在任何过错，不应因非法用工主体的违法行为而导致他们不受《劳动法》的保护；其次，未办理营业执照进行经营的非法用工主体虽然形式上不符合用人单位的条件，但实质上已构成个体工商户或企业的实质要件；最后，非法用工主体由于违反工商登记的规定，应受到行政处罚，但行政违法行为不影响其民事行为的效力。如果是形式上的差别导致适用不同的法律，对劳动者显然不公平。《工伤保险条例》明确规定，无营业执照或者未经依法登记、备案的单位以及被依法吊销营业执照或者撤销登记、备案的单位的职工受到事故伤害或职业病的，按劳动争议的有关规定处理，即对于非法用工关系中所涉工伤已由行政法规明确规定按劳动争议处理。这种关系仍然应当由《劳动法》调整而不是由《中华人民共和国民法通则》调整。该案中被告在龚某开办的塑料炼油厂工作，在工作中接受安排和管理，接受该厂支付的劳动报酬，与塑料炼油厂构成事实上的劳动关系，现被告在工作中受伤，应该享受工伤待遇。

据此，法院依据《工伤保险条例》《社会保险法》《非法用工单位伤亡人员一次性赔偿办法》相关规定作出判决：原告龚某赔偿被告罗某各项工伤待遇及损失76 040.50元。

（材料来源：中国法院网）

第五节　失业保险

一、失业与失业保险概述

（一）失业

失业是指具有劳动能力并有劳动意愿的劳动者得不到劳动机会或者就业后又失去工作的状态。失业是现代经济运行的必然产物。已经就业的劳动者失业是指由于非本人原因失去工作岗位和机会。失业包括全部失业和部分失业、短期失业和长期失业、青年失业和其他失业等。失业人员是指在劳动年龄内有劳动能力，目前无工作，并以某种方式正在寻找工作的人员。失业人员包括就业转失业的人员和新生劳动力中未实现就业的人员。

（二）失业保险

失业保险是指国家通过建立失业保险基金，对因失业而暂时中断生活来源的劳动者在法定期间内给予物质帮助，以维持其基本生活需要的一项社会保险制度。

失业保险以失去劳动机会为前提，只适用于失业的劳动者，而且必须是非自愿性失业的劳动者。失业保险待遇不能永远享有，只能在法定期限内享有。超过法定期限，即使没有实现就业，也不再享受失业保险待遇。如我国规定劳动者领取失业保险金的最长期限为24个月。失业保险待遇只能保障失业劳动者的基本生活需要，一般都将失业保险待遇水平控制在社会救济水平和当地的最低工资标准之间，待遇水平比较低。

失业保险通过预先筹集的失业保险基金，对因失业而失去生活来源的劳动者提供基本生活保障方面的经济援助，以帮助失业人员渡过难关，实现劳动力再生产。

二、失业保险的主要内容

（一）缴费主体

职工应当参加失业保险，由用人单位和职工共同缴纳失业保险费。

（二）缴费方式

（1）用人单位应当按照国家规定的本单位职工工资总额的比例缴纳失业保险费。

（2）职工应当按照国家规定的本人工资的比例缴纳失业保险费。

（三）领取条件

失业人员符合下列条件的，可以从失业保险基金中领取失业保险金：

（1）失业前本人及其所在用人单位已经按照规定缴纳失业保险费满 1 年的；

（2）非因本人意愿中断就业的；

（3）已经进行失业登记，并有求职要求的。

（四）支付水平

（1）累计缴费时间满 1 年不足 5 年的，领取失业保险金的期限最长为 12 个月。

（2）累计缴费时间满 5 年不足 10 年的，领取失业保险金的期限最长为 18 个月。

（3）累计缴费时间 10 年以上的，领取失业保险金的期限最长为 24 个月。

（4）重新就业后，再次失业的，缴费时间重新计算，领取失业保险金的期限与前次失业应当领取而尚未领取失业保险金的期限合并计算，最长不得超过 24 个月。

（五）保金标准

失业保险金的标准，由省、自治区、直辖市人民政府根据个人失业前 12 个月的月平均缴费工资和赡养系数确定，但是失业保险金不得低于城镇居民最低生活保障标准。

（六）医疗问题

（1）失业人员在领取失业保险金期间参加职工基本医疗保险，享受基本医疗保险待遇。

（2）失业人员应当缴纳的基本医疗保险费从失业保险基金中支付。

（七）死亡待遇

（1）失业人员在领取失业保险金期间死亡的，参照当地对在职职工死亡的规定，向其遗属一次性发给丧葬补助金和抚恤金。

（2）个人死亡同时符合领取基本养老保险一次性丧葬补助金、工伤保险丧葬补助金和失业保险丧葬补助金条件的，其遗属只能选择领取其中的一项。

（八）具体程序

（1）用人单位应当及时为失业人员出具终止或者解除劳动关系的证明，并将失业人员的名单自终止或者解除劳动关系之日起 15 日内告知社会保险经办机构。

（2）失业人员应当持本单位为其出具的终止或者解除劳动关系的证明，及时到指定的公共就业服务机构办理失业登记。

（3）失业人员凭失业登记证明和个人身份证明到社会保险经办机构办理领取失业保险金的手续。

（4）失业保险金领取期限自办理失业登记之日起计算。

（九）例外情形

失业人员在领取失业保险金期间有下列情形之一的，停止领取失业保险金，并同时停止享受其他失业保险待遇：

(1)重新就业的;

(2)应征服兵役的;

(3)移居境外的;

(4)享受基本养老保险待遇或者达到法定退休年龄的;

(5)无正当理由,拒不接受当地人民政府指定的部门或者机构介绍的工作或者提供的培训的。

(十)跨地区转移

个人跨地区就业的,其失业保险关系随本人转移,缴费年限累计计算。

三、2020 新冠肺炎疫情期间失业保险政策的调整

2019 年底以来受新冠肺炎疫情的影响,就业市场不景气,失业率上升。2020 年 5 月 29 日,人力资源社会保障部、财政部联合发布《关于扩大失业保险保障范围的通知》(人社部发〔2020〕40 号),该通知规定了以下主要内容。

(1)及时发放失业保险金。对参保缴费满 1 年、非因本人意愿中断就业、已办理失业登记并有求职要求的失业人员,应及时足额发放失业保险金,代缴基本医疗保险费,按规定发放价格临时补贴、丧葬补助金和抚恤金。自 2019 年 12 月起,延长大龄失业人员领取失业保险金期限,对领取失业保险金期满仍未就业且距法定退休年龄不足 1 年的失业人员,可继续发放失业保险金至法定退休年龄。

(2)阶段性实施失业补助金政策。2020 年 3 月至 12 月,领取失业保险金期满仍未就业的失业人员、不符合领取失业保险金条件的参保失业人员,可以申领 6 个月的失业补助金,标准不超过当地失业保险金的 80%。领取失业补助金期间不享受失业保险金、代缴基本医疗保险费、丧葬补助金和抚恤金。失业人员领取失业补助金期满、被用人单位招用并参保、死亡、应征服兵役、移居境外、享受城镇职工基本养老保险或城乡居民养老保险待遇、被判刑收监执行的,停发失业补助金。领取失业补助金期限不核减参保缴费年限。失业补助金按月发放,从失业保险基金“其他支出”科目列支。

(3)阶段性扩大失业农民工保障范围。对《失业保险条例》规定的参保单位招用、个人不缴费且连续工作满 1 年的失业农民工,及时发放一次性生活补助。2020 年 5 月至 12 月,对 2019 年 1 月 1 日之后参保不满 1 年的失业农民工,参照参保地城市低保标准,按月发放不超过 3 个月的临时生活补助。与城镇职工同等参保缴费的失业农民工,按参保地规定发放失业保险金或失业补助金。

(4)阶段性提高价格临时补贴标准。2020 年 3 月至 6 月,对领取失业保险金和失业补助金人员发放的价格临时补贴,补贴标准在现行标准基础上提高 1 倍。

(5)畅通失业保险待遇申领渠道。各地要优化经办流程,减少证明材料,取消附加条件,让参保失业人员方便快捷地得到保障。参保失业人员可凭社会保障卡或身份证件申领失业保险金、失业补助金、一次性生活补助或临时生活补助,可不提供解除或者终止劳动关系、失业登记证明等材料。经办机构应通过核验参保信息库中的参保缴费信息,确认申领人员是否符合领取条件对应的失业状态,不得增加其他义务、条件或时限要求。各地要在实现线上申领失业保险金的基础上,于 2020 年 6 月底前实现失业补助金等其他失业保险待遇线上申领;人力资源社会保障部建立领取失业保险金、失业补助金全国线上申领入口,并向地方提供全国参保信

息联网核验服务。

第六节　生育保险

一、生育保险概述

（一）生育保险的概念

生育保险是国家通过立法，在怀孕和分娩的妇女劳动者暂时中断劳动时，由国家和社会提供医疗服务、生育津贴和产假的一种社会保险制度。其宗旨是帮助她们恢复劳动能力，重返工作岗位。生育保险提供的生活保障和物质帮助通常由现金补助和实物供给两部分组成。现金补助主要是指给予生育妇女的生育津贴，有些国家还包括一次性现金补助或家庭津贴。实物供给主要是指提供必要的医疗保健、医疗服务以及孕妇、婴儿需要的生活用品等，提供的范围、条件和标准主要根据本国的经济实力而确定。生育保险的目的是维护女职工的基本权益，减少和解决女职工在孕产期以及流产期间因生理特点造成的特殊困难，使她们在生育和流产期间得到必要的经济收入和医疗服务，保障她们及时恢复健康，回到工作岗位。

（二）生育保险的地位

生育保险最初不是作为一种独立的社会保险出现的，而是作为疾病保险的一部分。直到1994年7月5日通过的《劳动法》明确将生育保险作为劳动者的五大社会保险之一。1994年12月14日劳动部发布的《企业职工生育保险试行办法》，将生育保险作为一种独立的社会保险予以实施。

二、生育保险的主要内容

（一）缴纳主体

职工应当按照国家规定参加生育保险，由用人单位缴纳生育保险费，职工不缴纳生育保险费。

（二）缴费方式

用人单位应当按照国家规定的本单位职工工资总额的一定比例缴纳生育保险费。

（三）享受待遇的主体

（1）用人单位已经缴纳生育保险费的，其职工和职工的未就业配偶享受生育保险待遇，所需资金从生育保险基金中支付。

（2）生育保险待遇包括生育医疗费用和生育保险津贴。

（四）生育医疗费用主要组成

（1）生育的医疗费用（包括检查、接生、手术、住院、药品、计划生育手术费用等）。

（2）计划生育的医疗费用。

（3）法律、法规规定的其他项目费用。

（五）享受生育保险津贴的法定情形

（1）女职工生育按照国家规定享受产假。2012年4月18日施行的《女职工劳动保护特别规定》规定，女职工生育享受98天产假，其中产前可以休假15天；难产的，增加产假15天；生育多胞胎的，每多生育1个婴儿，增加产假15天。又根据计划生育相关法律法规的规定，晚婚晚育职工还可以在98天的产假之外,另外再延长30天的产假。女职工怀孕未满4个月流产的,享受15天产假;怀孕满4个月流产的,享受42天产假。

(2)享受计划生育手术休假。

(3)法律、法规规定的其他情形。

生育保险津贴按照职工所在用人单位上年度职工月平均工资计发,从生育保险基金中支付。

(六)简化社会保险缴纳及支付的程序

省、自治区、直辖市人民政府根据实际情况,可以将生育保险与职工基本医疗保险合并实施。

2016年3月,中华人民共和国国家发展和改革委员会发布的《关于2016年深化经济体制改革重点工作的意见》提出,要"研究制定医疗保险和生育保险合并实施试点方案";2016年7月,人力资源社会保障部印发的《人力资源和社会保障事业发展"十三五"规划纲要》提出,将"生育保险和基本医疗保险合并实施",生育保险与医疗保险合并实施的推进思路是保留险种、保障待遇、统一管理、降低成本。

【案例3-20】

李某于2009年10月进入某摄影部工作。2017年11月24日,李某生育一女。2018年2月12日,无锡市社会保险基金管理部门向某摄影部支付了李某的生育津贴共计14 103.04元。同年3月20日,某摄影部向李某支付产假工资11 804元。李某产假前的月平均工资高于5 000元。某摄影部于2018年9月5日作出《旷工离职通知书》,并通知了李某。李某申请劳动仲裁,请求裁令某摄影部支付少发的生育津贴8 000元。劳动人事争议仲裁委员会终结审理后,李某诉至法院。

法院认为,李某可依法享受128天的产假,产假前的月平均工资高于5 000元,现李某主张其产假前月平均工资为5 000元,系其对自身权利的合法处分,不违反法律规定。无锡市社会保险基金管理部门已向某摄影部支付了李某的生育津贴14 103.04元,而某摄影部截留部分后仅向李某支付11 804元。另经核算,李某享受的生育津贴低于其产假前的工资标准,故某摄影部不仅不应截留还应予以补足。李某主张的8 000元并未超过应补发的金额,法院予以支持。

评析:生育保险体现了国家和社会对妇女的支持和爱护。生育保险待遇包括生育医疗费用、生育津贴和一次性营养补助。本案主要涉及女职工产假期间的生育津贴问题。《江苏省职工生育保险规定》第十八条第四款明确规定,职工产假或者休假期间,享受的生育津贴低于其产假或者休假前工资标准的,由用人单位予以补足;高于其产假或者休假前工资标准的,用人单位不得截留。按照该规定,用人单位不得在女职工休产假期间降低工资待遇。本案中,李某参加了生育保险,但其享受的生育津贴低于产假前工资标准,李某主张某摄影部支付其8 000元并未超过应补发的金额,法院予以支持。

第七节　社会保险费的征缴和社会保险基金的监管

一、社会保险费的征缴

（一）用人单位的社会保险缴纳登记义务

（1）国家机关、社会团体、企业、事业单位、民办非企业单位、个体经济组织等用人单位应当在成立之日起30日内凭营业执照、登记证书或者单位印章，向当地社会保险经办机构申请办理社会保险登记。社会保险经办机构应当自收到申请之日起15日内予以审核，发给社会保险登记证件。

（2）工商行政管理部门、民政部门和机构编制管理机关应当及时向社会保险经办机构通报用人单位的成立、撤销情况，公安机关应当及时向社会保险经办机构通报个人的出生、死亡以及户口登记、迁移、注销等情况，实现社会保险有关信息的共享。

（3）用人单位应当自用工之日起30日内为其职工向社会保险经办机构申请办理社会保险登记。

（4）无雇工的个体工商户、非全日制从业人员应当向社会保险经办机构申请办理社会保险登记。

（5）国家建立全国统一的个人社会保障号码。个人社会保障号码为居民身份证号码。

（二）自行申报制度

（1）社会保险费应当由用人单位自行申报、按时足额缴纳，非因不可抗力等法定事由不得缓缴、减免。

（2）职工应当缴纳的社会保险费由用人单位代扣代缴，用人单位应当按月将缴纳社会保险费的明细情况告知本人。

（3）无雇工的个体工商户、非全日制从业人员可以直接向社会保险费征收机构申报、缴纳社会保险费。

（三）用人单位不按规定申报和缴纳社会保险费时的处理措施

（1）用人单位不按规定申报应缴纳的社会保险费数额的，由社会保险费征收机构按照该单位上月缴费额的110%确定应缴数额。缴费单位补办申报手续后，由社会保险费征收机构按规定结算。

（2）用人单位未按时足额缴纳社会保险费的，社会保险费征收机构可以向银行和其他金融机构了解参加社会保险的用人单位的账户账号，银行和其他金融机构应当予以协助。

（四）对逾期不缴纳或不补足社会保险费的强制措施

（1）用人单位未办理社会保险登记的，由社会保险费征收机构核定其应缴纳的社会保险费。用人单位不缴纳或者未足额缴纳社会保险费的，由社会保险费征收机构责令其限期缴纳或者补足。

（2）用人单位逾期不缴纳或者未补足应当缴纳的社会保险费的，社会保险费征收机构经其主管部门同意，可以书面通知其开户银行在其账户中划扣社会保险费。用人单位账户余额少于应当缴纳的社会保险费的，社会保险费征收机构可以要求该单位提供担保，签订延期缴费协议。

(3)用人单位未足额缴纳社会保险费且未提供担保的,社会保险费征收机构可以申请人民法院扣押、查封其价值相当于应当缴纳社会保险费的财产,以拍卖所得抵缴社会保险费。

(4)企业符合企业破产法定情形,不能按时缴纳社会保险费的,社会保险费征收机构可以向人民法院提出企业破产清算的申请。

二、社会保险基金

(一)社会保险基金的建账、核算、统筹范围

(1)社会保险基金包括基本养老保险基金、基本医疗保险基金、工伤保险基金、失业保险基金和生育保险基金。各项社会保险基金按照社会保险险种分别建账、分账核算,不得相互挤占或者调剂使用。

(2)社会保险基金的核算,执行国家统一的会计制度。

(3)社会保险基金专款专用,任何组织和个人不得侵占或者挪作他用。

(4)基本养老保险基金实行省级统筹,逐步实行全国统筹。其他社会保险基金实行省级统筹的时间、步骤,由国务院规定。

(二)维持社会保险基金收支平衡的处理方式

(1)社会保险基金通过预算实现社会保险基金的收支平衡。

(2)县级以上人民政府应当在社会保险基金入不敷出时,给予补助。

(3)社会保险基金按照统筹层次设立预算。社会保险基金预算按照社会保险项目分别编制。

(4)统筹地区的社会保险基金预算、决算草案,由统筹地区社会保险行政部门编制,经同级财政部门审核,报本级人民政府批准。

(5)全国社会保险基金预算、决算草案,由国务院社会保险行政部门编制,经国务院财政部门审核,报国务院批准。

(三)社会保险基金的专户存管、投资运营和信息公开

(1)社会保险基金存入财政专户,具体管理办法由国务院规定。

(2)社会保险基金在保证安全的前提下,按照国务院有关规定通过投资运营实现保值增值。

(3)社会保险经办机构应当定期向社会公布社会保险基金的收入、支出、结余和收益情况。

三、社会保险经办

(一)社会保险经办机构

(1)统筹地区设立社会保险经办机构。社会保险经办机构根据工作需要,经所在地的社会保险行政部门和机构编制管理机关批准,可以在本统筹地区设立分支机构,在社区、街道、乡镇设立工作站点,形成社会保险服务网络。

(2)社会保险经办机构的人员经费和经办社会保险发生的基本运行费用、管理费用,由同级财政部门按照国家有关规定予以保障。

(二)社会保险经办机构的职权和义务

(1)社会保险经办机构通过业务经办、统计、调查获取社会保险工作所需的数据,有关单

位和个人应当及时、如实提供。

(2)社会保险经办机构应当及时为参加社会保险的用人单位建立档案,完整、准确地记录参加社会保险的人员、缴费等社会保险数据,妥善保管登记、申报的原始凭证和支付结算的会计凭证。

(3)社会保险经办机构应当及时、完整、准确地记录参加社会保险的个人缴费、领取社会保险待遇等权益记录,并根据个人要求,将个人权益记录单免费寄送本人。

(4)用人单位和个人可以免费向社会保险经办机构查询、核对其缴费和领取社会保险待遇记录,要求社会保险经办机构提供社会保险咨询等相关服务。

四、社会保险监督

(一)社会保险行政部门的权力和职责

(1)县级以上人民政府社会保险行政部门应当加强对用人单位和个人遵守社会保险法律、法规情况的监督检查。

(2)社会保险行政部门实施监督检查时,被检查的用人单位、个人应当如实提供与社会保险有关的资料,不得拒绝检查或者谎报、瞒报。社会保险行政部门应当为缴费的用人单位和个人保密。

(3)社会保险行政部门对社会保险基金的收支、管理和投资运营情况进行监督检查,履行下列职责:

①受理并查处举报事项;

②发现社会保险基金管理使用存在问题的,应当提出整改建议,并向有关行政部门提出处理建议;

③定期向社会公布社会保险基金检查结果。

(4)社会保险行政部门实施社会保险监督检查,有权采取下列措施:

①查阅、记录、复制与社会保险基金收支、管理和投资运营相关的资料,对可能被转移、隐匿或者灭失的资料予以封存;

②询问与调查事项有关的单位和个人,要求其对与调查事项有关的问题作出说明、提供有关证明材料;

③对隐匿、转移、侵占社会保险基金的行为予以制止并责令改正。

(二)社会保险监督委员会的组成和职责

(1)统筹地区人民政府应当成立由参加社会保险的用人单位代表、个人代表以及工会代表、法律专家、精算专家等组成的社会保险监督委员会,掌握、分析社会保险基金的收支、管理和投资运营情况,对社会保险工作提出咨询意见和建议,实施社会监督。

(2)社会保险经办机构应当按季度向社会保险监督委员会汇报社会保险基金的收支、管理和投资运营情况。社会保险监督委员会可以聘请会计师事务所对社会保险基金的收支、管理和投资运营情况进行年度审计和专项审计。审计结果应当向社会公开。

(三)个人和组织的举报和投诉权

(1)任何组织或者个人有权对违反社会保险法律、法规的行为进行举报、投诉。

(2)社会保险行政部门、社会保险费征收机构、社会保险经办机构和财政部门、审计机关对属于本部门、本机构职责范围的举报、投诉,应当及时核实、处理、答复;对不属于本部门、本机构职责范围的，应当及时通知有权处理的部门、机构处理。

第八节　法律责任

一、用人单位的法律责任

(1)用人单位不办理社会保险登记的，由社会保险行政部门责令限期改正；逾期不改正的，对用人单位处应缴社会保险费数额 1 倍以上 3 倍以下的罚款，对其直接负责的主管人员和其他直接责任人员处 500 元以上 3 000 元以下的罚款。

(2)用人单位不按期缴纳或者少缴社会保险费的，由有关主管部门责令限期补缴欠缴数额，并自欠缴之日起，按日加收万分之五的滞纳金；逾期仍不缴纳的，处欠缴数额 2 倍以上 5 倍以下的罚款。

(3)以欺诈、伪造证明材料或者其他手段骗取社会保险基金支出的，由社会保险行政部门责令退回骗取的社会保险金，处骗取金额 2 倍以上 5 倍以下的罚款；属于社会保险服务机构的，解除服务协议；直接负责的主管人员和其他直接责任人员有执业资格的，吊销其执业资格。

二、个人的法律责任

以欺诈、伪造证明材料或者其他手段骗取社会保险待遇的，由社会保险行政部门责令退回骗取的社会保险金，处骗取金额 2 倍以上 5 倍以下的罚款。

三、社会保险经办机构及其工作人员的法律责任

(1)社会保险经办机构及其工作人员有下列行为之一的，由社会保险行政部门责令改正；给社会保险基金、用人单位或者个人造成损失的，依法承担赔偿责任；对直接负责的主管人员和其他直接责任人员依法给予处分。

①未按照规定履行参加社会保险法定职责的。

②未按照规定将社会保险基金存入财政专户的。

③克扣或者拒不按时支付社会保险待遇的。

④丢失或者篡改缴费记录、领取社会保险待遇记录等社会保险数据、权益记录的。

⑤泄露用人单位或者个人信息的。

⑥有违反社会保险法律、法规的其他行为的。

(2)社会保险费征收机构擅自更改社会保险费缴费基数、费率，导致少收或者多收社会保险费的，由有关主管部门责令其追缴应缴的社会保险费或者退还不应缴纳的社会保险费；对直接负责的主管人员和其他直接责任人员依法给予处分。

(3)挪用社会保险基金的，由社会保险行政部门、财政部门、审计机关责令追回被挪用的资金；有违法所得的，没收违法所得；对直接负责的主管人员和其他直接责任人员依法给予处分。

(4)国家机关工作人员在社会保险管理、监督工作中滥用职权、玩忽职守、徇私舞弊的，依法给予处分。

(5)违反本法规定，构成犯罪的，依法追究刑事责任。

四、社会保险缴纳主体发生争议时的救济渠道

(1)用人单位或者个人认为社会保险费征收机构的行为侵害自己合法权益的,可以依法申请行政复议或者提起行政诉讼。

(2)个人对社会保险经办机构不依法支付社会保险待遇或者侵害其他社会保险权益的行为,可以依法申请行政复议或者提起行政诉讼。

《劳动法》第七十二条规定,用人单位和劳动者必须依法参加社会保险,缴纳社会保险费。《社会保险费征缴暂行条例》第二十六条规定,缴费单位逾期拒不缴纳社会保险费、滞纳金的,由劳动保障行政部门或者税务机关申请人民法院依法强制征缴。因此,缴纳社会保险费的义务主体是用人单位和劳动者个人,收缴单位是社会保险机构。在法律上,缴纳社会保险费是国家行政法规规定的一种强制性行政义务,反映的是国家社会保险征缴部门与缴费主体(用人单位和劳动者)之间的一种管理与被管理的行政关系,并非劳动争议案件当事人之间的民事关系。用人单位不缴纳社会保险费,违反的是国家行政管理法,不仅损害了劳动者的利益,还损害了国家利益,不利于整个社会保障制度的完善。在社会保险费的行政关系中,劳动者仅是国家规定的享有期待权利的收益人,而非征缴关系中的实际权利主体,劳动者和用人单位之间并不因此而形成债的关系。对已参加社会保险统筹的用人单位和劳动者,因用人单位欠缴社会保险费引发的纠纷,不应作为劳动争议案件予以受理,而应通过行政途径或行政诉讼解决,用人单位欠缴劳动者社会保险费的情况不属于人民法院民事诉讼案件受理范围。

(3)个人与所在用人单位发生社会保险争议的,可以依法申请仲裁、提起诉讼。用人单位侵害个人社会保险权益的,个人也可以要求社会保险行政部门或者社会保险费征收机构依法处理。

第九节　企业年金制度

企业年金是指企业及其职工在依法参加基本养老保险的基础上,自主建立的补充养老保险制度。《企业年金办法》于2016年12月20日人力资源社会保障部第114次部务会审议通过,财政部审议通过,自2018年2月1日起施行。

企业年金所需费用由企业和职工个人共同缴纳。企业年金适用于试用期满的员工。企业年金基金实行完全积累,为每个参加企业年金的职工建立个人账户,按照国家有关规定投资运营。企业年金基金投资运营收益并入企业年金基金。企业和职工建立企业年金,应当确定企业年金受托人,由企业代表委托人与受托人签订受托管理合同。受托人可以是符合国家规定的法人受托机构,也可以是企业按照国家有关规定成立的企业年金理事会。

企业和职工建立企业年金,应当依法参加基本养老保险并履行缴费义务,企业具有相应的经济负担能力。建立企业年金,企业应当与职工一方通过集体协商确定,并制定企业年金方案。企业年金方案应当提交职工代表大会或者全体职工讨论通过。

企业缴费每年不超过本企业职工工资总额的8%。企业和职工个人缴费合计不超过本企业职工工资总额的12%。具体所需费用,由企业和职工一方协商确定。职工个人缴费由企业从职工个人工资中代扣代缴。实行企业年金后,企业如遇到经营亏损、重组并购等当期不能继续缴费的情况,经与职工一方协商,可以中止缴费。不能继续缴费的情况消失后,企业和职工

恢复缴费,并可以根据本企业实际情况,按照中止缴费时的企业年金方案予以补缴。补缴的年限和金额不得超过实际中止缴费的年限和金额。

企业缴费应当按照企业年金方案确定的比例和办法计入职工企业年金个人账户,职工个人缴费计入本人企业年金个人账户。

企业应当合理确定本单位当期缴费计入职工企业年金个人账户的最高额与平均额的差距。企业当期缴费计入职工企业年金个人账户的最高额与平均额不得超过5倍。

职工企业年金个人账户中个人缴费及其投资收益自始归属于职工个人。有下列情况之一的,职工企业年金个人账户中企业缴费及其投资收益完全归属于职工个人:职工达到法定退休年龄、完全丧失劳动能力或者死亡的;有《企业年鉴办法》第十二条规定的企业年金方案终止情形之一的;非因职工过错企业解除劳动合同的,或者因企业违反法律规定职工解除劳动合同的;劳动合同期满,由于企业原因不再续订劳动合同的;企业年金方案约定的其他情形。职工企业年金个人账户中企业缴费及其投资收益,企业可以与职工一方约定其自始归属于职工个人,也可以约定随着职工在本企业工作年限的增加逐步归属于职工个人,完全归属于职工个人的期限最长不超过8年。

符合下列条件之一的,可以领取企业年金:①职工在达到国家规定的退休年龄或者完全丧失劳动能力时,可以从本人企业年金个人账户中按月、分次或者一次性领取企业年金,也可以将本人企业年金个人账户资金全部或者部分购买商业养老保险产品,依据保险合同领取待遇并享受相应的继承权;②出国(境)定居人员的企业年金个人账户资金,可以根据本人要求一次性支付给本人;③职工或者退休人员死亡后,其企业年金个人账户余额可以继承。

思考练习

一、单项选择题

1. 根据国务院发布的《关于建立统一的企业职工养老保险制度的决定》规定,个人缴费年限累计满(　　)的,退休后按月发给基本养老金。

A. 10年　　B. 15年　　C. 20年　　D. 25年

2. 按国家最新规定,国家建立城镇职工基本医疗保险制度,基本医疗保险费由用人单位和职工共同缴纳,其中职工缴费率一般为本人工资收入的(　　)。

A. 2%　　B. 4%　　C. 6%　　D. 8%

3.《失业保险条例》规定,城镇企业、事业单位职工应按照本人工资的(　　)缴纳失业保险费。

A. 1%　　B. 2%　　C. 3%　　D. 4%

4. 因工致残依劳动能力丧失的程度不同,分为10级,其中(　　)级为大部分丧失劳动能力。

A. 1~4　　B. 5~6　　C. 7~8　　D. 9~10

5. 社会保险关系的各方主体是特定的,被保险人特定为(　　)。

A. 用人单位　　B. 职工　　C. 用人单位和职工　　D. 专门的保险机构

6. 根据我国有关法律规定,劳动者领取失业保险金的最长期限为(　　)。

A.6 个月　　B.12 个月　　C.24 个月　　D.36 个月

7.失业人员失业前所在单位和本人按照规定累计缴费时间 10 年以上的,领取失业保险金的期限最长为(　　)个月。

A.6　　B.12　　C.18　　D.24

8.工伤保险的缴费主体是(　　)。

A.职工　　B.雇主　　C.用人单位　　D.地方政府

9.我国工伤医疗期根据轻伤和重伤不同情况确定,需要延长医疗期的,也不得超过(　　)。

A.12 个月　　B.18 个月　　C.24 个月　　D.36 个月

10.根据《失业保险条例》的有关规定,按照规定参加失业保险,所在单位和本人已按照规定履行缴费义务满(　　)的,失业人员方可领取失业保险金。

A.半年　　B.1 年　　C.2 年　　D.3 年

二、多项选择题

1.社会保险主要包括(　　)。

A.养老保险　　B.医疗保险　　C.失业保险　　D.生育保险

E.工伤保险

2.劳动者在(　　)情形下,依法享受社会保险待遇。

A.生育　　B.负伤　　C.工伤　　D.失业和退休

3.下列情形中的(　　)应认定为工伤。

A.职工小王在从事厂长指派的运输工作时负伤

B.职工小张在从事维护国家利益的抢险活动中负伤

C.职工李某在因工出差期间因突发中风造成偏瘫

D.职工陈某在下班后坐公司班车回家途中发生车祸负伤

4.职工由于下列情形中的(　　)造成负伤的,不应认定为工伤。

A.犯罪或违法　　B.自杀或自残　　C.斗殴

D.在下班的规定时间和必经路线上,发生本人有部分责任的道路交通机动车事故的

5.《失业保险条例》第十五条规定,失业人员在领取失业保险金期间有下列情形中的(　　),停止领取失业保险金,并同时停止享受其他失业保险待遇。

A.本人死亡的　　B.应征服兵役的

C.移居境外的　　D.享受基本养老保险待遇的

E.被判刑收监执行或者被劳动教养的

6.职工由于下列情形中的(　　)负伤的,应认定为工伤。

A.在本单位工作岗位工作时不慎摔伤

B.在上班的规定时间和必经路线上,发生非本人主要责任的交通事故的

C.从事抢险、救灾、救人等维护国家、社会和公众利益活动的

D.因履行职责招致人身伤害的

三、案例分析题

1.某工厂工人吴某,正在车间自己的岗位上工作时,同车间吊车工林某为赶进度,违章使

用三角皮带超载起吊钢材，皮带断裂，钢材下落，致使吴某左大腿粉碎性骨折。

问：本案是否应作工伤认定？

2. 职工张某驾驶机动车为单位送货途中，一小孩突然横穿马路，张某立即刹车，小孩由于过度惊慌而摔倒，但未造成任何伤害。张某出于人道精神，上前扶起小孩，此时小孩家长及几名亲友冲过来，不由分说将张某殴打致残。

问：张某能否被认定为工伤？

文书实例

江苏省南京市中级人民法院
民事判决书

〔2021〕苏01民终1368号

上诉人（原审原告）：孔某某，女，住南京市。

被上诉人（原审被告）：南京A制衣有限公司。

被上诉人（原审被告）：南京B制衣有限公司。

上诉人孔某某因与被上诉人南京A制衣有限公司（以下简称A公司）、南京B制衣有限公司（以下简称B公司）追索劳动报酬、经济补偿金、养老保险待遇损失纠纷一案，不服江苏省南京市高淳区人民法院〔2020〕苏0118民初2498号民事判决，向本院提起上诉。本院于2021年1月14日立案受理后，依法由审判员袁某某独任审理了本案。本案现已审理终结。

孔某某提出上诉请求：撤销一审判决，依法改判A公司一次性支付孔某某养老保险待遇损失122 632.5元，B公司承担连带赔偿责任。事实与理由：A公司没有依法给孔某某缴纳社会保险，是既定的客观事实。孔某某目前仍以灵活就业方式缴纳养老保险费，推算已满足不了最低缴费年限15年的要求。现行政策规定严禁自行对企业历史欠费进行集中清缴以及不得违规向前进行以往年度的补缴来增加缴费年限。A公司已经不能补缴社会保险费用，2020年1月，孔某某投诉至高淳区劳动监察部门，至今未能补缴，A公司应当赔偿孔某某养老保险损失。一审判决事实认定不清，适用法律错误，恳请二审法院依法予以改判。

被上诉人A公司辩称：上诉人孔某某虽然在2020年4月已经达到退休年龄，但其仍然按照灵活就业人员缴纳养老保险金，且孔某某未在法庭给予的举证期限内证明A公司不能补缴养老保险费。孔某某的上诉请求不能成立，请求二审法院依法驳回孔某某的上诉请求。

被上诉人B公司辩称：上诉人孔某某与B公司之间不存在劳动关系，上诉人要求B公司承担连带赔偿责任缺乏事实基础与法律依据，请求二审法院依法驳回孔某某的上诉请求。

孔某某向一审法院提出诉讼请求：①判令A公司、B公司连带向孔某某支付解除劳动合同经济补偿金66 000元（4 400元/月×15个月）；②判令A公司、B公司连带向孔某某支付加班费264 000元；③判令A公司、B公司连带向孔某某一次性支付养老保险待遇损失122 632.5元。

一审法院认定事实如下。

A公司成立日期为1999年8月26日，法定代表人为吴某景，B公司成立日期为2012年3

月16日,设立时法定代表人也为吴某景。经营范围均为服装、服饰用品加工、销售等。2012年5月,A公司吸收B公司为新股东,吴某景将持有的A公司部分股权转让给B公司。2012年11月B公司退出A公司股东,2013年3月B公司法定代表人变更为吴某军,吴某景和吴某军系父子关系,上述两公司在经营业务和管理上存在关联。孔某某从2003年7月起在A公司工作至2011年1月。2011年2月至2012年1月期间孔某某离开A公司,2012年2月起孔某某又至A公司工作至2018年1月,2018年2月春节后未至A公司工作。A公司未为孔某某缴纳社会保险费,孔某某未曾到B公司工作。目前,孔某某以灵活就业形式继续缴纳养老保险费。

2019年7月25日,孔某某向南京市高淳区劳动人事争议仲裁委员会(以下简称高淳仲裁委)提出仲裁申请,要求B公司支付加班费、经济补偿金等,该委于2019年10月17日作出宁高劳人仲案字〔2019〕第260号仲裁决定书,决定对孔某某与B公司劳动报酬、经济补偿金一案不再审理,当事人可自收到决定书之日起15日内向人民法院提起诉讼。2019年11月,孔某某诉至南京市高淳区人民法院。审理中,孔某某以A公司与B公司系关联企业,且有利于查明案件事实为由申请追加B公司为第三人,南京市高淳区人民法院依法予以准许。该院经审理作出〔2019〕苏0118民初4139号民事裁定书,裁定驳回孔某某的起诉。双方当事人均未上诉,该裁定书已发生法律效力。

2020年4月4日,孔某某再次向高淳仲裁委提出仲裁申请,要求A公司、B公司支付经济补偿金、加班工资以及补缴养老保险费等。后孔某某以高淳仲裁委未在5日内受理为由,提出不要求在该委继续审理,该委作出宁高劳人仲定字〔2020〕第254号仲裁决定书,决定:准许孔某某的要求,不再受理此案,告知孔某某可自收到仲裁决定书之日起15日内向有管辖权的人民法院提起诉讼。2020年4月21日,孔某某诉至一审法院。

上述事实,有仲裁申请书、仲裁决定书、孔某某工资银行流水、B公司注册变更登记材料、A公司注册变更登记材料、南京市高淳区人民法院〔2019〕苏0118民初4139号民事裁定书等证据以及当事人的庭审陈述在卷佐证,予以认定。

一审法院认为,《劳动争议调解仲裁法》第二十七条规定,劳动争议申请仲裁的时效期间为1年。仲裁时效期间从当事人知道或者应当知道其权利被侵害之日起计算。前款规定的仲裁时效,因当事人一方向对方当事人主张权利,或者向有关部门请求权利救济,或者对方当事人同意履行义务而中断,从中断时起,仲裁时效期间重新计算。孔某某于2018年1月离开A公司后未再到该公司工作,结合本地区服装行业的实际用工状况以及孔某某自述的离开后劳动情况等考虑,宜认定孔某某自离开之日起双方已不存在劳动合同的权利义务关系,双方从2018年2月解除劳动关系,解除劳动关系时孔某某应知道其权利被侵害。孔某某于2019年7月向高淳仲裁委主张经济补偿金、加班工资,该请求已超过法律规定的仲裁时效期间,其未提交证据举证证明仲裁时效期间内存在中断、中止的情形,故对孔某某要求A公司支付经济补偿金及加班工资的诉讼请求不予支持。

关于孔某某主张的养老保险待遇损失,一审法院认为,劳动者超过法定退休年龄请求用人单位赔偿养老保险待遇损失,且经社会保险经办机构审核确实不能补缴或者继续缴纳养老保险费的,自该用人单位依法应当为劳动者办理社会保险之日起,如果劳动者在用人单位连续工作未满15年,用人单位应按照每满1年发给相当于1个月当地上一年度职工月平均工资标准一次性支付劳动者养老保险待遇赔偿。孔某某虽于2020年4月达到退休年龄,但目前仍以灵活就业方式缴纳养老保险费,其未举证证明A公司确实不能补缴养老保险费,故其主张养老保险待遇赔偿依据不足,不予支持。孔某某与B公司不存在劳动关系,孔某某以A公司、B公司系关联企业为由要求B公司支付经济补偿金、加班费及养老保险待遇损失,于法无据,不予支持。根据《劳动争议调解仲裁法》第二十七条,《中华人民共和国民事诉讼法》第六十四条、第一百四十二条的规定,一审法院判决如下:驳回孔某某的诉讼请求。一审案件受理费10元,减半计5元,予以免收。

二审中,上诉人孔某某提交其2017年9月至2020年8月期间的社会保险个人参保缴费证明,证明孔某某目前仍以灵活就业人员方式参加社会保险,推算到55周岁也满足不了最低缴费年限15年的要求。孔某某在A公司工作期间,A公司未依法给孔某某缴纳社保。

被上诉人A公司、B公司质证认为:从参加社会保险缴费证明中只能看出孔某某2017年9月至2020年8月期间的缴费情况,但何时开始缴纳无法证明,更达不到孔某某所述的满足不了最低缴费年限15年要求的证明目的。

对一审法院认定的事实,各方均无异议,本院予以确认。另查明,孔某某目前仍以灵活就业人员身份缴纳社保费用。

二审中,孔某某明确表示不再要求A公司、B公司连带支付其经济补偿金66 000元、加班费264 000元。

本案二审争议焦点为:孔某某要求A公司、B公司连带赔偿养老保险待遇损失122 632.5元有无依据。

本院认为,《中华人民共和国民事诉讼法》第六十五条规定,当事人对自己提出的主张应当及时提供证据。《最高人民法院关于适用〈中华人民共和国民事诉讼法〉的解释》第九十条规定,当事人对自己提出的诉讼请求所依据的事实或者反驳对方诉讼请求所依据的事实,应当提供证据加以证明,但法律另有规定的除外。在作出判决前,当事人未能提供证据或者证据不足以证明其事实主张的,由负有举证证明责任的当事人承担不利的后果。本案中,孔某某未能举证证明已经社会保险经办机构审核其确实不能补缴或者继续缴纳养老保险费,事实上孔某某目前仍以灵活就业人员身份继续参加社会保险并缴纳养老保险费。因此,孔某某要求A公司、B公司连带赔偿养老保险待遇损失122 632.5元,于法无据,本院不予支持。

综上,孔某某的上诉请求不能成立,应予驳回;一审判决认定事实清楚,适用法律正确,处理并无不当。依照《中华人民共和国民事诉讼法》第一百七十条第一款第一项规定,判决如下:

驳回上诉,维持原判。

二审案件受理费10元,由上诉人孔某某负担,本院决定免予收取。

本判决为终审判决。

审 判 员 袁某某

二〇二一年四月十二日

书 记 员 刘某某

河北省张家口市中级人民法院
执行裁定书

〔2019〕冀 07 执复 103 号

复议申请人(异议人):中国人寿养老保险股份有限公司,住所地北京市西城区金融大街 12 号。

申请执行人:王某某,女,汉族。

被执行人:罗某某,男,汉族。

被执行人:李某某,女,汉族。

被执行人:武某某,男,汉族。

复议申请人中国人寿养老保险股份有限公司不服宣化区人民法院〔2019〕冀 0705 执异 46 号执行裁定书,于 2019 年 7 月 15 日向本院申请复议,本院受理后,依法组成合议庭进行审查,现已审查终结。

执行法院查明,王某某与罗某某、武某某、李某某民间借贷纠纷一案,该院的〔2015〕宣区民初字第 1482 号民事判决书,于 2015 年 12 月 24 日发生法律效力,王某某于 2017 年 3 月 1 日向该院申请执行,申请执行标的为 220 650 元,执行案号为〔2017〕冀 0705 执 399 号。立案执行后,王某某于 2017 年 12 月 21 日向该院提出撤回执行申请,案件终结执行。2019 年 2 月 8 日,王某某向该院申请案件恢复执行,执行案号为〔2019〕冀 0705 执恢 303 号,在执行过程中,该院对被执行人财产进行了多方查控,均未发现被执行人名下有可供执行财产,申请执行人也表示无法提供被执行人财产线索,并同意终结本次执行程序。2018 年 10 月 11 日,该院作出〔2019〕冀 0705 执恢 303 号之一执行裁定书,终结河北省张家口市宣化区人民法院〔2015〕宣区民初字第 1482 号民事判决书的本次执行程序。2019 年 2 月 28 日,王某某再次向该院提出执行申请,案件恢复执行,申请执行标的为 221 789 元,执行案号为〔2019〕冀 0705 执恢 176 号。在执行过程中,该院于 2019 年 4 月 8 日向中国人寿养老保险股份有限公司送达〔2019〕冀 0705 执恢 176 号协助执行通知书,要求其协助提取罗某某在张家口银行股份有限公司企业年金基金的全部权益。

又查明,罗某某原系张家口银行股份有限公司员工,双方于 2001 年 10 月 15 日订立劳动合同,2018 年 2 月 28 日因罗某某辞职解除劳动合同,罗某某从 2008 年 1 月开始缴纳企业年金基金,2017 年 12 月停止缴纳。

执行法院认为,企业年金基金是指根据依法制定的企业年金计划筹集的资金及其投资运营收益形成的企业补充养老保险基金,是投保人享有的一种确定的投资性权益,归属于投保人,应当视为投保人的收入。依据《中华人民共和国民事诉讼法》第二百四十三条(2021 年修正后为第二百五十条)规定:"被执行人未按执行通知履行法律文书确定的义务,人民法院有权扣留、提取被执行人应当履行义务部分的收入。但应当保留被执行人及其所扶养家属的生活必需费用。人民法院扣留、提取收入时,应当作出裁定,并发出协助执行通知书,被执行人所在单位、银行、信用合作社和其他有储蓄业务的单位必须办理。"依据上述法律规定,除了保留被执行人及其所扶养家属的生活必需费用外,公民的合法收入都可以依法被强制执行。本案中,案件被执行人罗某某作为张家口银行员工参加了企业年金基金计划,并作为投保人缴纳了保险费用，其基金账户中的资金应属于罗某某本人的财产权益，法院依法可以强制执行。故此，该院对被执行人罗某某企业年金基金的执行行为符合法律规定，无不当之处，对于异议人中国人寿养老保险股份有限公司的异议请求，不予支持。综上，依据《中华人民共和国民事诉讼法》第二百二十五条、《最高人民法院关于人民法院办理执行异议和复议案件若干问题的规定》第十七条第一项规定，裁定驳回异议人中国人寿养老保险股份有限公司的异议请求。

复议申请人中国人寿养老保险股份有限公司称："我公司对宣化区人民法院〔2019〕冀0705执异46号执行裁定书不服，依法向贵院申请复议，理由如下。一、执行法院欲提取的企业年金基金财产尚未达到领取条件，依法不能领取。《企业年金办法》第二十四条规定：'符合下列条件之一的，可以领取企业年金：（一）职工在达到国家规定的退休年龄或者完全丧失劳动能力时，可以从本人企业年金个人账户中按月、分次或者一次性领取企业年金，也可以将本人企业年金个人账户资金全部或者部分购买商业养老保险产品，依据保险合同领取待遇并享受相应的继承权；（二）出国（境）定居人员的企业年金个人账户资金，可以根据本人要求一次性支付给本人；（三）职工或者退休人员死亡后，其企业年金个人账户余额可以继承。'《企业年金办法》第二十五条规定：'未达到上述企业年金领取条件之一的，不得从企业年金个人账户中提前提取资金。'经核实，执行法院欲执行的企业年金基金财产尚未达到领取条件，依法不能领取。二、执行法院裁定对企业年金的性质认定错误。执行法院在执行裁定书中认为企业年金基金是投保人享有的一种确定性的投资性收益，归属于投保人，应当视为投保人收入。该认定明显错误。1. 企业年金制度中无投保人概念。根据《企业年金办法》第一条、第二条，《企业年金基金管理办法》第三条、第八条之规定，企业年金是指企业及其职工在依法参加基本养老保险的基础上，自主建立的补充养老保险制度。参加计划的企业和职工是委托人，法人受托机构是受托人，企业年金基金财产独立于委托人、受托人的固有财产。因此，在企业年金计划中，并无'投保人'，只有'委托人'，基金财产与委托人财产相独立。2. 企业年金并非确定的投资性收益，基金财产并非自始归属于委托人。企业年金制度是以人力资源社会保障部相关规定为依据建立的养老保险制度。委托人参加企业年金计划，不是日常投资行为，而是参加养老保险制度的行为；其所有的权益，也不是一般投资收益，而是根据人力资源社会保障部相关规定，在养老保险制度中所获得的仅能在退休等情形下领取的养老保障性权益。根据《企业年金办法》第二十四条、第二十五条的规定，企业年金仅在职工达到退休年龄或者完全丧失劳动能力或者出国定居时才可以领取，在职工或者退休人员死亡后可以被继承。该两条体现了企业年金制度的设立目的和社会保障性质。可见，企业年金不是委托人的投资性收益，其并非自始归属于委托人，而是仅在法定情形下才能被委托人领取。企业年金若被委托人任意支取，就会失去其养老保障、社会保障性质。3. 企业年金不应被视为收入。正如前述，职工在符合企业年金领取条件前，其本人财产与企业年金基金财产相互独立，此时虽然存在企业年金个人账户，但仅为计算职工退休或死亡后可被领取和继承的年金数额，并非职工本人的财产，更非职工的收入。三、执行法院适用法律错误。1. 本案不应适用《中华人民共和国民事诉讼法》第二百四十三条之规定。执行法院适用《中华人民共和国民事诉讼法》第二百四十三条，认可了本案中执行措施的合法性。《中华人民共和国民事诉讼法》第二百四十三条的内容为，被执行人未按执行通知履行法律文书确定的义务，人民法院有权扣留、提取被执行人应当履行义务部分的收入。但应当保留被执行人及其所扶养家属的生活必需费用。人民法院扣留、提取收入时，应当作出裁定,并发出协助执行通知书,被执行人所在单位、银行、信用合作社和其他有储蓄业务的单位必须办理。我公司认为,根据上述条款内容,扣留、提取被执行人的收入主要是针对自然人采取的措施。收入主要指金钱收入,收入的形式可以是工资、奖金、劳务报酬、稿酬、咨询费、存款利息、房屋租金等。扣留被执行人的收入,主要指被执行人所在单位按照人民法院的协助执行通知书扣留被执行人的工资、奖金等收入。企业年金不是被执行人的收入或者财产,而只是一种未来的权利预期,不应适用该条被强制执行。另外,申请人也不是该条规定的具有协助执行义务的单位。申请人认为原审法院适用《中华人民共和国民事诉讼法》第二百四十三条认可执行法院的执行措施,系适用法律错误。2. 根据法律、规章规定,企业年金财产不得被强制执行。《企业年金办法》和《企业年金基金管理办法》均规定其根据《中华人民共和国信托法》设立。企业年金计划本质上可视为一种信托计划。《企业年金办法》公布后,人力资源社会保障部发布的《人社部相关负责人就〈企业年金办法〉进行解读》中,也明确指出企业年金遵循信托法原则。《中华人民共和国信托法》第十七条规定:'除因下列情形之一外,对信托财产不得强制执行:(一)设立信托前债权人已对该信托财产享有优先受偿的权利,并依法行使该权利的;(二)受托人处理信托事务所产生债务,债权人要求清偿该债务的;(三)信托财产本身应担负的税款;(四)法律规定的其他情形。'本案并未出现上述法定条件。《企业年金基金管理办法》是人力资源社会保障部、中国证券监督管理委员会、原中国银行业监督管理委员会、原中国保险监督管理委员联合发布的专项规定,其第十一条明确规定:'非因企业年金基金财产本身承担的债务,不得对基金财产强制执行。'我公司认为,根据法律、规章规定,企业年金仅在法定情形下可以被强制执行,本案中并未出现法定情形,且被执行人尚不符合提取企业年金的条件,依法不得被强制执行。原审法院未适用上述规定作出裁判,属适用法律错误。综上,原审法院事实认定不清、适用法律错误。请求:1. 撤销〔2019〕冀 0705 执异 46 号执行裁定书;2. 请求不予执行〔2019〕冀 0705 执恢 176 号协助执行通知书。"

本院查明,2015 年 11 月 24 日,宣化区人民法院作出〔2015〕宣区民初字第 1482 号民事判决。一、武某某、李某某于本判决生效之日起 10 日内给付王某某借款本金 217 400 元,并从 2015 年 11 月开始按年息 24%给付借款本金 217 400 元的利息直至借款本金还清为止。二、罗某某对上述借款 217 400 元及其利息承担连带给付责任;罗某某承担保证责任后,有权向武某某、李某某追偿。2019 年 2 月 12 日,宣化区人民法院向中国人寿养老保险股份有限公司送达〔2018〕冀 0705 执恢 303 号协助执行通知书,要求其协助冻结罗某某名下的企业年金 25 万元,冻结期间禁止任何人以任何方式提取,如需提取提前通知法院等。2019 年 4 月 4 日,执行法院作出〔2019〕冀 0705 执恢 176 号协助执行通知书,要求中国人寿养老保险股份有限公司协助提取罗某某在张家口银行股份有限公司企业年金基金的全部权益扣划至该院账户。

另查明,张家口市企业养老保险社会保险参保缴费证明、中国银行股份有限公司河北省分行缴费属期说明显示,罗某某缴费情况。

本院查明的其他事实与执行法院查明的事实一致。

本院认为,根据《企业年金基金管理办法》第二条第二款、《企业年金办法》第十九条第一款的规定,企业年金基金是指根据依法制定的企业年金计划筹集的资金及其投资运营收益形成的企业补充养老保险基金。职工企业年金个人账户中个人缴费及其投资收益自始归属于职工个人。因此,执行法院对被执行人罗某某企业年金基金执行的行为并无不当。故复议申请人的理由均不成立。依照《中华人民共和国民事诉讼法》第二百二十五条、《最高人民法院关于人民法院办理执行异议和复议案件若干问题的规定》第二十三条第一款第(一)项之规定，裁定如下：

驳回复议申请人中国人寿养老保险股份有限公司的复议请求。

本裁定送达后即发生法律效力。

审　判　长　　刘某某
审　判　员　　赵某某
审　判　员　　何某某
二〇一九年七月二十三日
书　记　员　　屈某某

（案例来源：中国裁判文书网）

第四章　劳动合同制度

案例回放

曹先生于2009年2月11日收到了一份信息公司的面试通知，随后分别参加并通过了该信息公司组织的笔试和技术主管当场面试。2009年2月16日，曹先生接到信息公司的“入职通知书”和“体检通知书”，按照信息公司的规定提交了个人入职材料、工资卡账号以及原公司的离职证明。2月18日，曹先生按照公司的要求参加了医院的入职体检。体检后两日，信息公司通知曹先生不予录用。

曹先生认为，信息公司的行为侵犯了自己的合法权益，故诉到法院，请求判决信息公司按照《劳动法》的规定录用他，并要求信息公司返还其体检费用100元及交通费600元。另外，曹先生还要求信息公司赔偿因没有录用他而对他造成的精神损失费10万元。

法庭上，信息公司表示不能同意曹先生的诉讼请求。信息公司主张根据公司的招聘管理规定，公司招聘员工需经过人员增补申请、筛选、初试(包括笔试和面试)、复试、行政人事部门考核后，最终再由总裁室确定考核意见及是否录用。总裁室考核录用后，再通知应聘人员办理入职手续，双方签订劳动合同。曹先生通过复试后，公司总裁室综合考虑曹先生的各项优缺点，最终决定不予录用。公司的招聘程序完全符合法律和公司规章制度的规定。信息公司对曹先生不负有录用义务。但鉴于曹先生在应聘过程中存在合理费用的支出，信息公司愿意补偿曹先生的100元体检费及合理的交通费。由于信息公司与曹先生并未建立劳动关系，因此信息公司认为曹先生无权要求公司支付任何经济补偿，更不同意支付曹先生10万元精神损失费的诉讼请求。

法院经审理认为，用人单位依法享有自主用人的权利。信息公司享有对应聘员工是否录用的决定权，在曹先生面试及体检后，信息公司对曹先生决定不予录用并无不当，对于曹先生要求信息公司录用他的诉讼请求，法院没有支持。但曹先生在应聘过程中支付的体检费和交通费属于合理费用，法院支持曹先生要求信息公司返还100元体检费的诉讼请求。由于曹先生没有提供相关交通费支出的证据，因此，法院没有支持曹先生要求信息公司返还交通费的诉讼请求。曹先生要求信息公司赔偿10万元精神损失费明显缺乏相关法律依据，法院没有支持。最后，法院判决信息公司向曹先生支付体检费100元，驳回了曹先生的其他诉讼请求。

(材料来源：中国法院网)

理论要点

第一节　劳动合同概述

一、劳动合同的概念

(一)劳动合同的概念

《劳动法》第十六条规定:“劳动合同是劳动者与用人单位确立劳动关系、明确双方权利和义务的协议。建立劳动关系应当订立劳动合同。”劳动合同是确立劳动关系的法律形式,是产生劳动法律关系的法律事实。我们一般所说的劳动合同有狭义和广义之分,狭义的劳动合同仅指为建立劳动法律关系而签订的合同,而广义的劳动合同除前者外,还包括集体合同。为了完善劳动合同制度,明确劳动合同双方当事人的权利和义务,保护劳动者的合法权益,构建和发展和谐稳定的劳动关系,我国还制定了专门的《劳动合同法》。

劳动合同具有诺成、有偿、双务的特性。劳动合同主体一方是劳动者,另一方是用人单位,具有特定性。双方在实现劳动过程中具有支配与被支配、领导与服从的从属关系。劳动合同内容具有权利与义务的统一性和对应性,劳动者与用人单位均享有一定的权利并履行相应的义务。但劳动者的权利与用人单位的义务并非完全重合,一般来讲,劳动者的权利有些来源于法律的强制规定,如社会保险方面。劳动合同涉及第三人的利益,如社会保险的受益人可以是劳动者本人,也可以是其生前供养的(直系)亲属;劳动者工资的最低标准除了能满足本人基本生活需要之外,还包括能满足其法定赡养的亲属的基本生活需要。

劳动合同兼有自愿性与强制性。虽然《劳动法》规定订立和变更劳动合同,应当遵循平等自愿、协商一致的原则,但民事法律中的契约自由、意思自治原则并不完全适用于劳动合同,因为劳动合同的必要条款中有些是法定标准性条款,如工时、工资、劳动保护、社会保险都有法定的最低或最高标准,并不完全由双方约定。

(二)劳动合同不同于劳务合同

劳动合同是劳动者与用人单位确立劳动关系、明确双方权利和义务的协议;劳务合同是平等主体的公民之间、法人之间、公民与法人之间,以提供劳务为内容而签订的协议。两者有着性质上的区别。第一,两者的法律性质不同。劳动合同是确立劳动关系的依据,属于劳动法的范畴,而劳务合同是建立民事、经济法律关系的依据,属于民法、经济法的范畴。第二,两者对合同主体要求不同。劳动合同的主体一方是劳动者,另一方是用人单位;劳务合同的主体既可以都是公民,也可以都是法人,或者是公民与法人,劳务合同对主体没有特殊要求。第三,两种合同主体的地位不同。劳动合同签订后,劳动者便成为用人单位的一员;劳务合同的主体之间并不存在这种隶属关系。第四,合同的内容不同。劳动合同的一方当事人——用人单位要为劳动者提供符合国家规定的劳动条件和劳动保护用品;劳务合同无须规定这方面的内容。第五,确定报酬的原则不同。在劳动合同中,用人单位按照劳动的数量和质量及国家的有关规定给付劳动报酬,体现按劳动分配的原则;而劳务合同中的劳务价格是按等价有偿的市场原则支付。

二、订立劳动合同的原则

《劳动合同法》第三条规定："订立劳动合同，应当遵循合法、公平、平等自愿、协商一致、诚实信用的原则。"

（一）合法原则

合法是劳动合同有效的前提条件。所谓合法就是劳动合同的形式和内容必须符合法律、法规的规定。

（1）劳动合同的形式要合法。如除非全日制用工外，劳动合同需要以书面形式订立，这是《劳动合同法》对劳动合同形式的要求。如果是口头合同，当双方发生争议时，法律不承认其效力，用人单位要承担不订立书面合同的法律后果，如《劳动合同法》第八十二条规定："用人单位自用工之日起超过一个月但不满一年未与劳动者订立书面劳动合同的，应当向劳动者每月支付二倍的工资。"

（2）劳动合同的内容要合法。《劳动合同法》第十七条规定了劳动合同应当具备的九项内容。用人单位必须在法律规定的限度内作出具体规定。例如：关于劳动合同的期限，什么情况下应当订立固定期限，什么情况下应当订立无固定期限，应当符合本法的规定；关于工作时间，不得违反国家关于工作时间的规定；关于劳动报酬，不得低于当地最低工资标准；关于劳动保护，不得低于国家规定的劳动保护标准等。如果劳动合同的内容违法，劳动合同不仅不受法律保护，当事人还要承担相应的法律责任。

【案例4-1】

吴女士系马鞍山一药房正式员工，已工作3年多。2008年10月31日，吴女士在工作大厅与同事发生争执。事后，吴女士收到了公司的解聘书，理由是她违反了公司规章制度第二十七条的规定："严禁公司员工之间吵架，一经发现核实后，将给予辞退处理。"吴女士不服，该案经劳动仲裁后，进入司法程序。

评析：公司可以制定本单位的规章制度，员工也有遵守的义务，但是公司的规章制度应符合法律规定，且不得违背社会公德和公平原则。同事之间遇到问题，发生分歧和争执乃正常现象，且并没有产生影响公司的严重后果，因此公司辞退吴女士的理由不能成立。公司单方面解除与吴女士的劳动合同，应当支付赔偿金。因此，法院最终判决该公司支付吴女士赔偿金8 800元。

（材料来源：中国法院网）

（二）公平原则

公平原则是指劳动合同的内容应当公平、合理，就是在符合法律规定的前提下，劳动合同双方公正、合理地确立双方的权利和义务。有些合同内容，相关劳动法律、法规往往只规定了一个最低标准，在此基础上双方自愿达成协议，就是合法的，但有时合法的未必公平、合理。如同一个岗位，两个资历、能力都相当的人，工资收入差别很大，或者能力强的收入比能力差的还低，就是不公平。再比如用人单位提供少量的培训费用培训劳动者，却要求劳动者订立较长的服务期，而且在服务期内不提高劳动者的工资或者不按照正常工资调整机制提高工资。这些虽然不违反法律的强制性规定，但都不合理、不公平。此外，还要注意的是用人单位不能滥用优势地位，迫使劳动者订立不公平的合同。

公平原则是社会公德的体现，将公平原则作为劳动合同订立的原则，可以防止劳动合同当事人尤其是用人单位滥用优势地位，损害劳动者的权利，有利于平衡劳动合同双方当事人的利益，有利于建立和谐稳定的劳动关系。

【案例4-2】

刘某原系某药物技术公司职工，双方于2005年2月24日签订了劳动合同，期限自当日至2008年2月24日。同日双方签订《保密与同业禁止协议》，约定在劳动关系存续期间，刘某不得在其他同类或竞争性企业兼职，不得自行成立或参与其他企业与该药物技术公司竞争；刘某在双方劳动关系存续期间或者终止后，不得抢夺该药物技术公司的客户，亦不得以不正当竞争手段引诱该药物技术公司的其他雇员离职。但该协议未约定刘某在遵守上述约定义务的情况下可以享受的相关权利。刘某于2007年1月19日离职，该药物技术公司未向其支付竞业禁止补偿金，并以要求刘某支付竞业禁止违约金30万元为由向北京市劳动争议仲裁委员会提出申诉，该委经审理，驳回了该公司的申诉请求。该公司以同样的诉求向法院提起诉讼。

评析：该药物技术公司与刘某签订的《保密与同业禁止协议》是劳动合同的附件，双方当事人的权利与义务应当平等。但该协议仅约定了刘某的义务，并未约定刘某在遵守上述约定义务的情况下可以享受的相关权利，公司亦未举证证明曾向刘某支付竞业禁止补偿金以及在刘某在职期间向其支付的工资中包含有竞业禁止补偿金。因此法院认为，该协议内容显失公平，对刘某不具有约束力，判决驳回了该公司的诉讼请求。

（材料来源：中国法院网）

（三）平等自愿原则

平等自愿原则包括两层含义，一是平等原则，一是自愿原则。

所谓平等原则就是劳动者和用人单位在订立劳动合同时在法律地位上是平等的，没有高低、从属之分，不存在命令和服从、管理和被管理关系。只有地位平等，双方才能自由表达真实的意思。当然在订立劳动合同后，劳动者成为用人单位的一员，受用人单位的管理，处于被管理者的地位，用人单位和劳动者的地位是不平等的。这里讲的平等，是法律上的平等，形式上的平等，在我国劳动力供大于求的形势下，多数劳动者和用人单位的地位实际上做不到平等。但用人单位不得滥用优势地位，在订立劳动合同时附加不平等的条件。

所谓自愿原则是指订立劳动合同完全出于劳动者和用人单位双方的真实意志，是双方协商一致达成的，任何一方不得把自己的意志强加给另一方。自愿原则包括订不订立劳动合同由双方自愿，与谁订立劳动合同由双方自愿，合同的内容双方自愿约定等。根据自愿原则，任何单位和个人不得强迫劳动者订立劳动合同。

（四）协商一致原则

协商一致就是用人单位和劳动者要对合同的内容达成一致意见。合同是双方意思表示一致的结果，劳动合同也是一种合同，也需要劳动者和用人单位双方协商一致，达成合意，一方不能凌驾于另一方之上，不得把自己的意志强加给对方，也不能强迫、命令、胁迫对方订立劳动合同。在订立劳动合同时，用人单位和劳动者都要仔细研究合同的每项内容，进行充分的沟通和协商，解决分歧，达成一致意见。只有体现双方真实意志的劳动合同，双方才能忠实地按照合同约定履行。现实中劳动合同往往由用人单位提供格式合同文本，劳动者只需要签字即可。

格式合同文本对用人单位的权利规定得比较多，比较清楚，对劳动者的权利规定得少，规定得模糊。这样的劳动合同就很难说是协商一致的结果。因此，在使用格式合同时，劳动者要认真研究合同条文，对自己不利的要据理力争。

【案例 4-3】

25 岁的小王是某大学软件学院的学生。大四那年，小王被学院安排到上海的一家软件公司进行实习。2010 年 9 月，软件公司拿出了《实习协议书》的格式合同，与小王及该大学软件学院签订了三方协议，协议约定小王的实习期为 2010 年 9 月 23 日至 2011 年 6 月 30 日，实习期间软件公司向小王支付实习补贴费每月 1 500 元；小王实习结束后与软件公司签订为期三年的劳动合同，否则将赔偿软件公司违约金 18 000 元。2010 年 11 月，小王、软件公司与该大学软件学院又签订了《就业协议书》，备注栏内软件公司写下"小王在实习结束后与软件公司签订为期三年的劳动合同，否则将赔偿违约金 18 000 元"。

鉴于小王良好的实习表现，实习期满后，软件公司提出与小王签订三年的劳动合同，月薪 4 000 元。然而，软件公司给出的待遇却大大低于小王的心理价位，并且小王非常不满意软件公司的培训制度。深思熟虑后，小王回绝了软件公司的入职邀请，拒绝签订劳动合同。

与小王协商不成后，软件公司遂以违约为由将小王诉至上海市浦东新区人民法院，要求其支付协议书中约定的违约金 18 000 元。

法院经审理后认为，原、被告及某大学软件学院签订的《实习协议书》是原告提供的格式文本，其中关于被告应于实习结束后与原告签订为期三年的劳动合同，否则应赔偿原告违约金的内容显然加重了被告的责任、排除了被告自主择业的权利，亦违反了民事活动所应遵循的公平原则，该部分内容应属无效；对于之后三方签订的《就业协议书》的备注栏内有关服务期承诺及违约责任等内容，同样有违公平原则，有损学生自主择业的权利，不能作为追究违约责任的依据。据此，法院遂作出判决，驳回了原告公司的诉讼请求。

（材料来源：中国法院网）

（五）诚实信用原则

诚实信用就是在订立劳动合同时要诚实，讲信用。如在订立劳动合同时，双方都不得有欺诈行为。根据《劳动合同法》第八条的规定，用人单位招用劳动者时，应当如实告知劳动者工作内容、工作条件、工作地点、职业危害、安全生产状况、劳动报酬，以及劳动者要求了解的其他情况；用人单位有权了解劳动者与劳动合同直接相关的基本情况，劳动者应当如实说明。双方都不得隐瞒真实情况。现实中，有的用人单位不告诉劳动者职业危害，或者提供的工作条件与约定的不一样等，也有劳动者提供假文凭的情况，这些行为都违反了诚实信用原则。此外，现实中还有的劳动者与用人单位订立了劳动合同，劳动者找到别的工作后，就毁约，不到用人单位工作，这也违反了诚实信用原则。诚实信用既是《中华人民共和国合同法》的一项基本原则，也是《劳动合同法》的一项基本原则，它同时是一项社会道德原则。

【案例 4-4】

2015 年 5 月 5 日，元某某入职 A 公司，职务为 JAVA 工程师，当日，其填写了"员工入职履历表"，其上载明在 2007—2011 年，元某某在上海信息管理专修学院取得本科学历。

“员工入职履历表”中申明“我对每一个问题的回答及所提供的资料都是真实的，同意公司获取关于我过去及目前雇主的所有信息及其他合适的资料，公司已经告知本人工作内容、工作条件、工作地点、职业危害、安全生产状况、劳动报酬，员工手册等相关制度、内容已知晓，我知道歪曲这份‘员工入职履历表’上任何信息都是可以无偿解聘的”。

元某某向公司提交了普通高等学校毕业证书，落款为“上海信息管理专修学院”并盖章。元某某与公司订立了期限为2年的劳动合同。自2017年3月起，元某某的职务调整为技术部门项目经理，月工资调整为25 000元。2017年5月5日，元某某与公司再次订立了劳动合同，约定：合同期限为2017年5月5日至2019年5月4日，岗位为技术部门项目经理；“乙方（元某某）所提供的各种与甲方（公司）招聘要求有关的证件的真实性有疑义的，甲方可以解除本合同”。

2017年11月1日，公司向元某某送达了《解除劳动合同通知书》，载明：“元某某，由于你提交的普通高等学校毕业证书在国家指定的查询网站上查询不到任何信息，且你在我公司对其提出疑问后，不能做出合理的说明或解释，亦未提交任何材料证实你的真实学历，我公司认为，你的行为不仅违背了入职时的承诺，亦构成对我公司的欺诈。现依据《劳动合同法》第二十六条第一款第（一）项、第三十九条第（五）项之规定，与你解除劳动合同。”元某某于当日办理了离职交接手续。

后元某某申请劳动仲裁，要求公司支付其违法解除劳动合同赔偿金，公司亦申请劳动仲裁，要求确认双方劳动合同无效并要求元某某赔偿公司因劳动合同无效而造成的为元某某补缴的社会保险费、多支付工资的损失205 656.45元。2018年3月12日，劳动人事争议仲裁委员会裁决公司支付违法解除劳动合同赔偿金103 333.33元，驳回了公司的全部申请请求。

元某某认可上述裁决的结果，公司对此不服，诉至法院。

一审法院：诚信入职本就是劳动者入职的最基本的要求，提供虚假学历证明属采用欺诈手段建立劳动关系，劳动合同无效，公司解除劳动合同不违法不用支付赔偿金。元某某已经为公司实际提供了劳动，该公司应当支付元某某劳动报酬。

元某某不服，提起上诉。二审法院裁定驳回上诉、维持原判后，元某某又以能力足以满足岗位要求，劳动合同不应全部无效的理由向北京市高级人民法院申请再审，北京市高级人民法院裁定驳回了元某某的再审申请。

评析：本案三级法院均认为诚实信用原则是劳资双方均应当遵守的基本原则。劳动者在入职时向公司提交虚假的毕业证书，显然属于以欺诈手段使得公司与其建立劳动关系的行为。同时入职时签署了有关如实陈述的申明，其应当明知其欺诈行为的危害后果。在职期间，虽然双方又续签了劳动合同，但两份劳动合同书系双方一直存续的劳动关系在书面劳动合同文本中的体现，而不能割裂开来分而治之。因此，法院以劳动者提供虚假的学历证明、采用欺诈手段与公司建立劳动关系为由，确认双方在2015年5月5日至2017年11月1日期间订立的劳动合同无效。

《劳动法》第十八条规定：“下列劳动合同无效：（一）违反法律、行政法规的劳动合同；（二）采取欺诈、威胁等手段订立的劳动合同。无效的劳动合同，从订立的时候起，就没有法律约束力。”《劳动合同法》第二十六条规定：“下列劳动合同无效或部分无效：（一）以欺诈、胁迫的手段或者乘人之危，使对方在违背真实意思的情况下订立或者变更劳动合同的……”

实践中,劳动者在订立劳动合同时提供了虚假的证件或信息所订立的劳动合同是否一定无效,也要看具体案情。

【案例4-5】

王某于2006年1月9日入职星之光公司工作,双方于2014年1月6日签订无固定期限劳动合同,约定王某的岗位为管理部科长。

2015年11月,星之光公司向某理工学院查询王某学历情况,同年11月11日该院教务处回复《关于王某学历的调查报告》:"档案室存档的高考录取审批表中无此人录取信息;我校1998年也无电子商务专业;教育部学籍学历平台中无此人学历信息";附件包括1995年入学的江苏籍学生名单。

2015年11月17日,星之光公司向公司工会提交《解雇理由通知书》,公司工会表示同意。星之光公司当日向王某邮寄《书面警告记录》《解除劳动合同通知书》,其中《解除劳动合同通知书》载明因王某学历欺诈及已收到三次书面警告,按照公司规定与其解除劳动合同。

王某向劳动人事争议仲裁委员会申诉要求公司支付违法解除劳动合同赔偿金,2016年3月3日劳动人事争议仲裁委员会裁决公司支付违法解除劳动合同赔偿金279 606.67元。

星之光公司对裁决不服,向法院提起诉讼。星之光公司起诉后持一审法院调查令向人才市场调查,人才市场出具加盖全国高等学校信息咨询与就业指导中心公章的《中国高等教育学历证书查询结果通知》:"姓名:王某……证书编号:1029021998××××××……查询结果:此学历证书系伪造。根据……的规定,对此证书予以没收。"

一审法院认为,王某以虚假学历证书至星之光公司处应聘,有违诚实信用原则。虽然星之光公司未能提供证据证实其在招聘时要求应聘者必须具备专科以上学历,但王某在应聘资料中提交专科毕业证书,足以证实其将学历作为应聘的有利条件之一,以期许得到星之光公司的认可。星之光公司最终同意录用被告,必然与其学历有着密不可分的联系。星之光公司、王某于2006年订立的劳动合同自始无效,之后双方虽然签订过数份劳动合同,但王某的欺诈事实始终存在,双方基于王某的欺诈行为所订立的劳动合同均无效。王某无权基于无效劳动合同向星之光公司主张赔偿金。

王某不服一审判决,提起上诉。

苏州市中级人民法院经审理认为,星之光公司解除与王某劳动合同理由有二,第一个理由是王某受到三次书面警告处罚,但公司未能提供证据证实,故公司作出的警告处罚不当,其第一个解雇理由不成立。

关于第二个解雇理由王某学历欺诈问题。劳动者在应聘、订立劳动合同时未如实披露信息并不必然构成欺诈。若用人单位在招聘录用时只是把学历作为一般要件或者对学历无特别要求,则不应以劳动者提供虚假学历为由认定双方签订的劳动合同无效。

本案星之光公司未能提供证据证明其在招聘管理部科长职位时对学历有特别要求,也未提供证据证明其是由于王某提供了大专学历才与王某签订了劳动合同,双方于2006年1月9日第一次签订的劳动合同书中也未体现对学历方面的要求。王某在应聘时提供了虚假大专学历虽有违诚信,但鉴于星之光公司员工守则是从2008年开始实施的,故不能认定其违反了员工守则的有关规定。

王某陈述其从2006年1月9日入职公司至2015年11月17日被解雇期间工作能力一直是匹配工作岗位的,公司没有提供王某考核不称职或能力不匹配岗位的证据,而结合当事人双方之后又续签四次劳动合同的事实可以印证公司对王某的资历和工作能力的认可。

王某在2008年3月20日已经取得成人高等教育专科学历,且无论有无大专学历,王某是胜任工作的,故也不能认定在双方于2014年1月6日订立无固定期限劳动合同时王某存在以欺诈手段使星之光公司在违背真实意思情况下订立劳动合同。

诚信、公平都是民法的基本原则。员工有如实提供入职信息的诚信义务,用人单位对员工的资历亦有注意审查之义务,故虚假学历对劳动合同效力的影响应有一个合理期限,不宜在劳动关系持续很长时间后仍作为劳动合同无效或者解除合同的事由。

本案王某提供虚假学历未达到欺诈的程度,并且没有给星之光公司造成损失,也没有达到违背星之光公司真实意思的程度。星之光公司在王某入职近10年时,以其当初入职时学历虚假为由解除劳动合同不当,可以认定公司违法解除劳动合同。一审认定双方自2006年起历次订立的劳动合同均为无效不妥。

故苏州市中级人民法院判决撤销原判,判令星之光公司支付王某违法解除劳动合同赔偿金202 336元。

(案例来源:根据“劳动法库”微信公众号案例改编)

三、劳动规章制度

(一)劳动规章制度的建立、完善义务

用人单位履行制定劳动规章制度(简称规章制度)的义务时,要严格执行国家法律、法规的规定,保障劳动者的劳动权利,督促劳动者履行劳动义务。劳动规章制度主要内容包括工作时间、休息休假、劳动安全卫生、职工培训、劳动纪律、劳动定额管理以及违反的后果等。

用人单位制定的直接涉及劳动者切身利益的规章制度违反法律、法规规定的,由劳动行政部门责令改正,给予警告;给劳动者造成损害的,用人单位应当承担赔偿责任。

(二)劳动规章制度的制定和异议程序

根据《劳动合同法》的规定,规章制度制定也是由劳资双方共同决定的事项,需要经过民主程序,最后通过平等协商程序确定。但是,规章制度制定时对劳资双方“共决”的要求比较低。《劳动合同法》第四条规定:“用人单位在制定、修改或者决定有关劳动报酬、工作时间、休息休假、劳动安全卫生、保险福利、职工培训、劳动纪律以及劳动定额管理等直接涉及劳动者切身利益的规章制度或者重大事项时,应当经职工代表大会或者全体职工讨论,提出方案和意见,与工会或者职工代表平等协商确定。”从这一规定可以看出,企业制定规章制度时需要将企业起草的规章制度草案交由职工代表大会或者全体职工讨论,而不是由职工代表大会或者全体职工“讨论通过”;职工讨论后,让职工提意见和方案,最后由企业和工会或职工代表通过平等协商确定。《最高人民法院关于审理劳动争议案件适用法律若干问题的解释》(2001年)第十九条规定,用人单位根据《劳动法》第四条之规定,通过民主程序制定的规章制度,不违反国家法律、行政法规及政策规定,并已向劳动者公示的,可以作为人民法院审理劳动争议案件的依据。

在规章制度实施过程中,工会或者职工认为用人单位的规章制度不适当的,有权向用人单位提出,通过协商作出修改完善。

用人单位应当将直接涉及劳动者切身利益的规章制度和重大事项决定公示，或者告知劳动者。根据《最高人民法院关于审理劳动争议案件适用法律若干问题的解释(二)》(法释〔2006〕6号)第十六条的规定，用人单位制定的内部规章制度与集体合同或者劳动合同约定的内容不一致，劳动者请求优先适用合同约定的，人民法院应予支持。因此，司法实践中应以劳动者要求优先适用规章制度还是劳动合同约定为使用前提。

【案例4-6】

花某某于2014年4月14日入职北京某建筑咨询公司，担任建筑师，双方签订有固定期限劳动合同，期限至2018年4月14日。合同约定：乙方工作期间，出现迟到、早退、旷工等情形，除按照具体时间免发工资外，情节严重的，甲方将按照相关规章制度进行违纪处理，直至解除劳动合同。公司《假务管理制度》第13条第(2)款规定：病假应提交市级以上医院出具的门诊挂号单、当日看病病例本，病假3日以上(包括3日)的还应提交医院证明或者医院诊断证明书(明确休假天数和病因)。年度内第一次无法提供以上单据或医院证明的等同于事假，年度内第二次无法提供以上单据及有效医院证明的按旷工处理。

2018年2月11日，北京某中医院向花某某开具处方笺及诊断证明，建议花某某于2018年1月3日至15日及2018年2月11日至13日休息。花某某持上述诊断证明向公司请病休假。2018年2月13日，公司以花某某请假流程及提供的单据的病假事由和开具病假证明的医院不符合公司《假务管理制度》的规定，作出不予批准病假的通知并要求花某某当日到岗上班或提交符合公司规定的正规医院开具的诊断证明，否则公司将按旷工处理。

2018年2月22日，公司向花某某送达《解除劳动关系的通知》，《解除劳动关系的通知》载明："2018年2月11日至13日，你未遵照公司《假务管理制度》的规定，提供了非市级医院的病情诊断证明，且病因也不属于不能到岗上班的实质性障碍，为此，公司领导不予批假。2018年2月11日至2月13日，公司人事部负责人唐某以微信和电子邮件的形式，多次郑重向你下发不予批准病假的通知，并多次警告：要求你务必到岗上班。你在明知公司领导未批准病假的情况下，擅离职守，强行休假，连续旷工达3日之多。此恶劣行为已严重违反公司规章制度，公司将对你处以即时解聘。2018年1月因你主动交接了工作，公司安排了人力资源岗位，你拒绝服从公司的调整，怠工罢工达1个月之久，给公司造成严重经济损失。综上，公司经研究决定，与你立即解除劳动关系且无任何经济补偿和赔偿。"

双方就解除劳动合同事由发生争议，案件先后历经仲裁、一审、二审程序。法院认为，用人单位按照《劳动合同法》第四条的规定制定的规章制度，可以作为其解除劳动合同的依据，但人民法院有权审查该规定的合法性、合理性。用人单位制定的规章制度，不得违反国家法律、行政法规及政策规定，不得明显违反公序良俗，否则相应条款无效。根据《劳动法》及《劳动合同法》的相关规定，劳动者享有自主就医及休息休假的权利。规章制度中"病休假必须由市级以上医院出具相关证明，否则按旷工处理"的规定限制或剥夺了劳动者所享有的自由选择就医及休息的法定权利。

(案例来源：根据"劳动法库"微信公众号案例改编)

四、三方机制

三方机制是指政府(通常以劳动部门为代表)、雇主和工人之间，就制定和实施经济和社会政策而进行的所有交往和活动。即由政府、雇主组织和工会通过一定的组织机构和运作机制共同处理涉及劳动关系的问题，如劳动立法、经济与社会政策的制定、就业与劳动条件、工资水平、劳动标准、职业培训、社会保障、职业安全与卫生、劳动争议处理以及对产业行为的规范与防范等。

三方机制应当由三方组成，即由代表政府的劳动行政部门、代表职工的地方总工会和代表用人单位的企业代表组织（企业联合会、企业家协会、商会等）组成。

根据《工会法》和《劳动法》的规定，三方机制解决的是劳动关系方面的重大问题，如劳动就业、劳动报酬、社会保险、职业培训、劳动争议、劳动安全卫生、工作时间和休息休假、集体合同和劳动合同等。

【案例4-7】

罗某于2003年12月6日与九洲四维签订了自2004年1月1日起至2018年8月25日止的无固定期限劳动合同。2005年8月25日，罗某经民主选举当选为被告公司工会主席，并得到市总工会的批准。2006年9月至2007年12月期间，因九洲四维制定、颁发一系列损害职工权益的制度且裁员，既不给职工经济补偿，也不通知工会或与工会协商，罗某曾多次在总经理办公会上提出异议和意见。在2007年度总经理办公会议记录中，罗某曾多次在会上为一线职工的奖金、工资、福利提出意见，为此罗某与九洲四维负责人之间产生矛盾。2008年1月2日至10日，罗某一直在九洲四维处正常上班。2008年1月10日，九洲四维以辞退方式与罗某办理了离职手续。同日，九洲四维向劳动行政部门出具了《解除（终止）劳动合同证明书》。九洲四维在为罗某办理完辞退离职手续后，除发给罗某1月份的工资2 059元外，没有向罗某支付经济补偿或赔偿金，也没有发给其2007年度年终奖。2008年2月，罗某向市劳动人事争议仲裁委员会申请仲裁，劳动人事争议仲裁委员会于2008年3月25日作出裁决认为，该公司解除罗某的劳动合同违法，应向罗某补发加班工资，支付经济赔偿金13.5万元。罗某和九洲四维均不服劳动仲裁，于2008年4月11日向法院提起诉讼。

法院审理认为：罗某、九洲四维签订的无固定期劳动合同系双方真实意思表示，合法有效，应受法律保护。在劳动合同履行过程中，罗某作为九洲四维的工会主席多次为一线职工的奖金、工资、福利提出意见，属于正常履行职务的行为，九洲四维以辞退方式提前解除与罗某的劳动合同关系，但未举证证明原告存在《劳动法》第二十五条规定的情形，九洲四维的行为同时违反了《劳动合同法》和《工会法》的有关规定，因此属于违法解除劳动合同的行为。依据相关法律，法院依法作出一审判决：九洲四维应向罗某支付2006年10月至2007年12月期间每周六的加班工资等补偿费、经济赔偿金等共计178 502.4元。

（案例来源：根据中国法院网案例改编）

工会是劳动者的代言人，应当帮助、指导劳动者与用人单位依法订立和履行劳动合同，并且与用人单位建立集体协商机制，在履行劳动合同的过程中发挥维护劳动者合法权利的法定职能。工会主要工作内容包括：对用人单位履行劳动合同、集体合同的情况进行监督；用人单位违反劳动法律、法规和劳动合同、集体合同的，工会有权提出意见或者要求纠正；劳动者申请仲裁、提起诉讼的，工会依法给予支持和帮助；用人单位违反集体合同，侵犯职工劳动权益的，工会可以依法要求用人单位承担责任；因履行集体合同发生争议，经协商解决不成的，工会可以依法申请仲裁、提起诉讼。

第二节　劳动合同的订立

劳动合同的订立是指劳动者和用人单位经过相互选择和平等协商,就劳动合同条款达成协议,从而确立劳动关系和明确相互权利、义务的法律行为。

《劳动合同法实施条例》第四条规定:“劳动合同法规定的用人单位设立的分支机构,依法取得营业执照或者登记证书的,可以作为用人单位与劳动者订立劳动合同;未依法取得营业执照或者登记证书的,受用人单位委托可以与劳动者订立劳动合同。”依法取得营业执照或者登记证书的分支机构具有用工主体资格,可以作为用人单位与劳动者订立劳动合同,可以直接作为劳动合同中的甲方(用人单位)。未依法取得营业执照或者登记证书的分支机构,只能受用人单位委托与劳动者订立劳动合同,即劳动合同中的用人单位只能是设立该分支机构的单位,不能将分支机构直接列为用人单位。

一、劳动关系建立

(一)劳动合同的订立原则

劳动合同的订立是劳动关系确立的重要标志,但劳动关系的确立并不是以劳动合同的订立时间为起点的。《劳动合同法》规定用人单位与劳动者自用工之日起建立劳动关系。用人单位应当建立职工名册备查。职工名册,应当包括劳动者姓名、性别、居民身份证号码、户籍地址及现住址、联系方式、用工形式、用工起始时间、劳动合同期限等内容。

订立劳动合同双方互负如实告知义务,用人单位告知义务是如实告知劳动者工作内容、工作条件、工作地点、职业危害、安全生产状况、劳动报酬,以及劳动者要求了解的其他情况;用人单位有权了解劳动者与劳动合同直接相关的基本情况,劳动者应当如实说明。

用人单位招用劳动者,不得扣押劳动者的居民身份证和其他证件,不得要求劳动者提供担保或者以其他名义向劳动者收取财物。

在实践中,有些用人单位为防止劳动者在工作中给用人单位造成损失,不赔偿就不辞而别的情况,便利用自己的强势地位,在招用劳动者时要求劳动者提供担保或者向劳动者收取风险抵押金,这是一种不合法的行为。

用人单位违法向劳动者收取财物的情况主要有两种:一种是建立劳动关系时收取风险抵押金等项费用,对不交者不与其建立劳动关系,对交者在建立劳动关系后又与其解除劳动关系且不退还风险抵押金等项费用;另一种是建立劳动关系后全员收取风险抵押金等项费用,对不交者予以开除、辞退或者下岗。因此,无论是在建立劳动关系之前,还是在建立劳动关系之后,只要用人单位招用劳动者,就不得要求劳动者提供担保或以其他名义向劳动者收取财物。

在劳动者中确实有少数违法乱纪分子利用工作条件的便利,损害用人单位的利益。同时他们流动性较大,不易于管理和索赔,导致个别用人单位只能通过收取风险抵押金、抵押物或扣押身份证等方式来避免损失,但这样做是不合法的。如果用人单位想要避免劳动者给单位造成损失,不承担赔偿责任就离职的风险,应当通过加强内部管理来解决,而不能简单地采用收取抵押金(物)的错误方式。

（二）劳动合同订立的时限与形式

建立劳动关系，应当订立书面劳动合同。已建立劳动关系，未同时订立书面劳动合同的，应当自用工之日起一个月内订立书面劳动合同（《劳动合同法》施行前已建立劳动关系，尚未订立书面劳动合同的，应当自《劳动合同法》施行之日起一个月内订立）。

（三）劳动内容约定不明确的处理规定

用人单位未在用工的同时订立书面劳动合同，与劳动者约定的劳动报酬不明确的，新招用的劳动者的劳动报酬应当按照集体合同规定的标准执行；没有集体合同或者集体合同未作规定的，用人单位应当对劳动者实行同工同酬。

劳动合同对劳动报酬和劳动条件等标准约定不明确，引发争议的，用人单位与劳动者可以重新协商；协商不成的，适用集体合同规定；没有集体合同或者集体合同未规定劳动报酬的，实行同工同酬；没有集体合同或者集体合同未规定劳动条件等标准的，适用国家有关规定。

（四）法律责任

用人单位违反《劳动合同法》有关建立职工名册规定的，由劳动行政部门责令限期改正；逾期不改正的，由劳动行政部门处 2 000 元以上 2 万元以下的罚款。用人单位提供的劳动合同文本未载明本法规定的劳动合同必备条款或者用人单位未将劳动合同文本交付劳动者的，由劳动行政部门责令改正；给劳动者造成损害的，应当承担赔偿责任。

用人单位自用工之日起超过一个月不满一年未与劳动者订立书面劳动合同的，应当向劳动者每月支付二倍的工资。

（1）自用工之日起一个月内，经用人单位书面通知后，劳动者不与用人单位订立书面劳动合同的，用人单位应当书面通知劳动者终止劳动关系，无须向劳动者支付经济补偿，但是应当依法向劳动者支付其实际工作时间的劳动报酬。当然，这里用人单位需举证证明已经书面通知劳动者签订合同，而劳动者不签订书面劳动合同，因此，用人单位应当具有证据意识，在书面通知送达时应当有劳动者的签收证据或其他可证明已经向劳动者送达书面通知的证据。

（2）用人单位自用工之日起超过一个月不满一年未与劳动者订立书面劳动合同的，应当依照《劳动合同法》第八十二条的规定向劳动者每月支付二倍的工资，并与劳动者补订书面劳动合同；劳动者不与用人单位订立书面劳动合同的，用人单位应当书面通知劳动者终止劳动关系，并依照《劳动合同法》第四十七条的规定支付经济补偿。

（3）用人单位向劳动者每月支付二倍工资的起算时间为用工之日起满一个月的次日，截止时间为补订书面劳动合同的前一日。《劳动合同法》规定，建立劳动关系，应当订立书面劳动合同，如果不能够在建立劳动关系的同时订立书面劳动合同，法律给予一个月的宽限期。用人单位需在一个月的时间内与劳动者订立书面劳动合同，一个月的宽限期是法律赋予用人单位的期限，因此，宽限期内用人单位可不支付二倍工资。

（4）《劳动合同法》第十四条第三款规定："用人单位自用工之日起满一年不与劳动者订立书面劳动合同的，视为用人单位与劳动者已订立无固定期限劳动合同。"用人单位自用工之日起满一年未与劳动者订立书面劳动合同的，自用工之日起满一个月的次日至满一年的前一日应当向劳动者支付十一个月的"二倍工资"，并视为自用工之日起满一年的当日已经与劳动者订立无固定期限劳动合同，应当立即与劳动者补订书面劳动合同。

【案例4-8】

进城务工人员王某于2007年9月4日到某公司从事跟单员工作,双方未签订书面劳动合同。工作以后,王某即要求与该公司签订劳动合同,但该公司一直未给予回应。王某工作期间,该公司支付了王某2007年10月至2008年2月的工资,汇入王某的银行卡。2008年3月26日王某离开被告公司,并于2008年9月8日申请劳动仲裁,劳动人事争议仲裁委员会以超过时效为由不予受理。王某遂于2008年9月向人民法院提起诉讼,请求被告支付其未签订书面合同的二倍工资4 800元、赔偿金2 720元、解除合同补偿金1 600元。

法院经审理认为:2008年1月1日起施行的《劳动合同法》规定,用人单位自用工之日起超过一个月不满一年未与劳动者订立书面劳动合同的,应当向劳动者每月支付二倍的工资。故被告应支付原告2008年2月至3月两个月的二倍工资计3 200元,同时支付原告2008年3月工资1 600元。

(案例来源:根据中国法院网案例改编)

用人单位非因故意未及时与劳动者签订书面劳动合同,后经与劳动者协商一致补签劳动合同后,是否应当向劳动者支付二倍工资?

《劳动合同法》第八十二条这样规定是因为签订书面劳动合同是劳动关系的直接确认,劳动者权益受到侵害时有劳动合同作为维权依据。其立法的根本目的保护劳动者的合法权益,而非鼓励劳动者利用用人单位的疏忽获取劳动报酬之外的额外利益。因此,如果用人单位一方没有故意拖延签订劳动合同的主观恶意,双方此后补签的劳动合同条款为双方协商一致的结果,没有劳动者被欺诈、胁迫或乘人之危的情形出现,并且补签的劳动合同能够真实地记载劳资双方履行劳动关系的情况,如劳动报酬、工作岗位、工时制度等,那么补签的劳动合同能够起到维护劳动者维权利益的作用,也就实现了立法目的。因此,如果补签的劳动合同是在双方平等自愿、协商一致的基础上进行的,不违反法律法规的规定,有利于维护劳动者的合法权益,就不应要求用人单位向劳动者支付二倍工资。

用人单位违反《劳动合同法》的规定,扣押劳动者居民身份证等证件的,由劳动行政部门责令限期退还劳动者本人,并依照有关法律规定给予处罚。

用人单位违反本法规定,以担保或者其他名义向劳动者收取财物的,由劳动行政部门责令限期退还劳动者本人,并以每人500元以上2 000元以下的标准处以罚款;给劳动者造成损害的,应当承担赔偿责任。

劳动者依法解除或者终止劳动合同,用人单位扣押劳动者档案或者其他物品的,依照前款规定处罚。

用人单位招用与其他用人单位尚未解除或者终止劳动合同的劳动者,给其他用人单位造成损失的,应当承担连带赔偿责任。

二、劳动合同期限

《劳动合同法》第十二条规定:“劳动合同分为固定期限劳动合同、无固定期限劳动合同和以完成一定工作任务为期限的劳动合同。”

(一)固定期限劳动合同

固定期限劳动合同,是指用人单位与劳动者约定合同终止时间的劳动合同。具体是指劳动合同双方当事人在劳动合同中明确规定了合同效力的起始和终止的时间。劳动合同期限届满，劳动关系即告终止。如果双方协商一致，还可以续订劳动合同，延长期限。固定期限的劳动合同可以是较短时间的，如半年、1 年、2 年，也可以是较长时间的，如 5 年、10 年，甚至更长时间。不管时间长短，劳动合同的起始和终止日期都是固定的。具体期限由当事人双方根据工作需要和实际情况确定。

固定期限的劳动合同适用范围广，应变能力强，既能保持劳动关系的相对稳定，又能促进劳动力的合理流动，使资源配置合理化、效益化，是实践中运用较多的一种劳动合同。对于那些常年性工作，要求保持连续性、稳定性的工作，技术性强的工作，适宜签订较为长期的固定期限劳动合同。对于一般性、季节性、临时性、用工灵活、职业危害较大的工作岗位，适宜签订较为短期的固定期限劳动合同。

（二）无固定期限劳动合同

1. 无固定期限劳动合同的概念

无固定期限劳动合同是指用人单位与劳动者约定无确定终止时间的劳动合同。一方面，由于缺乏对无固定期限劳动合同的正确认识，不少人认为无固定期限劳动合同是“铁饭碗”“终身制”，认为无固定期限劳动合同一经签订就不能解除。因此，很多劳动者把无固定期限劳动合同视为“护身符”，千方百计要与用人单位签订无固定期限劳动合同。另一方面，用人单位则将无固定期限劳动合同看成了“终身包袱”，想方设法逃避签订无固定期限劳动合同的法律义务。

这里所说的无确定终止时间，是指劳动合同没有一个确切的终止时间，劳动合同的期限长短不能确定，但并不是没有终止时间。只要没有出现符合法律规定的条件或者双方约定的条件的情形，双方当事人就要继续履行劳动合同规定的义务。一旦出现了法律规定的情形，无固定期限劳动合同同样也能够解除。如劳动者有《劳动合同法》第三十九条规定的情形之一时，用人单位就可以解除劳动合同。用人单位有《劳动合同法》第三十八条规定的情形之一时，劳动者就可以解除劳动合同。由此可见，无固定期限合同并不是没有终止时间的“铁饭碗”，只要符合法律规定的条件，劳动者与用人单位都可以依法解除劳动合同。

另外，很多人误认为无固定期限劳动合同是不能变更的“死合同”。其实无固定期限劳动合同和其他类型的合同一样，也适用《劳动法》与《劳动合同法》的协商变更原则。按照《劳动法》的规定，用人单位与劳动者协商一致，可以变更劳动合同约定的内容。除了劳动合同期限以外，双方当事人还可以就工作内容、劳动报酬、劳动条件和违反劳动合同的赔偿责任等方面协商，进行变更。在变更合同条款时，应当按照自愿、平等原则进行协商，不能采取胁迫、欺诈、隐瞒事实等非法手段，同时必须注意变更后的内容不违法，否则，这种变更是无效的。

订立无固定期限的劳动合同，劳动者可以长期在一个单位或部门工作。这种合同适用于工作保密性强、技术复杂、工作又需要保持人员稳定的岗位。这种合同对于用人单位来说，有利于维护其经济利益，减小频繁更换关键岗位的关键人员而带来的损失。对于劳动者来说，也有利于实现长期稳定职业，钻研业务技术。

2. 几种订立无固定期限合同的情形

（1）用人单位与劳动者协商一致，可以订立无固定期限劳动合同。

（2）有下列情形之一，劳动者提出或者同意续订、订立劳动合同的，除劳动者提出订立固定期限劳动合同外,应当订立无固定期限劳动合同。

①劳动者已在该用人单位连续工作满10年的。

签订无固定期限劳动合同的劳动者必须在同一单位连续工作了10年以上,是这个情形的最基本的内容。具体是指劳动者与同一用人单位签订的劳动合同的期限不间断达到10年。法律作这样的规定,主要是为了维持劳动关系的稳定。一个劳动者在同一用人单位工作了10年,说明他能够胜任这份工作,而用人单位的这个工作岗位也确实需要保持人员的相对稳定。在这种情况下,如果劳动者愿意,用人单位应当与劳动者订立无固定期限劳动合同,维持较长的劳动关系。连续工作满10年的起始时间,应当自用人单位用工之日起计算,包括《劳动合同法》施行前的工作年限。

劳动者非因本人原因从原用人单位被安排到新用人单位工作的,劳动者在原用人单位的工作年限合并计算为新用人单位的工作年限。原用人单位已经向劳动者支付经济补偿的,新用人单位在依法解除、终止劳动合同计算支付经济补偿的工作年限时,不再计算劳动者在原用人单位的工作年限。也就是说,在适用无固定期限劳动合同时,连续工作年限应当包括劳动者在原用人单位的工作年限,但在适用解除、终止劳动合同经济补偿时,原单位已支付的经济补偿应当扣减。

②用人单位初次实行劳动合同制度或者国有企业改制重新订立劳动合同时,劳动者在该用人单位连续工作满10年且距法定退休年龄不足10年的。

1986年7月,我国决定改革国有企业(原名称为国营企业,为表述方便,统一使用"国有企业"一词)的劳动用工制度,自1986年10月1日起,国有企业在新招收工人中普遍推行劳动合同制。随着《劳动法》的施行,劳动合同制度在各类企业中广泛推行。国有企业改制从20世纪80年代中期开始,在20世纪90年代成为国有企业改革的核心内容,企业通过改变企业形态、股权结构和基本制度,制定符合自身特点的企业资产组织形式。在推行劳动合同制度前,或在国有企业进行改制前,用人单位的有些职工已经在本单位工作了很长时间。推行新的制度以后,很多老职工难以适应这种新型的劳动关系,一旦让其进入市场,确实存在竞争力弱,难以适应的问题,年龄的局限又使其没有充足的条件来提高自身的技能,应当说这是由于历史的原因造成的。他们担心的不仅是能否与原单位签订劳动合同的问题,还有虽然签了劳动合同但期限很短,在其尚未退休前合同到期却没有用人单位再与其签订劳动合同的问题。我们在制定法律和政策的同时,应当考虑那些给国家和企业作出过很多贡献的老职工的利益。因此,对于已在该用人单位连续工作满10年并且距法定退休年龄不足10年的劳动者,在订立劳动合同时,允许劳动者提出签订无固定期限劳动合同。如果一个劳动者已在该用人单位工作满10年,但距离法定退休年龄超过10年,则不属于本项规定的情形。

③连续订立两次固定期限劳动合同,且劳动者没有《劳动合同法》第三十九条和第四十条第(一)项、第(二)项规定的情形,续订劳动合同的。

这一项之所以这样设计,就是为了解决劳动合同短期化的问题。根据规定,用人单位在与劳动者签订一次固定期限劳动合同后,再次签订固定期限的劳动合同时,就意味着下一次只要劳动者提出或者同意续订劳动合同,就必须签订无固定期限的劳动合同。企业为了不签订无固定期限的劳动合同,同时又能保持用工的稳定性,防止因频繁更换劳动力而加大用工成本,就会延长每一次固定期限劳动合同的期限,从而解决合同短期化的问题。如果劳动者此时向用人单位提出订立无固定期限劳动合同，用人单位应当与其订立无固定期限劳动合同，不得拒绝，双方应当在合法、公平、平等自愿、协商一致、诚实信用的基础上订立无固定期限劳动合同。这里的“公平、诚实信用”的原则，又破解了用人单位一个规避无固定期限劳动合同的“绝招”。实践中有些用人单位使出如下招数：当劳动者提出签订无固定期限劳动合同，用人单位并不拒绝，但是，用人单位提出对工作岗位、劳动报酬等进行调整，比如降职降薪，让劳动者无法接受，显然违背了该原则，用人单位的行为将可能被确认为无效行为。当然，如果在公平、诚实信用的原则下还不能达成协议，用人单位与劳动者可以重新协商；协商不成的，适用集体合同规定；没有集体合同或者集体合同未规定的，适用国家有关规定。

④视为订立。用人单位自用工之日起满 1 年不与劳动者订立书面劳动合同的，视为用人单位与劳动者已订立无固定期限劳动合同。

地方各级人民政府及县级以上地方人民政府有关部门为安置就业困难人员提供的给予岗位补贴和社会保险补贴的公益性岗位，其劳动合同不适用于《劳动合同法》有关无固定期限劳动合同的规定以及支付经济补偿的规定。

3. 无固定期限合同签订中的几个实务问题①

(1)劳动者符合签订无固定期限劳动合同条件，但已经与用人单位签订了固定期限劳动合同，在固定期限劳动合同履行过程中劳动者又要求用人单位重新签订无固定期限劳动合同。因《劳动合同法》对此问题该如何处理并无明确规定，各地对该问题处理方法和裁判规则也不尽相同。上海市高级人民法院民一庭《关于审理劳动争议案件若干问题的解答》(2002 年)在“劳动者在同一用人单位连续工作满 10 年后，双方原签有固定期合同，劳动者提出变更为无固定期限劳动合同的，如何处理”的解答中认为，根据法律规定，用人单位应当与劳动者签订无固定期劳动合同，而仅签订有固定期限劳动合同的，劳动者在合同期限内提出变更为无固定期限劳动合同的，人民法院应当予以支持。湖北省高级人民法院《关于审理劳动争议案件若干问题的意见(试行)》(2004 年)规定用人单位依法应当与劳动者签订无固定期限劳动合同，但签订的是有固定期限的劳动合同，劳动者要求变更为无固定期限劳动合同的，人民法院应当予以支持。广东省高级人民法院、广东省劳动人事争议仲裁委员会《关于审理劳动人事争议案件若干问题的座谈会纪要》(粤高法〔2012〕284 号)第十七条规定，劳动者虽然符合《劳动合同法》第十四条第二款规定的可签订无固定期限劳动合同的条件，但与用人单位签订了固定期限劳动合同，在该固定期限劳动合同履行过程中又请求与用人单位重新签订无固定期限劳动合同的，不予支持。

(2)劳动合同因劳动者处于职业病诊断期、观察期、患病或非因工负伤的医疗期，或者因孕期、产期、哺乳期的法定情形续延导致劳动者工作年限满 10 年的，是否应强制签订无固定期限合同。实务中，各地法院对此问题的处理原则均不尽相同。上海市高级人民法院、上海市人力资源和社会保障局《关于适用〈劳动合同法〉若干问题的意见》(沪高法〔2009〕73 号)第四条规定，合同期限的顺延只是为了照顾劳动者的特殊情况，对劳动合同终止的时间进行了相应的延长，而非不得终止。《劳动合同法》第四十五条也明确规定：“劳动合同期满，有本法第四十二条规定情形之一的，劳动合同应当延续至相应的情形消失时终止。”在法律没有对终止的情

---

① “劳动法库”微信公众号于2016年12月7日推送的文章，作者德恒(深圳)律师事务所律师沈威。

况作出特别规定的情况下,不能违反法律关于合同终止的有关规定随意扩大解释,将订立无固定期限合同的后果纳入其中。因此,法定的顺延事由消失时,合同自然终止。广东省高级人民法院、广东省劳动人事争议仲裁委员会《关于审理劳动人事争议案件若干问题的座谈会纪要》(粤高法〔2012〕284 号)第十八条规定,劳动合同期限届满后,因符合《劳动合同法》第四十二条第(一)(三)(四)项规定情形而续延,致使劳动者在同一用人单位连续工作满 10 年,劳动者提出签订无固定期限劳动合同的,应予支持。浙江省高级人民法院民一庭《关于审理劳动争议纠纷案件若干疑难问题的解答》(2012 年)第五条规定,劳动合同期满,因劳动者有下列情形之一而续延,致使劳动者在同一用人单位连续工作满 10 年,劳动者提出订立无固定期限劳动合同的,用人单位应当与劳动者订立无固定期限劳动合同:从事接触职业病危害作业的劳动者未进行离岗前职业健康检查,或者疑似职业病病人在诊断或者医学观察期间的;患病或者非因工负伤,在规定的医疗期内的;女职工在孕期、产期、哺乳期的。江苏省高级人民法院、江苏省劳动争议仲裁委员会《关于审理劳动争议案件的指导意见》(苏高法审委〔2009〕47 号)第九条规定,劳动合同期限届满后,因下列情形而续延,致使劳动者在同一用人单位连续工作满 10 年,劳动者提出订立无固定期限劳动合同的,应予支持:从事接触职业病危害作业的劳动者未进行离岗前职业健康检查,或者疑似职业病病人在诊断或者医学观察期间的;患病或者非因工负伤,在规定的医疗期内的;女职工在孕期、产期、哺乳期的。从上述规定可以看出,劳动合同因法定情形续延导致劳动者工作年限超 10 年是否强制签订无固定期限合同的问题,在实务中,除上海市高级人民法院外,各地法院主流观点还是倾向于支持劳动者提出订立无固定期限劳动合同的要求。支持劳动者提出订立无固定期限劳动合同的要求,既有利于建立稳定的劳动关系,保障企业生产经营的顺利进行,也有利于保障特殊群体劳动者的就业权。

4. 法律责任

用人单位违反《劳动合同法》的规定不与劳动者订立无固定期限劳动合同的,自应当订立无固定期限劳动合同之日起向劳动者每月支付二倍的工资。

(三)以完成一定工作任务为期限的劳动合同

以完成一定工作任务为期限的劳动合同,是指用人单位与劳动者约定以某项工作的完成为合同期限的劳动合同。某一项工作或工程开始之日,即为合同开始之时,此项工作或工作完毕,合同即告终止。

一般在以下几种情况下,用人单位与劳动者可以签订以完成一定工作任务为期限的劳动合同:为完成单项工作任务而与劳动者订立劳动合同的,以项目承包方式完成承包任务订立劳动合同的,因季节原因需临时用工的以及其他双方约定的以完成一定工作任务为期限的劳动合同的。

以完成一定工作任务为期限的劳动合同或者劳动合同期限不满 3 个月的,不得约定试用期。目前不少进城务工人员与建筑施工队都签订这类劳动合同。

第三节　劳动合同的内容和效力

劳动合同是劳动者与用人单位确立劳动关系、明确双方权利和义务的协议。劳动合同一方面从形式上确立劳动关系,为劳动者获得劳动报酬、休息休假、社会保险等各项法定权益奠定基础;另一方面又从内容上具体约定了劳动者的工资、工作内容、工作时间等权益,为劳动者实现劳动保障权益提供了依据。同时,劳动合同也根据实际需要记载用人单位合法权益的内容,从而维护用人单位的合法权益。

一、劳动合同必备条款

劳动合同的必备条款是指法律规定的劳动合同必须具备的内容。在法律规定了必备条款的情况下,如果劳动合同缺少此类条款,应以国家法律、法规的规定补充。《劳动合同法》第十七条第一款规定了以下必备的内容。

(一)双方当事人

双方当事人信息:用人单位的名称、住所和法定代表人或者主要负责人;劳动者的姓名、住址和居民身份证或者其他有效证件号码。这是为了明确劳动合同中双方的主体资格,确定劳动合同的当事人,劳动合同中必须具备这一项内容。

(二)劳动合同期限

劳动合同期限是双方当事人相互享有权利、履行义务的时间界限,即劳动合同的有效期限。劳动合同期限可分为固定期限、无固定期限和以完成一定工作任务为期限。签订劳动合同主要是建立劳动关系,建立劳动关系必须明确期限的长短。劳动合同期限与劳动者的工作岗位、内容、劳动报酬等都有紧密关系,更与劳动关系的稳定紧密相关。合同期限不明确则无法确定合同何时终止,如何给付劳动报酬、经济补偿等,易引发争议。因此一定要在劳动合同中明确双方签订的是何种期限的劳动合同。

(三)工作内容和工作地点

工作内容即劳动者具体从事什么种类或者内容的劳动,这里的工作内容是指工作岗位和工作任务或职责。这一条款是劳动合同的核心条款之一,是建立劳动关系的极为重要的因素。它是用人单位使用劳动者的目的,也是劳动者通过自己的劳动取得劳动报酬的缘由。劳动合同中的工作内容条款应当规定得明确具体,便于遵照执行。如果劳动合同没有约定工作内容或约定的工作内容不明确,用人单位将可以自由支配劳动者,随意调整劳动者的工作岗位,这样就难以发挥劳动者所长,也很难确定劳动者的劳动报酬,使劳动关系极不稳定,因此这一条款是必不可少的。

工作地点是劳动合同的履行地,是劳动者从事劳动合同中所规定的工作的地点,它关系到劳动者的工作环境、生活环境以及劳动者的就业选择,劳动者有权在与用人单位建立劳动关系时知悉自己的工作地点,所以这也是劳动合同中必不可少的内容。

(四)工作时间和休息休假

工作时间是指劳动者在企业、事业、机关、团体等单位中,必须用来完成其所担负的工作任务的时间,一般由法律规定。劳动者在一定时间内(工作日、工作周)应该完成工作任务,以保证最有效地利用工作时间,不断地提高工作效率。这里的工作时间包括工作时间的长短、工作时间方式的确定,如是8小时工作制还是6小时工作制,是日班还是夜班,是正常工时还是实行不定时工作制,或者是综合计算工时制。工作时间对劳动者的就业选择、劳动报酬等均有影响,因此是劳动合同不可缺少的内容。

休息休假是指企业、事业、机关、团体等单位的劳动者按规定不必进行工作,而自行支配的时间。休息休假的权利是每个国家的公民都应享受的权利。《劳动法》第三十八条规定:“用人单位应当保证劳动者每周至少休息一日。”休息休假的具体时间根据劳动者的工作地点、工作种类、工作性质、工龄长短等各有不同，用人单位与劳动者在约定休息休假事项时应当遵守《劳动法》及相关法律、法规的规定。

（五）劳动报酬

劳动合同中的劳动报酬是指劳动者与用人单位确定劳动关系后，因提供了劳动而取得的报酬。劳动报酬是满足劳动者及其家庭成员物质文化生活需要的主要来源，也是劳动者付出劳动后应该得到的回报。因此，劳动报酬是劳动合同中必不可少的内容。劳动合同中有关劳动报酬条款的约定，要符合我国有关最低工资标准的规定。《劳动合同法》第三十条规定，用人单位拖欠或者未足额支付劳动报酬的，劳动者可以依法向当地人民法院申请支付令，人民法院应当依法发出支付令。

（六）社会保险

社会保险是政府通过立法强制实施，由劳动者、劳动者所在的工作单位或社区以及国家三方面共同筹资，当劳动者及其亲属面对年老、疾病、工伤、生育、失业等风险时，防止收入的中断、减少和丧失，保障其基本生活需求的社会保障制度。社会保险由国家成立的专门性机构进行基金的筹集、管理及发放，不以营利为目的。一般包括医疗保险、养老保险、失业保险、工伤保险和生育保险。社会保险强调劳动者、劳动者所在用人单位以及国家三方共同筹资，体现了国家和社会为劳动者提供基本生活保障的责任。劳动者所在用人单位的缴费，使社会保险资金来源避免了单一渠道，增加了社会保险制度本身的保险系数。由于社会保险由国家强制实施，因此成为劳动合同不可缺少的内容。用人单位为员工缴纳社会保险是法律规定的用人单位必须承担的强制性义务，因此用人单位与员工所订劳动合同中如果有关不缴纳社会保险费的约定，应当属于无效的约定。

【案例4-9】

刘某于2009年4月10日到昌乐县某纺织有限公司工作，双方签订了为期3年的劳动合同。在工作期间，单位没有为刘某缴纳社会保险费。2010年5月16日，刘某辞职后诉至昌乐县劳动人事争议仲裁委员会，要求公司为其补缴工作期间的社会保险费。

庭审中，公司出具了刘某书写的声明，刘某在声明中表示自愿放弃由公司为其办理社会保险的权利，同时要求公司把应承担的社会保险费随工资发给自己，因此公司认为不存在欠缴社会保险费的行为。县劳动人事争议仲裁委员会经审理认为，刘某作出的书面声明，违反了《劳动法》第七十二条“用人单位和劳动者必须依法参加社会保险，缴纳社会保险费”的规定。社会保险制度是国家通过立法建立的，使劳动者在年老、患病、生育、伤残、失业时能从社会获得物质帮助和服务的制度，具有强制性和法定性，用人单位和劳动者必须执行法律、法规有关社会保险的有关规定。参加社会保险既是劳动者和用人单位的权利，也是用人单位的义务，是国家的强制性规定。公司将社会保险费发给刘某，是为了逃避办理社会保险的义务。虽刘某书面声明自愿放弃由公司为其办理社会保险的权利，但这种声明属无效声明。这类协议对社会保险经办机构是没有法律效力的，如果社会保险经办机构查出用人单位没有参加社会保险，用人单位一样要承担补缴和被罚款的处罚。

最后，县劳动人事争议仲裁委员会裁决该公司为刘某补缴工作期间的社会保险费，缴纳数额以社会保险经办机构核定为准，刘某自己承担个人缴纳部分。

（材料来源：中国法院网）

（七）劳动保护、劳动条件和职业危害防护

劳动保护是指用人单位为了防止劳动过程中发生安全事故，采取各种措施来保障劳动者的安全和健康。在劳动生产过程中，存在着各种不安全、不卫生因素，如不采取措施加以保护，将会发生工伤事故。如矿井作业可能发生瓦斯爆炸、冒顶、片帮、水火灾害等事故；建筑施工可能发生高空坠落、物体打击和碰撞等事故。所有这些，都会危害劳动者的安全和健康，妨碍工作的正常进行。国家为了保障劳动者的身体健康和生命安全，通过制定相应的法律和行政法规、规章，规范劳动保护；用人单位也应根据自身的具体情况，规定相应的劳动保护规则，以保证劳动者的健康和安全。

劳动条件主要是指用人单位为使劳动者顺利完成劳动合同约定的工作任务，为劳动者提供必要的物质和技术条件，如必要的劳动工具、机械设备、工作场地、劳动经费、辅助人员、技术资料、工具书以及其他一些必不可少的物质、技术条件和其他工作条件。

职业危害是指劳动者在职业活动中，因接触职业性有害因素如粉尘、放射性物质和其他有毒、有害物质等而对生命健康造成危害。根据《中华人民共和国职业病防治法》（以下简称《职业病防治法》）第三十三条的规定，用人单位与劳动者订立劳动合同时，应当将工作过程中可能产生的职业病危害及其后果、职业病防护措施和待遇等如实告知劳动者，并在劳动合同中写明，不得隐瞒或者欺骗。

（八）法律、法规规定应当纳入劳动合同的其他事项

其他事项略。

二、劳动合同约定条款

对于某些事项，法律不作强制性规定，由当事人根据意愿选择是否在合同中约定，劳动合同缺乏这种条款不影响其效力。我们可以将这种条款称为法定可备条款。法定可备条款是指法律明文规定的劳动合同可以具备的条款。劳动合同的某些内容是非常重要的，关系到劳动者的切身利益，但是这些条款不是每个劳动合同中都应当具备的，所以法律不能把其作为必备条款，只能在法律中特别地予以提示。《劳动合同法》第十七条规定："劳动合同除前款规定的必备条款外，用人单位与劳动者可以协商约定试用期、培训、保守商业秘密、补充保险和福利待遇等其他事项。"这里所规定的"试用期、培训、保守商业秘密、补充保险和福利待遇"都属于法定可备条款。

（一）试用期的约定

试用期是指用人单位对新招收的职工的思想品德、劳动态度、实际工作能力、身体情况等进行进一步考察的时间期限。《劳动合同法》规定：劳动合同期限不满三个月的，不得约定试用期；劳动合同期限三个月以上不满一年的，试用期不得超过一个月；劳动合同期限一年以上不满三年的，试用期不得超过两个月；三年以上的固定期限和无固定期限的劳动合同，试用期不得超过六个月；以完成一定工作任务为期限的劳动合同，不得约定试用期；同一用人单位与同一劳动者只能约定一次试用期；试用期应包含在合同期限内。如果劳动合同仅约定试用期，试用期不成立，该期限为劳动合同期限。劳动者在试用期的工资不得低于本单位相同岗位最低档工资的80%或者不得低于劳动合同约定工资的80%，并不得低于用人单位所在地的最低工资标准。

在试用期问题上,需要强调以下几点。第一,试用期是一个约定的条款,如果双方没有事先约定,用人单位就不能以试用期为由解除劳动合同。第二,劳动者在试用期期间应当享有全部的劳动权利。第三,《劳动合同法》关于试用期的规定体现了劳动合同双方当事人权利、义务的大体平等。如关于劳动合同的解除,规定:劳动者在试用期内可以通知用人单位解除劳动合同;劳动者在试用期期间被证明不符合录用条件的,用人单位也可以解除劳动合同。第四,有的用人单位为了规避法律责任,约定试岗、适应期、实习期,这些都是变相的试用期,其目的无非是将劳动者的待遇下调,方便解除劳动合同。为了保护劳动者的合法权益,应当明确这些情形按照试用期对待。

在试用期期间,除劳动者除有《劳动合同法》第三十九条和第四十条第(一)(二)项规定的情形外,用人单位不得解除劳动合同。用人单位在试用期解除劳动合同的,应当向劳动者说明理由。如果用人单位恶意使用劳动者,不尽应尽的义务,劳动者诉诸法律时,用人单位要承担败诉的风险。

用人单位违反《劳动合同法》的规定与劳动者约定试用期的,由劳动行政部门责令改正;违法约定的试用期已经履行的,由用人单位以劳动者试用期满月工资为标准,按已经履行的超过法定试用期的期限向劳动者支付赔偿金。

(二)培训与服务期的约定

用人单位为劳动者提供专项培训费用,对其进行专业技术培训的,可以与该劳动者订立协议。

能够约定服务期的培训是有严格的条件的。用人单位对劳动者进行必要的职业培训不可以约定服务期。《劳动法》规定,用人单位应当建立职业培训制度,按照国家规定提取和使用职业培训经费,根据本单位实际,有计划地对劳动者进行职业培训。从事技术工种的劳动者,上岗前必须经过培训。劳动者有接受职业技能培训的权利。按照国家规定,用人单位必须按照本单位工资总额的一定比例提取培训费用,用于对劳动者的职业培训,这部分培训费用的使用不能作为与劳动者约定服务期的条件。

如果用人单位对劳动者进行的是专业技术培训,则可以与该劳动者订立协议,约定服务期。例如从国外引进一条生产线或一个项目,必须有会操作的人员,为此,把劳动者送到国外去培训,回国以后做这个工作,这种培训就是此处所指的专业技术培训。

培训的形式可以是脱产的、半脱产的,也可以是不脱产的。不管是否脱产,只要用人单位在国家规定提取的职工培训费用以外,专门花费较高数额的钱让劳动者进行定向专业培训的,就可以与该劳动者订立协议,约定服务期。

劳动合同期满,但是用人单位与劳动者约定的服务期尚未到期的,劳动合同应当续延至服务期满;双方另有约定的,从其约定。

用人单位与劳动者约定服务期的,不影响按照正常的工资调整机制提高劳动者在服务期期间的劳动报酬。

(三)保密与竞业限制的约定

保密是指劳动者在履行劳动合同过程中以及劳动合同解除或终止后保守用人单位的商业秘密和与知识产权相关的保密事项。竞业限制是指在解除或者终止劳动合同后,劳动者不得到与本单位生产或者经营同类产品、从事同类业务的有竞争关系的其他用人单位工作，不得自己开业生产或者经营同类产品、从事同类业务。

商业秘密是指不为公众所知悉、能为权利人带来经济利益，具有实用性并经权利人采取保密措施的技术信息和经营信息。因此商业秘密包括两部分：非专利技术和经营信息。商业秘密和其他知识产权（专利权、商标权、著作权等）相比，有以下特点。第一，商业秘密的前提是不为公众所知悉，而其他知识产权都是公开的，对专利权甚至有公开到相当程度的要求。第二，商业秘密是一项相对的权利。商业秘密的专有性不是绝对的，不具有排他性。如果其他人以合法方式取得了同一内容的商业秘密，他们就和第一个人有着同样的地位。商业秘密的拥有者既不能阻止在他之前已经开发、掌握该信息的人使用、转让该信息，也不能阻止在他之后开发、掌握该信息的人使用、转让该信息。第三，商业秘密能使经营者获得利益，获得竞争优势，或具有潜在的商业利益。第四，商业秘密的保护期不是法定的，取决于权利人的保密措施和其他人对此项秘密的公开程度。一个商业秘密可能由于权利人保密措施得力和技术本身的应用价值而延续很长时间，远远超过专利技术受保护的期限。

对负有保密义务的劳动者，用人单位可以在劳动合同或者保密协议中与劳动者约定竞业限制条款，并约定在解除或者终止劳动合同后，在竞业限制期限内按月给予劳动者经济补偿。竞业限制期限不得超过2年。竞业限制的人员范围限于用人单位的高级管理人员、高级技术人员和其他知悉用人单位商业秘密的人员。实际上限于知悉用人单位商业秘密和核心技术的人员，不可能面对每个劳动者，每人给一份经济补偿金企业也无力承受。竞业限制的地域范围原则上应当以能够与用人单位形成实际竞争关系的地域为限。

劳动者违反《劳动合同法》的规定解除劳动合同，或者违反劳动合同中约定的保密义务或者竞业限制，给用人单位造成损失的，应当承担赔偿责任。

2013年2月1日起施行的《最高人民法院关于审理劳动争议案件适用法律若干问题的解释（四）》规定，若劳动合同或者保密协议中约定了竞业限制，但未约定解除或者终止劳动合同后给予劳动者经济补偿，劳动者履行了竞业限制义务，要求用人单位按照劳动者在劳动合同解除或者终止前12个月平均工资的30%按月支付经济补偿的，人民法院应予支持。月平均工资的30%低于劳动合同履行地最低工资标准的，按照劳动合同履行地最低工资标准支付。

在竞业限制期限内，用人单位请求解除竞业限制协议时，人民法院应予支持。在解除竞业限制协议时，劳动者请求用人单位额外支付劳动者3个月的竞业限制经济补偿的，人民法院应予支持。

【案例4-10】

李先生原是某商贸公司的销售总监，主要工作内容为带领公司销售团队销售办公设备、劳保用品、办公用品，针对的客户群体为北京市场企业客户及全国范围内的政府客户。离职前，李先生月基本工资为税前7万余元（合计每年约85万元），且另有不定额奖金，年终奖金税后不超过15万元。劳动合同约定，双方在合同终止后一年的竞业限制期间内，除非商贸公司在合同终止前书面通知弃权，否则李先生应履行竞业限制义务；在竞业限制期间，李先生不得直接或间接向与商贸公司或其关联公司生产或销售相似产品的任何竞争者提供保密信息或实体工作、实体服务，或在该等实体中享有任何利益或权益等。

商贸公司在竞业限制期间内按月向李先生支付竞业限制经济补偿金，月度金额相当于合同终止前一个月基本工资金额的三分之一。如李先生违反竞业限制协议，则应当向公司支付竞业限制补偿金总额3倍的违约金。

李先生离职次月，商贸公司即按照（税前）每月23 640元的标准向李先生转账支付了竞业限制补偿金，但工资卡账户提示李先生的收款账户异常以致交易失败，当月商贸公司向李先生另一个银行账户转账成功支付了相应款项。之后，商贸公司再次向李先生银行账户支付竞业限制补偿金时，账户又提示收款账户异常，交易失败。不久后，商贸公司还收到了李先生转账退回的补偿金。

为此，商贸公司曾先后两次分别向李先生的户籍地和劳动合同中留存的居住地邮寄函件，要求提供银行账号或现场领取竞业限制补偿金，但两次均被拒收。此后数月，商贸公司坚持向李先生银行账户内转账支付款项，但均因收款账户异常，未能成功转账。

商贸公司发现，李先生离职后入职竞争对手处，违反了竞业限制协议。为此，商贸公司向法院起诉，要求李先生支付违约金85万元。诉讼中商贸公司提交了竞争对手官方网站及微信公众号的一篇文章作为证据，显示李先生作为该公司公共事业部全国负责人参会并发表了主题演讲。

法院审理后认为，双方存有竞业限制约定，李先生作为企业高级管理人员，应诚实守信地履行双方所约定的竞业限制协议；商贸公司已经按照约定支付了竞业限制补偿金，而李先生有躲避接收、怠于接收竞业限制补偿金的明显主观意愿；商贸公司所提举证据，足以证明李先生离职后存有违反竞业限制协议的情形。结合上述情况，法院认为李先生存有违反竞业限制协议的主观意愿。

最后，法院基于双方所确认李先生离职前12个月平均工资数额，判定李先生应依法向商贸公司支付违约金85万余元。判决后，李先生提起上诉。二审终审判决，驳回李先生的上诉，维持原判。

（案例来源："子非鱼说劳动法"微信公众号）

（四）违约金的约定

违约金是指合同当事人约定在一方不履行合同时向另一方支付一定数额的货币。这种民事责任形式只有在合同当事人有约定或法律有直接规定时才能适用，当事人一方不能自行规定违约金。

根据《劳动合同法》规定，除了可以在培训服务期和竞业限制约定中约定劳动者违约金责任外，其他情况下不得约定由劳动者承担的违约金。

劳动者违反服务期约定的，应当按照约定向用人单位支付违约金。违约金的数额不得超过用人单位提供的培训费用。用人单位要求劳动者支付的违约金不得超过服务期尚未履行部分所应分摊的培训费用。培训费用包括用人单位为了对劳动者进行专业技术培训而支付的有凭证的培训费用、培训期间的差旅费用以及因培训产生的用于该劳动者的其他直接费用。这里需注意培训费用里面不应当包括培训期间向劳动者支付的工资。

劳动者违反竞业限制约定的，应当按照约定向用人单位支付违约金。

对用人单位违约时向劳动者支付违约金的情形，《劳动合同法》并未作出违约行为的限制，即只要有出现违约的可能情形，都可以约定违约金责任。

【案例4-11】

1980年10月，刚满16岁的陈某因补员到重庆某集团公司上班，从事喷漆工作。不久，陈某先后考取该集团职工大学大专、湖南大学本科，之后又分别在1994年和1997年考取重庆大学的硕士研究生和博士研究生。2001年5月，该集团公司将陈某送入清华大学做博士后研究，学习费用和科研项目均由该集团公司提供，直至2003年6月结束博士后工作站的研究工作。陈某在职期间曾担任公司重点项目的副总设计师及该集团汽车研究院某工程所副所长。该集团与陈某在1996年1月签订的《委托培养博士研究生协议书》上约定：陈某学习期满回单位工作后，服务期限为10年；若在服务期满前离开公司须赔偿从"委托培养研究生"至"委托培养博士研究生"期间的所有费用（包括工资、学习等费用），另加违约金5 000元。2003年8月，双方再次签订协议书约定：违约责任赔偿金额按该集团《人才流动管理办法》执行。

2005年7月，陈某以应邀参加美国一个研究项目为由，书面向公司提出辞职，同时要求解除劳动关系，并于8月26日离开公司。同年10月，该集团向重庆市劳动争议仲裁委员会申请仲裁，要求陈某支付委托培养博士基本赔偿费用160万元、出国基本赔偿费用60万元等合计310余万元的赔偿。最后此案上诉到重庆市第一中级人民法院。

重庆市第一中级人民法院经审理认为：陈某的辞职确系违约，给公司造成了一定损失，但如果完全按照约定进行判决则对劳动者陈某有失公平。一方面，对于劳动者违反劳动合同约定的行为应当追究必要的违约责任，要充分维护企业的合法权益；另一方面，在判决劳动者承担责任的同时，也要考虑劳动者的经济负担能力。

承办法官认为，陈某在服务期未满10年的情况下离开公司构成违约，应按《人才流动管理办法》执行赔偿金额。但是，如果本案完全按照约定进行判决，则对劳动者陈某有失公平之处，理由如下：①公司先后三次派陈某出国，都是公司为了经营发展需要而作出的决定，而非陈某基于个人目的实施的行为，因此要求陈某承担出国基本赔偿费60万元及出国差旅费用，显失公平；②根据《人才流动管理办法》的规定，由公司出资在国内大专院校学习后获得博士学位，服务期为20年，而陈某与公司签订的协议书约定的服务期为10年，且陈某按照协议已经在公司服务的期限为4年，因此要求陈某承担20年服务期所对应的基本赔偿费160万元以及其攻读博士期间的全部工资、奖金、补贴、培训费等费用，有失公平。最后，二审遂改判：陈某支付公司委托培养博士的基本赔偿费48万元，另承担5万余元的诉讼费。

（案例来源：根据中国法院网案例改编）

【案例4-12】

基本案情

罗某于2010年4月15日入职V公司并签订书面劳动合同，先后任公司产品研发中心产品主管、产品研发中心开发二部副经理等职，末份劳动合同为自2014年4月15日起的无固定期限劳动合同。

2010年12月8日，罗某与V公司签订了《竞业禁止协议》，该协议第二条第三款约定，无论因何种原因从甲方离职，离职后2年内，在中国范围内，不得在与甲方有竞争关系的行业、企业内工作；第二条第四款约定，不论因何种原因从甲方离职，离职后2年内，在中国范围内，不得自办与甲方有竞争关系的企业，或者从事与甲方商业秘密有关的产品的生产；第三条第一款第1项约定，自乙方离职之日起第一年，甲方按月支付乙方竞业禁止补偿费，标准为甲方离职前12个月的月平均工资的25%，乙方离职后次月开始支付；第四条第一款约定，乙方不履行本协议约定义务的，应当承担违约责任，违约金需一次性向甲方支付，违约金额为乙方离开甲方之日上年度薪酬总额的3倍。

2016年3月9日，罗某提出离职，公司批准，双方劳动关系于当日解除。2016年3月至2017年3月，V公司每月支付罗某竞业限制经济补偿1 840.39元，合计23 925.07元。

后V公司得知，罗某的妻子王某是A公司的法定代表人与股东，该公司设立于2015年12月3日，与V公司经营范围重合、存在竞争关系，V公司因此认为罗某在离职后有违反竞业限制约定的行为，于2017年5月23日申请仲裁，请求：罗某立即停止违反竞业限制行为，并按照约定继续履行竞业限制义务；罗某支付V公司违约金298 800元及返还已付补偿金23 925.07元。

裁判结果

仲裁：1. 停止违反竞业限制约定的行为，继续履行竞业限制义务；2. 支付违反竞业限制违约金71 775.21元；

一审：1. 停止违反竞业限制约定的行为，继续履行竞业限制义务；2. 支付违反竞业限制违约金298 800.00元；

二审：驳回上诉，维持原判。

争议焦点

罗某是否违反竞业限制协议，以及员工违约后竞业限制补偿金是否可以返还？

案件评析

《劳动合同法》第二十四条限定了竞业限制的人员范围，即竞业限制适用于高级管理人员、高级技术人员和其他负有保密义务的人员。本案中罗某作为产品研发部门的管理人员，可以接触、掌握V公司的产品规格、工艺等机密信息，理应遵守保密协议，避免利益冲突的发生，因此V公司可以与罗某约定竞业限制义务；而根据合同的相对性原理，该等竞业限制义务一般情况下应仅限于罗某本人。本案的特殊性在于，在认定罗某存在违背竞业限制的行为时，主要依据为罗某的妻子为A公司的法定代表人和股东，A公司和V公司经营范围重合、存在竞争关系，即因罗某妻子经营竞争关系的A公司构成了罗某违反竞业限制的行为。法院认为，在夫妻婚姻关系存续期间：(1)罗某妻子进行投资、收益的行为，可以推定罗某参与的投资经营行为；(2)罗某不可避免地会共享其掌握的信息、渠道等，继而影响V公司的经营；(3)夫妻一方的收益一般均用于家庭生活，罗某亦可从中受益，该公司的经营状况及经营成果和罗某也密不可分。基于此，认为罗某所应遵守的竞业限制约定理应延伸至对于家庭成员的约束。最终法院认定罗某违反了与V公司的竞业限制约定，并承担支付违约金等责任。

对于员工亲属从事竞业行为的性质认定，虽然存在一定法律风险，但为了防止发生争议无约定可循，建议用人单位与员工签订竞业限制协议时，可将竞业限制的对象范围适当扩大，如约定员工的近亲属设立或开展竞争业务的行为视同员工违反竞业限制义务。

另外，本案法院并未支持V公司要求罗某返还已付竞业限制补偿金的主张。实践中，已付竞业限制补偿金是否应当返还，存在一定的争议，目前大多依据竞业限制协议约定执行。本案中,V 公司未在竞业限制协议中明确约定“如罗某出现违纪行为,应将竞业限制补偿金返还给公司”等相关内容。因此,法院认为 V 公司要求返还补偿金的主张缺少合同依据,遂未予支持。该判决理由具有一定的参考意义,因此建议用人单位在与劳动者订立竞业限制协议时,在违约金的设置上可将返还竞业限制补偿金作为违约金的组成部分。

【案例 4-13】

基本案情

马某于 2005 年 9 月 28 日入职北京某公司(以下简称某公司),双方最后一份劳动合同期限自 2014 年 2 月 1 日起至 2017 年 2 月 28 日止,马某担任高级总监。2014 年 2 月 1 日,某公司(甲方)与马某(乙方)签订《不竞争协议》,其中第 3.3 款约定:“……竞业限制期限从乙方离职之日开始计算,最长不超过 12 个月,具体的月数根据甲方向乙方实际支付的竞业限制补偿费计算得出。但如因履行本协议发生争议而提起仲裁或诉讼,则上述竞业限制期限应将仲裁和诉讼的审理期限扣除;即乙方应履行竞业限制义务的期限,在扣除仲裁和诉讼审理的期限后,不应短于上述约定的竞业限制月数。”2017 年 2 月 28 日,劳动合同到期,双方劳动关系终止。2017 年 3 月 24 日,某公司向马某发出《关于要求履行竞业限制义务和领取竞业限制经济补偿费的告知函》,要求其遵守《不竞争协议》,全面并适当履行竞业限制义务。马某自某公司离职后,于 2017 年 3 月中旬与优酷公司开展合作关系,后于 2017 年 4 月底离开优酷公司,违反了《不竞争协议》。某公司以要求确认马某违反竞业限制义务并双倍返还竞业限制补偿金、继续履行竞业限制义务、赔偿损失并支付律师费为由向北京市劳动人事争议仲裁委员会申请仲裁,该仲裁委员会作出京劳人仲字〔2017〕第 339 号裁决:一、马某一次性双倍返还某公司 2017 年 3 月、4 月竞业限制补偿金共计 177 900 元;二、马某继续履行对某公司的竞业限制义务;三、驳回某公司的其他仲裁请求。马某不服,于法定期限内向北京市海淀区人民法院提起诉讼。

裁判结果

北京市海淀区人民法院于 2018 年 3 月 15 日作出〔2017〕京 0108 民初 45728 号民事判决:一、马某于判决生效之日起七日内向某公司双倍返还 2017 年 3 月、4 月竞业限制补偿金共计 177 892 元;二、确认马某无须继续履行对某公司的竞业限制义务。某公司不服一审判决,提起上诉。北京市第一中级人民法院于 2018 年 8 月 22 日作出〔2018〕京 01 民终 5826 号民事判决:驳回上诉,维持原判。

裁判理由

法院生效裁判认为:本案争议焦点为《不竞争协议》第 3.3 款约定的竞业限制期限的法律适用问题。某公司上诉主张该协议第 3.3 款约定有效,马某的竞业限制期限为本案仲裁和诉讼的实际审理期限加上 12 个月,以实际发生时间为准且不超过 2 年,但本院对其该项主张不予采信。

1)竞业限制协议的审查

法律允许用人单位与劳动者约定竞业限制义务,但对双方约定竞业限制义务的内容作出了强制性规定,即以效力性规范的方式对竞业限制义务所适用的人员范围、竞业领域、限制期限均作出明确限制,且要求竞业限制约定不得违反法律、法规的规定,以期在保护用人单位商业秘密、维护公平竞争市场秩序的同时，亦防止用人单位不当运用竞业限制制度对劳动者的择业自由权造成过度损害。

2)“扣除仲裁和诉讼审理期限”约定的效力

本案中，某公司在《不竞争协议》第3.3款约定马某的竞业限制期限应扣除仲裁和诉讼的审理期限，该约定实际上要求马某履行竞业限制义务的期限为：仲裁和诉讼程序的审理期限+实际支付竞业限制补偿金的月数（最长不超过12个月）。从劳动者择业自由权角度来看，虽然法律对于仲裁及诉讼程序的审理期限均有法定限制，但就具体案件而言该期限并非具体确定的期间，将该期间作为竞业限制期限的约定内容，不符合竞业限制条款应具体明确的立法目的。加之劳动争议案件的特殊性，相当数量的案件需要经过“一裁两审”程序，上述约定使得劳动者一旦与用人单位发生争议，则其竞业限制期限将被延长至不可预期且相当长的一段期间，乃至达到2年。这实质上造成了劳动者的择业自由权在一定期间内处于待定状态。从劳动者司法救济权角度来看，对于劳动者一方，如果其因履行《不竞争协议》与某公司发生争议并提起仲裁和诉讼，依照该协议第3.3款约定，仲裁及诉讼审理期间劳动者仍需履行竞业限制义务，即出现其竞业限制期限被延长的结果。如此便使劳动者陷入“寻求司法救济则其竞业限制期限被延长”“不寻求司法救济则其权益受损害”的两难境地，在一定程度上限制了劳动者的司法救济权利；而对于用人单位一方，该协议第3.3款使得某公司无须与劳动者进行协商，即可通过提起仲裁和诉讼的方式单方地、变相地延长劳动者的竞业限制期限，在一定程度上免除了其法定责任。综上，法院认为，《不竞争协议》第3.3款中关于竞业限制期限应将仲裁和诉讼的审理期限扣除的约定，即“但如因履行本协议发生争议而提起仲裁或诉讼……乙方应履行竞业限制义务的期限，在扣除仲裁和诉讼审理的期限后，不应短于上述约定的竞业限制月数”的部分，属于《劳动合同法》第二十六条第一款第二项规定的“用人单位免除自己的法定责任、排除劳动者权利”的情形，应属无效。而根据该法第二十七条规定，劳动合同部分无效，不影响其他部分效力的，其他部分仍然有效。

3)本案竞业限制期限的确定

据此，依据《不竞争协议》第3.3款仍有效部分的约定，马某的竞业限制期限应依据某公司向其支付竞业限制补偿金的月数确定且最长不超过12个月。鉴于某公司已向马某支付2017年3月至2018年2月期间共计12个月的竞业限制补偿金，马某的竞业限制期限已经届满，其无须继续履行对某公司的竞业限制义务。

（案例来源：最高人民法院2022年7月4日发布第184号指导案例）

三、劳动合同生效

劳动合同由用人单位与劳动者协商一致，并经用人单位与劳动者在劳动合同文本上签字或者盖章生效。

(一)劳动合同的成立和生效

劳动合同成立与劳动合同生效是既有联系又有区别的两个法律概念。劳动合同的成立是指用人单位与劳动者达成协议而建立劳动合同关系。当事人双方就劳动合同内容协商一致，劳动合同即告成立。劳动合同依法成立，就具有法律效力，即在双方当事人之间形成劳动法律关系，对双方当事人产生法律约束力。非依法律规定或者征得对方同意，任何一方不得擅自变更或者解除劳动合同，否则就要承担法律责任。

劳动合同的生效是指具备有效要件的劳动合同按其意思表示的内容产生了法律效力。劳动合同的具体生效时间,当事人可以在劳动合同中约定,没有约定的,应当自双方签字之日起生效。在大多数情况下,劳动合同成立和生效是同时的。

但是,劳动合同成立,并不意味着劳动合同一定生效,劳动合同是劳动关系的表现形式,有的情况下劳动关系已建立,但并没有签订劳动合同;有的情况下劳动合同已生效,但并没有实际用工,劳动关系尚未建立,有时二者之间会有一个时间差。

因此,违反劳动合同可以分为两种情况。一种是违反已经履行的劳动合同。这时劳动关系已建立,违反劳动合同约定,就要承担违法责任。另一种就是违反已生效但尚未履行的劳动合同。这时劳动关系尚未建立,《劳动合同法》没有对在这种情况下违反劳动合同的责任作出规定,这就需要合同双方在订立劳动合同时约定。这时劳动合同约定了违约责任的,按约定办;没有约定违约责任的,就无从承担责任。因此,在订立劳动合同时,双方应当在合同中约定违约责任。

(二)劳动合同生效的条件

劳动合同的双方当事人必须具备法定的资格。行为能力是指签订合同的任何一方都必须有法律上认可的签订劳动合同的资格。一个10岁的小孩不具备与单位签订劳动合同的行为能力,因为法律上认为一个10岁的小孩根本不能够认识到签订劳动合同的真正含义。通常,年满16周岁、具有劳动行为能力的公民可以签订劳动合同的。

劳动合同的内容和形式必须合法,不得违反法律的强制性规定或者社会公共利益。所谓强制性规定就是当事人不能约定,只能按照法律规定办的权利、义务。如《劳动合同法》第十九条规定,劳动合同期限三个月以上不满一年的,试用期不得超过一个月。在这种情况下即使双方在合同中约定了一个月以上的试用期,也是违反法律规定的,该条款将视为无效。

劳动合同需由用人单位与劳动者协商一致订立。订立劳动合同的双方必须意思表示真实,任何一方采用欺诈、胁迫等手段与另一方签订的劳动合同都是无效的。

(三)劳动合同的无效

一般合同一旦依法成立,就具有法律拘束力,无效的劳动合同是指由当事人签订成立而国家不予承认法律效力的劳动合同。无效合同即使成立,也不具有法律拘束力,不发生履行效力。

1.劳动合同无效的情形

根据《劳动合同法》第二十六条规定,导致劳动合同无效有以下几方面的原因。

(1)因采取欺诈、威胁等手段订立的劳动合同无效。

欺诈是指当事人一方故意制造假象或隐瞒事实真相,欺骗对方,诱使对方形成错误认识而与之订立劳动合同。欺诈的种类很多,例如:在没有履行能力的情况下,签订合同;根据《劳动法》的规定,从事特种作业的劳动者必须经过专门培训并取得特种作业资格,应聘的劳动者并没有这种资格,提供了假的资格证书;行为人负有义务向他方如实告知某种真实情况而故意不告知的情形,如一家小型化工企业招聘三班倒的化工工人,所以不能用孕妇,但有的妇女来应聘,故意隐瞒其已怀孕的情况,应聘上岗后不久就提出已经怀孕不能倒班上岗等。采取欺诈手段订立的劳动合同是无效的。威胁是指当事人以将要发生的损害或者以直接实施损害相威胁,一方迫使另一方处于恐怖或者其他被胁迫的状态而签订劳动合同,可能危及生命、身体、财产、名誉、自由、健康等方面。

【案例4-14】

北京一家生活用品公司与杨女士签订劳动合同后，发现杨女士的毕业证书系伪造的，随即将其诉至法院。

原告生活用品公司诉称，2008年11月28日，原告与被告签订劳动合同，约定被告任该公司培训部副经理，月工资4 000元，合同期为一年。合同签订当天，被告入职开始工作，2009年3月26日，原告公司接到被告的请假单，之后被告再未到岗工作，属于旷工。原告后来发现，签订合同时，被告向原告公司提供的学历为某大学英语教育专业本科文凭，但经原告公司与该大学联系得知，被告的毕业证系伪造的。因此，原告公司认为被告存在欺诈行为。根据《劳动合同法》的规定，双方的劳动合同应属无效。故诉至法院，请求判令确认双方劳动合同无效，并拒绝支付被告2009年3月1日至5月11日的工资4 625.07及25%经济补偿金1 156.27元和被告解除劳动合同的经济补偿金1 604.71元。

被告杨女士辩称，原告所述劳动合同签订情况及岗位属实，但被告工资除基本工资外还有通信费130元、交通费60元及每天的餐费7元。被告在原告公司上班至2009年3月底，因身体状况请假，未再上班，但被告通过电话、短信的形式向原告公司总经理及部门主管请假。被告的毕业证书是真实的，签订合同时被告向原告提交了该学校毕业证复印件，原告并未询问被告毕业证书的情况，双方并未对被告的学历要求进行约定。因此，被告学历真伪对劳动合同的效力并无影响，且大学档案馆无权对毕业证的真伪进行鉴定。因原告拒绝提供劳动条件，2009年10月21日，双方在仲裁庭开庭时被告依法向原告送达《解除劳动通知书》，在此之前，被告并未收到过原告的解除劳动合同通知。另外，被告上班期间还存在加班的情况。因此，要求原告公司支付2009年3月工资3 954.38元及25%的经济补偿金988.60元；支付2009年4月1日至10月21日期间的工资30 355.08元及25%的经济补偿金7 588.77元；支付加班费5 993.86元，解除劳动合同的经济补偿金4 336.44元。

法院经审理认为，根据《劳动合同法》的规定，以欺诈等手段使对方在违背真实意思的情况下订立的劳动合同，由仲裁机构或者人民法院确认无效。本案中，双方在签订劳动合同时，被告在明知其毕业证书系伪造的情况下，仍然向原告出示该证书，使原告陷入错误认识与其签订了劳动合同，因此，法院确认双方签订劳动合同应属无效。劳动合同被确认无效后，劳动者已付出劳动的，用人单位应当向劳动者支付劳动报酬。2009年4月1日之后，被告并未向原告提供劳动，因此原告将被告工资发放至2009年3月，故被告要求原告公司支付2009年3月工资3 954.38元的请求，法院予以支持。被告要求原告公司支付25%的经济补偿金、加班费及解除劳动合同经济补偿金的请求，于法无据，法院不予支持。最终法院判决：双方劳动合同无效，生活用品公司仅需向杨女士支付2009年3月的工资。

（材料来源：中国法院网）

（2）因用人单位免除自己的法定责任、排除劳动者的权利订立的劳动合同无效。

这属于禁止用人单位同劳动者约定的内容，也是合同的一般原则。通常表现为，劳动合同简单化，法定条款缺失，仅规定劳动者的义务，有的甚至规定“生老病死都与企业无关”，“用人单位有权根据生产经营变化及劳动者的工作情况调整其工作岗位，劳动者必须服从单位的安排”等霸王条款。

实践中出现较多的是造成劳动者人身伤害的免责条款。对于人身的健康和生命安全，法律是给予特殊保护的，并且从整体社会利益的角度来考虑，如果允许免除用人单位对劳动者人身伤害的责任，那么就无异于纵容用人单位利用合同形式对劳动者的生命进行摧残，这与保护公民的人身权利的宪法原则是相违背的。劳动者合同权利的放弃，如果与《劳动法》的维权宗旨相悖，劳动者放弃权利的行为应当受到限制。例如，目前煤矿这种高危行业用工，劳动者不经任何培训，没有任何技术，来了就签劳动合同，出事故用人单位赔点钱就完事了，而劳动者又在高工资的引诱下自愿在用人单位不负责生命安全的合同上签字，这种情况下，劳动者放弃劳动保护权的行为，即便出于自愿，亦应认定无效。

(3)因违反国家法律、行政法规的强制性规定订立的劳动合同无效。

法律、行政法规包含强制性规定和任意性规定。强制性规定排除了合同当事人的意思自治，即当事人在合同中不得任意排除法律、行政法规强制性规定的适用，如果当事人约定排除了强制性规定，则构成无效情形。这里主要指国家制定的关于劳动者最基本劳动条件的法律、法规，包括最低工资、工作时间、劳动安全与卫生法等方面的强制性法律、法规，其目的是改善劳动条件，保障劳动者的基本生活，避免伤亡事故的发生。

还应当特别注意的是构成无效情形只限于违反了法律和行政法规，不能任意扩大范围。实践中存在的将违反地方行政管理规定的合同都认为无效是不妥当的。

2. 劳动合同的部分无效

无效的合同可分部分无效合同和全部无效合同。部分无效合同是指有些合同条款虽然违反法律规定，但并不影响其他条款效力的合同。有些劳动合同就内容看，不是全部无效，而是部分无效，即劳动合同中的某一部分条款不发生法律效力。

在部分无效的劳动合同中，无效条款如不影响其余部分的效力，其余部分仍然有效，对双方当事人有约束力。

(1)如果认定合同的某些条款无效，该部分内容与合同的其他内容相比较，应当是相对独立的，该部分与合同的其他部分具有可分性。也就是说，合同无效部分不影响其他部分的效力。如果部分无效的条款与其他条款具有不可分性，或者当事人约定某合同条款为合同成立生效的必要条款，那么该合同的部分无效就会导致整个合同的无效，而不能确认该部分无效时，另一部分合同内容又保持其效力。

(2)如果合同的目的是违法的，或者根据诚实信用和公平原则，剩余部分的合同内容的效力对当事人已没有任何意义或者是不公平、不合理的，合同应全部确认为无效。

部分无效的劳动合同通常表现为未经批准不得辞职、加班不给加班费、工作受伤自己负责等。

在司法实践中，不能任意扩大无效或者部分无效劳动合同的范围，特别要防止用人单位利用这一条款随意解雇劳动者。如劳动者在应聘时隐瞒了一些事实，向用人单位提供了不实的个人资料等，认定时就有个度的问题，劳动者具备实际能力就可以了，不能算作无效，甚至无法构成部分无效。实践中大部分情况是部分无效，如用人单位免除自己的法定责任、排除劳动者的权利的劳动合同。

3. 劳动合同无效的确认及处理

劳动合同的无效只有劳动争议仲裁机构和人民法院才有权确认,其他任何部门或者个人都无权认定劳动合同无效。

劳动合同被认定无效表明,双方约定的权利义务自始不存在,即从订立之日起到确认无效时止,法律对双方订立的权利义务关系不予保护。但这并不是说,法律不保护这种无效的事实劳动关系。由于劳动力支出的不可恢复性,因此,劳动合同无效后,不能采取返还财产、恢复原状的无效处理措施,而应在事实劳动关系存在期间对劳动者的劳动按照法律规定予以补偿。《劳动合同法》第二十八条规定:“劳动合同被确认无效,劳动者已付出劳动的,用人单位应当向劳动者支付劳动报酬。劳动报酬的数额,参照本单位相同或者相近岗位劳动者的劳动报酬确定。”同时,对由于用人单位的原因订立的无效合同,对劳动者造成损害的,用人单位还应承担赔偿责任。劳动合同自被宣布无效之日起,事实劳动关系终止。

第四节　劳动合同的履行和变更

劳动合同的履行是指劳动合同的双方当事人按照合同约定承担各自义务的行为。劳动合同的变更是指劳动合同依法订立后,在合同尚未履行或者尚未履行完毕之前,经用人单位和劳动者双方当事人协商同意,对劳动合同内容作部分修改、补充或者删减的法律行为。

一、双方应当履行的义务

用人单位应当履行劳动合同中约定的义务,应当按照劳动合同的约定和国家规定,向劳动者及时足额支付劳动报酬。用人单位拖欠或者未足额支付劳动报酬的,劳动者可以依法向当地人民法院申请支付令,人民法院应当依法发出支付令。用人单位应当严格执行劳动定额标准,不得强迫或者变相强迫劳动者加班。用人单位安排加班的,应当按照国家有关规定向劳动者支付加班费。

《劳动合同法》规定,用人单位有下列情形之一的,由劳动行政部门责令限期支付劳动报酬、加班费或者经济补偿;劳动报酬低于当地最低工资标准的,应当支付其差额部分;逾期不支付的,责令用人单位按应付金额50%以上100%以下的标准向劳动者加付赔偿金:①未按照劳动合同的约定或者国家规定及时足额支付劳动者劳动报酬的;②低于当地最低工资标准支付劳动者工资的;③安排加班不支付加班费的;④解除或者终止劳动合同,未依照本法规定向劳动者支付经济补偿的。

用人单位有下列情形之一的,依法给予行政处罚;构成犯罪的,依法追究刑事责任;给劳动者造成损害的,应当承担赔偿责任:①以暴力、威胁或者非法限制人身自由的手段强迫劳动的;②违章指挥或者强令冒险作业危及劳动者人身安全的;③侮辱、体罚、殴打、非法搜查或者拘禁劳动者的;④劳动条件恶劣、环境污染严重,给劳动者身心健康造成严重损害的。

劳动者应当履行劳动合同中约定的义务,但劳动者拒绝用人单位管理人员违章指挥、强令冒险作业的,不视为违反劳动合同,不属于拒绝履行劳动合同义务的行为。

二、特殊情况下劳动合同的履行

用人单位变更名称、法定代表人、主要负责人或者投资人等事项,不影响劳动合同的履行。

用人单位发生合并或者分立等情况，原劳动合同继续有效，劳动合同由承继其权利和义务的用人单位继续履行。

三、协商一致变更

劳动合同在履行过程中，因双方或一方的情况变化，双方可对合同协商变更。对此，使用劳动合同订立的原则，即用人单位与劳动者应当在平等自愿的前提下协商一致，可以变更劳动合同约定的内容。同时《劳动合同法》规定，变更劳动合同，应当采用书面形式，变更后的劳动合同文本由用人单位和劳动者各执一份。

四、用人单位调岗

劳动合同变更在原则上须协商一致，但有时用人单位因不满劳动者的工作表现，往往想通过调岗达到降薪的目的，便以单位有用工自主权为由单方提出变更。而劳动者则认为单位是通过此手段逼迫自己辞职，于是产生劳动纠纷。

实践中，仲裁机构和法院对此首先承认用人单位的用工自主权，允许用人单位根据员工表现和企业的生产经营情况调整岗位和薪酬。同时，为了防止用人单位滥用权利，将证明调岗调薪的合理性的证明责任分配给了用人单位。一般说来，用人单位可以从劳动合同约定、规章制度、劳动者表现、岗位任职条件、岗位薪酬制度以及用人单位客观情况的变化等方面来证明调岗调薪的合理性。

现行法律法规给调岗设置了严密的“法定规则”，即以协商一致为原则，按法定情形调岗的例外。法律规定的除了协商一致外可以调岗的情形主要有以下几种。

（一）医疗期满调岗

《劳动合同法》第四十条规定，“有下列情形之一的，用人单位提前三十日以书面形式通知劳动者本人或者额外支付劳动者一个月工资后，可以解除劳动合同：（一）劳动者患病或者非因工负伤，在规定的医疗期满后不能从事原工作，也不能从事由用人单位另行安排的工作的”。按照该规定，调岗需要满足医疗期满、不能从事原工作、新工作安排合理的条件。

（二）不胜任调岗

《劳动合同法》第四十条规定，“（二）劳动者不能胜任工作，经过培训或者调整工作岗位，仍不能胜任工作的”，也即在劳动者不能胜任工作的情况下，用人单位可以安排调整工作岗位。

（三）孕期调岗

《女职工劳动保护特别规定》第六条规定：“女职工在孕期不能适应原劳动的，用人单位应当根据医疗机构的证明，予以减轻劳动量或者安排其他能够适应的劳动。”这为孕期调岗提供了法律依据。

（四）职业禁忌及健康损害调岗

《职业病防治法》第三十五条规定：“用人单位不得安排未经上岗前职业健康检查的劳动者从事接触职业病危害的作业；不得安排有职业禁忌的劳动者从事其所禁忌的作业；对在职业健康检查中发现有与所从事的职业相关的健康损害的劳动者，应当调离原工作岗位，并妥善安置。”第五十六条规定：“用人单位对不适宜继续从事原工作的职业病病人，应当调离原岗位，并妥善安置。”在职业禁忌及职业健康损害的情况下，用人单位具有法定义务将员工调离职业损害岗位。

【案例4-15】

2016年3月21日,欧阳娜入职皇家公司,双方签订劳动合同,约定:欧阳娜的工作岗位为大客户销售经理,工作地点为北京;合同期限为2016年3月21日至2017年3月21日,月工资为税前2.5万元。2017年1月22日欧阳娜因待产开始休假。2017年4月5日,欧阳娜生产一女。2017年10月9日,欧阳娜返回公司工作。次日,公司安排欧阳娜担任销售经理,负责接待中小旅行社。欧阳娜拒绝此安排,要求从事大旅行社的接洽。2017年10月12日,公司以邮件方式再次通知欧阳娜,表明由于其离岗太久,为了保证公司业务不受影响,公司不得不安排人员替补,现在公司在北京唯一空缺的岗位是中小旅行社销售经理一职,将此岗位提供给她,薪资不变。公司在此份邮件附件中提供了与欧阳娜的《协商解除协议书》,公司表示若双方协商解除合同,同意向欧阳娜支付工资至2017年10月16日,并向欧阳娜支付一次性经济补偿金10万元。2017年10月17日,欧阳娜通过邮件向公司表示不接受协商解除合同,要求按原岗履行合同。同日,公司以邮件方式向欧阳娜发出《解除劳动关系通知书》。

离职后,欧阳娜申请仲裁,要求公司撤销2017年10月17日发布的《解除劳动关系通知书》,继续履行劳动合同。仲裁委于2019年1月28日裁决公司撤销2017年10月17日发布的《解除劳动关系通知书》,继续履行劳动合同至2018年4月5日。公司不服,向一审法院提起诉讼。

法院认为公司作为独立的经营主体,依法拥有经营自主权及用工自主权,为维持正常的经营需要,公司有权根据员工的自身状况,安排其合理的工作岗位。结合本案事实,公司调岗具有合理性,公司无须与欧阳娜继续履行劳动合同。

(五)脱密期调岗

原劳动部《关于企业职工流动若干问题的通知》(劳部发〔1996〕355号)第二条规定"用人单位与掌握商业秘密的职工在劳动合同中约定保守商业秘密有关事项时,可以约定在劳动合同终止前或该职工提出解除劳动合同后的一定时间内(不超过六个月),调整其工作岗位,变更劳动合同中相关内容"。根据该条规定,如承担保密义务的员工与用人单位在劳动合同中明确约定了脱密期,则用人单位可以根据该条规定,在脱密期调整员工工作岗位。

(六)推定认可调岗

《最高人民法院关于审理劳动争议案件适用法律问题的解释(一)》第四十三条规定:"用人单位与劳动者协商一致变更劳动合同,虽未采用书面形式,但已经实际履行了口头变更的劳动合同超过一个月,变更后的劳动合同内容不违反法律、行政法规且不违背公序良俗,当事人以未采用书面形式为由主张劳动合同变更无效的,人民法院不予支持。"根据这一规定,一般情况下,员工岗位变动后超过一个月,即视为已经认可调岗。

用人单位调岗首先注意适用的法律依据或合同依据,调岗前应当先衡量一下调岗的依据是否存在及效力如何。在实务中,企业通常约定的调岗情形有:①符合劳动合同约定的员工身体状况不符合岗位要求、企业的经营情况发生异常等情形出现时,企业可以调岗;②在员工违纪达到一定程度时,企业规章制度规定了降职降薪的处罚方式;③很多企业存在关于利益冲突即近亲属或夫妻间不能同在公司重要利益相关部门任职的规定,否则企业有调整岗位的权利。

以上规定在没有违反法律的强制性规定的情况下，在具体案例中，可以作为裁判案件的依据或参考。

调岗行为本身需要具备如下条件：①调岗的必要性，即出现了特定情形，可能是用人单位原因如业务外包、机构撤销等，也可能是员工原因如身体状况、工作能力、人际关系等，致使用人单位不得不对员工进行调岗；②调岗行为的合理性，即所调整的岗位符合员工本身的教育背景、技能、薪酬或职级，不具有惩罚性或者侮辱性；③协商经过了必要的程序，用人单位单方调整前，最好先与员工进行协商，协商过程中充分听取员工意见，最好也能征询工会意见，最后的调岗结果以书面形式告知员工。因此，用人单位对员工进行调岗时，若符合上述法定的或者非法定的条件，注意到调岗时应当注意的情形，并能够提供充分的证据，则发生纠纷时用人单位可被视为合理地行使了用工自主权，若争议进入仲裁或者诉讼程序，才能被仲裁机构或法院支持。

【案例4-16】

耿某某于1993年2月1日入职北京某公司，2016年之后任生产科职员，后公司因组织结构调整，对生产科业务进行调整，并将相关人员调整至车间，但耿某某坚持不去公司指定的地点参与考勤，自2018年7月20日之后无考勤记录，2018年8月10日，公司以耿某某旷工为由解除与其的劳动关系。

公司员工手册中的考勤休假管理制度中的奖惩条例规定，员工严重违反公司劳动纪律，连续旷工达5日(含)或年度累计旷工达10日(含)的属于重度过失，处分为解除劳动合同。

耿某某对组织机构调整通知的真实性认可，但认为该通知对其来说就是调岗通知，涉及其工作岗位的撤销及变更后可能存在工作内容及工资待遇的变化。

耿某某主张因公司将其调岗至车间，就变更后的工资待遇、工作内容未与其协商一致，其不同意调整工作岗位；因公司将其指纹考勤信息从耿某某工作地点的考勤系统中删除，导致其不能使用考勤机打卡，但是其一直在原来的工作地点提供劳动，未到车间报到，公司以其旷工为由解除劳动关系没有制度依据，属于违法解除，应当支付违法解除劳动关系赔偿金。

因公司不同意耿某某的说法，耿某某遂提起仲裁，要求公司支付违法解除劳动关系赔偿金261 820元。仲裁委裁决不予支持。耿某某便向法院提起诉讼。

法院认为公司行使经营自主权对组织结构进行调整，并非针对耿某某个人恶意调岗，未单方强势指定耿某某调整后的工作岗位，未明确降低耿某某的工资待遇，耿某某明知应当去车间考勤，坚持不去公司指定的地点参与考勤，明显违背了一个劳动者应当向用人单位履行的勤勉忠实义务。

遵循用人单位的基本工作纪律是劳动者的义务，虽然法律保护劳动者的合法权益，但也不纵容劳动者为所欲为。耿某某自以为是地不听从公司安排去应去的地点参与考勤、提供劳动很明显已经违背职业道德，实质上就是属于旷工行为，是导致公司对其作出旷工按自动离职认定的直接原因，耿某某对此负有严重过错。另外，耿某某辩称公司没有向其传达规章制度，法院认为，不旷工、按照规定参与考勤属于职业道德底线的事项，因此公司以耿某某旷工为由解除劳动合同并不违反法律规定，无须支付耿某某违法解除劳动关系赔偿金。

(案例来源：根据中国裁判文书网案例改编)

第五节　劳动合同的解除和终止

劳动合同的解除是指劳动合同签订以后，尚未履行完毕之前，由于一定事由，提前终止劳动合同的法律行为。劳动合同的解除可分为两大类型：双方解除和单方解除。

一、协商一致解除劳动合同规定

用人单位与劳动者协商一致，可以解除劳动合同。

二、劳动者单方解除劳动合同规定

(一)提前通知解除劳动合同规定

根据《劳动合同法》第三十九条规定，劳动者有该条规定的情形之一的，用人单位可以解除劳动合同，无须支付经济补偿金。

无论是劳动者还是用人单位在解除劳动合同时，都必须以书面形式告知对方。因为这一时间的确定直接关系到解除预告期的起算时间，也关系到劳动者的工资等利益，所以必须采用慎重的方式来表达。

(二)随时通知解除劳动合同规定

如果出现了法定的事由，劳动者无须向用人单位预告就可通知用人单位解除劳动合同。由于劳动者行使特别解除权往往会给用人单位的正常生产经营带来很大的影响，所以，立法在平衡劳动者与企业合法利益的基础上对此类情形作了具体的规定，只限于在用人单位有过错行为的情况下允许劳动者行使特别解除权。具体有以下几种情况。

1. 未按照劳动合同约定提供劳动保护或者劳动条件的

保护劳动者在劳动过程中的生命安全和身体健康是用人单位的基本责任和义务。用人单位为劳动者提供相应的劳动保护是对劳动者基本利益的维护。《劳动合同法》第十七条规定，劳动保护和劳动条件是劳动合同的必备条款，即提供劳动保护和劳动条件是用人单位应尽的义务，如果用人单位未按照国家规定的标准或劳动合同的规定提供劳动条件，致使劳动安全、劳动卫生条件恶劣，严重危害职工的身体健康，并得到国家劳动部门、卫生部门的确认，劳动者可以与用人单位解除劳动合同。

2. 未及时足额支付劳动报酬的

在劳动者已履行劳动义务的情况下，用人单位应按劳动合同约定或国家法律、法规规定的数额、日期及时足额支付劳动报酬，禁止克扣和无故拖欠劳动者劳动收入。劳动报酬也是劳动合同所规定的必备条款，用人单位未按照劳动合同约定及时足额支付劳动报酬，就是违反劳动合同，也是对劳动者合法权益的侵犯，劳动者有权随时告知用人单位解除劳动合同。

3. 未依法为劳动者缴纳社会保险费的

《劳动法》第七十二条规定："用人单位和劳动者必须依法参加社会保险，缴纳社会保险费。"社会保险具有国家强制性，用人单位应当依照有关法律、法规的规定，负责缴纳各项社会保险费用，并负有代扣代缴本单位劳动者社会保险费的义务。如果用人单位未依法为劳动者缴纳上述社会保险费，那么就是对劳动者基本权利的侵害，劳动者可以与用人单位解除劳动合同。

4. 用人单位的规章制度违反法律、法规的规定，损害劳动者权益的

（1）用人单位的规章制度违反了法律、法规的规定。首先，规章制度的内容要合法。即内容不得违反《宪法》《劳动法》《劳动合同法》及其他法律、法规的规定，也不得与劳动合同和集体合同的内容相冲突。其次，规章制度的制定和公布的程序要合法。一是要经过一定的民主程序；二是应当公示。职工作为规章制度的遵守者，有权了解规章制度的内容，法律不要求职工遵守一个自己不知晓或无法知晓的规章制度。

（2）损害了劳动者的权益。

只有同时具备以上两点要求，劳动者才可以以此为由通知用人单位解除劳动合同。

5. 因《劳动合同法》第二十六条第一款规定的情形致使劳动合同无效的

《劳动合同法》第二十六条第一款规定了劳动合同无效或者部分无效的几种情况。无效的劳动合同从订立的时候起就没有法律约束力，劳动者可以不予履行，对已经履行的，给劳动者造成损害的，用人单位还应承担赔偿责任。

6. 法律、行政法规规定劳动者可以解除劳动合同的其他情形

现行法律规定的其他情形主要有如下几种。

（1）用人单位以暴力、威胁或者非法限制人身自由的手段强迫劳动者劳动的。

"暴力"是指对劳动者实施捆绑、拉拽、殴打、伤害等行为。"威胁"是指对劳动者施以暴力或者其他强迫手段。"非法限制人身自由"是指采用拘留、禁闭或其他强制方法非法剥夺或限制他人按照自己的意志支配自己身体活动的行为。人身自由是公民各种自由权利当中的一项基本权利，是公民参加社会活动和享受其他权利的先决条件。我国公民的人身自由受法律的保护，《宪法》第三十七条规定："中华人民共和国公民的人身自由不受侵犯。任何公民，非经人民检察院批准或者决定或者人民法院决定，并由公安机关执行，不受逮捕。禁止非法拘禁和以其他方法非法剥夺或者限制公民的人身自由，禁止非法搜查公民的身体。"企业强迫劳动者劳动，如把劳动者非法拘禁在特定的场所，强迫其劳动，不让其出来，是严重侵犯劳动者人身权利的行为，是非法的，劳动者有权随时解除劳动合同，而无须事先告知用人单位。

（2）用人单位违章指挥、强令冒险作业危及劳动者人身安全的。

对于用人单位不顾及劳动者的人身安全，强令其从事危险作业的，如采矿工人、高空作业人员等在没有安全防护的情况下，被强令进行作业的，劳动者有权拒绝并撤离作业场所，并可以立即解除劳动合同。

《劳动合同法实施条例》第二十六条规定，用人单位与劳动者约定了服务期，劳动者依照《劳动合同法》第三十八条的规定解除劳动合同的，不属于违反服务期的约定，用人单位不得要求劳动者支付违约金。

三、用人单位单方解除劳动合同规定

（一）随时通知解除劳动合同规定

《劳动合同法》第三十九条规定，劳动者有下列情形之一的，用人单位可以解除劳动合同。

1. 在试用期间被证明不符合录用条件的

（1）要求用人单位所规定的试用期符合法律规定。

（2）是否在试用期间。试用期间的确定应当以劳动合同的约定为准；若劳动合同约定的试用期超出法定最长时间，则以法定最长时间为准；若试用期满后用人单位仍未办理劳动者转

正手续,则不能认为劳动者还处在试用期间,用人单位不能以试用期间不符合录用条件为由与劳动者解除劳动合同。

(3)对是否合格的认定。劳动者不符合录用条件,是用人单位在试用期间,单方与劳动者解除劳动合同的前提条件。如果没有这个前提条件,用人单位无权在试用期间单方解除劳动合同。一般情况下应当以法律、法规规定的基本录用条件和用人单位在招聘时规定的知识文化、技术水平、身体状况、思想品质等条件为准。

(4)对于劳动者在试用期间不符合录用条件的,用人单位必须提供有效的证明。如果用人单位没有证据证明劳动者在试用期间不符合录用条件,用人单位就不能解除劳动合同,否则,需承担因违法解除劳动合同所带来的一切法律后果。所谓有无证据,实践中主要看两方面:一是用人单位对某一岗位的工作职能及要求有没有作出描述;二是用人单位对员工在试用期间的表现有没有客观的记录和评价。

2. 严重违反用人单位的规章制度的

(1)规章制度的内容必须是符合法律、法规的规定,而且是通过民主程序公之于众的。

(2)劳动者的行为客观存在,并且是属于"严重"违反用人单位规章制度的行为。对"严重"的判断一般应根据劳动法规所规定的限度和用人单位内部的规章制度所规定的具体界限作出。如违反操作规程,损坏生产、经营设备造成经济损失,不服从用人单位正常工作调动,不服从用人单位的劳动人事管理,无理取闹,打架斗殴,散布谣言损害企业声誉等,给用人单位的正常生产经营秩序和管理秩序带来损害。

(3)用人单位对劳动者的处理是按照其规章制度规定的程序办理的,并符合相关法律、法规规定。

3. 严重失职,营私舞弊,给用人单位造成重大损害的

劳动者在履行劳动合同期间,没有按照岗位职责履行自己的义务,违反其忠于职守、维护和增进用人单位利益的义务,有未尽职责的严重过失行为或者利用职务之便谋取私利的故意行为,使用人单位有形财产、无形财产遭受重大损失,但不够刑事处罚的程度。例如,因粗心大意、玩忽职守而造成事故,因工作不负责而经常产生废品、损坏工具设备、浪费原材料或能源等。用人单位可以与其解除劳动合同。

4. 劳动者同时与其他用人单位建立劳动关系,对完成本单位的工作任务造成严重影响,或者经用人单位提出,拒不改正的

劳动者同时与其他用人单位建立劳动关系,即我们通常所说的"兼职"。我国有关劳动方面的法律、法规虽然没有对"兼职"作禁止性的规定,但作为劳动者,完成本职工作是其应尽的义务。因时间和精力所限,从事兼职工作必然会影响到本职工作。用人单位对一个不能全心全意为其工作并严重影响到工作任务完成质量与效率的人员,有权与其解除劳动合同。但劳动者的兼职没有影响其完成本单位的工作任务的,用人单位则不能解除与劳动者的劳动合同。

5. 劳动者以欺诈、胁迫的手段或者乘人之危,使对方在违背真实意思的情况下订立或者变更劳动合同的

《劳动合同法》第二十六条第一款第(一)项规定,"以欺诈、胁迫的手段或者乘人之危,使对方在违背真实意思的情况下订立或者变更劳动合同的"属于无效或部分无效劳动合同。任何一方利用任何一种行为手段而使对方在违背真实意思的情况下订立或者变更劳动合同,均

违反了意思自治的基本原则，是被法律所禁止的，因此自然允许利益受损者解除与对方约定的合同关系。

6. 被依法追究刑事责任的

根据劳动部1995年印发的《关于贯彻执行〈中华人民共和国劳动法〉若干意见》的第二十九条的规定，"'被依法追究刑事责任'是指：被人民检察院免予起诉的、被人民法院判处刑罚的、被人民法院依据刑法第三十二条免予刑事处分的。劳动者被人民法院判处拘役、三年以下有期徒刑缓刑的，用人单位可以解除劳动合同"。

在试用期中，除劳动者有《劳动合同法》第三十九条和第四十条第(一)项、第(二)项规定的情形外，用人单位不得与劳动者解除劳动合同。用人单位在试用期解除劳动合同的，应当向劳动者说明理由。

(二)提前通知解除劳动合同规定

用人单位根据劳动合同履行中客观情况的变化而解除劳动合同。这里的客观情况既包括用人单位的，也包括劳动者自身的。前者既可能是由于经营上的原因发生困难、亏损或业务紧缩，也可能因为市场条件、国际竞争、技术革新等造成工作条件的改变而导致使用劳动者的数量下降。后者则是由于原本胜任的工作在用人单位采取自动化或新生产技术后不能胜任，或者是因为身体原因不能胜任。有下列情形之一的，用人单位提前30日以书面形式通知劳动者本人或者额外支付劳动者1个月工资后，可以解除劳动合同。

(1)劳动者患病或者非因工负伤，在规定的医疗期满后不能从事原工作，也不能从事由用人单位另行安排的工作的。

根据劳动部1994年颁发的《企业职工患病或非因工负伤医疗期规定》第二条的规定："医疗期是指企业职工因患病或非因工负伤停止工作治病休息不得解除劳动合同的时限。"这里的医疗期是指劳动者根据其工龄等条件，依法可以享受的停工医疗并发给病假工资的时限，而不是劳动者病伤治愈实际需要的时限。劳动者患病或者非因工负伤，有权在医疗期内进行治疗和休息，不从事劳动。但在医疗期满后，劳动者就有义务进行劳动。如果劳动者由于身体原因不能胜任工作，用人单位有义务为其调动岗位，选择他力所能及的岗位。如果劳动者对用人单位重新安排的工作也无法完成，说明劳动者不能履行合同，用人单位需提前30日以书面形式通知其本人或额外支付劳动者1个月工资后，解除劳动合同，以便劳动者在心理和时间上为重新就业作准备。

(2)劳动者不能胜任工作，经过培训或者调整工作岗位，仍不能胜任工作的。

这里所谓"不能胜任工作"是指不能按要求完成劳动合同中约定的任务或者同工种、同岗位人员的工作量。但用人单位不得故意提高定额标准，使劳动者无法完成。劳动者没有具备从事某项工作的能力，不能完成某一岗位的工作任务，这时用人单位可以对其进行职业培训，提高其职业技能，也可以把其调换到能够胜任的工作岗位上，这是用人单位负有的协助劳动者适应岗位的义务。如果单位尽了这些义务，劳动者仍然不能胜任工作，说明劳动者不具备在该单位工作的职业能力，单位可以在提前30日书面通知的前提下，解除与劳动者的劳动合同。需要注意的是用人单位不能随意调动劳动者工作岗位或提高工作强度，借口劳动者不能胜任工作而解除劳动合同。

(3)劳动合同订立时所依据的客观情况发生重大变化，致使劳动合同无法履行，经用人单位与劳动者协商,未能就变更劳动合同内容达成协议的。

这是情势变更原则在劳动合同中的体现。这里的“客观情况”是指履行原劳动合同所必要的客观条件,因不可抗力或出现致使劳动合同全部或部分条款无法履行的其他情况,如自然条件、企业迁移、企业被兼并、企业资产转移等使原劳动合同不能履行或不必要履行的情况。发生上述情况时,为了使劳动合同能够继续履行,必须根据变化后的客观情况,由双方当事人就合同变更进行协商,直到达成一致意见。如果劳动者不同意变更劳动合同,原劳动合同所确立的劳动关系就没有存续的必要,在这种情况下,用人单位也只能解除劳动合同。

此外根据规定,用人单位因劳动者的非过失性原因而解除劳动合同的还应当给予劳动者相应的经济补偿。

(三)裁减人员解除劳动合同规定

1. 经济性裁员的原因

经济性裁员是用人单位行使解除劳动合同权的主要方式之一。凡是实行劳动合同制的国家,都或多或少允许用人单位在一定条件下解除劳动合同,其原因是法律赋予了企业经营自主权。我国《劳动合同法》允许一定条件下用人单位进行经济性裁员,其原因也是企业享有经营自主权。我国《宪法》第十六条、第十七条规定了国有企业、集体经济组织在法律规定的范围内有权自主经营;第十一条第二款规定,国家保护个体经济、私营经济等非公有制经济的合法的权利和利益。我国实行社会主义市场经济,与社会主义市场经济相适应的是现代企业制度。现代企业制度中企业是独立经济主体,自主经营,自负盈亏,因此享有经营自主权是现代企业的应有内容。企业的经营自主权不仅包括生产自主权,也包括用人自主权。用人自主权是企业经营自主权的重要内容,企业可以根据企业的实际需要招用人员,也可以裁减人员。如果企业在生产经营困难等情况下不能裁减人员,那么企业的经营自主权就没有办法落实,也会使企业背上冗员的包袱,无法适应社会主义市场经济的要求,不利于进行公平竞争。《劳动法》第二十七条规定,“用人单位濒临破产进行法定整顿期间或者生产经营状况发生严重困难,确需裁减人员的,应当提前三十日向工会或者全体职工说明情况,听取工会或者职工的意见,经向劳动行政部门报告后,可以裁减人员”。

【案例4-17】

王某是某汽车销售公司的职员,2013年加入该公司从事汽车销售工作。在工作过程中,王某经常拖沓敷衍,公司领导也曾多次指出,要求其改正,但王某仍然我行我素。因此,虽然王某在连续两年年终考核中都能完成工作任务,但公司领导对王某的考核结论都是不合格。2016年5月,公司最终向王某下达了辞退函,提前一个月解除与王某的劳动合同。王某一怒之下将公司诉至劳动争议仲裁委员会,认为公司解除劳动合同没有合法依据,要求公司承担违法解除劳动合同的赔偿金。劳动人事争议仲裁委员会裁决用人单位属于违法解除劳动合同,应当支付赔偿金。

用人单位以劳动者不胜任工作为由解除劳动合同需要符合哪些条件?本案中单位有年终考核,劳动者在年终考核时被评定为不合格,而且用人单位也提前一个月履行了解除劳动合同的通知义务,这样做是否合法?

评析:《劳动合同法》第四十条第(二)项规定,劳动者不能胜任工作,经过培训或者调整工作岗位,仍不能胜任工作的,用人单位可以解除劳动合同。根据该条规定,用人单位只有在证明劳动者存在两次“不胜任工作”的情况下,才能解除劳动合同。对此,用人单位应承担举证责任并提供相应的证据材料。而在该案件中,用人单位没有明确王某的岗位职责,其据以解除劳动合同的依据仅仅是单位的年终考核结论,而这个考核结论最终由单位领导决定,因此不具有提前公示性和客观性;同时,该单位也无证据证明其对王某进行了培训或调整工作岗位后,王某仍不能胜任工作。用人单位解除劳动合同的行为应被认定为违法解除,劳动者有权按照《劳动合同法》第四十八条的规定要求用人单位继续履行劳动合同;劳动者不要求继续履行劳动合同或劳动合同已经无法继续履行的,劳动者也可选择要求用人单位支付违法解除劳动合同的赔偿金。

【案例4-18】

王某等26名职工与某商场签订了劳动合同,在劳动合同履行期间,该商场以经营亏损为由,于2000年5月辞退王某等26名职工。王某等人遂向当地劳动保障局的劳动保障监察机构举报,请示纠正该商场的错误行为,维护自己的权益。劳动保障监察机构在接到王某等人的举报后,经多次深入调查取证,查明该商场不具备企业经济性裁员的法定条件,又违反了企业经济性裁员的法定程序,在此前提下,单方解除与王某等26名职工的劳动合同,属违约行为,并责令该商场限期改正。该商场在劳动保障监察机构规定的期限内撤销了辞退王某等26名职工的决定,恢复了王某等人的工作,补发王某等人的工资并为其补缴了社会保险费。

评析:《劳动法》第二十七条规定,“用人单位濒临破产进行法定整顿期间或者生产经营状况发生严重困难,确需裁减人员的,应当提前三十日向工会或全体职工说明情况,听取工会或者职工的意见,经向劳动行政部门报告后,可以裁减人员”。根据《劳动法》和《企业经济性裁减人员规定》(劳部发〔1994〕447号)的有关规定,用人单位在裁减人员时应当遵循下列原则。①原因法定原则。这是指用人单位裁减人员必须出于法律规定的原因。用人单位只有在以下两种情况下才可裁减人员:第一,用人单位濒临破产,被人民法院宣告进入法定整顿期间;第二,用人单位的生产经营发生严重困难,达到当地政府规定的严重困难企业标准。②程序合法原则。这是指用人单位裁减人员时必须经过法律所规定的程序。第一,提前30日向工会或者全体职工说明情况,并提供有关生产经营状况的资料;第二,提出裁减人员方案,内容包括被裁减人员名单,裁减时间及实施步骤,符合法律、法规规定和集体合同约定的被裁减人员经济补偿办法;第三,将裁减人员方案征求工会或者全体职工的意见,并对方案进行修改和完善;第四,向当地劳动行政部门报告裁减人员方案以及工会或者全体职工的意见,并听取劳动行政部门的意见;第五,由用人单位正式公布裁减人员方案,与被裁减人员办理解除劳动合同手续,按照有关规定向被裁减人员本人支付经济补偿金,出具裁减人员证明书。某商场解除与王某等26名职工的劳动合同时不具备上述法定条件,也未履行法定程序,严重违反经济性裁员有关法律规定,侵害了王某等26名职工的合法权益。劳动保障监察机构依法对某商场作出责令限期改正的决定是完全正确的。

(案例来源:根据劳动合同法网案例改编)

2. 经济性裁员的内涵

经济性裁员就是指企业由于经营不善等经济性原因,解雇多个劳动者的情形。对经济性裁员应从以下几个方面进行理解。

(1)经济性裁员属于用人单位解除劳动合同的一种情形。在市场经济中,用人单位直接面对的是市场竞争,为了更好地满足市场需求,使自身保持一定的活力,用人单位必须在用人方面形成“能上能下”“能进能出”的体制。为此,《劳动合同法》规定,在满足一定条件的情况下,用人单位可以单方解除还未到期的固定期限劳动合同以及无固定期限劳动合同。经济性裁员是用人单位出于经营方面的考虑,单方解除劳动合同的方式。尽管名为经济性裁员,其实质是用人单位单方解除劳动合同的一种方式。在经济性裁员中,由于是用人单位单方解除劳动合同,且劳动者并没有过错,因此用人单位应当依法向劳动者支付经济补偿。

(2)进行经济性裁员的主要原因是经济性原因,而不是劳动者个人原因。这些经济性原因大致可以分为三大类:一是企业因为经营发生严重困难或者依照《中华人民共和国企业破产法》(以下简称《企业破产法》)规定进行重整的;二是企业为了寻求生存和更大的发展空间,进行转产、重大技术革新,经营方式调整的;三是兜底条款,其他因劳动合同订立时所依据的客观经济情况发生重大变化,致使劳动合同无法履行的。

(3)经济性裁员只发生在企业中。《劳动合同法》规定的用人单位的范围比较广,包括各类企业、个体经济组织、民办非企业单位等组织。经济性裁员只能发生在企业中,只有企业才有可能进行经济性裁员。

(4)构成经济性裁员必须一次性解除法定数量的劳动合同。在《劳动合同法》的制定过程中,经济性裁员究竟要一次性裁减多少人才是合适的,一直是讨论的热点。经济性裁员的人数标准太低,用人单位容易利用解除条件较为宽泛的经济性裁员进行劳动合同的解除,对劳动者不利。如果一次性解雇较多劳动者,又将会给社会带来不稳定因素。因此,《劳动合同法》规定一次性裁减人员 20 人以上或者裁减不足 20 人但占企业职工总人数 10% 以上的,才构成经济性裁员。

3. 进行经济性裁员必须满足法定条件

根据《劳动合同法》第四十一条规定,经济性裁员作为用人单位单方解除劳动合同的一种方式,必须满足法定条件。这些法定条件包括实体性条件和程序性条件,只有同时具备了实体性条件之一和全部的程序性条件,才是合法有效的经济性裁员。

(1)实体性条件。《劳动合同法》规定,在四种情形下用人单位可以进行经济性裁员。

①依照《企业破产法》规定进行重整的。依照《企业破产法》的规定,在三种情形下,债务人或者债权人可以向人民法院申请对债务人进行重整:一是企业法人不能清偿到期债务,并且资产不足以清偿全部债务的;二是企业法人不能清偿到期债务,并且明显缺乏清偿能力的;三是企业法人不能清偿到期债务,并且有明显丧失清偿能力可能的。

另外,根据《企业破产法》第七十条第二款的规定,债权人申请对债务人进行破产清算的,在人民法院受理破产申请后、宣告债务人破产前,债务人或者出资额占债务人注册资本 10% 以上的出资人,可以向人民法院申请重整。《企业破产法》设置重整制度,主要目的就是使企业根据自身重整的经营方案、债权的调整和清偿方案以及其他有利于企业重整的方案在内的重整计划,继续经营并清偿债务,避免企业进入破产清算程序,使经营失败的企业有可能通过重整而得到复苏、振兴的机会。在重整过程中,企业可根据实际经营情况,进行经济性裁员。

②生产经营发生严重困难的。市场经济中的企业无时不面临着激烈竞争,一旦对市场需

求判断失误或者出现决策偏差等，企业的生产经营可能就会发生困难。在企业的生产经营发生严重困难时，应允许企业通过各种方式进行自救，而不是进一步陷入破产、倒闭的绝境。在企业的生产经营发生严重困难时，裁减人员、缩减员工规模是一项较有效的缓解措施，从全局看，这一措施对企业的劳动者群体是有利的，但涉及特定劳动者的权益，应慎重处理。因此，《劳动合同法》在允许用人单位在生产经营发生困难时采取经济性裁员措施的同时，要求用人单位要慎用该手段，"困难"两字前加了"严重"的限制。

③企业转产、重大技术革新或者经营方式调整，经变更劳动合同后，仍需裁减人员的。在企业生产经营过程中，企业为了寻求生存和更大的发展空间，必然要进行结构调整和整体功能优化，这些方式包括企业转产、重大技术革新和经营方式调整。企业转产、重大技术革新和经营方式调整并不必然导致经济性裁员，如企业转产的，从事原工作岗位的劳动者可以转到转产后的工作岗位。为了更好地保护劳动者合法权益，同时引导企业尽量不进行经济性裁员，《劳动合同法》要求企业转产、重大技术革新和经营方式调整时，只有在变更劳动合同后，仍需要裁减人员，才可进行经济性裁员。

④其他因劳动合同订立时所依据的客观经济情况发生重大变化，致使劳动合同无法履行的。如有些企业为了防治污染进行搬迁需要进行经济性裁员的，也应允许企业进行经济性裁员。

（2）程序性条件。为了尽量缓解经济性裁员对劳动者和整个社会的安定团结造成的冲击，《劳动合同法》延续了《劳动法》关于经济性裁员的程序性规定，要求用人单位进行经济性裁员必须履行一套法定程序。这些法定程序是有顺序的，须全部履行。

①必须裁减人员 20 人以上或者裁减不足 20 人但占企业职工总数 10% 以上的。用人单位如果裁减人员人数不足法定标准，就不能以经济性裁员的实体条件为由成批解除劳动合同，只能按照《劳动合同法》第三十六条、第三十九条、第四十条的规定单个解除劳动合同。经济性裁员的时间标准就是一次性裁员。

②必须提前 30 日向工会或者全体职工说明情况，并听取工会或者职工的意见。由于经济性裁员涉及较多劳动者的权益，为便于工会和劳动者了解裁减人员方案及裁减理由，获得工会和劳动者对经济性裁员行为的理解和认同，用人单位必须提前 30 日向工会或者全体职工说明情况，并听取工会或者职工的意见。

③裁减人员方案向劳动行政部门报告。用人单位经向工会或者全体职工说明情况，听取工会或者职工的意见，对原裁减人员方案进行必要修改后，形成正式的裁减人员方案。按照 1994 年劳动部《企业经济性裁减人员规定》第四条规定，裁减人员方案的内容包括被裁减人员名单，裁减时间及实施步骤，符合法律、法规规定和集体合同约定的被裁减人员经济补偿办法。该裁减人员方案需要向劳动行政部门报告，以使劳动行政部门了解裁减情况，必要时采取相应措施，防止出现意外情况，以监督经济性裁员合法进行。这里的"报告"性质上属于事后告知，不是事前许可或者审批。当然，有的企业出于各种考虑，自愿提前与劳动行政部门报告协商，法律并不禁止。

4. 进行经济性裁员必须遵循社会福利原则

根据实际情况，经济性裁员中裁减的人数不定，在裁减一部分劳动者时，就涉及裁减哪些劳动者的问题。经济性裁员不能只考虑用人单位的需求，必须遵循社会福利原则，即经济性裁员中还要考虑社会因素,优先保护对用人单位贡献较大、再就业能力较差的劳动者。《劳动合同法》规定经济性裁员中优先留用人员时,主要从劳动合同期限和保护社会弱势群体角度出发。《劳动合同法》第四十一条规定了三类优先留用人员:与本单位订立较长期限的固定期限劳动合同的;与本单位订立无固定期限劳动合同的;家庭无其他就业人员,有需要扶养的老人或者未成年人的。

优先留用与本单位订立较长期限的固定期限劳动合同和订立无固定期限劳动合同的人员,主要是考虑劳动者对劳动合同有较长期限的预期,法律应对这种预期予以相应保护。优先留用家庭无其他就业人员,有需要抚养的老人或者未成年人的劳动者,主要是考虑这类劳动者对工作的依赖性非常强,一份工作关系到一个家庭的基本生活,不能将其随意推向社会,对这类社会弱势群体法律应给予相应保护。三类优先留用的劳动者之间并没有优先顺序,用人单位可以根据实际需要予以留用。

5. 重新招用人员的,被裁减人员具有优先就业权

《劳动法》第二十七条规定:“用人单位依据本条规定裁减人员,在六个月内录用人员的,应当优先录用被裁减的人员。”之所以赋予被裁减人员优先就业权,主要出于三方面考虑:一是被裁减人员并不是因为个人有违法违纪违规的行为而被解除劳动合同的,而是因为用人单位经营出现严重困难等情况服从大局而被解除劳动合同的,因此在用人单位生产经营正常后,重新招用人员时,应优先照顾被裁减的劳动者;二是被裁减人员对用人单位比较熟悉,技术也熟练,对用人单位而言并不完全是负担;三是可以有效防止用人单位以经济性裁员为借口,随意裁减劳动者。

同时,为更好地保护被裁减人员的合法权益,《劳动合同法》第四十一条增加规定了用人单位有通知被裁减人员的义务,以使被裁减人员慎重考虑,及时行使优先就业权。

优先招用被裁减人员对被裁减人员是一种保护,但同时也是对其他未就业者的一种限制。为了更好地平衡被裁减人员、未就业者及用人单位的合法权益,《劳动合同法》对被裁减人员的优先就业权作了限制,即强调在同等条件下的优先权。如果被裁减人员各方面条件与其他劳动者的条件没有明显差距,用人单位应当优先招用被裁减的人员。

【案例4-19】

原告孟某诉称:2005 年 1 月 1 日其与被告本溪某粮库签订一份为期三年的劳动合同。劳动合同履行期间,某粮库以经济性裁员为由提前一年解除了劳动合同。其提出异议并多次要求某粮库解决因经济性裁员引发的劳动争议。

一审庭审中,孟某提出的诉讼请求为:①继续履行劳动合同一年(2007 年 1 月 1 日至 2007 年 12 月 31 日);②某粮库支付继续履行劳动合同期间的工资 6 960 元,加付该工资数额 25% 的赔偿金 1740 元,缴纳继续履行劳动合同期间的社会保险费;③自劳动合同期满之日起(2008 年 1 月 1 日)签订无固定期限劳动合同;④某粮库支付应签订无固定期限劳动合同期间(2008 年 1 月 1 日至 2011 年 11 月 30 日)的工资 31170 元,加付该工资数额 25% 的赔偿金 7 792.5 元,缴纳应签订无固定期限劳动合同期间(2008 年 1 月 1 日至 2011 年 11 月 30 日)的社会保险费。

一审、二审和中级人民法院再审均驳回了原告的诉讼请求,后辽宁省高级人民法院再审认

为：

经济性裁员涉及企业经营自主权，同时更涉及劳动者劳动的权利，我国法律对经济性裁员的实质性条件及程序性条件有严格的规定。《劳动法》第二十七条第一款规定，用人单位濒临破产进行法定整顿期间或者生产经营状况发生严重困难，确需裁减人员的，应当提前30日向工会或者全体职工说明情况，听取工会或者职工的意见，经向劳动行政部门报告后，可以裁减人员。“生产经营状况发生严重困难，确需裁减人员”是企业经济性裁员的实质条件。1994年9月5日，劳动部《关于〈中华人民共和国劳动法〉若干条文的说明》第二十七条规定，对“生产经营状况发生严重困难”的界定，需要根据地方政府规定的困难企业标准进行。1995年1月1日施行的劳动部《企业经济性裁减人员规定》第二条规定：“用人单位濒临破产，被人民法院宣告进入法定整顿期间或生产经营发生严重困难，达到当地政府规定的严重困难企业标准，确需裁减人员的，可以裁员。”根据以上规定，认定企业生产经营发生严重困难，应以达到当地政府规定的严重困难企业标准来确定。本溪市劳动和社会保障局、地方税务局、财政局、经济委员会、国资委2006年3月27日《关于对于无能力缴纳社会保险困难企业进行认定的通知》（本劳社发〔2006〕33号）规定，困难企业审核认定标准有两个：一是企业进入破产清算程序；另一个是企业停止经营活动1年以上且全体人员连续6个月以上时间停发工资。本案中，某粮库未提供证据证明其2006年末经济性裁员前已经停止经营活动1年以上。据此，应认定该粮库于2006年12月经济性裁员未达到“生产经营状况发生严重困难，确需裁减人员”的经济性裁员的实质性条件。

根据《劳动法》第二十七条第一款的规定，用人单位经济性裁员，应当提前30日向工会或者全体职工说明情况，听取工会或者职工的意见，经向劳动行政部门报告后，可以裁减人员。劳动部《企业经济性裁减人员规定》第四条规定，用人单位确需要裁减人员，应按下列程序进行：①提前30日向工会或全体职工说明情况，并提供有关生产经营状况的资料；②提出裁减人员方案，内容包括被裁减人员名单，裁减时间及实施步骤，符合法律、法规规定和集体合同约定的被裁减人员经济补偿办法；③将裁减人员方案征求工会或全体职工的意见，并对方案进行修改和完善；④向当地劳动行政部门报告裁减人员方案以及工会或者全体职工的意见，并听取劳动行政部门的意见；⑤由用人单位正式公布裁减人员方案，与被裁减人员办理解除劳动合同手续，按照有关规定向被裁减人员本人支付经济补偿金，出具裁减人员证明书。本案中，某粮库主张当时召开了职工代表大会讨论了方案，但只提交了一份由工会盖章的决议，无会议记录及职工代表签字，且孟某等均否认开了职工代表大会，故不能认定该粮库将裁员方案交由职工代表大会征求意见。另某粮库也无征求工会对裁员方案意见的证据；某粮库虽向本溪市劳动和社会保障局报送了《关于某粮食储备库提前解除返聘人员劳动合同工作方案的报告》，但未提交本溪市劳动和社会保障局相关回复，不能证明当时该粮库向劳动行政部门进行了报告及听取了其意见；某粮库未提供正式公布方案的证据。综上，某粮库2006年12月经济性裁员不符合《劳动法》规定的实质性条件，在程序上亦不完善存在瑕疵，应当认定某粮库2006年12月经济性裁员违法。

最终辽宁省高级人民法院作出裁判：

一、撤销本溪市中级人民法院〔2013〕本审民再字第21号民事判决、〔2012〕本民三终字第133号民事判决及本溪市某区人民法院〔2011〕溪民一初字第271号民事判决；

二、本溪某粮库于本判决发生法律效力之日起三十日内给付孟某6 761元；

三、驳回孟某其他诉讼请求。

（四）禁止解除劳动合同规定

《劳动合同法》第四十二条规定了在以下六种法定情形下，禁止用人单位根据《劳动合同法》第四十条、第四十一条的规定单方解除劳动合同，这实际上是法律对用人单位单方解除权的限制。

（1）从事接触职业病危害作业的劳动者未进行离岗前职业健康检查，或者疑似职业病病人在诊断或者医学观察期间的。

受到职业病威胁的劳动者以及职业病人是社会弱势群体，非常需要国家的关怀和法律的保障，因此《职业病防治法》的一个重要特点是以保护劳动者的合法权益为基本出发点，给予劳动者法律保障。根据《职业病防治法》第三十五条规定，对从事接触职业病危害的作业的劳动者，用人单位应当按照国务院卫生行政部门的规定组织上岗前、在岗期间和离岗时的职业健康检查，并将检查结果书面告知劳动者。对未进行离岗前职业健康检查的劳动者不得解除或者终止与其订立的劳动合同。《职业病防治法》第五十五条第二款规定，用人单位在疑似职业病病人诊断或者医学观察期间，不得解除或者终止与其订立的劳动合同。值得一提的是，对于这两类情况，根据《职业病防治法》的规定和《劳动合同法》的精神，用人单位一般不得单方解除劳动合同。

（2）在本单位患职业病或者因工负伤并被确认丧失或者部分丧失劳动能力的。

职业病是劳动者在生产劳动及其职业活动中，接触职业性有害物质引起的疾病。因工负伤，顾名思义是因工作遭受事故伤害的情形。无论是职业病还是因工负伤，都与用人单位有关，由于工作条件、安全制度或者劳动保护制度不尽完善而发生职业病或者因工负伤，用人单位作为用工组织者和直接受益者理应承担相应责任。同时，一旦发生职业病或者因工负伤，都可能造成劳动者丧失或者部分丧失劳动能力，如果此时允许用人单位解除劳动合同，将会给劳动者的医疗、生活等带来困难，因此《劳动合同法》规定在本单位患职业病或者因工负伤并被确认丧失或者部分丧失劳动能力的，用人单位不得解除劳动合同。

（3）患病或者非因工负伤，在规定的医疗期内的。

所谓医疗期，是指企业职工因患病或非因工负伤停止工作治病休息不得解除劳动合同的时限。医疗期一般为3个月到24个月，以劳动者本人实际参加工作年限和在本单位工作年限为标准计算具体的医疗期。

（4）女职工在孕期、产期、哺乳期的。

孕期、产期、哺乳期不能成为女职工的保护伞，如果用人单位有证据证明女职工有违反法律或单位合法合理的规章制度规定的可以解除劳动合同的情形的，用人单位仍然可以解除处于孕期、产期、哺乳期的女职工。

【案例4-20】

麦某某于2017年12月13日入职北京某融资租赁公司，双方订立固定期限劳动合同，约定期限为2017年12月13日至2020年12月12日，麦某某在人力资源管理部门从事高级培训主管岗位工作。

2018年6月30日,麦某某劳动关系从北京某融资租赁公司转入北京某咨询公司,两公司为关联公司。2018年7月1日,某咨询公司与麦某某签订固定期限劳动合同,约定期限为2018年7月1日至2020年12月12日,岗位为高级培训主管。2018年8月麦某某怀孕,并将此事告知了某咨询公司其所在部门直属领导。2018年9月7日,某咨询公司向麦某某作出《解除劳动合同通知书》:“您于2017年12月13日与某融资租赁有限公司签署劳动合同并提交了入职资料,经协商一致,您于2018年7月1日转与我公司签订劳动合同,合同期限自2018年7月1日起至2020年12月12日止,您的入职资料从融资租赁公司转移至我公司。经我公司核查,您入职时提交的学历证书信息涉嫌伪造,现因您入职提供资料学历造假(证书编号:××××××××××××××××××),已经严重违反公司规章制度,依据《员工手册》《员工合规手册》及劳动合同相关规定/约定,公司决定与您于2018年9月7日解除劳动合同。请您于2018年9月7日前到公司人事部门按公司规定办理完工作交接和离职手续,如您未按期履行相应义务,公司保留追究您相关法律责任的权利。”

2018年11月13日,麦某某申请仲裁,要求某咨询公司:①确认《解除劳动合同通知书》无效;②继续履行2018年7月1日签署的劳动合同;③支付自2018年9月8日起至裁令继续履行劳动合同之日止的工资56 000元(暂计算至2019年1月7日)。2018年12月21日,仲裁委裁决:“驳回麦某某之全部仲裁请求。”裁决后,麦某某不服仲裁裁决,向法院提起诉讼。

法院经审理认为,订立劳动合同,应当遵循诚实信用原则。用人单位有权了解劳动者与劳动合同直接相关的基本情况,劳动者应当如实说明。而劳动者的学历情况是用人单位与劳动者建立劳动关系以及确定工作岗位、报酬标准、合同期限等的考量因素,属于与劳动合同直接相关的基本情况,劳动者应当如实向用人单位作出说明。

因劳动者存在欺诈导致劳动合同无效的,用人单位可以解除劳动合同,故麦某某虽时处孕期,但某咨询公司与其解除劳动合同符合法律规定。因此,麦某某的全部诉讼请求被驳回。

我国法律一贯重视对女职工的权益保护。《中华人民共和国妇女权益保障法》第二十七条规定,任何单位不得因结婚、怀孕、产假、哺乳等情形,降低女职工的工资,辞退女职工,单方解除劳动(聘用)合同或者服务协议。但是,女职工要求终止劳动(聘用)合同或者服务协议的除外。所谓孕期,是指妇女怀孕期间。产期,是指妇女生育期间,产假一般为90天。哺乳期,是指从婴儿出生到1周岁这一时期。

(5)在本单位连续工作满15年,且距法定退休年龄不足5年的。

考虑到老职工对于企业的贡献较大,再就业能力较低,政府和社会都比较关注这部分弱势群体,因此《劳动合同法》加强了对老职工的保护。

(6)法律、行政法规规定的其他情形。

对用人单位不得解除劳动合同规定的理解,需要注意以下两个方面。第一,存在《劳动合同法》第四十二条规定的情形之一时,禁止用人单位单方面解除劳动合同,但并未禁止用人单位与劳动者双方协商一致解除劳动合同,用人单位仍然可以就劳动合同的解除问题与劳动者进行平等、充分的协商,达成一致的解除劳动合同意愿,进而解除劳动合同。第二,《劳动合同法》第四十二条规定,劳动者有此条规定的六种情形之一的,用人单位不能依据《劳动合同法》第四十条和第四十一条的规定单方面解除劳动合同,但并未禁止用人单位依据《劳动合同法》第三十九条的规定单方面解除劳动合同。

（五）工会在解除劳动合同过程中的作用

用人单位单方解除劳动合同，应当事先将理由通知工会。用人单位违反法律、行政法规规定或者劳动合同约定的，工会有权要求用人单位纠正。用人单位应当研究工会的意见，并将处理结果书面通知工会。

《最高人民法院关于审理劳动争议案件适用法律问题的解释（一）》第四十七条规定，建立了工会组织的用人单位解除劳动合同符合《劳动合同法》第三十九条、第四十条规定，但未按照《劳动合同法》第四十三条规定事先通知工会，劳动者以用人单位违法解除劳动合同为由请求用人单位支付赔偿金的，人民法院应予支持，但起诉前用人单位已经补正有关程序的除外。

（六）法律责任

用人单位违反《劳动合同法》规定解除劳动合同的，应当依照《劳动合同法》第四十七条规定的经济补偿标准的二倍向劳动者支付赔偿金。

【案例4-21】

王某与北京某客运公司签订了1998年9月至2002年9月的5年期劳动合同，劳动合同履行至2002年8月时王某被确诊为患有肾结石，需手术治疗。王某在9月份住院期间收到公司向其下发的终止劳动合同通知书。王某将客运公司诉上法庭，要求撤销公司终止劳动合同通知书。

评析：依据《企业职工患病或非因工负伤医疗期规定》之规定，企业职工因患病或非因工负伤，需要停止工作医疗时，根据本人实际参加工作年限和本单位工作年限，给予3个月至24个月的医疗期。依据该规定及王某的工作年限，王某应享受的医疗期为3个月。从本案事实来看，王某的医疗期尚未届满而其劳动合同期限已届满，依据《北京市劳动合同规定》第四十四条，劳动者在规定的医疗期内或者女职工在孕期、产期、哺乳期内，劳动合同期限届满时，用人单位应当将劳动合同的期限顺延至医疗期、孕期、产期、哺乳期满为止。故此，客运公司于王某医疗期内所作出的终止劳动合同决定无效，法院依法予以撤销。

（材料来源：劳动合同法网）

四、劳动合同终止

劳动合同终止是指劳动合同的法律效力依法被消灭，即劳动关系由于一定法律事实的出现而终结，劳动者与用人单位之间原有的权利义务不再存在。但是，劳动合同终止，原有的权利义务不再存在，并不是说劳动合同终止之前发生的权利义务关系消灭，而是说合同终止之后，双方不再执行原劳动合同中约定的事项，如用人单位在合同终止前拖欠劳动者工资的，劳动合同终止后劳动者仍可依法请求法律救济。

（一）劳动合同终止与解除的区别

（1）阶段不同。劳动合同终止是劳动合同关系的自然结束，而解除是劳动合同关系的提前结束。

（2）结束劳动关系的具体内容不同。劳动合同终止的条件中，约定条件主要是合同期满的情形，而法定条件主要是劳动者和用人单位主体资格的消灭。劳动合同解除的条件中，约定条件主要是协商一致解除合同的情形，而法定条件是一些违法违纪违规等行为。

（3）预见性不同。劳动合同终止一般是可以预见的，特别是劳动合同期满终止的，而劳动合同解除一般不可预见。

(4)适用原则不同。劳动合同终止受当事人意思自治影响的程度多一点,一般遵循民法的原则和精神,而解除受法律约束的程度较高,更多体现社会法的性质和国家公权力的介入,体现对劳动者的倾斜保护。

(二)劳动合同终止的情形

《劳动合同法》第四十四条对劳动合同终止的情形作了明确规定。

1. 劳动合同期满的

劳动合同期满主要适用于固定期限劳动合同和以完成一定工作任务为期限的劳动合同两种情形。劳动合同期满,除依法续订劳动合同的和依法应延期的以外,劳动合同自然终止,双方权利义务结束。根据人力资源社会保障部的规定,劳动合同的终止时间,应当以劳动合同期限最后1日的24时为准。实践中,对于劳动合同期满后,劳动者仍在原用人单位工作,原用人单位未表示有异议,但也未办理终止或者续订劳动合同的,该如何处理?按照《劳动合同法》的规定,劳动合同期满自然终止,原劳动合同消灭。如果劳动者仍在原用人单位工作,用人单位未表示有异议的,应视为一个新劳动合同的开始。考虑到用人单位续签劳动合同的实际情况,以及在这种情形下劳动者也有一定责任,所以可依照《劳动合同法》第十条的规定,在前一劳动合同终止之日后劳动者提供劳动的第1天起1个月内订立书面劳动合同,否则用人单位就要承担《劳动合同法》第十四条第三款、第八十二条的法律责任。至于后一劳动合同的内容除了期限应视为与原劳动合同一致。

2. 劳动者开始依法享受基本养老保险待遇的

我国劳动者开始依法享受基本养老保险待遇的条件大致有两个:一是劳动者达到法定退休年龄的;二是个人缴费年限累计满15年或者个人缴费和视同缴费年限累计满15年。根据有关政策和法律规定,职工达到退休年龄(男60岁,女50岁,女干部55岁)、工龄年限(连续工龄满10年)和身体健康状况的条件,即可以申请退休。从批准退休的第二个月开始,停发工资,按照工龄及其他条件支付个人工资一定比例的退休金,直至退休人员死亡。

该规定在目前的环境下适用是存在障碍的,根据国家有关规定,只有累计缴纳养老保险费15年以上的,劳动者才可能享受基本养老保险待遇,由于实践中执法不严,相当一部分用人单位没有参加社会保险,假如劳动者已经55岁以上,如果现在开始缴纳养老保险,达到享受基本养老保险待遇的条件时可能年龄已经70有余了,但根据我国一直沿用的法定退休年龄规定,社保机构一般是不可能再接受超过法定退休年龄的劳动者缴纳养老保险费的,这就会导致一部分劳动者无法享受基本养老保险待遇,导致劳动合同无法终止的尴尬局面。《劳动合同法实施条例》第二十一条规定,劳动者达到法定退休年龄的,劳动合同终止。根据本条规定,劳动者达到法定退休年龄时尚不能依法享受基本养老保险待遇的,用人单位可以终止劳动合同,这在实践中更具有操作性。

3. 劳动者死亡,或者被人民法院宣告死亡或者宣告失踪的

在劳动领域中,公民死亡、被人民法院宣告失踪或者宣告死亡的,之前签订的劳动合同因为缺乏一方主体而归于消灭。

4. 用人单位被依法宣告破产的

根据《企业破产法》的规定,用人单位一旦被依法宣告破产,就进入破产清算程序,用人单位的主体资格即将归于消灭,因此用人单位一旦进入被依法宣告破产的阶段,即意味着劳动合同一方主体资格必然消灭,劳动合同归于终止。

5. 用人单位被吊销营业执照、责令关闭、撤销或者用人单位决定提前解散的

所谓吊销营业执照,是指剥夺被处罚用人单位已经取得的营业执照,使其丧失继续从事生产或者经营的资格。所谓责令关闭,是指行为人违反了法律、行政法规的规定,被行政机关作出了停止生产或者经营的处罚决定,从而停止生产或者经营。所谓撤销,是指由行政机关撤销有瑕疵的公司登记。用人单位被依法吊销营业执照、责令关闭或者撤销,已经不能进行生产或者经营,应当解散,以该用人单位为一方的劳动合同终止。所谓用人单位决定提前解散,是指在股东会或者股东大会决议解散,或者公司合并或者分立需要解散,或者持有公司全部股东表决权 10% 以上的股东,请求人民法院解散公司的情形下,用人单位提前于公司章程规定的公司终止时间解散公司。

6. 法律、行政法规规定的其他情形

用人单位与劳动者不得在《劳动合同法》第四十四条规定的劳动合同终止情形之外约定其他的劳动合同终止条件。

(三)劳动合同期满不得终止的情形

《劳动合同法》第四十二条规定了用人单位不得解除劳动合同的情形。如果劳动者有《劳动合同法》第四十二条规定的情形的,劳动合同期满时,用人单位必须将劳动合同延续到相应的情形消失时才能终止劳动合同。

(1)从事接触职业病危害作业的劳动者未进行离岗前职业健康检查,劳动合同期满的,必须等到进行了职业健康检查后,劳动合同才能终止;

(2)疑似职业病病人在诊断或者医学观察期间,劳动合同期满的,必须等到排除了职业病、确认了职业病或者医学观察期结束,劳动合同才能终止;

(3)在本单位患职业病,劳动合同期满的,必须等到职业病治愈,劳动合同才能终止,如果职业病不能治愈,劳动合同就不能终止;

(4)因工负伤并被确认丧失劳动能力,劳动合同期满的,必须等到劳动能力全部恢复,劳动合同才能终止,如果劳动能力不能全部恢复,劳动合同就不能终止;

(5)患病或者非因工负伤,在规定的医疗期内,劳动合同期满的,必须等到医疗期满后才能终止劳动合同;

(6)女职工孕期、产期、哺乳期满后,劳动合同才可以终止;

(7)在本单位连续工作满 15 年,且距法定退休年龄不足 5 年的,如果劳动合同期满,由于这种工作年限的情况不可能消失,因此就不能终止劳动合同。

但是,《劳动合同法》第四十二条第(二)项规定,对劳动者患职业病或者因工负伤并被确认部分丧失劳动能力的情形作了例外规定,在这种情形下,适用《工伤保险条例》的规定。

五、经济补偿金支付规定

(一)经济补偿的性质

经济补偿是企业承担社会责任的主要方式之一,在我国失业保险制度建立健全过程中,经济补偿可以有效缓解失业者的焦虑情绪和生活实际困难,维护社会稳定,形成社会互助的良好氛围。经济补偿不同于经济赔偿,不是一种惩罚手段。经济补偿是国家调节劳动关系的一种

经济手段,引导用人单位长期使用劳动者,谨慎行使解除权利和终止权利。《劳动法》规定,用人单位单方解除劳动合同,依法支付经济补偿。用人单位为了减少成本,避免支付经济补偿,就不会随意解除劳动合同,从而达到稳定劳动关系的目的。《劳动合同法》基本延续了《劳动法》关于用人单位单方解除劳动合同需要支付经济补偿的规定的风险,同时增加规定劳动合同期满,用人单位依法支付经济补偿。这一增加规定有利于解决短期劳动合同普遍化的问题。实践中,短期劳动合同一年一签的情况比较普遍,用人单位为了规避关于解除劳动合同需要支付经济补偿的规定的风险,通过签订短期劳动合同,到劳动合同终止时,再结束劳动关系。《劳动合同法》通过规定劳动合同终止,用人单位依法支付经济补偿,可以防止用人单位钻法律的空子,按照企业实际需求,签订劳动合同。

(二)经济补偿的范围

根据《劳动合同法》第四十六条规定,有下列情形之一的,用人单位应当向劳动者支付经济补偿。

(1)有《劳动合同法》第三十八条情形的,用人单位支付经济补偿。

用人单位未按照劳动合同约定提供劳动保护或者劳动条件;用人单位未及时足额支付劳动报酬;用人单位未依法为劳动者缴纳社会保险费;用人单位的规章制度违反法律、法规的规定,损害劳动者权益;用人单位在订立劳动合同中欺诈劳动者致使劳动合同无效;法律、行政法规规定劳动者可以解除劳动合同的其他情形。因存在以上情形,劳动者提出解除劳动合同的。

(2)双方协商一致解除劳动合同,但是由用人单位提出解除动议的,用人单位支付经济补偿。

(3)用人单位依照《劳动合同法》第四十条规定解除劳动合同的。

劳动者患病或者非因工负伤,在规定的医疗期满后不能从事原工作,也不能从事由用人单位另行安排的工作;劳动者不能胜任工作,经过培训或者调整工作岗位,仍不能胜任工作;劳动合同订立时所依据的客观情况发生重大变化,致使劳动合同无法履行,经用人单位与劳动者协商,未能就变更劳动合同内容达成协议。以上情形系用人单位提出解除劳动合同的。

《劳动合同法实施条例》第二十三条规定,用人单位依法终止工伤职工的劳动合同的,除依照《劳动合同法》第四十七条的规定支付经济补偿外,还应当依照国家有关工伤保险的规定支付一次性工伤医疗补助金和伤残就业补助金。

(4)用人单位依照《劳动合同法》第四十一条规定解除劳动合同的。

企业依照《企业破产法》规定进行重整;生产经营发生严重困难;企业转产、重大技术革新或者经营方式调整,经变更劳动合同后,仍需裁减人员;其他因劳动合同订立时所依据的客观经济情况发生重大变化,致使劳动合同无法履行。以上情形出现时,时依照法律规定的程序解除劳动合同的。

【案例4-22】

孙某等人原系城建四公司员工。2008年,城建四公司因重组改制裁员,遂与孙某等人签订“解除劳动合同领取经济补偿金协议书”,约定双方协商一致解除劳动合同,城建四公司依据《资产重组员工安置方案》(以下简称《安置方案》)及《解除劳动合同给予经济补偿金实施细则》的规定,向孙某等人支付一次性经济补偿金几千元到几万元不等。后双方在计算经济补偿时因对作为经济补偿金计算基数的月工资数额认识不一而发生纠纷。与此同时,张某等城建四公司部分职工则因城建四公司在以前的工程项目中向张某等人收取过几千到几万元不等的责任押金,但一直未予退还,也发生纠纷。于是,孙某等人与张某等人共310人集体向法院提起诉讼。

法院经审理后认为,根据《安置方案》,城建四公司应按2007年集团公司职工月平均工资标准计发经济补偿金。刊登在公司内部报章上的集团公司领导讲话中,提到了集团公司2007年人均工资,虽在标题下方标有"根据录音整理未经本人审阅"的字样,但因该讲话的文字稿件确系刊登在公司的内部报章上,且城建四公司并未提供其他相反证据予以推翻,故法院以该讲话中确定的2007年集团公司职工月平均工资3 705元作为孙某等人的经济补偿金的计算基数。同时,《劳动合同法》第九条规定,用人单位招用劳动者,不得扣押劳动者的居民身份证和其他证件,不得要求劳动者提供担保或者以其他名义向劳动者收取财物。张某等人要求城建四公司退还责任抵押金的要求也于法有据。

据此,法院终审判决支持了300多名劳动者关于给付解除劳动合同的经济补偿金请求和返还风险抵押金的请求:城建四公司支付劳动者共计300余万元。

(材料来源:中国法院网)

(5)除用人单位维持或者提高劳动合同约定条件续订劳动合同,劳动者不同意续订的情形外,依照《劳动合同法》第四十四条第(一)项规定终止固定期限劳动合同的。

根据《劳动合同法》第四十四条第(一)项规定,劳动合同期满时,用人单位同意续订劳动合同,且维持或者提高劳动合同约定条件,劳动者不同意续订的,劳动合同终止,用人单位不支付经济补偿;如果用人单位同意续订劳动合同,但降低劳动合同约定条件,劳动者不同意续订的,劳动合同终止,用人单位应当支付经济补偿;如果用人单位不同意续订,无论劳动者是否同意续订,劳动合同终止,用人单位应当支付经济补偿。

《劳动合同法实施条例》第二十二条规定,以完成一定工作任务为期限的劳动合同因任务完成而终止的,用人单位应当依照《劳动合同法》第四十七条的规定向劳动者支付经济补偿。

(6)依照《劳动合同法》第四十四条第(四)项、第(五)项规定终止劳动合同的。

用人单位被依法宣告破产、被吊销营业执照、责令关闭、撤销或者用人单位决定提前解散而与劳动者解除劳动合同的。

(7)法律、行政法规规定的其他情形。

【案例4-23】

江西吉安红业实业有限公司是1999年11月15日在吉安市工商局注册的一家外资公司,原告刘某于2000年3月在该公司参加工作,但双方一直未签订劳动合同,公司也没有为员工办理社会保险。2006年起,公司订单减少。2007年9月29日,刘某出于对公司前景的担心,加上一直押存的一个月工资和本月应发工资共两个月的工资未结,刘某向公司提交了辞职书,公司同意职工的辞职申请,双方办理了工资结清手续。

后刘某向吉安市劳动人事争议仲裁委员会申诉,要求公司支付经济补偿金,补办养老保险。吉安市劳动人事争议仲裁委员会于2008年1月17日作出了仲裁裁决,裁决红业实业有限公司在裁决书生效之日起30日内补缴刘某自2000年8月至2007年9月在红业实业有限公司工作期间的养老保险费,但未支持刘某要求红业实业有限公司支付经济补偿金及额外经济补偿金的请求。后刘某以辞职非自愿为由,诉至法院,要求红业实业有限公司支付经济补偿金及额外经济补偿金33 720元并承担诉讼费用。

评析:本案原告系主动辞职,即劳动者主动提出解除劳动合同的,用人单位可以不支付经济补偿金。

(材料来源:中国法院网)

(三)经济补偿金的计算

在劳动合同解除或者终止,用人单位依法支付经济补偿时,涉及如何计算经济补偿的问题。经济补偿的普遍计算方法是:工作年限×每工作1年应得的经济补偿。《劳动合同法》及有关国家规定对工作年限及经济补偿标准作了明确的规定。

1. 计算经济补偿中的工作年限

劳动者在单位工作的年限,应从劳动者向该用人单位提供劳动之日起计算。如果由于各种原因,用人单位与劳动者未及时签订劳动合同的,不影响工作年限的计算。如果劳动者连续为同一用人单位提供劳动,但先后签订了几份劳动合同的,工作年限应从劳动者提供劳动之日起连续计算。如劳动者甲自2008年在某企业工作,其间劳动合同1年一签,一直工作到2012年。最后一份劳动合同期满后终止,用人单位依法支付经济补偿时,计算的工作年限应从2008年算起,共4年。如果劳动者为同一用人单位提供劳动多年,但间隔了一段时间,也先后签订了几份劳动合同,工作年限原则上应从劳动者提供劳动之日起连续计算,已经支付经济补偿的除外。总之,"在本单位工作的年限"的规定,不能理解为连续几个合同的最后一个合同期限,原则上应连续计算。当然,随着《劳动合同法》的实施,用人单位利用签订短期劳动合同长期用工的现象将会减少,这主要是《劳动合同法》作出了两个规定:一是连续签订两次固定期限劳动合同的,劳动者可以要求签订无固定期限劳动合同;二是劳动合同期满终止的,用人单位也要依法支付经济补偿。

《最高人民法院关于审理劳动争议案件适用法律问题的解释(一)》规定,劳动者非因本人原因从原用人单位被安排到新用人单位工作(劳动者仍在原工作场所、工作岗位工作,劳动合同主体由原用人单位变更为新用人单位;用人单位以组织委派或任命形式对劳动者进行工作调动;因用人单位合并、分立等原因导致劳动者工作调动;用人单位及其关联企业与劳动者轮流订立劳动合同等),原用人单位未支付经济补偿,劳动者依照《劳动合同法》第三十八条规定与新用人单位解除劳动合同,或者新用人单位向劳动者提出解除、终止劳动合同,在计算支付经济补偿或赔偿金的工作年限时,劳动者请求把在原用人单位的工作年限合并计算为新用人单位工作年限的,人民法院应予支持。

2. 计算标准

(1)经济补偿按劳动者在用人单位工作的年限,每满1年支付1个月工资的标准向劳动者支付。6个月以上不满1年的,按1年计算;不满6个月的,向劳动者支付半个月工资的经济补偿。

(2)劳动者月工资高于用人单位所在直辖市、设区的市级人民政府公布的本地区上年度职工月平均工资3倍的,向其支付经济补偿的标准按职工月平均工资3倍的数额支付,向其支付经济补偿的年限最高不超过12年。

(3)劳动者月工资是指劳动者在劳动合同解除或者终止前12个月的平均工资。

(4)用人单位依照《劳动合同法》第四十条的规定,选择额外支付劳动者1个月工资解除劳动合同的,其额外支付的工资应当按照该劳动者上个月的工资标准确定。当然,这里的工资属于总额的概念,既包括基本工资,还包括加班工资、津贴、补贴、奖金等工资性收入。

《劳动合同法实施条例》第二十七条规定:"劳动合同法第四十七条规定的经济补偿的月工资按照劳动者应得工资计算,包括计时工资或者计件工资以及奖金、津贴和补贴等货币性收入。劳动者在劳动合同解除或者终止前12个月的平均工资低于当地最低工资标准的,按照当地最低工资标准计算。劳动者工作不满12个月的,按照实际工作的月数计算平均工资。"

《劳动合同法实施条例》第三十四条规定:"用人单位依照劳动合同法的规定应当向劳动者每月支付两倍的工资或者应当向劳动者支付赔偿金而未支付的,劳动行政部门应当责令用人单位支付。"本条新增加了用人单位未依法向劳动者每月支付两倍的工资或者未支付赔偿金的,劳动者在仲裁或者诉讼途径外还有行政救济途径,即可向劳动行政部门投诉,劳动行政部门应当责令用人单位支付。

(四)经济补偿金的法律适用

《劳动合同法》施行之日存续的劳动合同在《劳动合同法》施行后解除或者终止,依照《劳动合同法》法第四十六条规定应当支付经济补偿的,经济补偿年限自《劳动合同法》施行之日起计算;《劳动合同法》施行前按照当时有关规定,用人单位应当向劳动者支付经济补偿的,按照当时有关规定执行。

六、用人单位违法解除、终止劳动合同的法律后果

(1)用人单位违反《劳动合同法》规定解除或者终止劳动合同,劳动者要求继续履行劳动合同的,用人单位应当继续履行。

(2)劳动者不要求继续履行劳动合同或者劳动合同已经不能继续履行的,用人单位应当依照《劳动合同》第八十七条规定支付赔偿金。《劳动合同法》第八十七条规定:"用人单位违反本法规定解除或者终止劳动合同的,应当依照本法第四十七条规定的经济补偿标准的二倍向劳动者支付赔偿金。"

支付了赔偿金的,不再支付经济补偿。赔偿金适用于用人单位违法解除劳动合同,经济补偿金适用于用人单位贪污解除劳动合同,二者性质截然不同,不能同时适用。赔偿金的计算年限自用工之日起计算。

判断用人单位是否违法解除劳动合同,要看用人单位解除劳动合同的理由是否合法、是否有证据依据,没有证据依据的就是违法解除。人民法院在判断用人单位单方解除劳动合同行为的合法性时,应当以用人单位向劳动者发出的解除通知的内容为认定依据。在案件审理过程中,用人单位超出解除劳动合同通知中载明的依据及事由,另行提出劳动者在履行劳动合同期间存在其他严重违反用人单位规章制度的情形,并据此主张符合解除劳动合同条件的,人民法院不予支持。

【案例4-24】

基本案情

2016年7月1日,孙某(乙方)与某有限公司(以下简称某公司)(甲方)签订劳动合同,约

定:劳动合同期限为2016年7月1日起至2019年6月30日止;乙方工作地点为连云港,从事邮件收派与司机岗位工作;乙方严重违反甲方的劳动纪律、规章制度的,甲方可以立即解除本合同且不承担任何经济补偿;甲方违约解除或者终止劳动合同的,应当按照法律规定和本合同约定向乙方支付经济补偿金或赔偿金;甲方依法制定并通过公示的各项规章制度,如《员工手册》《奖励与处罚管理规定》《员工考勤管理规定》等文件作为本合同的附件,与本合同具有同等效力。之后,孙某根据某公司安排,负责江苏省灌南县堆沟港镇区域的顺丰快递邮件收派工作。某公司自2016年8月25日起每月向孙某银行账户结算工资,截至2017年9月25日,孙某前12个月的平均工资为6 329.82元。2017年9月12日、10月3日、10月16日,孙某先后存在工作时间未穿工作服、代他人刷考勤卡、在单位公共平台留言辱骂公司主管等违纪行为。事后,某公司依据《奖励与处罚管理规定》,由用人部门负责人、建议部门负责人、工会负责人、人力资源部负责人共同签署确认,对孙某上述违纪行为分别给予扣2分、扣10分、扣10分处罚,但具体扣分处罚时间难以认定。

2017年10月17日,孙某被所在单位用人部门以未及时上交履职期间的营业款项为由安排停工。次日,孙某至所在单位刷卡考勤,显示刷卡信息无法录入。10月25日,某公司出具离职证明,载明孙某自2017年10月21日从某公司正式离职,手续已办理完毕,即日起与公司无任何劳动关系。10月30日,某公司又出具《解除劳动合同通知书》,载明孙某在未履行请假手续也未经任何领导批准情况下,自2017年10月20日起无故旷工3天以上,依据国家的相关法律法规及单位规章制度,经单位研究决定自2017年10月20日起与孙某解除劳动关系,限于2017年11月15日前办理相关手续,逾期未办理,后果自负。之后,孙某向江苏省灌南县劳动争议仲裁委员会申请仲裁,仲裁裁决后孙某不服,遂诉至法院,要求某公司支付违法解除劳动合同赔偿金共计68 500元。

某公司在案件审理过程中提出,孙某在职期间存在未按规定着工作服、代人打卡、谩骂主管以及未按照公司规章制度及时上交营业款项等违纪行为,严重违反用人单位规章制度;自2017年10月20日起,孙某在未履行请假手续且未经批准的情况下无故旷工多日,依法自2017年10月20日起与孙某解除劳动关系,符合法律规定。

裁判结果

江苏省灌南县人民法院于2018年11月15日作出〔2018〕苏0724民初2732号民事判决:一、被告某公司于本判决发生法律效力之日起十日内支付原告孙某经济赔偿金18 989.46元。二、驳回原告孙某的其他诉讼请求。某公司不服,提起上诉。江苏省连云港市中级人民法院于2019年4月22日作出〔2019〕苏07民终658号民事判决:驳回上诉,维持原判。

(案例来源:最高人民法院2022年7月4日发布第180号指导案例)

(1)用人单位违反《劳动合同法》规定解除或者终止劳动合同,劳动者要求继续履行劳动合同的,用人单位应当继续履行。

(2)劳动者不要求继续履行劳动合同或者劳动合同已经不能继续履行的,用人单位应当依照《劳动合同法》第八十七条规定支付赔偿金。《劳动合同法》第八十七条规定:“用人单位违反本法规定解除或者终止劳动合同的,应当依照本法第四十七条规定的经济补偿标准的二倍向劳动者支付赔偿金。”

支付了赔偿金的,不再支付经济补偿。赔偿金适用于用人单位违法解除劳动合同,经济补偿金适用于用人单位依法解除劳动合同，二者性质截然不同，不能同时适用。赔偿金的计算年限自用工之日起计算。

七、解除或者终止劳动合同后的义务

（一）用人单位的义务

1. 用人单位有出具解除或者终止劳动合同证明的义务

用人单位出具的解除、终止劳动合同的证明，应当写明劳动合同期限、解除或者终止劳动合同的日期、工作岗位、在本单位的工作年限。

用人单位出具证明的时间是在依法解除或者终止劳动合同的同时。规定用人单位有出具解除或者终止劳动合同证明的义务，主要是考虑便于劳动者办理失业登记。1999 年国务院发布并实施的《失业保险条例》规定："城镇企业事业单位职工失业后，应当持本单位为其出具的终止或者解除劳动关系的证明，及时到指定的社会保险经办机构办理失业登记。"根据《失业保险条例》的规定，用人单位出具的终止或者解除劳动关系证明是进行失业登记的必备条件，因此《劳动合同法》不仅将《失业保险条例》中城镇企业事业单位应当及时为失业人员出具终止或者解除劳动合同的证明的义务上升为法律义务，而且还规定了法律责任。在《劳动合同法》第八十九条中规定，用人单位违反本法规定未向劳动者出具解除或者终止劳动合同的书面证明，由劳动行政部门责令改正；给劳动者造成损害的，用人单位应当承担赔偿责任。

2. 用人单位有在 15 日内为劳动者办理档案和社会保险关系转移手续的义务

在实践中，用人单位扣留劳动者档案、不明确告知劳动者社会保险缴纳情况的现象比较普遍，因此《劳动合同法》作了专门规定。首先，规定用人单位为劳动者办理档案和社会保险关系转移手续是用人单位的一项法定义务，用人单位必须依法履行；其次，对有关手续办理作出了时间限制，必须在依法解除或者终止劳动合同之日起 15 内办理完毕。《劳动合同法》第八十四条第三款规定，劳动者依法解除或者终止劳动合同，用人单位扣押劳动者档案或者其他物品的，由劳动行政部门责令限期退还劳动者本人，按每名劳动者 500 元以上 2000 元以下的标准处以罚款；给劳动者造成损害的，用人单位应当承担赔偿责任。

3. 用人单位有在办理交接手续时向劳动者支付经济补偿的义务

在劳动者办理交接手续的同时，用人单位应当及时支付经济补偿。解除或者终止劳动合同，未依照《劳动合同法》规定向劳动者支付经济补偿的，由劳动行政部门责令限期支付经济补偿；逾期不支付的，责令用人单位按应付金额 50% 以上 100% 以下的标准向劳动者加付赔偿金。

4. 用人单位有对已经解除或者终止的劳动合同文本保存 2 年以上备查的义务

实践中，发生在劳动合同解除或者终止之后的一些劳动争议，往往因为时过境迁，劳动合同文本灭失，导致劳动合同的约定内容无从查证，法院难以判明事实，这有时对劳动者极其不利。考虑到劳动合同文本是记载劳动合同双方权利义务的基本文件，用人单位有保留相关档案的义务，因此《劳动合同法》规定了用人单位有对已经解除或者终止的劳动文本保存 2 年以上备查的义务。

（二）劳动者的义务

（1）劳动者有按照双方约定，遵循诚实信用的原则办理工作交接的义务。劳动者在劳动合同解除或者终止时，不能一走了之，还必须履行相应的法律义务，即按照双方约定，遵循诚实信用的原则办理工作交接的义务。之所以规定劳动者有办理工作交接的义务，主要是考虑到用人单位的实际情况，为了保持用人单位相关工作的有序、顺利进行，不致因为劳动者变换后有关工作前后衔接不上，影响正常的生产经营。工作交接主要包括公司财产物品的返还、资料的交接等。

（2）赔偿损失的义务。因劳动者本人原因给用人单位造成经济损失的，用人单位可以按照劳动合同的约定要求其赔偿经济损失。

（3）保护商业秘密的义务。

【案例4-25】

2001年7月28日，金普斯北京分公司与何某签订无固定期限的劳动合同，其中双方对保护商业秘密、竞业禁止义务作出约定，在劳动关系结束后的12个月内，在中国境内何某应不参与任何与金普斯北京分公司的业务及相关业务有直接（间接）竞争关系的雇佣或者其他经营活动，何某有权在不竞争期间每月获得不低于前12个月平均月工资50%的补偿。

2006年6月23日，双方签订英文文本的“友好离职协议”，次日双方解除了劳动合同。6月27日，何某向北京市劳动争议仲裁委员会申诉，要求金普斯北京分公司支付竞业禁止补偿金及25%的经济补偿金，并赔偿失业救济金损失。经劳动仲裁后，何某不服，诉至法院。

金普斯北京分公司辩称，在解除劳动合同时双方签订的“友好离职协议”明确约定，何某离职后不需再遵守竞业禁止义务，故该公司无义务支付竞业禁止经济补偿金。然而，何某主张“友好离职协议”中“友好协议”项下约定的“聘用函”即指劳动合同，故在劳动合同中约定的竞业禁止的权利义务对双方仍有约束力，金普斯北京分公司则主张双方未签订过“聘用函”，劳动合同解除后的权利义务仅包括“友好离职协议”中约定的内容。

法院经审理认为，双方当事人签订的劳动合同约定，解除劳动合同后何某应当遵守竞业禁止义务，金普斯北京分公司应依照约定每月支付何某不低于前12个月平均月工资50%的补偿。此约定不违反有关劳动法律、法规，为有效条款。2006年6月23日双方解除劳动合同后，何某如约遵守了竞业禁止义务，故金普斯北京分公司应支付何某每月不低于前12个月平均月工资50%的补偿。另外，关于双方签订的“友好离职协议”中“除本离职协议书中或者聘用函中相关内容作出的规定”的理解，“聘用函”与劳动合同在英文中确实非同一词语，但是“聘用”一词具有建立劳动关系的含义，何某主张“聘用函”即指劳动合同，符合一般人的理解；又考虑到“友好离职协议”为金普斯北京分公司起草，且双方均未出具协议约定的“聘用函”，法院采信何某的解释，故作出上述判决。

（材料来源：中国法院网）

思考练习

一、单项选择题

1. 用人单位自（　　）起即与劳动者建立劳动关系。

A. 用工之日　　B. 签订合同之日

C. 上级批准设立之日　　D. 劳动者领取工资之日

2. 用人单位招用劳动者,(　　)扣押劳动者的居民身份证和其他证件,不得要求劳动者提供担保或者以其他名义向劳动者收取财物。

A. 可以　B. 不应　C. 应当　D. 不得

3.《劳动合同法》规定,建立劳动关系(　　)订立书面劳动合同。

A. 可以　B. 应当　C. 需要　D. 无须

4. 已经建立劳动关系,未同时订立书面劳动合同的,应当自用工之日起(　　)内订立书面劳动合同。

A. 15 日　B. 1 个月　C. 2 个月　D. 3 个月

5. 无固定期限劳动合同,是指用人单位与劳动者约定无确定(　　)时间的劳动合同。

A. 解除　B. 续订　C. 终止　D. 中止

6. 以下属于劳动合同必备条款的是(　　)。

A. 劳动报酬　B. 试用期　C. 保守商业秘密　D. 福利待遇

7. 劳动合同期限 1 年以上不满 3 年的,试用期不得超过(　　)。

A. 1 个月　B. 2 个月　C. 半个月　D. 6 个月

8. 劳动者在试用期的工资不得低于本单位相同岗位最低档工资或者劳动合同约定工资的(　　),并不得低于用人单位所在地的最低工资标准。

A. 30%　B. 50%　C. 60%　D. 80%

9. 劳动者违反竞业限制约定的,应当按照约定向用人单位支付(　　)。

A. 违约金　B. 赔偿金　C. 补偿金　D. 损失费

10. 劳动合同被确认无效,劳动者已付出劳动的,用人单位(　　)向劳动者支付劳动报酬。

A. 可以　B. 不必　C. 应当　D. 不得

11. 劳动者拒绝用人单位管理人员违章指挥、强令冒险作业的,(　　)违反劳动合同。

A. 视为　B. 有时视为　C. 不视为　D. 部分视为

12. 致使劳动合同终止的情形包括:(　　)。

①劳动合同期满;②用人单位法定代表人死亡;③劳动者被人民法院宣告失踪;④劳动者死亡或者被人民法院宣告死亡;⑤用人单位被依法宣告破产;⑥用人单位发生严重经营困难;⑦劳动者开始依法享受基本养老保险待遇;⑧法律、行政法规规定的其他情形。

A. ①②④⑥⑦⑧　B. ①③④⑤⑥⑧　C. ②③④⑤⑦⑧　D. ①③④⑤⑦⑧

13. 职工患病,在规定的医疗期内劳动合同期满时,劳动合同(　　)。

A. 即时终止　B. 续延半年后终止

C. 续延一年后终止　D. 续延到医疗期满时终止

14. 劳动合同终止后,用人单位应当在(　　)内为劳动者办理档案和社会保险关系转移手续。

A. 7 日　B. 15 日　C. 1 个月　D. 3 个月

15. 用人单位(　　),劳动者可以立即解除劳动合同,不需事先告知用人单位。

A. 未按照劳动合同约定提供劳动保护或者劳动条件的

B. 未及时足额支付劳动报酬的

C. 以暴力、威胁或者非法限制人身自由的手段强迫劳动者劳动的

D. 规章制度违反法律、法规的规定，损害劳动者权益

16. 劳动者月工资高于用人单位所在直辖市、设区的市级人民政府公布的本地区上年度职工月平均工资3倍的，向其支付经济补偿的标准按职工月平均工资3倍的数额支付，向其支付经济补偿的年限最高不超过(　　)年。

A. 2　　B. 5　　C. 10　　D. 12

17. 劳动者(　　)，用人单位不可以解除劳动合同。

A. 在试用期间被证明不符合录用条件的

B. 患病或非因工负伤，在规定的医疗期内的

C. 严重违反用人单位的规章制度的

D. 被依法追究刑事责任的

18. 劳动者可以随时解除劳动合同的法定情形是，用人单位(　　)。

A. 变更名称、法定代表人、主要负责人　　B. 发生合并或者分立

C. 变更投资人　　D. 未依法为劳动者缴纳社会保险费

二、多项选择题

1. 以下关于试用期的表述，正确的是(　　)。

A. 试用期不超过1年

B. 试用期期限应当包含在劳动合同期限中

C. 试用期的具体期限可以协商，但最长不超过6个月

D. 试用期是用人单位和劳动者相互了解而约定的考察期

2. 订立劳动合同应遵循的原则有(　　)。

A. 合法原则　　B. 平等自愿原则　　C. 诚实信用原则　　D. 协商一致原则

3. 下列(　　)情况下，劳动合同终止。

A. 劳动合同期限届满　　B. 劳动者被除名、开除、劳动教养或判刑

C. 劳动者完全丧失劳动能力　　D. 劳动者死亡

4. 下列(　　)情况下，用人单位应当支付劳动者经济补偿金。

A. 由用人单位提出解除劳动合同，因合同双方协商一致而解除

B. 因合同双方约定的终止条件出现而终止

C. 劳动者在试用期间被证明不符合录用条件的

D. 用人单位濒临破产进行法定整顿期间确需裁减人员的

5. 劳动合同无效的确认权在(　　)。

A. 用人单位上级主管部门　　B. 企业劳动争议委员会

C. 劳动人事争议仲裁委员会　　D. 人民法院

6. 下列情形中，用人单位不得解除劳动合同的有(　　)。

A. 职工李某因工负伤而丧失劳动能力

B. 职工王某因盗窃自行车一辆而被公安机关行政处罚

C. 职工徐某与他人同居怀孕

D. 职工张某被派往境外逾期未归

7. 用人单位在(　　)情况下解除劳动合同,必须提前30天以书面形式通知劳动者。

A. 在试用期间被证明不符合录用条件的

B. 劳动者患病或非因工负伤,医疗期满后不能从事原工作,也不能从事由用人单位另行安排的工作的

C. 劳动者不能胜任工作,经过培训或者调整工作岗位,仍不能胜任工作的

D. 严重违反劳动纪律的

8. 根据《劳动合同法》第四十二条规定,劳动者有下列(　　)情形之一的,用人单位不得解除劳动合同。

A. 劳动者在用人单位连续工作已经满10年

B. 患职业病或者因工负伤并被确认丧失或者部分丧失劳动能力的

C. 患病或者因工负伤,在规定的医疗期内的

D. 女职工在孕期、产期、哺乳期内的

9. 根据《劳动合同法》第三十八条规定,有下列(　　)情形之一的,劳动者可以立即解除劳动合同,无须事先告知用人单位。

A. 用人单位以暴力、威胁或者非法限制人身自由的手段强迫劳动者的

B. 用人单位违章指挥、强令冒险作业危及劳动者人身安全的

C. 用人单位未按照劳动合同约定支付劳动报酬或者提供劳动条件的

D. 用人单位的条件低于同行业其他单位待遇的

10. 用人单位在与劳动者订立劳动合同时,不得(　　)。

A. 扣押劳动者的居民身份证和其他证件

B. 不得要求劳动者提供担保

C. 以其他名义向劳动者收取财物

D. 要求劳动者进行身体健康检查

三、案例分析题

1. 王某,中专学历,计算机专业毕业,于2006年10月9日,与江苏省徐州市某区某电脑公司签订劳动合同,被聘为技术员,聘期两年。双方当事人在劳动合同中约定了竞业禁止:合同解除或终止后,王某3年内不得在本地区从事与在该公司所从事的工作性质相同的工作,如违约,王某须一次性赔偿某电脑公司经济损失10万元。因某电脑公司拖欠王某2007年9月、10月两个月的工资,2007年11月15日,王某向区劳动争议仲裁委员会申请仲裁,要求解除劳动合同;补发两个月工资1 500元,给付经济补偿3 200元;确认劳动合同中的竞业禁止约定条款无效。

问:双方所订劳动合同竞业禁止约定条款效力如何?

2. 2006年3月9日,周小姐进入上海某人力资源公司工作,担任人事助理一职。2007年3月,公司为周小姐支付了培训费800元,经过2个月的学习考核,周小姐获得了上海市人才中介员从业资格证书。

同年8月,公司对周小姐作出解除劳动合同的处理决定,周小姐在次月也签收了退工单等处理决定。因双方对是否该返还人才中介员从业资格证书存在分歧意见,公司在2009年2月申请劳动争议仲裁,劳动争议仲裁委员会以该争议不属仲裁范围而未予受理。遂公司又起诉

到法院称,周小姐在公司工作期间所获人才中介员从业资格证书,是由该公司支付培训费用,经周小姐学习考试后所获得的,后因她在工作中有擅自推荐等违规行为,于2008年8月底被开除。但周小姐在离职时擅自带走了人才中介员从业资格证书,导致公司的2008年年检未通过,要求判令周小姐返还该人才中介员从业资格证书。而周小姐除了对工作时间没有异议,对其余之称均不予认可,声称人才中介员从业资格证书是工作身份证明,该公司无权要求其返还。该公司遂把周小姐告上法院,要求返还由公司出资培训所获上海市人才中介员从业资格证书。

问:该公司是否有权要求周小姐返还人才中介员从业资格证书?

3. 林先生在A私营公司已经工作6年多了,月工资为1 500元。因为公司改变了经营范围,有几个岗位均不适合林先生,林先生在公司没有具体事情干,就打杂,哪里需要人手就去帮忙。公司出钱对林先生进行业务培训,可是林先生仍然不能适应工作的需要。赵经理找到林先生谈心。公司认真协商之后,要求与林先生协商解除劳动合同,林先生认为公司的提议有道理,故而同意与公司协议解除劳动合同。赵经理认为林先生是个好人,对公司有过贡献,觉得解除合同后有些过意不去,决定给林先生2 000元作为慰问金,林先生表示感谢公司的厚爱,非常满意地离开了公司。后来,林先生听朋友说根据国家的有关规定,可以得到公司补助3个月的工资4 500元,林先生就去找赵经理,协商不成,便申请劳动争议仲裁。林先生的申请能否得到法律的支持呢?

问:(1)该企业解除与林先生的劳动合同是否合法?为什么?

(2)你认为本案应如何处理?

4. 2004年8月底,李小姐通过应聘进入上海某科技有限公司担任市场专员,月工资3 300元。公司为整顿纪律,于2005年初经职工代表大会表决通过禁止上班时间使用聊天工具、观看电影、炒股的相关制度,并以备忘录形式告知员工,李小姐曾在备忘录上签字确认。公司领导发现李小姐在上班时间经常使用MSN进行私人聊天,主管几次提醒后李小姐仍没有改变。2005年6月,公司向李小姐发出"解除劳动关系通知书",几天之后,公司向李小姐支付了当月工资及加班费用共计4 000余元。

问:公司单方解除劳动关系的行为是否合法?为什么?

5. 2004年7月7日,被告房产公司聘用原告丁某为建筑工地施工现场管理人员,双方签订的聘用合同约定:合同期限为2004年7月10日至同年10月31日;劳动报酬为每月工资1 200元、出差补助300元;其中变更、解除合同的条款约定,乙方(原告丁某)患病或非工伤经治疗不能从事原工作也不能从事另行安排工作时,甲方(被告房产公司)有权解除合同,但应提前30天以书面形式通知乙方;一方违约应给付对方3个月的工资总额计算的违约金等。原告丁某于2004年7月10日开始上班,同月23日在工作中不慎将腰扭伤致腰部旧病复发,被告房产公司派人将其送至淮安市第一人民医院就诊,后又将其送回江都家中,随后原告丁某又到泰兴进行治疗、养伤,其间原告丁某共花去医疗、交通费用590.60元。2004年8月30日,被告房产公司派人将原告丁某在工地上的生活用品、工作器具及半个月劳动报酬750元(该笔钱被原告拒收)送回其江都住所。后原告丁某曾向某劳动争议仲裁委员会申请仲裁,该委员会于2004年9月6日以超出受理范围作出了不予受理通知。原告丁某遂起诉至法院,称被告房产公司单方解除合同是违约行为,要求被告房产公司依合同约定给付劳动报酬1 500元、医药费用及车旅费560.60元、违约金3 600元，并承担本案诉讼费用。

问：公司单方解除劳动关系的行为是否合法？为什么？

6. 原告于2000年4月受聘于被告泸州希望饲料公司从事销售工作，月工资1 437元。2006年11月29日，原告向被告提出辞职申请，双方解除劳动合同关系，并办理了移交手续。2007年1月，原告向劳动争议仲裁委员会申请仲裁，要求被告支付1年的经济补偿金1.5万余元，被裁决驳回，遂又诉至法院要求被告支付经济补偿金。

问：原告应否获得经济补偿金？为什么？

文书实例

重庆市渝北区人民法院
民 事 判 决 书

〔2019〕渝0112民初27180号

原告：唐某某，男，汉族。

委托诉讼代理人：唐某洋，泰和泰(重庆)律师事务所律师。

被告：重庆某汽车零部件有限公司。

委托诉讼代理人：陈某余，重庆佳昂律师事务所律师。

原告唐某某与被告重庆某汽车零部件有限公司劳动争议一案，本院于2019年10月23日受理后，依法由审判员初某某适用简易程序公开开庭进行了审理。原告唐某某及其委托诉讼代理人唐某洋，被告重庆某汽车零部件有限公司的委托诉讼代理人陈某余出庭参加了诉讼。本案现已审理终结。

原告唐某某向本院提出诉讼请求：1. 判决被告向原告支付2019年4月16日至2021年4月15日期间的竞业限制经济补偿197 904元(8 246元/月×24个月)；2. 判决被告向原告支付2018年8月5日至2019年4月15日期间未签订书面劳动合同二倍工资差额100 425元(97 525元+2018年12月被克扣的工资2 000元+2018年11月被克扣的绩效工资900元)；本案诉讼费由被告承担。

事实和理由：原告于2012年7月从某集团旗下的广州某汽车零部件有限公司被安排到被告公司工作，任仓库课长一职；原被告最后一期劳动合同签订于2015年7月5日，劳动合同期限自2015年7月5日至2018年7月4日，劳动合同约定了两年竞业限制，并约定一次性补偿竞业限制经济补偿；2019年4月15日，被告收到原告解除劳动关系通知书，但至今被告未支付原告竞业限制经济补偿；因被告未与原告签订书面劳动合同，应支付原告未签订书面劳动合同二倍工资差额。原告不服仲裁裁决书，特向贵院提起诉讼。

被告重庆某汽车零部件有限公司辩称，原告二倍工资差额增加金额，未经过仲裁前置，程序不合法；根据双方签订劳动同，因原告多次严重违纪，竞业限制经济补偿不应支付，且双方签订了无固定期限劳动合同，原告在仲裁中均认可该事实，故本案中不存在未签订书面劳动合同要求支付双倍工资差额的事实基础，请求驳回原告诉请。

经审理查明，2012年7月5日，原告与被告签订劳动合同，约定原告在被告单位从事管理类岗位工作,劳动合同期限自2012年7月5日起至2015年7月4日止,双方在劳动合同附件“保密协议”中的竞业避止条款中约定:1.解除劳动合同后两年内原告不得在同被告生产同类产品或经营同类业务、有竞争关系的其他单位任职,或者自己生产、经营与被告有竞争关系的同类产品或经营同类业务,或者成为前述生产、经营者的投资方;2.在解除或终止劳动合同时,被告可以决定是否需继续履行竞业避止,若决定不履行,可以另行签订解除履行竞业避止协议,若需继续履行竞业避止,根据法规规定,总体核算需补偿多少费用,一次性支付原告经济补偿,但因原告严重违反被告《员工手册》及规章制度、原告涉及刑事犯罪的情形,不得补偿;3.限制从事的竞争性行业界定为生产装饰条、密封条、门框、窗框、三角窗、材料的零配件厂或到其他汽车零部件厂和汽车改装厂从事装饰条、密封条、门框、窗框、三角窗、材料的工作。

2019年4月13日,原告向被告邮寄送达《解除劳动关系通知书》,被告于2019年4月15日收到该通知书,双方劳动关系于2019年4月15日解除。

2019年7月22日,原告以被告为被申请人向重庆两江新区劳动争议仲裁委员会申请裁决,请求裁决:1.被申请人支付申请人2019年4月16日至2021年4月15日期间竞业限制经济补偿197 904元;2.被申请人支付申请人2018年8月5日至2019年4月15日期间未签订书面劳动合同的二倍工资差额76 963元。2019年9月20日,该劳动争议仲裁委员会作出裁决:一、被申请人支付申请人竞业限制经济补偿16 334元;二、驳回申请人其他仲裁请求。原告不服该裁决,向本院提起诉讼。

另查明,原告在离职前12个月的平均工资标准为7 778元/月。被告在2019年9月12日本案仲裁庭审中提出解除竞业限制条款。

上述事实有2012年7月5日签订的劳动合同、《解除劳动关系通知书》、渝两江劳仲案字〔2019〕第1323号仲裁裁决书原被告双方当庭陈述等在卷为证,足以认定。

庭审中,原告举示了2015年7月5日签订的固定期限劳动合同(原件),拟证明原被告双方之间最后一份劳动合同终止时间为2018年7月4日,劳动合同约定了竞业限制条款(附件一3.2条),并且约定原告履行竞业限制时被告应一次性支付原告经济补偿,从2018年7月5日起至今被告未与原告签订书面劳动合同。被告质证认为,2015年7月5日签订的劳动合同中印章是被告公司盖章,但真实性不认可,该合同不是双方真实意思表示,是经过变更后的,原告在仲裁庭审中也陈述双方签订的是无固定期限劳动合同,根据禁止反言原则,原告举示的该份证据不能达到证明目的。关于该份劳动合同,本院经审查后认为,被告主张合同不是双方真实意思表示,但是意思表示的真实性,只会影响合同效力,并不影响合同本身作为证据的真实性,该份劳动合同有原告签字和被告公司盖章,作为原件在形式上亦无瑕疵,因此本院对原告举示的该份劳动合同的真实性予以采信。经审查,该份劳动合同约定,劳动合同期限为2015年7月5日起至2018年7月4日止,附件中也约定了与2012年7月5日签订的劳动合同相同的竞业避止条款。

被告举示了2015年7月5日签订的劳动合同(原件),拟证明双方于2015年7月5日签订了无固定期限劳动合同,并且该劳动合同真实性原告在仲裁中认可,即认可签订了无固定期限劳动合同,该劳动合同3.2条明确约定了乙方严重违反甲方《员工手册》及规章制度,竞业限制经济补偿不支付。原告质证认为,合同是原告本人签字,但是合同期限部分由被告单方进行了更改,且更改之后没有原告签字确认,该合同使用说明第2条双方签订合同时应仔细阅读合同书，合同不需要填写的空栏打上斜画线，本合同中选择项目只能选择一项填入空格中，原告在签订合同时 该合同期限的选项已经打印出来为 A 选项，A 选项当时的空格并没有填写，是被告拿回合同之后自行添加的，且被告单方将 A 选项变更为 B 选项，该合同的 B、C 选项均按合同使用说明将空栏标上斜画线，但却在 B 选项单方加上了 2015、7、5 三个数字，故该合同是被告事后单方变更的。关于该份证据，被告在本案仲裁庭审中主张，双方在 2015 年 7 月 5 日签订劳动合同且将劳动合同书面印刷的 A(固定期限劳动合同)更改为了 B(无固定期限劳动合同)，合同变更后通知原告交回原合同，但原告一直未交回；原告在另案仲裁庭审中陈述，对该证据真实性无异议，原告签订了无固定期限劳动合同之后，被告又与原告签订了固定期限劳动合同，即原告举示的劳动合同。原告在仲裁庭审中的陈述与本案庭审中的陈述不一致，原告对此解释因时间太久，确实记不清楚，当时原告对自己手上的劳动合同有绝对的信心，但未想到被告在仲裁庭审出示了一份单方更改的合同，原告一时半会也记不清该合同当时签字时是否同被告举示的合同一致，故才会在仲裁第一次开庭时作如上陈述。关于该份劳动合同，本院经审查后认为，虽然被告举示的劳动合同在“合同期限”处存有更改痕迹，对于存有瑕疵的证据，由于原告在之前的仲裁庭审中已认可其真实性，根据民事诉讼自认规则和禁止反言原则，本院对原告在本案庭审中质证时的上述陈述不予采信，同时对被告举示的 2015 年 7 月 5 日签订的劳动合同的真实性予以采信。

关于未签订书面劳动合同二倍工资差额。本院认为，本案中，原告举示的于 2015 年 7 月 5 日签订的固定期限劳动合同与被告举示的于同日签订的无固定期限劳动合同在“合同期限”处存在不一致，两份合同均系真实存在，被告陈述双方在当日签订劳动合同时将劳动合同书面印刷的 A(固定期限劳动合同)更改为了 B(无固定期限劳动合同)，合同变更后通知原告交回原合同，但原告一直未交回，也即被告认为双方先是签订了两份固定期限劳动合同，其后双方将其中一份劳动合同由固定期限变更为无固定期限，然后通知原告将原来的固定期限劳动合同交回，原告一直未予交回。

首先，被告主张通知原告交回原合同，但被告未举示任何证据证明其履行了通知义务，应当承担不利后果，而且从劳动合同管理的角度分析，被告作为用人单位，对劳动合同管理负有法定义务，如果被告认为固定期限劳动合同签订在先，无固定期限劳动合同签订在后，应当及时收回劳动者手中的固定期限劳动合同，由于被告单位未尽劳动合同管理职责，未及时收回原合同，由此产生的法律风险应当由其承担。

其次，根据《劳动合同法》第三十五条之规定，用人单位与劳动者协商一致，可以变更劳动合同约定的内容。变更劳动合同，应当采用书面形式。变更后的劳动合同文本由用人单位和劳动者各执一份。本案中，用人单位劳动合同管理职责不仅体现在及时收回变更前的劳动合同，也体现在应当将经过变更后的最终版本的劳动合同制成一式两份并向劳动者交付其中一份。即使如被告所述，双方先签订固定期限劳动合同，其后又将固定期限劳动合同变更为无固定期限劳动合同，无固定期限劳动合同系最后版本，根据上述法律规定，变更后的劳动合同应当一式两份并各执一份，但本案的情况却是原告手中不仅没有无固定期限劳动合同，反而举示了一份真实的固定期限劳动合同。因此，被告主张其举示的无固定期限劳动合同系最后版本，但没有证据证明原告曾经领取过本应一式两份的无固定期限劳动合同，应当承担不利后果。

最后，当原告举示的固定期限劳动合同与被告举示的于同日签订的无固定期限劳动合同作为证据均具有真实性的情况下，由于两份劳动合同在劳动合同期限的约定上不一致，从理论上来说，两份劳动合同均真实存在，但不可能同时具有法律效力，两份真实存在的劳动合同在签订顺序上必然有先后之分，在先签订的劳动合同必然会因为其后签订的劳动合同关于劳动合同期限约定的不一致而发生双方当事人关于劳动合同期限的意思表示的变更，在先签订的劳动合同由于意思表示的变更而失去法律效力，其后签订的劳动合同中关于劳动合同期限的约定才是双方当事人真实意思表示。

一方面，根据《劳动合同法》第七条之规定，用人单位自用工之日起即与劳动者建立劳动关系。用人单位应当建立职工名册备查。《劳动合同法实施条例》第八条规定，《劳动合同法》第七条规定的职工名册，应当包括劳动者姓名、性别、居民身份证号码、户籍地址及现住址、联系方式、用工形式、用工起始时间、劳动合同期限等内容。根据上述规定，劳动合同期限的举证证明责任在于用人单位，当本案关于劳动合同期限的事实真伪处于不明状态时，败诉风险应当由用人单位即本案被告承担。

另一方面，由于用人单位系劳动合同的制定者和提供者，关于两份劳动合同签订顺序谁先谁后的举证证明责任亦在于用人单位，被告主张双方先签订固定期限劳动合同，其后双方又变更为无固定期限劳动合同，但被告未举示充分有效的证据予以证明，应当承担不利后果，由于被告的主张不能成立，本院依法认定双方系先签订无固定期限劳动合同后签订固定期限劳动合同，也即原告举示的固定期限劳动合同系双方最终的真实意思表示。

根据《劳动合同法》第八十二条第一款之规定，用人单位自用工之日起超过一个月不满一年未与劳动者订立书面劳动合同的，应当向劳动者每月支付二倍的工资。根据原告举示的固定期限劳动合同，原被告双方最后一期劳动合同于2018年7月4日到期，其后一直到原告2019年4月15日离职双方均未再签订书面劳动合同，因此被告应支付原告2018年8月5日至2019年4月15日期间未签订书面劳动合同二倍工资差额共计64 727元。

关于竞业限制经济补偿。根据《劳动合同法》第二十三条之规定，用人单位与劳动者可以在劳动合同中约定保守用人单位的商业秘密和与知识产权相关的保密事项。对负有保密义务的劳动者，用人单位可以在劳动合同或者保密协议中与劳动者约定竞业限制条款，并约定在解除或者终止劳动合同后，在竞业限制期限内按月给予劳动者经济补偿。劳动者违反竞业限制约定的，应当按照约定向用人单位支付违约金。《最高人民法院关于审理劳动争议案件适用法律若干问题的解释(四)》第七条规定，当事人在劳动合同或者保密协议中约定了竞业限制和经济补偿，当事人解除劳动合同时，除另有约定外，用人单位要求劳动者履行竞业限制义务，或者劳动者履行了竞业限制义务后要求用人单位支付经济补偿的，人民法院应予支持。本案中，原被告双方在劳动合同附件中约定了竞业避止条款，系双方当事人真实意思表示，对双方当事人具有法律约束力，被告在原告解除劳动合同时，并未通知原告不再履行竞业限制义务，故在双方劳动关系解除时原告履行了竞业限制义务的前提下，原告有权要求被告依法支付其竞业限制经济补偿。虽然双方在劳动合同中约定，原告严重违反被告《员工手册》及规章制度时不得补偿，一方面被告并没有充分有效的证据证明原告确有严重违反《员工手册》或规章制度的行为，另一方面竞业限制经济补偿系劳动者在履行竞业限制义务后因就业、创业等权利受到相应限制的情况下原用人单位为其提供的一种基本生活补偿，竞业限制经济补偿只与劳动者是否履行了竞业限制义务有关，劳动者是否违反用人单位的规章制度与其是否能够获得竞业限制经济补偿没有直接关联。《劳动合同法》第二十六条规定，下列劳动合同无效或者部分无效：（二）用人单位免除自己的法定责任、排除劳动者权利的。根据以上规定，上述竞业限制条款中关于“严重违反《员工手册》及规章制度时不得补偿”的约定无效，因此即使原告存在严重违反《员工手册》或规章制度的行为，被告也不能仅以此为由主张不支付竞业限制经济补偿。

根据《最高人民法院关于审理劳动争议案件适用法律若干问题的解释（四）》第六条第一款之规定，当事人在劳动合同或者保密协议中约定了竞业限制，但未约定解除或者终止劳动合同后给予劳动者经济补偿，劳动者履行了竞业限制义务，要求用人单位按照劳动者在劳动合同解除或者终止前十二个月平均工资的30%按月支付经济补偿的，人民法院应予支持。第九条规定，在竞业限制期限内，用人单位请求解除竞业限制协议时，人民法院应予支持。在解除竞业限制协议时，劳动者请求用人单位额外支付劳动者三个月的竞业限制经济补偿的，人民法院应予支持。根据以上规定，用人单位享有单方解除竞业限制协议的权利。本案中，双方劳动关系于2019年4月15日解除，被告于2019年9月12日提出解除竞业限制协议，因此被告应向原告支付竞业限制经济补偿共计18 479元。

综上，依据《劳动合同法》第七条、第二十三条、第二十六条、第三十五条、第八十二条第一款，《最高人民法院关于审理劳动争议案件适用法律若干问题的解释（四）》第六条第一款、第七条、第九条以及《中华人民共和国民事诉讼法》第六十四条第一款之规定，判决如下：

一、被告重庆某汽车零部件有限公司于本判决生效之日起七日内支付原告唐某某未签订书面劳动合同的二倍工资差额64 727元；

二、被告重庆某汽车零部件有限公司于本判决生效之日起七日内支付原告唐某某竞业限制经济补偿18 479元。

案件受理费10元，减半收取计5元，由被告重庆某汽车零部件有限公司负担。

如果未按本判决指定的期间履行给付金钱义务，应当依照《中华人民共和国民事诉讼法》第二百五十三条之规定，加倍支付迟延履行期间的债务利息。

如不服本判决，可在判决书送达之日起十五日内，向本院递交上诉状，并按对方当事人的人数提出副本，上诉于重庆市第一中级人民法院。递交上诉状后上诉期满七日内仍未预交诉讼费用，又不提出缓交申请的，按自动撤回上诉处理。

双方当事人在法定上诉期内均未提出上诉或一方上诉后又撤回的，本判决发生法律效力，当事人应自觉履行判决的全部义务。一方不履行的，自本判决内容生效后，权利人可以向本院申请强制执行。申请执行的期限为二年，该期限从法律文书规定履行期间的最后一日起计算；法律文书规定分期履行的，从规定的每次履行期间的最后一日起计算。

审 判 长　　初某东

二〇二〇年四月七日

法官助理　　孙 某

书 记 员　　谢 某

（注：本案被告上诉后，重庆市第一中级人民法院维持原判，但法院说理部分有所不同，可查阅〔2020〕渝01民终4495号判决书）

第五章　特殊劳动合同制度

案例回放

1995年,山东农民工徐某来到北京肯德基有限公司(以下简称肯德基公司)从事仓储搬运工作,10年来企业始终未与徐某签订劳动合同。2004年6月,公司人事部贴出一则通知,称“北京时代桥劳动事务咨询服务有限公司(以下简称时代桥公司)将为员工代发工资,并将为员工上保险,员工与该公司签订劳动合同,不签合同的员工公司将予以辞退……”2005年10月12日,徐某在一次配货过程中忘记贴标签,公司便以“违反配货操作规程”为由将其退回时代桥公司。同日,时代桥公司与徐某解除劳动合同。徐某起诉要求肯德基公司支付自己的当月工资和2万元解除劳动合同的经济补偿金。2005年10月25日,北京市农民工法律援助工作站受理了这起案件,之后以徐某代理人身份向北京市劳动争议仲裁委员会申请仲裁,要求肯德基公司支付徐某经济补偿金。2006年1月17日,仲裁裁决:徐某与时代桥公司所签订的劳动合同合法有效,不存在欺骗和胁迫行为。现徐某以肯德基公司为被诉人主张权利,主体不对,驳回徐某的申诉。2006年1月25日,徐某不服仲裁裁决,诉至北京市东城区人民法院。2006年6月12日,一审法院作出判决:徐某与时代桥公司签订有劳动合同,确立了双方之间的劳动关系;后徐某作为时代桥公司的职员被派遣到肯德基公司工作,但在他和肯德基公司之间并没形成事实劳动关系,故判决驳回了徐某的诉讼请求。2006年6月26日,徐某不服一审判决上诉到北京市第二中级人民法院。同时,为了寻求更多救济途径,北京市农民工法律援助工作站再次向徐某提供法律援助,于2006年7月6日向北京市西城区劳动争议仲裁委员会提出申诉,要求确认徐某与时代桥公司的劳动合同系受胁迫所签,属无效劳动合同。

就在二审上诉期间的2006年8月2日,律师接到肯德基公司中国总部法务长电话,明确表示肯德基公司在中国用工制度方面存在问题,其受中国区总裁指派,希望就案件和解以及肯德基公司用人制度等问题听取北京市农民工法律援助工作站的意见。2006年8月4日上午,肯德基公司中国总部法务长等人员与北京市农民工法律援助工作站经过两个小时谈判,双方不仅就个案达成和解,还就整个肯德基公司用工制度改革进行了磋商。

2006年8月8日,肯德基公司向中国十几家新闻媒体公开宣布了他们的决定:肯德基公司与徐某达成和解,最大限度保障进城务工人员权益。原配销中心的派遣员工将转为肯德基公司直接聘用员工,并认可他们以前的年资。肯德基公司宣布从即日起,除特殊情况外在全国范围内停止使用劳务派遣新员工,新员工将直接与肯德基公司建立劳动关系。

2006年8月8日,北京肯德基有限公司宣布与徐某达成和解后,徐某撤销上诉。

(材料来源:中国法院网)

理论要点

第一节 集体合同

一、集体合同制度的概念和特点

集体合同是指工会或职工代表代表全体职工与用人单位或其团体(即集体协商双方当事人)之间根据法律、法规的规定,就劳动报酬、工作时间、休息休假、劳动安全卫生、保险福利等事项,在平等协商一致的基础上签订的书面协议。《劳动合同法》之所以要在“特别规定”中专门列出“集体合同”一节,是因为集体合同与劳动合同相比存在着明显不同,它们主要有以下区别。

(一)主体不同

集体合同主体比劳动合同主体广泛。集体合同主体一方是工会、工会团体(如行业工会)或职工代表,另一方主体为雇主或雇主团体;而劳动合同主体是特定的,仅限于劳动者和用人单位(即雇主)。

(二)目的不同

集体合同的目的是通过工会或者劳动者代表与用人单位谈判,平衡个体劳动者与用人单位的力量,保护劳动者的合法权益,协调、稳定劳动关系;而劳动合同的目的是建立劳动关系,明确双方权利义务。

(三)内容不同

集体合同所约定的条件是涉及所有劳动者的一般劳动条件、生活待遇、集体谈判的程序及民主管理的方式等;而劳动合同则仅涉及个别劳动者的特殊劳动条件。

(四)形式不同

集体合同需要提交职工代表大会或者全体职工讨论通过,由双方首席代表签字,必须采用书面形式,并报劳动行政部门批准;而劳动合同只需劳动者个人与用人单位协商签订,应当采用书面形式,但法律不排除口头形式的劳动合同,同时对事实劳动关系进行保护。

(五)效力不同

集体合同的效力高于劳动合同的效力。《劳动法》第三十五条规定:“依法签订的集体合同对企业和企业全体职工具有约束力。职工个人与企业订立的劳动合同中劳动条件和劳动报酬等标准不得低于集体合同的规定。”

(六)适用范围不同

集体合同适用于签订集体合同的工会或劳动者代表所代表的全体劳动者;而劳动合同则适用于签订劳动合同的劳动者个人和用人单位。

(七)纠纷的处理方式不同

集体合同纠纷多涉及利益争议,且涉及范围较广。对此各国一般采取政府协同劳资各方协调处理的方式。在我国,根据《劳动法》第八十四条规定,因签订集体合同和履行集体合同发生的争议,采取两种不同的处理方式;而劳动合同争议则采用普通劳动争议处理方式。

二、集体合同制度的功能

如今,集体合同盛行于各国,是因为在保护劳动者利益和协调劳动关系方面,集体合同具有劳动法规和劳动合同所无法取代的功能。

(一)集体合同可以弥补劳动立法的不足

(1)《劳动法》规定的关于劳动者利益的标准属于最低标准,按此标准进行保护只是法律所要求的最低水平,而立法并不是希望对劳动者利益的保护仅仅停留在最低水平上,但想要通过劳动立法的方式制定更高的标准又恐怕难以施行。集体合同可以对劳动者利益作出高于法定最低标准的约定,从而使对劳动者利益的保护水平能够高于法定最低标准。

(2)《劳动法》关于劳动者利益和劳动关系协调的规定可能是原则性的规定,相对于复杂的劳动关系而言难免有所疏漏。集体合同可以对这些共性问题作出约定,从而更具体地规范劳动关系,对劳动立法起到补充作用。

(二)集体合同可以弥补劳动合同的不足

(1)在签订劳动合同时,因单个劳动者是相对弱者,不足以与用人单位抗衡,难免违心地接受用人单位提出的不合理条款。而由工会代表全体劳动者签订集体合同,就可以与用人单位平等协商,避免劳动者被迫接受不合理条款。

(2)劳动者之间因各自实力不同,在与用人单位签订劳动合同时的实际地位有差别,仅以劳动合同来确定劳动者的权利义务,就难免使有的劳动者遭受歧视,不能平等地享有权利和承担义务;集体合同可以确保在一定范围内全体劳动者的权利和义务平等。

(3)劳动关系的内容包括工时、定额、工资、保险、福利、安全卫生等多个方面,若都由劳动合同具体规定,每个劳动合同的篇幅必将冗长,这对于劳动合同的签订和鉴证来说,都是难以承受的负担,也不利于劳动关系的及时确立;集体合同对劳动关系的主要内容作出具体规定后,劳动合同只需要就单个劳动者的特殊情况作出约定即可。

三、集体合同的内容

集体合同的具体内容,可能涉及劳动关系的各个方面,也可能只涉及劳动关系的某个方面。《劳动合同法》第五十一条规定,企业职工一方与用人单位通过平等协商,可以就劳动报酬、工作时间、休息休假、劳动安全卫生、保险福利等事项订立集体合同。因此,企业职工一方与用人单位可以就劳动报酬、工作时间、休息休假、劳动安全卫生、保险福利等事项中的一项或者数项订立集体合同。例如,有关休息休假的规定,主要是指劳动者周休假、年休假、病事假、女职工生理病假和产假、婚丧假、探亲假、职工带薪休假、奖励假期等各类假日的期限、休假办法、休假待遇等项内容的约定,其中还应包括关于如何实施国家规定的劳动者休息休假制度的规定。又如集体合同中关于劳动安全卫生的规定,主要包括有关企业劳动条件、安全卫生设施、劳动安全卫生规程和标准、防护用品、职工健康检查、职业病防治以及企业应当采取的其他劳动保护措施等项内容的约定。

需要注意的是,一般来说,集体合同的内容比相关法律规定更具体更专业,但是比单个劳动合同更原则性和一般性。单个劳动者在签订劳动合同时可以依据法律、法规并参照集体合同的相关规定来约定更有利于自己的条款。例如,集体合同关于保险福利的规定,主要包括有关职工养老、待业、工伤、医疗、死亡的待遇和职工住房、生活供应、保健、文化、教育、娱乐设施等项内容的约定。由于我国的劳动保险以社会保险为主体，因此集体合同对于劳动保险的约定，主要在于说明除国家基本社会保险外，企业将为职工建立哪些补充保险和提供哪些职工福利。

四、集体合同订立程序

(1)企业职工一方与用人单位通过平等协商订立集体合同。

(2)集体合同草案应当提交职工代表大会或者全体职工讨论通过。

(3)集体合同由工会代表企业职工一方与用人单位订立；尚未建立工会的用人单位，由上级工会指导劳动者推举的代表与用人单位订立。

(4)集体合同订立后，应当报送劳动行政部门；劳动行政部门自收到集体合同文本之日起15日内未提出异议的，集体合同即行生效。

五、专项集体合同

所谓专项集体合同，是指用人单位与劳动者根据法律、法规、规章的规定，就集体协商的某项内容签订的专项书面协议。《劳动合同法》第五十二条规定，企业职工一方与用人单位可以订立劳动安全卫生、女职工权益保护、工资调整机制等专项集体合同。

随着对劳动者权益保护的认识的逐渐深入，劳动安全卫生标准越来越为社会关注。例如，在安全事故多发的采矿业，订立劳动安全卫生专项集体合同呼之欲出。

结合企业的工作实际订立女职工特殊权益保护专项集体合同，是切实维护女职工合法权益和特殊利益的重要机制和手段，这样的合同往往具有较强的针对性、实效性和可操作性。例如，专项集体合同里规定企业与女职工建立劳动关系应当订立劳动合同，实行男女同工同酬；在企业工会委员会中以及在安排职工民主管理和进修、培训、出国考察、挂职锻炼时，企业必须安排一定比例的女职工；根据女职工的生理特点，对月经期、孕期、产期和哺乳期的女职工给予特殊保护；企业不得在孕期、产期、哺乳期，降低女职工基本工资或终止、解除其劳动合同；单位每年为女职工(含离退休女职工)安排一次妇科检查；集体合同还对合同的检查和监督等方面进行了明确规定，使女职工合法权益得到了切实的维护和保障。

六、行业性、区域性集体合同

(一)行业性集体合同

行业性集体合同主要是指在一定行业内，由行业性工会联合会与相应行业内各企业，就劳动报酬、工作时间、休息休假、劳动安全卫生、保险福利等事项进行平等协商所签订的集体合同。《劳动合同法》第五十三条规定，在县级以下区域内，建筑业、采矿业、餐饮服务业等行业可以由工会与企业方面代表订立行业性集体合同，或者订立区域性集体合同。

行业性集体合同一般具有以下优势。

(1)同一领域的各企业具有行业共同性，在利润和职工工资水平、职业危害状况、劳动者素质等方面往往比较接近，可以就某一方面制定具体的、有针对性的共同标准，从而容易达成一致，订立行业性集体合同。

(2)行业性集体合同能够更广泛地保护整个行业内的劳动者的合法权益，同时在和谐稳定劳动关系的基础上，使行业整体素质也得到提升。

(3)协商订立行业性集体合同能够减少劳资谈判的社会成本，因此行业性集体合同有逐渐向越来越广大区域扩展的趋势。

建筑业、采矿业、餐饮服务业等的行业特点都比较显著，决定了这些行业容易订立切实可行的行业性集体合同。例如，建筑业、采矿业大量招用进城务工人员，而向行业中拖欠进城务工人员工资或者造成人身危害的问题比较突出，就此由工会出面签订行业性集体合同，对于约束建筑企业、保护进城务工人员利益能够起到较好的作用。

（二）区域性集体合同

区域性集体合同是指在一定区域内（镇、区、街道、村等），由区域性工会联合会与相应经济组织或区域内企业，就劳动报酬、工作时间、休息休假、劳动安全卫生、保险福利等事项进行平等协商所签订的集体合同。

发展区域性集体合同制度，需要注意以下几点。

（1）区域性集体合同是不适合在大范围、大区域内推行的，由于企业性质差异、各行业劳动者需求不同等，在一个较大区域内协商签订了集体合同，往往比较困难，即使签订了集体合同，也往往因为其缺少针对性而难以履行。

（2）区域性集体合同的优势在于可以在较小的区域内（镇、村、街道），发挥好基层工会熟悉当地企业和劳动者的优势，就当地某些特殊情况、特殊需要订立区域性集体合同。

七、集体合同的效力

（1）依法订立的集体合同对用人单位和劳动者具有约束力。

（2）行业性、区域性集体合同对当地本行业、本区域的用人单位和劳动者具有约束力。

（3）用人单位与劳动者订立的劳动合同中劳动报酬和劳动条件等标准不得低于集体合同规定的标准。

八、集体合同争议的处理

《劳动合同法》第五十六条规定："用人单位违反集体合同，侵犯职工劳动权益的，工会可以依法要求用人单位承担责任；因履行集体合同发生争议，经协商解决不成的，工会可以依法申请仲裁、提起诉讼。"

（1）劳动者、工会和用人单位协商解决。协商解决是处理履行集体合同争议的必用方式和必经程序。

（2）协商解决不成的，工会可以代表全体职工，履行集体合同的争议申请仲裁或者提起诉讼的义务。

需要注意的是，这里规定了工会选择或裁或审的两种途径，仲裁不再是提起诉讼的必经程序，这与《劳动法》的规定明显不同。

【案例5-1】

小周与某企业签订了为期三年的劳动合同。合同中约定：工资每月计发一次。合同履行期间，工会又与企业经协商签订了一份集体合同，该份集体合同中约定：企业所有员工每年年终可获得一次第13个月的工资。该企业的集体合同获得企业职工代表大会的通过并经当地劳动行政部门审核后生效实施，但小周没有得到企业支付的第13个月工资。于是，他向企业提出补发第13个月工资的要求。但企业表示，小周和企业签订的劳动合同中约定了劳动报酬的支付次数,双方应当严格按照劳动合同的约定履行,双方由此产生争议。

评析:根据《劳动法》第三十五条规定:"依法签订的集体合同对企业和企业全体职工具有约束力。职工个人与企业订立的劳动合同中劳动条件和劳动报酬等标准不得低于集体合同的规定。"因此,小周与企业签订的劳动合同中虽然没有约定可以享受第13个月工资,但工会与企业签订的集体合同中规定了第13个月工资的有关内容。根据《劳动法》的规定,企业应当按照集体合同的规定补发小周年终第13个月的工资。

(材料来源:广州日报,转引自 http://www.1010job.com/info/ShowInfo.asp? id=5141)

第二节　劳务派遣

一、劳务派遣的概述

(一)劳务派遣的概念

劳务派遣,在人力资源领域一般被称为人力派遣或者租赁,在德国、日本等国家以及我国台湾地区的劳动法学界一般被称为劳动派遣。其通常是指,劳务派遣机构与被派遣劳动者签订派遣契约,在得到被派遣劳动者同意后,使其在被派企业指挥监督下提供劳动。劳务派遣的最大特点是劳动力雇佣与劳动力使用相分离,被派遣劳动者不与被派企业签订劳动合同,发生劳动关系,而是与劳动派遣机构存在劳动关系,但却被派遣至被派企业劳动,形成"有关系没劳动,有劳动没关系"的特殊形态。

(二)使用劳务派遣的原因

劳务派遣近年来在我国迅速发展,劳务派遣这种用工形式非常普遍,使用劳务派遣的原因有多种。

(1)降低成本,包括人力资源管理成本、税收成本、解约成本等。企业使用劳务派遣工,除了给付工资和社会保险费用外,只需要给劳务派遣单位一定数量的管理费即可。因为一些企业有大量的短期用工需求,而采用劳务派遣的形式可以在一定程度上规避风险。

(2)有些企业的业务季节性很强,使用劳务派遣工能很好地解决短期用工的需求,否则将会导致严重加班行为。

(3)国有企业都有减员增效的指标,没有劳动力计划,但正常的业务需要人去做,因此营业窗口、分拣、投递等岗位都使用劳务派遣工。

(4)有些地方政策规定,企业不能自己招用保安,保安必须都由当地保安公司派遣。

(5)企业的理念是集中精力进行专业化生产,其他辅助性的工作,如食堂、绿化、手工包装等不是企业的强项,这些辅助性业务进行外包或者使用劳务派遣工效率更高。

(6)有的企业只能从事生产,自己不能从事销售业务,因此只能使用劳务派遣工从事销售业务。

(三)劳务派遣中存在的主要问题

劳务派遣一方面在一定程度上解决了就业问题,另一方面也带来很多问题,特别是劳动者权益保护方面的问题尤为突出。

1. 劳务派遣单位随意克扣劳务派遣工工资

有的企业反映,企业按每名保安每月1 400元的标准给付工资,但保安实际拿到的工资只有八九百元，其中的差价被劳务派遣单位克扣了。对此，有些用工单位采取了相应的对策，明确约定劳务派遣单位只收取管理费用，不能克扣劳务派遣工的工资；设立专门的工人工资账户，该账户只能发工资，不能提现，且只有劳务派遣机构和用工单位同时签字才能使用该账户。

2. 劳务派遣工同工不同酬问题

有些企业中正式工与劳务派遣工从事同样工作，如加油、从事窗口业务，工资要差一倍。还有在一些国有企业或者国有企业改制企业中，劳务派遣工与正式工很难做到同工同酬，原因在于正式工不愿意降低工资待遇。

3. 劳务派遣工得不到正常晋升的机会、享受不到工资增长的待遇

由于劳务派遣工不是用工单位的正式员工，因此得不到正常晋升的机会、享受不到工资增长的待遇，这导致了劳务派遣工与正式工同时进单位，但几年下来工资待遇差距很大。

4. 为降低成本，出现滥用劳务派遣的问题

有的企业正式员工 400 人，劳务派遣工却有 3 000 人。除了管理人员是正式职工之外，其他职工如话务员、形象代表、柜台人员都用年轻的劳务派遣工。但劳务派遣不能成为常态的用工形式，劳务派遣只适用于临时性、季节性的工作岗位。

5. 工伤等的责任不明确问题

实践中，如果劳务派遣工受了工伤，工伤赔偿责任是由劳务派遣单位承担，还是由用工单位承担，对此的规定不明确容易造成相互推诿责任的问题。如果由于生产安全措施不到位的原因造成工伤的，由用工单位承担责任，如果用工单位没有过错的，由劳务派遣单位承担责任。

基于以上存在的乱象与问题，2012 年 12 月 28 日通过的《全国人民代表大会常务委员会关于修改〈劳动合同法〉的决定》对劳动派遣制度进行了更加具体的规制，该决定自 2013 年 7 月 1 日施行。

(四)劳务派遣的适用岗位

修订后的《劳动合同法》第六十六条规定，劳动合同用工是我国的企业基本用工形式。劳务派遣用工是补充形式，只能在临时性、辅助性或者替代性的工作岗位上实施。临时性工作岗位是指存续时间不超过 6 个月的岗位；辅助性工作岗位是指为主营业务岗位提供服务的非主营业务岗位；替代性工作岗位是指用工单位的劳动者因脱产学习、休假等原因无法工作的一定期间内，可以由其他劳动者替代工作的岗位。

用工单位应当严格控制劳务派遣用工数量，不得超过其用工总量的一定比例，具体比例由国务院劳动行政部门规定。

此外，《劳动合同法》第六十七条规定，用人单位不得设立劳务派遣单位向本单位或者所属单位派遣劳动者。

本章开头的案例中肯德基公司在用工达 10 年的情况下，已经与劳动者形成了事实劳动关系。为节约劳动力方面的成本支出，将单位员工改为其他劳动派遣单位的员工，违反了《劳动合同法》。国家劳动部门应对劳务派遣加强管理和监督，严格控制其适用条件和适用范围，防止有些单位借劳务派遣的形式规避《劳动法》和《劳动合同法》的强制性规定，从而更全面地保护劳动者的合法权益。

二、劳务派遣单位的设立

根据修订后的《劳动合同法》第五十七条规定："经营劳务派遣业务应当具备下列条件：

(一)注册资本不得少于人民币二百万元;(二)有与开展业务相适应的固定的经营场所和设施;(三)有符合法律、行政法规规定的劳务派遣管理制度;法律、行政法规规定的其他条件。经营劳务派遣业务,应当向劳动行政部门依法申请行政许可;经许可的,依法办理相应的公司登记。未经许可,任何单位和个人不得经营劳务派遣业务。”

在当前的社会经济生活中,劳务派遣被许多企业广泛用于各种可能的岗位。有的企业为了降低用工成本,将一些原来的正式职工以改制名义,分流到本企业设立的劳务派遣公司,然后又以劳务派遣公司的名义将其派遣到原岗位。有的企业将内设的劳动管理机构又挂一个劳务派遣公司的牌子,将招用的员工以劳务派遣公司的名义派遣到所属企业,将一个本来完整的劳动关系人为地分割开。这不利于劳动者合法权益的保护,不利于和谐稳定劳动关系的构建和发展,给劳务派遣的发展造成了不利影响。”

因此,《劳动合同法》第六十七条规定,用人单位不得设立劳务派遣单位向本单位或者所属单位派遣劳动者。这里所说的所属单位可以理解为:一是母公司与子公司的关系,二是集团公司与下属公司的关系,三是具有关联性质的公司关系。《劳动合同法实施条例》第二十八条规定:“用人单位或者其所属单位出资或者合伙设立的劳务派遣单位,向本单位或者所属单位派遣劳动者的,属于劳动合同法第六十七条规定的不得设立的劳务派遣单位。”

三、劳务派遣协议

劳务派遣涉及三方关系,即劳务派遣单位与被派遣劳动者、劳务派遣单位与接受以劳务派遣形式用工的单位即用工单位以及用工单位与被派遣劳动者等三个关系。

(1)劳务派遣单位派遣劳动者应当与接受以劳务派遣形式用工的单位订立劳务派遣协议。劳务派遣单位派遣劳动者应当与用工单位订立劳务派遣协议,此协议性质上应当属于民事合同。

劳务派遣单位与用工单位之间是民事关系,双方订立派遣协议确定双方权利义务,劳务派遣单位根据用工单位的标准派遣符合要求的劳动者,用工单位根据协议向劳务派遣单位支付报酬或管理费。

(2)劳务派遣协议应当约定派遣岗位和人员数量、派遣期限、劳动报酬和社会保险费的数额与支付方式以及违反协议的责任。

这里,派遣岗位是指被派遣劳动者在用工单位中将被安排的工作职位;派遣期限是指被派遣劳动者依劳务派遣单位的派遣受用工单位指挥、管理的时间。在劳务派遣协议中明确劳动报酬和社会保险费的数额与支付方式以及违反协议的责任等内容,将有利于明确劳务派遣单位与接受以劳务派遣形式用工的单位(即用工单位)的权利义务,从而避免发生争议时劳务派遣单位与用工单位互相推诿现象的出现,有利于劳动者合法劳动权益的保护,也有利于和谐、稳定劳动关系的构建和发展。用工单位与被派遣劳动者之间构成的是劳务关系,用工单位负责在劳动过程中对被派遣劳动者进行指挥和管理,被派遣劳动者遵守用工单位的规章制度。

(3)用工单位应当根据工作岗位的实际需要与劳务派遣单位确定派遣期限,不得将连续用工期限分割订立数个短期劳务派遣协议。

在订立劳务派遣协议时,用工单位与劳务派遣单位应当遵循实际需要的原则来确定派遣期限。将连续用工期限分割订立数个短期劳务派遣协议是不允许的。分割订立数个短期劳务派遣协议往往成为相关单位在实践中逃避社会保险调整、正常的工资调整等的手段,这对劳动者合法劳动权益是一种侵害，对其进行禁止有利于保护劳动者合法劳动权益。

四、劳务派遣三方的权利义务

（一）劳务派遣单位与用人单位的关系

（1）劳务派遣单位应当履行用人单位对劳动者的全部义务。

根据《劳动合同法》第五十八条规定，劳务派遣单位是本法所称用人单位，应当履行用人单位对劳动者的义务。劳务派遣单位与劳动者形成了正式劳动关系。劳务派遣单位要承担用人单位的全部权利和义务。如劳务派遣单位承担依法招用劳动者、签订劳动合同以及解除劳动合同时支付经济补偿金、支付工资、参加社会保险并依法缴费等义务；用人单位应依法承担安排劳动者休息休假、提供劳动保护、允许劳动者参加或组织工会等义务，并对劳务派遣单位承担的解除劳动合同时支付经济补偿金、支付工资、参加社会保险并依法缴费等义务承担连带责任。

劳务派遣单位或者被派遣劳动者依法解除、终止劳动合同的经济补偿，依照《劳动合同法》第四十六条、第四十七条的规定执行。

劳务派遣单位违法解除或者终止被派遣劳动者的劳动合同的，依照《劳动合同法》第四十八条的规定执行。即用人单位违反《劳动合同法》规定解除或者终止劳动合同，劳动者要求继续履行劳动合同的，用人单位应当继续履行；劳动者不要求继续履行劳动合同或者劳动合同已经不能继续履行的，用人单位应当依照《劳动合同法》第八十七条规定支付赔偿金。

（2）应当订立劳务派遣协议，协议应当约定派遣岗位和人员数量、派遣期限、劳动报酬和社会保险费的数额与支付方式以及违反协议的责任。

（二）劳务派遣单位与派遣劳动者的关系

（1）劳务派遣单位与被派遣劳动者应当订立书面劳动合同。

劳动合同除了要有一般劳动合同的必备条款外，还要明确约定被派遣劳动者的用工单位以及派遣期限、工作岗位等情况。劳务派遣单位与被派遣劳动者订立的劳动合同和与用工单位订立的劳务派遣协议，载明或者约定的向被派遣劳动者支付的劳动报酬应当符合同工同酬的规定。

（2）劳务派遣单位与被派遣劳动者至少要订立 2 年以上的固定期限的劳动合同，按月支付劳动报酬。劳务派遣单位不得以非全日制用工形式招用被派遣劳动者。

（3）被派遣劳动者在无工作期间，劳务派遣单位应当按照所在地人民政府规定的最低工资标准，向其按月支付报酬。

（三）劳务派遣单位的义务

（1）劳务派遣单位应当将劳务派遣协议的内容告知被派遣劳动者。

（2）劳务派遣单位不得克扣用工单位按照劳务派遣协议支付给被派遣劳动者的劳动报酬。

（3）劳务派遣单位和用工单位不得向被派遣劳动者收取费用。

（4）在跨地区派遣劳动者时，劳务派遣单位应当保障被派遣劳动者享有的劳动报酬、劳动条件，符合用工单位所在地规定的标准。

（5）劳务派遣单位应当保障被派遣劳动者享有与用工单位招用的劳动者同工同酬的权利。

(6)劳务派遣单位应当保障被派遣劳动者依法参加或者组织工会的权利。

(7)对被派遣劳动者承担连带责任。

(四)用工单位的义务

(1)执行国家劳动标准,提供相应的劳动条件和劳动保护。

(2)告知被派遣劳动者工作要求和劳动报酬。

(3)支付加班费、绩效奖金,提供与工作岗位相关的福利待遇。

(4)对在岗被派遣劳动者进行工作岗位所必需的培训。

(5)连续用工的,实行正常的工资调整机制。

(6)用工单位不得将被派遣劳动者再派遣到其他用人单位。

(7)被派遣劳动者享有与用工单位的劳动者同工同酬的权利,用工单位无同类岗位劳动者的,参照用工单位所在地相同或者相近岗位劳动者的劳动报酬确定。

(8)用工单位应当保障被派遣劳动者依法参加或者组织工会的权利。

(9)对被派遣劳动者承担连带责任。

五、退工与解除劳动合同

(1)被派遣劳动者可以依照《劳动合同法》第三十六条、第三十八条的规定与劳务派遣单位解除劳动合同。

(2)被派遣劳动者有《劳动合同法》第三十九条和第四十条第(一)项、第(二)项规定情形的,用工单位可以将劳动者退回劳务派遣单位,劳务派遣单位依照《劳动合同法》有关规定,可以与劳动者解除劳动合同。

六、法律责任

(1)违反《劳动合同法》规定,未经许可,擅自经营劳务派遣业务的,由劳动行政部门责令停止违法行为,没收违法所得,并处违法所得1倍以上5倍以下的罚款;没有违法所得的,可以处5万元以下的罚款。

(2)劳务派遣单位、用工单位违反《劳动合同法》有关劳务派遣规定的,由劳动行政部门责令限期改正;逾期不改正的,以每人5 000元以上1万元以下的标准处以罚款,对劳务派遣单位,吊销其劳务派遣业务经营许可证。用工单位给被派遣劳动者造成损害的,劳务派遣单位与用工单位承担连带赔偿责任。

第三节　非全日制用工

一、非全日制用工的概念

非全日制用工是指以小时计酬为主,劳动者在同一用人单位一般平均每日工作时间不超过4小时,每周工作时间累计不超过24小时的用工形式。

非全日制用工是与全日制用工相对的概念,在我国出现的时间不长,但作为灵活就业的一种重要方式,近年来呈现出较快发展趋势,《劳动合同法》针对非全日制用工的特点设专节作了相应的规定。

（一）非全日制用工是一类特殊的用工形式

从本质上看，非全日制用工同全日制用工一样也是一类用工形式，在非全日制用工中用人单位和劳动者之间形成的是劳动关系，而不是民事雇佣关系；双方达成的协议是劳动合同，而不是民事合同。在实践中，非全日制用工形式多样，包括家庭和个人雇工中的“小时工”，但是根据《劳动合同法》对非全日制用工的定义，家庭和个人雇工中的“小时工”并不适用《劳动合同法》关于非全日制用工的规定。

非全日制用工是相对于全日制用工来说的一类特殊的用工形式，其特殊性就在于灵活性，即与全日制用工相比，形成相对宽松的劳动关系，具体包括：劳动合同形式不拘于书面，允许达成口头劳动合同；劳动关系存续时间具有不确定性，合同双方均可随时解除劳动关系，不必提前通知，用人单位无须支付经济补偿；劳动关系具有双重性甚至多重性，允许同一劳动者同时存在两个或者两个以上的劳动关系。非全日制用工中形成的是劳动合同关系，因此除了特别规定外，非全日制用工应遵循《劳动合同法》的一般原则和一般规定，《劳动法》中有关劳动安全保护、职业危害防护等保护性规定同样适用于非全日制用工。原国家劳动保障部于 2003 年 5 月发布了《关于非全日制用工若干问题的意见》，实践中可以作为参考依据。

（二）非全日制用工的实质标准

非全日制用工是以工作时间为标准界定的，即在同一单位平均每日工作不超过 4 小时，每周工作时间累计不超过 24 小时。以工作时间的长短作为界定非全日制用工的标准是国际通行的做法，但国际劳工组织的各成员对具体时间的规定不尽相同。挪威的规定是每星期工作时间不满 37 小时。美国、日本、瑞典、澳大利亚等国的规定是每星期工作时间不满 35 小时。芬兰、马来西亚的规定是每星期工作时间不满 30 小时。法国的规定是每星期工作时间比法定工作时间少 1/5。我国《劳动合同法》界定非全日制用工采用日工作时间结合周工作时间的标准，在同一个单位中，如果劳动者每日工作时间不超过 4 小时，但每周工作时间累计超过 24 小时的，将构成一般的劳动关系，而不是非全日制用工关系；如果劳动者每天平均工作时间超过了 4 小时，而每周工作时间累计不超过 24 小时，也将构成一般的劳动关系，而不是非全日制用工关系。

这里的工作时间应理解为劳动合同约定的工作时间，用人单位可以根据实际业务需要，偶尔要求劳动者加班，凡超出约定工作时间以外的，用人单位应支付加班工资。为体现非全日制用工的特点，禁止用人单位长期要求劳动者加班。

（三）非全日制用工中工资形式以小时计酬为主

所谓工资形式，是指工资分配所采取的具体方式，最基本的两种形式是计时工资和计件工资。计时工资是根据职工工资标准和工作时间来计算工资额的工资形式。计件工资是按照职工生产的合格产品数量或者完成的工作量，根据企业内部确定的计件工资单价，计算工资额的工资形式。计件工资主要适合一些生产型企业，在目标取向上与非全日制用工不一致，计件工资有利于提高劳动生产率，一般是在企业生产任务饱满的情况下采用的，而非全日制用工一般适用于服务行业，工作任务不平均的情形。因此，非全日制用工不采用计件工资。计时工资一般有三种具体计算标准：小时工资制、日工资制和月工资制。鉴于非全日制用工具有临时性、工作时间短且灵活等特点，无论是实行日工资制还是月工资制都存在一些客观障碍，容易产生纠纷，为更好地保护劳动者的合法权益，非全日制用工一般应以小时计酬。

二、非全日制用工劳动合同的特点

(1)非全日制用工双方当事人可以订立口头协议。

(2)从事非全日制用工的劳动者可以与一个或者一个以上用人单位订立劳动合同;但是,后订立的劳动合同不得影响先订立的劳动合同的履行。

(3)非全日制用工双方当事人不得约定试用期。

(4)非全日制用工双方当事人任何一方都可以随时通知对方终止用工。

(5)终止用工,用人单位不向劳动者支付经济补偿。

三、非全日制用工劳动报酬规定

(1)非全日制用工小时计酬标准不得低于用人单位所在地人民政府规定的最低小时工资标准。

(2)非全日制用工劳动报酬结算支付周期最长不得超过15日。

四、非全日制用工的社会保险

劳动保障部《关于非全日制用工若干问题的意见》(劳社部发〔2003〕12号)规定:从事非全日制工作的劳动者应当参加基本养老保险,原则上参照个体工商户的参保办法执行;可以以个人身份参加基本医疗保险;用人单位应当依法为其缴纳工伤保险费。

《社会保险法》第十条第二款规定:“无雇工的个体工商户、未在用人单位参加基本养老保险的非全日制从业人员以及其他灵活就业人员可以参加基本养老保险,由个人缴纳基本养老保险费。”第二十三条第二款规定:“无雇工的个体工商户、未在用人单位参加职工基本医疗保险的非全日制从业人员以及其他灵活就业人员可以参加职工基本医疗保险,由个人按照国家规定缴纳基本医疗保险费。”《实施〈中华人民共和国社会保险法〉若干规定》(2011年7月1日起施行)第九条规定,“职工(包括非全日制从业人员)在两个或者两个以上用人单位同时就业的,各用人单位应当分别为职工缴纳工伤保险费。”由以上规定可知,用人单位支付员工的小时工资中不包括工伤保险费用,工伤保险费用应当由用人单位承担另行并缴纳,此为法律规定的强制性义务,用人单位违反的,员工由此产生的所有工伤保险待遇均应由单位自行负担。

【案例5-2】

A大厦诉称,王某的工作岗位是客房部的兼职清洁工。A大厦有固定的客房部服务员负责客房的清洁卫生,王某是客房清洁工作的补充人员,主要是在上午12点前的繁忙时间过来工作。具体哪一天谁来上班及需要清洁的客房数量均不作强制性要求,由客房经理根据每天的客房入住情况提前电话联系各兼职工,在清洁工愿意的前提下,为其安排清洁任务。A大厦把清洁工作按走房、住房、空房、整房、夜房和计划房分为六类,根据酒店业的行业惯例和A大厦的实践经验,走房清洁需时15分钟左右,住房需时10分钟左右,空房清洁需时2分钟左右,整房清洁需时3分钟左右,夜房清洁需时2分钟左右,计划房清洁需时15分钟左右。兼职清洁工的计薪方式是按间计算,多劳多得,日结月付,走房为3元/间,住房为2.5元/间,空房为0.8元/间,整房为1.5元/间,夜房为0.7元/间,计划房为4元/间。王某有些月份的工作时间累计超过了每周24小时,但从A大厦的整个用工情况来看,并非所有的兼职清洁工都超过了上述的工作时间,甚至部分人的工作时间是远远少于四小时一天的。诉请:1.确认双方为非全日制劳动合同关系;2. A 大厦无须向王某支付解除劳动关系经济补偿金;3. 本案诉讼费用由王某承担。

法院审理认为按照 A 大厦主张 2011 年《客房兼职清洁工管理规定》中关于清洁各类客房的报酬规定“走房 Z3 元”“住房 P2.5 元”“空房 O0.8 元”“整房 C1.5 元”“夜房 E0.7 元”“计划 G4 元”和 A 大厦在起诉状中确认的走房清洁需要 15 分钟左右、住房清洁需要 10 分钟左右、空房清洁需要 2 分钟左右、整房清洁需要 3 分钟左右、夜房清洁需要 2 分钟左右、计划房清洁需要 15 分钟左右”,王某离职前 12 个月的月平均工资为 2001.83 元,按照客房报酬单价和完成客房清洁的单位时间来计算,其在 A 大厦每周工作时间累计已经超过 24 小时。其次,关于 A 大厦向王某发放工资的方式,根据 A 大厦提供的工资发放表,A 大厦向王某发放工资为每月发放,在工资发放表上也未记载工资的小时计酬方式。因此,即使按照 A 大厦的主张王某是客房兼职清洁工,但综合王某的实际工作时间和报酬发放方式,王某与 A 大厦的用工关系并不符合非全日制用工关系的特点,确认双方为全日制用工关系,A 大厦应向王某支付经济补偿金。

(案例来源:根据中国裁判文书网判决书编写)

【案例 5-3】

A 企业主要经营软件开发及销售业务。为改善职工伙食水平,招录员工甲从事后勤保障工作,主要工作内容为清洁保障和午饭准备,工作时间为 10: 00—14: 00。双方未签订书面劳动合同。工作半年后,A 公司实行了货币化改革,以发放午饭津贴替代实际午餐,于是,与员工甲解除劳动合同。甲同意劳动关系结束,但要求 A 公司额外支付 5 个月的双倍工资、1 个月的代通金及违法解除的经济补偿金。由此双方发生争议。

评析:《劳动合同法》规定,非全日制用工双方当事人任何一方均可随时通知对方终止用工。法律明确规定,终止用工,用人单位不向劳动者支付经济补偿。非全日制用工劳动合同当事人解除劳动合同不需要任何理由,与全日制用工下用人单位解除劳动合同必须符合法定要件相比,这对用人单位来说更加灵活、易操作。非全日制用工当事人可以随时解除劳动合同,不需要像全日制用工那样按法定要求提前通知,对用人单位来说不会存在辞退程序上的问题。非全日制用工合同解除条件对当事人双方是平等的,用人单位和劳动者享有同样的权利,均可以无条件随时通知对方解除合同。《劳动合同法》在总体倾向保护劳动者的基调的基础上,在非全日制用工方面赋予了用人单位很多自主权,用人单位可以合法运用非全日制用工制度降低用工成本。本案中,A 公司并不负有向甲支付双倍工资、代通金以及经济补偿金的义务。

(案例来源:劳动法苑网站)

【案例 5-4】

曾某于 2013 年 4 月底入职北京 B 医院,担任体检中心前台一职,双方签订了书面的非全日制劳动合同,约定每日工作 4 小时,每周工作 5 天,劳动报酬为 30 元/小时,结算周期为 15 日。2013 年 11 月底,B 医院口头通知曾某解除劳动合同,但双方就法定节假日加班工资及福利待遇等问题未能达成一致意见,产生纠纷。曾某遂诉诸劳动争议仲裁委员会,要求 B 医院:1. 支付 2013 年国庆节三天的加班工资差额 720 元;2. 同工同酬工资差额 6 000 元;3. 高温费

800元。

仲裁裁决:劳动争议仲裁委员会认为,由于《劳动合同法》及北京市的地方法规并未对非全日制员工的同工同酬及高温费等问题的处理作出明确规定,且双方就该等问题处理也未曾在书面的劳动合同中予以明确约定,故对曾某的上述诉请予以驳回。但是对于曾某提出的支付法定节假日加班工资差额问题,根据北京市人力资源和社会保障局印发的《关于调整北京市2013年最低工资标准的通知》的相关规定,"自2013年1月1日开始,非全日制从业人员法定节假日小时最低工资标准由33元/小时提高到36.6元/小时",劳动争议仲裁委员会据此计算出B医院应当补发给曾某的加班工资差额为79.2元。

思考练习

一、单项选择题

1. 集体合同由(　　)代表企业职工一方与用人单位订立。

A. 工会　　B. 职工代表大会　　C. 监事会　　D. 股东代表大会

2. 劳动行政部门自收到集体合同文本之日起(　　)内未提出异议的,集体合同即行生效。

A. 10日　　B. 15日　　C. 30日　　D. 5日

3. 集体合同中劳动报酬和劳动条件等标准(　　)当地人民政府规定的最低标准。

A. 不得低于　　B. 可以低于　　C. 必须高于　　D. 应当高于

4. 签订集体合同应当经过(　　)五个程序。

A. ①当事人协商　②职工代表大会或者全体职工讨论通过　③代表签字　④报送劳动行政部门备案　⑤公布

B. ①起草集体合同草案　②职工代表大会或者全体职工讨论通过　③代表签字　④报送劳动行政部门备案　⑤公布

C. ①当事人协商　②职工代表审议　③代表签字　④报送劳动行政部门备案　⑤公布

D. ①当事人协商　②职工代表大会或者全体职工讨论通过　③代表签字　④报送上级工会备案　⑤公布

5. 劳务派遣单位的注册资本不得少于(　　)万元

A. 30　　B. 100

C. 200　　D. 50

6. 劳务派遣单位应当与被派遣劳动者订立(　　)年以上的固定期限劳动合同,按月支付劳动报酬。

A. 半　　B. 一　　C. 二　　D. 三

7. 被派遣劳动者在无工作期间,劳务派遣单位应当按照所在地人民政府规定的(　　),向其按月支付报酬。

A. 最低工资标准　　B. 最低生活保障标准

C. 行业工资指导线　　D. 失业保险金领取标准

8. 劳务派遣单位派遣劳动者应当与接受以劳务派遣形式用工的单位订立(　　)。

A. 劳动合同　B. 集体合同　C. 用工协议　D. 劳务派遣协议

9. 劳务派遣单位跨地区派遣劳动者的，被派遣劳动者享有的劳动报酬和劳动条件，按照(　　)的标准执行。

A. 用工单位所在地　B. 劳务派遣单位所在地

C. 被派遣劳动者户籍所在地　D. 工资发放地

10. 劳务派遣一般在(　　)、辅助性、替代性的工作岗位上实施。

A. 长期性　B. 固定性　C. 流动性　D. 临时性

11. 劳务派遣单位违反《劳动合同法》规定，给被派遣劳动者造成损害的，劳务派遣单位与用工单位承担(　　)赔偿责任。

A. 共同　B. 连带　C. 按份　D. 违约

12. 非全日制用工，是指以小时计酬为主，劳动者在同一用人单位一般平均每日工作时间不超过(　　)小时，每周工作时间累计不超过(　　)小时的用工形式。

A. 4　24　B. 4　28　C. 6　24　D. 6　28

13. 非全日制用工双方当事人(　　)约定试用期。

A. 可以　B. 不得　C. 自愿　D. 必须

14. 非全日制用工终止时，用人单位(　　)向劳动者支付经济补偿。

A. 无义务

B. 以劳动者每工作满一年支付一个月工资的标准

C. 以劳动者每工作满一年支付半个月工资的标准

D. 以与全日制用工相同的标准

15. 非全日制用工小时计酬标准不得低于(　　)。

A. 用人单位所在地人民政府规定的最低小时工资标准

B. 劳动者住所地人民政府规定的最低小时工资标准

C. 用人单位所在地人民政府公布的平均小时工资标准

D. 劳动者住所地人民政府公布的平均小时工资标准

16. 非全日制用工劳动报酬结算支付周期最长不得超过(　　)日。

A. 3　B. 7　C. 10　D. 15

二、案例分析题

1. 某企业与全体职工签订了劳动合同，约定“职工实行国务院规定的新工时制度”，即每日工作8小时，星期六和星期日为周休息日。后经企业工会协商，又与企业工会签订了集体合同，约定“职工实行每日工作7时，每周的周六和周日连续休息两天的工时制度”。该企业的大部分职工均按此规定执行，只有配电室、电话总机室等少数职工由于人员紧张，工作周期长而无法执行。因此，这些职工通过工会向企业提出调整工作时间的要求。企业则认为，现阶段无法按集体合同执行的，仍按原劳动合同执行，况且原劳动合同也严格执行了《国务院关于职工工作时间的规定》，因此，对这些职工的工作时间未作调整。

问：该企业执行这样的工时制度是否违法？

2. 某合资公司依照《中华人民共和国工会法》成立了企业内部的工会组织，工会为了维护员工的合法权益，与公司就员工的报酬、工作时间等签订了集体合同，规定月工资不低于800

元,并经职工代表大会讨论通过。2002 年 7 月提交劳动行政部门审查备案,直到 2003 年 2 月,劳动行政部门仍未给予答复。该合资公司认为集体合同没被批准生效,便于 2003 年 4 月与一些员工签订劳动合同,在参考原集体合同内容的情况下,将月工资划为 600 元至 1 000 元不等。

问:(1)工会有无资格与公司签订集体合同?

(2)该集体合同是否生效?

(3)公司与员工签订的个别劳动合同在内容上有无错误?

文书实例

河南省平顶山市卫东区人民法院
民 事 判 决 书

〔2009〕**卫民初字第 342 号**

原告尹某,男,1968 年 2 月 12 日出生。

委托代理人李三,河南甲律师事务所律师。

被告平顶山 A 煤业股份有限公司一矿,住所地本市卫东区下牛村。

法定代表人李某,矿长。

委托代理人褚某,男,1971 年 1 月 28 日出生。

委托代理人梅某,河南乙律师事务所律师。

第三人唐河县 B 劳务服务有限公司,住所地唐河县城关人民路南段。

法定代理人张某,经理。

第三人唐河县 C 劳务服务有限公司,住所地唐河县城关文峰路中段。

法定代理人张三,经理。

第三人禹州市 D 劳务输出有限责任公司,住所地禹州市张得乡寨外村。

法定代表人常某,经理。

委托代理人王某,男,1958 年 8 月 5 日出生。

原告尹某诉被告平顶山 A 煤业股份有限公司一矿(以下简称 A 煤一矿)劳动争议纠纷一案,本院受理后,依法组成合议庭,公开开庭进行了审理。原告及其委托代理人李三,被告 A 煤一矿的委托代理人褚某、梅某,第三人唐河县 B 劳务服务有限公司(以下简称 B 劳务公司)、第三人唐河县 C 劳务服务有限公司(以下简称 C 劳务公司)、第三人禹州市 D 劳务输出有限责任公司(以下简称 D 劳务公司)的委托代理人王某到庭参加了诉讼。本案现已审理终结。

原告诉称,2000 年 9 月 1 日至今,我先后在被告单位下属复掘队、开拓二队工作,工种为掘进工,双方一直未签订书面劳动合同。在 A 煤一矿工作期间,我与签有书面劳动合同的人员在各方面待遇都是一样的,同工同酬,同样享受各项劳动保护待遇和福利待遇,每年过节和矿上正式人员一样领取矿上发放的福利,已与 A 煤一矿形成了事实劳动关系。2008 年 12 月 2 日,A 煤一矿突然通知我不用上班了,侵犯了我的合法权益。请求判令:1. 依法确认我与被告存在劳动关系,依法签订书面劳动合同;2. 请求法院依法判令被告向我支付 2008 年 2 月至 11

月共10个月的二倍工资,共计46 730元;3.本案诉讼费用由被告承担。

被告A煤一矿辩称,原告诉我单位属主体错误。原告与我单位既没有签订劳动合同也无事实劳动关系,原告之所以能在我单位务工,是劳务公司通过劳务派遣的形式,把原告派遣到我单位工作的,劳务公司才是原告的用人单位,我单位仅仅是用工单位,与原告形不成事实上的劳动关系。2007年11月30日劳务公司与我单位签订了劳务派遣协议并出具了委托书,约定2007年12月1日至2009年11月30日期间,劳务公司将其务工人员派遣到A煤一矿,委托我单位对被派遣人员进行管理,我单位依据双方劳务派遣协议和委托书,对原告进行全方位管理,其中包括代为岗前培训、安全生产技术培训、代为考勤、代为支付工资、代为办理工伤保险事宜等。因此劳务派遣公司才是《劳动合同法》中所说的用人单位。我单位是依据《劳动合同法》和劳务派遣公司的协议及委托书给予原告应当享有的待遇,原告在我单位工作,和我单位的固定工一样享受各项劳保待遇,是我单位按照法律规定参照用工单位所在地的标准执行的。所以,在这种委托关系中,我单位受委托支付工资和待遇的行为在法律上是一种委托关系,这种委托关系是不能形成事实劳动关系的,委托关系和劳动关系是两种法律关系。2007年12月1日,原告就与劳务公司签订了农民工劳动合同书,期限二年,即从2007年12月1日至2009年11月30日,该合同还经平顶山市劳动和社会保障局鉴证,合同上有原告和劳务公司的印鉴,其从形式到内容都是完整、合法、有效的,而且至今仍在履行中。所以原告起诉我单位属主体错误。原告在与劳务公司存在有劳动关系的同时,又说和我单位有事实劳动关系,就等于是一个劳动者同时与两个用人单位存有劳动关系,这是法律所不允许的。原告应当向劳务公司主张自己的权利,与我单位无关。综上所述,我单位与原告既然没有签订劳动合同,也不存在事实劳动关系,更不是用人单位。请求依法驳回原告的诉讼请求。

第三人述称,因本案属劳动争议案件,应该先进行劳动仲裁,劳务公司是在进入诉讼程序后被追加到本案诉讼中的,从程序上讲不符合法律规定,根据原告的诉求及事实理由提出三点答辩意见。1.本案应先申请劳动仲裁,劳务公司作为仲裁案件的一方当事人才能参加诉讼,因此应先仲裁。2.劳务公司与原告已经签订有劳动合同,并且合同在履行当中,履行期限没有届满,双方的劳动关系事实存在,不存在劳务公司与原告之间签订无固定期限的劳务合同的情况。同时,针对原告要求支付双倍工资,在合同履行期间不存在支付双倍工资问题,并且劳务公司也没有与原告签订解除劳动协议书,原告的两项诉求不能成立。3.根据目前案件的情况,我公司认为如果原告和A煤一矿双方要签订劳动合同或无固定期的劳动合同都损害了我公司的利益,也违反了法律规定。如果双方签订合同,我们保留对原告和A煤一矿提起诉讼的权利。

经审理查明,2007年11月原告与D劳务公司签订了为期二年的农民工劳动合同,合同期限自2007年12月1日至2009年11月30日,该合同经劳动部门鉴证且为原告本人所签。2007年11月30日,D劳务公司与被告A煤一矿又签订了劳务派遣合同书一份及授权委托书一份,约定由D劳务公司将原告派遣至被告A煤一矿处工作,由被告统一代为管理,具体管理内容包括:务工人员的岗前培训,劳动安全生产教育,安全技术培训和复训,技术指导,办理发放安全资格、上岗证等;代为考勤、工资的计算、支付及发放(现金或转账);工伤保险事宜;先进评比;工会事务办理,会员证发放,会费代收,组织工会活动等;煤炭行业职业技能培训及鉴定工作,规章制度规定及口头约定其他有关事宜。被告也依委托对原告进行了管理,为原告发放了工会会员证、矿灯领换证等。原告称其于2000年9月参加工作。2008年12月2日，劳务公司委托被告通知原告回劳务公司，被告即将原告退回劳务公司，劳务公司将其派遣至其他单位。但原告不同意，认为其属A煤一矿职工，双方产生纠纷。原告向平顶山市劳动争议仲裁委员会申请劳动仲裁，要求与被告签订无固定期限劳动合同，并支付双倍工资。平顶山市劳动争议仲裁委员会经审理后于2009年2月13日作出平劳仲案字〔2008〕第180号仲裁裁决书，驳回了原告的申诉申请。原告不服向法院起诉，庭审中本院依法追加B劳务公司、C劳务公司和D劳务公司作为第三人参加诉讼。

本院所确认的上述事实，有原告会员证、河南煤矿安全监察局安全工作资格证书、矿灯牌领换证、平顶山一矿收款标签、工商银行个人结算户清单，劳务公司与被告签订的劳动合同、A煤一矿与劳务公司签订劳务合同及委托书、劳务公司企业法人营业执照及许可证、劳务公司招工表、A煤一矿与劳务公司结算发票、证人证言及庭审笔录等证据材料在案为凭，这些证据材料已经开庭质证并经本院审查，可以采信。

本院认为，根据《劳动法》第十六条及《劳动合同法》第十条之规定，建立劳动关系的双方应当订立书面劳动合同，原告与D劳务公司签订劳动合同后，D劳务公司又依据其与被告A煤一矿所签订的劳务派遣合同，将原告派遣到被告单位工作，被告单位按照劳务公司出具的委托书对原告进行劳动管理，故不能认定原告与被告单位之间形成劳动关系，原告所诉缺乏证据证明，本院不予支持。根据《中华人民共和国民事诉讼法》第六十四条，《劳动合同法》第十条、第十四条规定，判决如下。

驳回原告尹某的诉讼请求。

案件受理费10元，由原告尹某负担。

如不服本判决，可在判决书送达之日起十五日内，向本院递交上诉状，并按对方当事人的人数提出副本，上诉于河南省平顶山市中级人民法院。

审判长　　徐某
审判员　　刘某某
审判员　　李某
二〇〇九年八月二十四日
书记员　　尹某某

（材料来源：中国法院网）

第六章　工资工时法律制度

案例回放

2006年5月，毛女士被某管理咨询(上海)有限公司聘用，任公司经理一职，双方签订了为期2年的“聘用函”和“经理聘用协议”，期限至2008年5月14日止，约定毛女士年薪为32.5万元，分13次支付(其中包括年底双薪)。2007年3月前，毛女士月薪为税前2.5万元。2007年4月起，月薪调整为税前28 750元。2008年4月23日，毛女士收到公司决定合同期满不再续签的书面通知和费用结算明细。对此，毛女士不予同意。5月6日，公司再次向毛女士发出合同期满不再续签的书面通知，并重新出具解约后的费用结算单。5月12日，毛女士办理了离职交接手续，并实际工作到该日。

2008年7月9日，毛女士向市劳动争议仲裁委员会申请仲裁，要求公司支付经济补偿金和加班工资，该劳动争议仲裁委员会以超过仲裁申请时效而未予受理。同月下旬，毛女士又向法院起诉称，在2008年4月23日，公司无故要求自己终止进行的项目，并出具不再续签的通知，自己多次与公司交涉但无结果。2008年5月12日，公司强行要求自己立即办理工作移交手续，无奈自己只得离开公司。毛女士认为，与公司签署的“经理聘用协议”于2008年5月14日到期，而公司在5月12日就解除了与自己的劳动关系，违反了法律规定。要求公司支付提前解除劳动合同的经济补偿金74 852元，支付加倍加班工资48 516元。

法庭上，公司辩称在4月23日书面通知毛女士合同到期不再续签。4月24日至5月14日的工资以代通金的形式支付，毛女士表示不同意。5月6日，公司再次通知毛女士，工资将结算到5月14日，并给予毛女士终止合同的经济补偿，5月12日双方办理了离职交接手续。声称在公司内部实行的是不定时工作制，毛女士不存在加班的情况。

法院认为，从公司向毛女士发出的聘用期满不再续签的通知看，公司决定在聘用期满即2008年5月14日，终止与毛女士的劳动关系意思是明确的。毛女士依据公司4月23日出具的费用明细，以及5月12日进行工作交接的事实，证明公司提前解除与自己的劳动合同理由不能成立，法院认定双方属期满终止聘用合同。虽然公司在第一次结算毛女士离职工资、经济补偿等项目时存有瑕疵，但公司在毛女士对结算明细提出异议后，依据现有规定重新作了结算，并及时向毛女士支付了相应工资和经济补偿款。从公司经营范围和毛女士担任的职位看，毛女士属被批准实行不定时工时制。对于毛女士主张加倍加班工资请求，法院还认为通常员工加班应由单位事先作出安排，在特殊情况下员工加班也应由单位事后予以确认。现毛女士仅凭自行做的工作记录，证明自己存在加班事实，法院不予采信，遂作出了一审判决：除公司计算有误再补偿毛女士8 676元差额外，对毛女士主张加班工资4.8万余元之诉则不予支持。

(材料来源：中国法院网)

理论要点

第一节　工资法律制度

一、工资的概念与特征

(一)工资的概念

工资是指劳动关系中,劳动者因履行劳动给付义务而获得的,由用人单位以法定方式支付的各种形式的物质补偿,在《劳动法》中,被称为劳动报酬。狭义的工资,仅指职工劳动报酬中的基本工资。

工资一般包括计时工资、计件工资、奖金、津贴和补贴、延长工作时间的工资报酬以及特殊情况下支付的工资等。工资是劳动者劳动收入的主要组成部分。

劳动者的以下劳动收入不属于工资范围:

(1)单位支付给劳动者个人的社会保险福利费用,如丧葬抚恤救济费、生活困难补助费、计划生育补贴等;

(2)劳动保护方面的费用,如用人单位支付给劳动者的工作服、解毒剂、清凉饮料等的费用;

(3)按规定未列入工资总额的各种劳动报酬及其他劳动收入,如根据国家规定发放的创造发明奖、国家星火奖、自然科学奖、科学技术进步奖、合理化建议和技术改进奖、中华技能大奖等,以及稿费、讲课费、翻译费等。

(二)工资的特征

工资同劳动者的其他劳动报酬或劳动收入一样,都是国民收入中根据劳动者的劳动数量和质量,分配给劳动者个人的消费品。与其他劳动报酬或劳动收入(如农民劳动报酬、个体劳动收入、劳务报酬等)相比,工资具有下述特征。

(1)工资必须是基于一定的劳动法律关系所取得的劳动报酬。即只有在劳动者与用人单位之间的劳动关系存续期间,才存在工资支付问题。

(2)工资是用人单位对劳动者履行的劳动给付义务的物质补偿。所谓履行劳动给付义务,一般是指劳动者按照劳动法规、集体合同和劳动合同的要求,从事用人单位所安排的劳动;在法定特殊场合,劳动者即使未实际进行劳动给付,也视为已履行劳动给付义务(见工作时间制度)。

(3)工资量的确定,必须以劳动法规、劳动政策、集体合同和劳动合同的规定为依据,即必须符合法定和约定的工资标准。

(4)工资必须以法定方式支付,即一般只能用法定货币支付,并且这种支付是持续的、定期的。

二、工资法律调整的原则

(一)按劳分配的原则

《劳动法》第四十六条第一款规定:“工资分配应当遵循按劳分配原则,实行同工同酬。”按劳分配要求以劳动为尺度，按照劳动者的劳动数量和质量分配个人消费品，多劳多得，少劳少得，反对平均主义。同时，所有职工不分性别、年龄、种族等，一律按其等量劳动获得等量报酬。

（二）在经济发展的基础上，逐步提高工资水平的原则

《劳动法》第四十六条第二款规定："工资水平在经济发展的基础上逐步提高。"一方面要求劳动生产率提高的速度必须超工资增长的速度，另外一方面要求工资增长速度必须与劳动生产率提高的速度相适应。工资水平的提高只有在一定经济水平提高的前提下实施。

（三）宏观调控原则

宏观调控原则是指对工资总额和工资分配中的不合理因素或现象实行国家干预的法律调控原则。《劳动法》第四十六条第二款规定："国家对工资总量实行宏观调控。"工资总量是指一定时期内国民生产总值中用于工资分配的总数量。

（四）用人单位自主分配与劳动者协商原则

用人单位自主分配原则，即用人单位有权根据本单位的生产经营特点和经济效益，依法自主确定本单位的工资分配方式和工资水平。在国家宏观调控的前提下，工资分配方式由企业经营方式决定，工资水平由劳动力市场的供求关系来确定，用人单位与劳动者可以就工资报酬进行协商。这是工资制度的一项重大改革。

三、工资构成

（一）基本工资

基本工资即劳动者所得工资额的基本组成部分，它由用人单位按照规定的工资标准支付，较之工资额的其他组成部分具有相对稳定性。例如，工资总额组成中的计时工资、计件工资就是基本工资。再具体些说，实行结构工资制的单位支付给职工的基础工资和职务（岗位）工资均属基本工资。

（二）辅助工资

劳动者的辅助工资是指基本工资以外的各种工资。例如，奖金、津贴和补贴、加班加点工资、附加工资、保留工资等。

【案例6-1】

基本案情

南京某公司（以下简称某公司）于2016年8月制定《南京某集团关于引进投资项目的奖励暂行办法》（以下简称《奖励办法》），规定成功引进商品房项目的，某公司将综合考虑项目规模、年平均利润率等因素，以项目审定的预期利润或收益为奖励基数，按照0.1%～0.5%确定奖励总额。该奖励由投资开发部拟定各部门或其他人员的具体奖励构成后提出申请，经集团领导审议、审批后发放。2017年2月，彭某入职某公司担任投资开发部经理。2017年6月，投资开发部形成会议纪要，确定部门内部的奖励分配方案为总经理获得部门奖金的75%、其余项目参与人员获得部门奖金的25%。

彭某履职期间，其主导的投资开发部成功引进无锡红梅新天地、扬州GZ051地块、如皋约克小镇、徐州焦庄、高邮鸿基万和城、徐州彭城机械六项目，后针对上述六项目投资开发部先后向某公司提交了六份奖励申请。

直至彭某自某公司离职，某公司未发放上述奖励。彭某经劳动仲裁程序后，于法定期限内诉至法院,要求某公司支付奖励 1 689 083 元。

案件审理过程中,某公司认可案涉六项目初步符合奖励办法规定的受奖条件,但以无锡等三项目的奖励总额虽经审批但具体的奖金分配明细未经审批及徐州等三项目的奖励申请未经审批为由,主张彭某要求其支付奖金的请求不能成立。对于法院"如彭某现阶段就上述项目继续提出奖励申请,某公司是否启动审核程序"的询问,某公司明确表示拒绝,并表示此后也不会再启动六项目的审批程序。此外,某公司还主张,彭某在无锡红梅新天地项目、如皋约克小镇项目中存在严重失职行为,这两个项目存在严重亏损,某公司已就拿地业绩突出向彭某发放过奖励,但均未提交充分的证据予以证明。

裁判结果

南京市秦淮区人民法院于 2018 年 9 月 11 日作出〔2018〕苏 0104 民初 6032 号民事判决:驳回彭某的诉讼请求。彭某不服,提起上诉。江苏省南京市中级人民法院于 2020 年 1 月 3 日作出〔2018〕苏 01 民终 10066 号民事判决:一、撤销南京市秦淮区人民法院〔2018〕苏 0104 民初 6032 号民事判决;二、某公司于本判决生效之日起十五日内支付彭某奖励 1 259 564. 4 元。

(案例来源:最高人民法院 2022 年 7 月 4 日发布的第 181 号指导案例)

四、工资形式

工资形式是指计量劳动和支付工资的形式。我国现行的工资形式主要有计时工资、计件工资两种基本形式和奖金、津贴两种辅助形式。

(一)计时工资

计时工资是按照单位时间工资率(即计时工资标准)和工作时间支付劳动者个人工资的一种形式。计时工资可以分为月工资制、日工资制和小时工资制三种。其优点是操作简单易行,适用面广,任何用人单位和工种均可适用。缺点是只以劳动时间作为计算工资报酬的依据,工资报酬没有与劳动的数量和质量相挂钩。

(二)计件工资

计件工资是指按照劳动者完成的合格产品的数量和预先规定的计件单位计算工资的形式。它是用一定时间内的劳动成果来计算的工资,即用间接劳动时间来计算,因此它是计时工资的转化形式。计件工资能够使劳动成果与劳动报酬直接联系起来,更好地体现了按劳分配的原则。

实践中用人单位规定劳动者在完成一定绩效后可以获得奖金,其无正当理由拒绝履行审批义务,符合奖励条件的劳动者主张获奖条件成就,用人单位应当按照规定发放奖金的,人民法院应予支持。

【案例 6-2】

基本案情

房某于 2011 年 1 月至中美联泰大都会人寿保险有限公司(以下简称大都会公司)工作,双方之间签订的最后一份劳动合同履行日期为 2015 年 7 月 1 日至 2017 年 6 月 30 日,约定房某担任战略部高级经理一职。2017 年 10 月,大都会公司对其组织架构进行调整,决定撤销战略部,房某所任职的岗位因此被取消。双方就变更劳动合同等事宜展开了近两个月的协商,未果。12 月 29 日,大都会公司以客观情况发生重大变化、双方未能就变更劳动合同协商达成一致，向房某发出解除劳动合同通知书。房某对解除决定不服，经劳动仲裁程序后起诉要求恢复与大都会公司之间的劳动关系并诉求2017年8月至12月未签劳动合同二倍工资差额、2017年度奖金等。大都会公司员工手册规定：年终奖金根据公司政策，按公司业绩、员工表现计发，前提是该员工在当年度10月1日前已入职，若员工在奖金发放月或之前离职，则不能享有。据查，大都会公司每年度年终奖会在次年3月份左右发放。

裁判结果

上海市黄浦区人民法院于2018年10月29日作出〔2018〕沪0101民初10726号民事判决：一、大都会公司于判决生效之日起七日内向原告房某支付2017年8月至12月期间未签劳动合同双倍工资差额人民币192 500元；二、房某的其他诉讼请求均不予支持。房某不服，上诉至上海市第二中级人民法院。上海市第二中级人民法院于2019年3月4日作出〔2018〕沪02民终11292号民事判决：一、维持上海市黄浦区人民法院〔2018〕沪0101民初10726号民事判决第一项；二、撤销上海市黄浦区人民法院〔2018〕沪0101民初10726号民事判决第二项；三、大都会公司于判决生效之日起七日内支付上诉人房某2017年度年终奖税前人民币138 600元；四、房某的其他请求不予支持。

裁判理由

法院生效裁判认为：本案的争议焦点系用人单位以客观情况发生重大变化为依据解除劳动合同，导致劳动者不符合员工手册规定的年终奖发放条件时，劳动者是否可以获得相应的年终奖。对此，一审法院认为，大都会公司的员工手册明确规定了奖金发放情形，房某在大都会公司发放2017年度奖金之前已经离职，不符合奖金发放情形，故对房某要求2017年度奖金之请求不予支持。二审法院经过审理后认为，现行法律法规并没有强制规定年终奖应如何发放，用人单位有权根据本单位的经营状况、员工的业绩表现等，自主确定奖金发放与否、发放条件及发放标准，但是用人单位制定的发放规则仍应遵循公平合理原则，对于在年终奖发放之前已经离职的劳动者可否获得年终奖，应当结合劳动者离职的原因、时间、工作表现和对单位的贡献程度等多方面因素综合考量。本案中，大都会公司对其组织架构进行调整，双方未能就劳动合同的变更达成一致，导致劳动合同被解除。房某在大都会公司工作至2017年12月29日，此后两日系双休日，表明房某在2017年度已在大都会公司工作满一年；在大都会公司未举证房某的2017年度工作业绩、表现等方面不符合规定的情况下，可以认定房某在该年度为大都会公司付出了一整年的劳动且正常履行了职责，为大都会公司作出了应有的贡献。基于上述理由，大都会公司关于房某在年终奖发放月之前已离职而不能享有该笔奖金的主张缺乏合理性。故对房某诉求大都会公司支付2017年度年终奖应予支持。

（案例来源：最高人民法院2022年7月4日发布的第183号指导案例）

五、最低工资制度

（一）概念

最低工资是指劳动者在法定工作时间或依法签订的劳动合同约定的工作时间内提供了正常劳动的前提下，用人单位依法应当支付的最低劳动报酬。

最低工资具有以下三个要点。第一，劳动者在单位时间里提供了正常劳动，这是取得最低工资的前提。第二，最低工资标准是由政府直接确定的，而不是劳动关系双方自愿协商的。省、自治区、直辖市范围内的不同行政区域可以有不同的最低工资标准。第三，只要劳动者提供了单位时间的正常劳动，用人单位支付的劳动报酬不得低于政府规定的标准。

（二）最低工资的确定及发布程序

确定最低工资考虑的因素通常包括维持劳动者本人最低生活的费用、劳动者平均赡养人口的最低生活费用及劳动者为了满足一般社会劳动要求而不断提高自身素质和专业水平、劳动技能所支出的必要费用。

在我国，由省、自治区、直辖市人民政府劳动行政部门会同同级工会、企业联合会、企业家协会拟订最低工资标准的确定方案。省、自治区、直辖市人民政府劳动行政部门将确定最低工资标准的方案报送人力资源社会保障部。人力资源社会保障部在收到拟订方案后，应征求全国总工会、中国企业联合会、企业家协会的意见。人力资源社会保障部对方案可以提出修订意见，若在方案收到后14日内未提出修订意见的，视为同意。在得到人力资源社会保障部同意后，省、自治区、直辖市劳动行政部门应将本地区最低工资标准方案报省、自治区、直辖市人民政府批准，批准后7日内在当地政府公报上和至少一种全地区性报纸上发布。

省、自治区、直辖市劳动行政部门应在发布后10日内将最低工资标准报人力资源社会保障部。用人单位应在最低工资发布后10日内将该标准向本单位全体劳动者公示。

（三）最低工资标准的适用范围

最低工资标准的适用范围，包括最低工资标准适用的劳动者范围、时间范围和劳动种类范围。

1. 最低工资标准适用的劳动者范围

《劳动法》第二条中明确规定了《劳动法》的适用范围，即适用于中华人民共和国境内所有企业、个体经济组织和与之形成劳动关系的劳动者。其他几类劳动者，如国家机关工作人员、事业单位职工、农民、军人，都不适用《劳动法》。最低工资标准的适用范围应当与《劳动法》的适用范围相同。

2. 最低工资标准适用的时间范围

最低工资标准的时间适用范围，是指劳动者在哪些时间内从事劳动，才能享受最低工资制度保障的情况。根据《最低工资规定》，劳动者享受最低工资制度保障的时间范围，应当是在法定工作时间或依法签订的劳动合同约定的工作时间内。因此，最低工资不应包括加班工资。

3. 最低工资标准适用的劳动种类范围

最低工资标准适用的劳动种类范围，是指劳动者在法定劳动时间内，提供哪些种类的劳动有权享受最低工资保障。根据世界各国通行惯例和我国《企业最低工资规定》，劳动者只有在法定劳动时间内提供了正常劳动的，才有权享受最低工资保障。同时，《最低工资规定》第三条规定："劳动者依法享受带薪年休假、探亲假、婚丧假、生育（产）假、节育手术假等国家规定的假期间，以及法定工作时间内依法参加社会活动期间，视为提供了正常劳动。"根据这一规定可以看出，凡是劳动者在国家规定的带薪休假期间内的休假，都应视为提供了正常劳动，并适用最低工资保障规定。

（四）最低工资的计算与支付

最低工资标准一经确定公布，在适用区域和范围内，用人单位必须按照不低于最低工资率的标准，以货币形式向劳动者支付工资。但最低工资不应包括下列各项费用或收入。

（1）加班加点工资。加班加点工资，属于劳动者在法定工作时间之外提供超额劳动的报酬，因此不能将这部分收入计算在劳动者的最低工资组成部分之内。

(2)中班、夜班、高温、低温、井下、有毒有害等特殊工作环境、条件下的津贴。这部分费用，是对劳动者在特殊条件下的额外的劳动消耗给予的补偿或鼓励，因此不能计算在最低工资之内。

(3)国家法律、法规规定的劳动保险、福利待遇。保险和福利待遇，不属于工资的性质和范畴，当然也不应作为最低工资的组成部分。

【案例6-3】

2004年9月原告到被告某中学工作，双方未签订劳动合同。原告从事被告安排的食堂管理和男生公寓管理工作，月工资300元，2008年1月起调整到420元。原告在被告单位工作期间，被告没有为其办理医疗、养老保险。后原告多次要求补齐工资、签订劳动合同、支付医疗和养老保险费用、办理工伤保险未果，于2008年5月20日申请仲裁，市劳动争议仲裁委员会决定不予受理，原告不服，向法院提起诉讼。

另查，2004年10月至2006年9月，该市最低月工资标准为320元，2006年10月至2007年9月，最低月工资标准为390元，2007年10月至2007年12月，最低月工资标准为420元。

法院审理认为，原告虽未与被告某中学签订劳动合同，但存在事实劳动关系。被告支付原告工资低于当地最低工资标准，应当补发差额1 920元。被告未按《劳动合同法》有关规定与原告订立劳动合同，应当支付原告2008年1月至5月期间双倍工资，除去已领取的工资，还应付给原告2 100元。原告到被告处工作后，养老金应由单位缴纳的部分，被告没有缴纳，应当承担缴纳责任。但应由单位缴纳的部分，原告已经自行缴纳，被告应将该部分付给原告。综上，法院对原告要求被告补发差额工资、双倍工资和缴纳养老金合理部分的诉讼请求予以支持。

(材料来源：中国法院网)

六、工资与支付保障

(一)工资支付的原则

工资应当以法定货币形式按时足额支付给劳动者本人，不得以实物及有价证券替代货币支付。用人单位必须书面记录支付劳动者工资的数额、时间、领取者的姓名并请领取者签字，并保存两年以上备查。用人单位在支付工资时应向劳动者提供一份其个人的工资清单。用人单位不得无故拖欠劳动者的工资。

(二)特殊情况下的工资支付

特殊情况下的工资，是指依照法律、法规规定或劳动合同约定在特殊时间内或者特殊工作情况下支付给劳动者的工资。我国现行的特殊情况下的工资，主要有加班加点工资(详见本章第二节的“加班加点”)，休假期间的工资(详见本章第二节的“休息休假制度”)，停工、停产期间的工资，履行国家或社会义务期间的工资与学习与培训期间的工资。

1. 停工、停产期间的工资

根据《工资支付暂行规定》，非因劳动者原因造成单位停工、停产在一个工资支付周期内的，用人单位应按劳动合同规定的标准支付劳动者工资。超过一个工资支付周期的，若劳动者提供了正常劳动，则支付劳动者的劳动报酬不得低于当地的最低工资标准；若劳动者没有提供正常劳动,应按国家有关规定办理。

2. 履行国家或社会义务期间的工资

根据《劳动法》和《工资支付暂行规定》,劳动者在工作时间内,履行下列国家或社会义务时,由用人单位照发工资:

(1)依法行使选举权或被选举权;

(2)当选代表出席乡(镇)、区以上政府、党派、工会、青年团、妇女联合会等组织召开的会议;

(3)出任人民法庭证明人;

(4)出席劳动模范、先进工作者大会;

(5)《中华人民共和国工会法》规定的不脱产工会基层委员会委员因工会活动占用的生产或工作时间;

(6)其他依法参加的社会活动。

3. 学习与培训期间的工资

经过用人单位推荐或批准,劳动者临时脱产或半脱产到有关学校参加学习期间,工资照发;经本单位同意脱产参加函授学习的,在规定的脱产面授学习期间,工资照发;经本单位同意脱产参加成人教育学习的,学习期间工资照发。

(三)严禁非法扣除职工工资

劳动者的工资,应当以货币形式按月支付给劳动者本人。劳动者本人因故不能领取工资时,可由其亲属或者他委托的人代领。任何单位,凡不具有法律规定的扣发劳动者工资情形的,均无权扣除劳动者的工资。非法扣除劳动者工资的,劳动者可以向劳动行政部门提出申诉,由劳动行政部门责令用人单位按规定支付工资和给予经济补偿,并责令其支付赔偿金;也可以依法向劳动争议仲裁机关申请仲裁。

所谓法律规定的允许扣除劳动者工资的情形,具体有以下几种。

(1)根据《工资支付暂行规定》的规定,用人单位代扣代缴的个人所得税,以及应由劳动者个人负担的各项社会保险费用。

(2)根据《工资支付暂行规定》第十六条的规定,因劳动者本人原因给用人单位造成经济损失的,用人单位可按照劳动合同的约定要求其赔偿经济损失。赔偿的数额,由企业根据具体情况确定,从劳动者本人的工资中扣除。但每月扣除的部分不得超过劳动者当月工资的20%。若扣除后的剩余工资部分低于当地月最低工资标准,则按最低工资标准支付。

(3)依据人民法院已经生效的判决、裁定或其他法律文件,以及仲裁机关已经生效的仲裁文件,从应负法律责任的劳动者工资中扣除其应当承担的扶养费、赡养费、损害赔偿金或者其他款项。但每月扣除时,应保证该劳动者的基本生活需要。

(4)根据劳动监察法规规定,由于企业行政领导人员违反劳动保护法规,给国家或劳动者造成损失时,劳动监察机关或监察人员有权根据其所犯错误的性质和情节,对责任者本人处以不超过本月标准工资的20%的罚款,并从其工资中扣除。

(5)法律、法规规定可以从劳动者工资中扣除的其他费用。

【案例6-4】

张先生是某电子公司员工,公司规定进入车间必须穿工作服,有一天他因为疏忽忘记穿工作服就进入车间，公司对其罚款 50 元。

评析：国务院 1982 年发布施行的《企业职工奖惩条例》第十二条规定："对职工的行政处分分为：警告，记过，记大过，降级，撤职，留用察看，开除。在给予上述行政处分的同时，可以给予一次性罚款。"这是我国劳动法律中对全民所有制企业和城镇集体所有制企业职工罚款的直接法律渊源。但是，根据国务院 2008 年公布的《国务院关于废止部分行政法规的决定》，该《企业职工奖惩条例》已被 1994 年公布的《劳动法》和 2007 年公布的《劳动合同法》代替。另外，根据《中华人民共和国行政处罚法》的规定，罚款属于行政处罚的种类之一，只能由行使国家行政权力的行政管理机关或者法律授权行使行政权力的机构行使。用人单位不符合该主体资格，无权对职工罚款。

（材料来源：http://www2.chinahrd.net/zhi_sk/jt_page.asp? articleID = 206473）

【案例 6-5】

李先生在广州市番禺区某造纸厂上班，月工资 1 500 元。根据该厂规章制度，员工严禁在厂区抽烟。一次，李先生在厂区抽烟造成工厂经济损失 1 000 元。工厂直接从李先生当月工资中扣除 1 000 元。

评析：李先生违反规定在厂区抽烟造成工厂经济损失，根据 1994 年劳动部发布的《工资支付暂行规定》规定，工厂有权以扣发工资的方式要求李先生赔偿经济损失。但是，一次性扣发李先生 1 000 元工资不但超过了李先生月工资的 20%，而且造成扣发后的月工资仅剩 500 元，低于当地最低工资标准，这是不合理的。李先生有权要求公司返还已经扣发的超过其月工资 20% 的部分。当然，单位可以在遵守相关规定前提下，对李先生造成的损失按规定分月扣发。

（材料来源：http://www2.chinahrd.net/zhi_sk/jt_page.asp? articleID = 206473）

（四）工资支付的刑法保障

2011 年 2 月 25 日中华人民共和国第十一届全国人民代表大会常务委员会第十九次会议通过了《中华人民共和国刑法修正案（八）》，第四十一项规定在《中华人民共和国刑法》第二百七十六条后增加一条，作为第二百七十六条之一："以转移财产、逃匿等方法逃避支付劳动者的劳动报酬或者有能力支付而不支付劳动者的劳动报酬，数额较大，经政府有关部门责令支付仍不支付的，处三年以下有期徒刑或者拘役，并处或者单处罚金；造成严重后果的，处三年以上七年以下有期徒刑，并处罚金。单位犯前款罪的，对单位判处罚金，并对其直接负责的主管人员和其他直接责任人员，依照前款的规定处罚。有前两款行为，尚未造成严重后果，在提起公诉前支付劳动者的劳动报酬，并依法承担相应赔偿责任的，可以减轻或者免除处罚。"该修正案自 2011 年 5 月 1 日起施行。

为依法惩治拒不支付劳动报酬犯罪，维护劳动者的合法权益，最高人民法院于 2013 年 1 月 14 日通过《最高人民法院关于审理拒不支付劳动报酬刑事案件适用法律若干问题的解释》，自 2013 年 1 月 23 日起施行。

【案例 6-6】

2013 年 2 月 1 日，由新疆维吾尔自治区乌鲁木齐市高新区人民法院立案受理的全疆首例拒不支付劳动报酬案，法院以拒不支付劳动报酬罪判处被告人谢某有期徒刑一年零六个月，并处罚金 2 万元。

2012年，被告人谢某承包了“马德里春天”“御园世家”等四家建筑工地部分工程，并雇用工人施工。2012年9月，工程施工方已付给谢某劳动报酬60万元。结算工程款后，谢某通过转移、逃避等方式，逃避支付张某等25名工人劳动报酬37万余元。

2012年9月8日，张某等25名工人向区劳动保障监察大队投诉谢某拖欠劳动报酬情况。9月13日，高新区人力资源和社会保障局向谢某发出限期改正指令书。谢某仍不支付，导致民工上访，影响了社会稳定。

2012年9月19日，高新区人力资源和社会保障局将此案移送公安机关立案侦查。后公安机关追回19万余元，法院审理过程中，又追回3万余元，均已发还被害人，剩余14万余元由被告人谢某继续偿付。

（材料来源：中国法院网）

【案例6-7】

2012年4月至6月间，被告人余某承包夏邑县“天龙湖运河城”工地44号楼木工工程，应得工程款161 000元。施工期间，被告人余某向发包商宗某借款65 000元，借给工人24 000元。2012年6月初，因管理不善，工程亏损，被告人余某在未付清工人工资的情况下，携带其余的借款，将所有通信工具全部关闭后潜逃至扬州。60余名工人因领不到工资而聚集闹事。经夏邑县人力资源和社会保障局责令支付，余某仍未支付工人工资。后经夏邑县人力资源和社会保障局核算余某共拖欠工人工资225 000元，由总发包方某建筑有限公司代发181 380元，但仍有10名工人工资未付。

夏邑县人民法院经审理认为，被告人余某采取携带款项、关闭通信工具、潜逃外地的方法逃避支付劳动者的劳动报酬，数额较大，经政府有关部门责令支付仍不支付，致使工人聚集闹事，后果严重，其行为构成拒不支付劳动报酬罪。以拒不支付劳动报酬罪，对被告人余某作出一审判决：判处有期徒刑三年并处罚金人民币20 000元，于判决书生效后三十日内缴纳。

（材料来源：中国法院网）

（五）农民工工资保障

农民工已经成为我国产业工人的主体，是推动国家现代化建设的重要力量，为经济社会发展作出了巨大贡献。根据人力资源社会保障部对十三届全国人大一次会议第8048号建议的答复，“农民工”是指具有农村户口、有承包土地，但主要在非农产业就业的人员。国务院颁布的《保障农民工工资支付条例》自2020年5月1日起施行，对农工工资，作出了较全面的保障，规定用人单位实行农民工劳动用工实名制管理，与招用的农民工书面约定或者通过依法制定的规章制度规定工资支付标准、支付时间、支付方式等内容。人力资源社会保障行政部门负责保障农民工工资支付工作的组织协调、管理指导和农民工工资支付情况的监督检查，查处有关拖欠农民工工资案件。住房城乡建设、交通运输、水利等相关行业工程建设主管部门按照职责履行行业监管责任，督办因违法发包、转包、违法分包、挂靠、拖欠工程款等导致的拖欠农民工工资案件。发展改革委等部门按照职责负责政府投资项目的审批管理，依法审查政府投资项目的资金来源和筹措方式，按规定及时安排政府投资，加强社会信用体系建设，组织对拖欠农民工工资失信联合惩戒对象依法依规予以限制和惩戒。财政部门负责政府投资资金的预算管理，根据经批准的预算按规定及时足额拨付政府投资资金。公安机关负责及时受理、侦办涉嫌拒不支付劳动报酬刑事案件，依法处置因农民工工资拖欠引发的社会治安案件。司法行政、自然资源、人民银行、审计、国有资产管理、税务、市场监管、金融监管等部门，按照职责做好与保障农民工工资支付相关的工作。

人力资源社会保障行政部门、相关行业工程建设主管部门和其他有关部门应当按照职责，加强对用人单位与农民工签订劳动合同、工资支付以及工程建设项目实行农民工实名制管理、农民工工资专用账户管理、施工总承包单位代发工资、工资保证金存储、维权信息公示等情况的监督检查，预防和减少拖欠农民工工资行为的发生。人力资源社会保障行政部门在查处拖欠农民工工资案件时，需要依法查询相关单位金融账户和相关当事人拥有房产、车辆等情况的，应当经设区的市级以上地方人民政府人力资源社会保障行政部门负责人批准，有关金融机构和登记部门应当予以配合。人力资源社会保障行政部门在查处拖欠农民工工资案件时，发生用人单位拒不配合调查、清偿责任主体及相关当事人无法联系等情形的，可以请求公安机关和其他有关部门协助处理。人力资源社会保障行政部门发现拖欠农民工工资的违法行为涉嫌构成拒不支付劳动报酬罪的，应当按照有关规定及时移送公安机关审查并作出决定。人力资源社会保障行政部门作出责令支付被拖欠的农民工工资的决定，相关单位不支付的，可以依法申请人民法院强制执行。

为落实上述规定，2020 年 5 月 27 日《中国银保监会 人力资源社会保障部关于人力资源社会保障行政部门查询相关单位银行账户有关问题的通知》（银保监发〔2020〕23 号），2020 年 6 月 5 日《人力资源社会保障部 公安部关于查询拖欠农民工工资案件相关当事人车辆登记情况的通知》（人社部发〔2020〕44 号），就人力资源社会保障部门查询相关单位或责任人银行账户及车辆信息的办事程序进行了具体安排。

第二节　工作时间与休息休假制度

一、工作时间的含义

工作时间又称劳动时间，是指依照法律的规定，劳动者在一昼夜或一周之内，用于完成本职工作的劳动时间。一昼夜内工作时数的总和称为工作日，一周之内工作日的总和称为工作周。

劳动者的工作时间和休息休假的立法是劳动立法历史中最早的法律规定内容。1802 年英国颁布的《学徒健康与道德法》就是以限制工作时间为主要内容的劳动立法，被公认为现代劳动立法的开端。

工作时间是劳动者履行合同义务而从事劳动或工作的时间，其长度由法律规定或由集体合同、劳动合同约定，是衡量劳动报酬的重要尺度。

【案例 6-8】

2009 年 5 月，吕某进入某服饰公司从事缝纫工作，工资按件计算，以现金形式发放。吕某在该公司工作至 2016 年 5 月 31 日。2016 年 7 月 7 日，吕某向当地劳动争议仲裁委员会申请仲裁，要求公司支付应休未休年休假工资。服饰公司代理人辩称年休假制度只适用于国家机关、事业单位和国有企业，某服饰公司作为普通民营企业，并未制定相关年休假制度，不需要强制性安排职工年休假。

劳动争议仲裁委员会裁令被申请人支付申请人2015年度以及2016年1月份至5月份期间未休年休假工资。

年休假适用所有用人单位的劳动者,是劳动者应享有的法定权利,具有强制性,用人单位不应剥夺,也不可选择性适用。而未休年休假工资是因用人单位未安排劳动者休年休假而给予劳动者的补偿,依据《劳动争议调解仲裁法》的规定,劳动争议申请仲裁的时效期间为一年,从当事人知道或应当知道其权利被侵害之日起计算。本案中吕某要求某服饰公司支付2015年度之前的应休未休年休假工资,已经超过了劳动争议的申请时效,故仲裁委仅支持其2015年度以及2016年1月份至5月份期间的未休年休假工资。

用人单位可提前制定年度休假安排,注意听取劳动者的个人意愿,如劳动者不休假或调整休假时间的要求有合理理由的,用人单位应予以考虑。年休假安排并不需要由用人单位与劳动者协商一致,但如果用人单位不安排劳动者休假或特殊情况下需要跨年度安排劳动者休假的,则必须获得劳动者本人的同意,并注意做好相关证据的保留。

二、工作时间的分类

(一)标准工作时间

标准工作时间是指法律规定的在一般情况下统一实行的标准长度的工作时间。在我国,标准工作时间为每日8小时、每周5天40小时。对计件工作的劳动者,用人单位应按每日工作8小时、每周工作40小时的工时制度,合理地确定劳动定额和计件报酬标准。标准工作时间适用于我国境内的一切机关、团体、企事业单位和其他组织的职工。标准工作时间制度是一项最基本也是最重要的工时制度,适用范围广,法律规定性强,其他一切工时制度都是对这一制度的转化和变通适用,都以其为实行基础和区分标准。

(二)缩短工作时间

缩短工作时间制度是指在特殊条件下从事劳动或有特殊情况时,法律规定在保证完成生产和工作任务的前提下适当缩短工作时间的一种工时制度。缩短工作时间是在特殊情况下对标准工作时间的缩短,并根据《劳动法》的有关规定并结合有关单位的实际情况实行。缩短工作时间制度适用于从事矿山井下、高山、有毒有害、特别繁重或过度紧张等作业的劳动者,从事夜班工作的劳动者,未成年工,哺乳期内的女职工。夜班工作时间一般指当日晚10时至翌日晨6时。实行轮班制的企业,夜班工作时间比白班少1小时,并按规定发给夜班津贴;连续生产、不易缩短工作时间的,夜班工作时间长度可与白班相等,但要给劳动者发夜班津贴。

(三)延长工作时间

延长工作时间制度是指超过标准工作时间长度的工作时间制度,即超过8小时的工作时间制度。延长工作时间制度适用于从事受自然条件和技术条件限制的突击性或季节性工作以及完成其他紧急任务的职工。忙季工作时间可以超过标准工作时间,但每日最长不得超过11小时,闲季工作时间可以适当缩短。对延长工作时间者应当给予同等时间的补休,确实无法补休的,可按照规定加发工资。

(四)综合计算工作时间

综合计算工作时间,是指以一定时间为周期,集中安排工作和休息,平均工作时间与标准工作日时数相同的工作时间制度。综合计算工作时间制度针对因工作性质特殊,需连续作业或受季节及自然条件限制的企业的部分职工，采用以周、月、季、年为周期综合计算工作时间制度，但其平均日工作时间和平均周工作时间应与法定标准工作时间基本相同。对符合以下条件的企业职工，可以实行综合计算工作时间制度：①交通、铁路、邮电、水运、航空、渔业等行业中因工作性质特殊，需要连续作业的职工；②地质、石油及资源勘探、建筑、制盐、制糖、旅游等受季节和自然条件限制的行业的部分职工；③亦工亦农或由于受能源、原材料供应等条件限制难以均衡生产的乡镇企业的职工等；④其他适合实行综合计算工作时间制度的职工。对于那些在市场竞争中，由于环境因素影响，生产任务不均衡的企业的部分职工也可以参照综合计算工作时间制度的办法实施。

实行综合计算工作时间制度的企业都应根据《劳动法》和《国务院关于职工工作时间的规定》的有关条款，在保障职工身体健康并听取职工意见的基础上，采取集中工作、集中休息、轮流调休、弹性工作时间等适当的工作和休息方式，确保职工的休息休假权利和生产工作任务完成。同时，各企业主管部门应积极创造条件尽可能使企业的生产任务均衡合理。

实行综合计算工作时间制度的企业，在综合计算周期内，如果劳动者的实际工作时间总数超过该周期的法定标准工作时间总数，超过部分应视为延长工作时间。如果在整个综合计算工作时间周期内的实际工作时间总数不超过该周期的法定标准工作时间总数，只是该周期内的某一具体日（或周、月、年、季）超过法定标准工作时间，其超过部分不应视为延长工作时间。实行综合计算工作时间工作制度是从部分企业生产实际出发，允许企业实行相对集中工作、集中休息的工作制度，以保证生产的顺利进行和劳动者的合法权益。但是，在审批综合计算工作时间制度过程中应要求企业做到以下两点：一是企业实行综合计算工作时间制度以及在实行过程中采取何种工作方式，必须与工会和劳动者协商；二是对于第三级以上体力劳动强度的工作岗位，劳动者每日连续工作时间不得超过 11 小时，而且每周至少休息一天。

（五）不定时工作时间

不定时工作时间制度是针对因生产特点、工作特殊需要或职责范围的关系，无法按标准工作时间衡量或需要机动作业的职工所采用的一种工作时间制度。这种不定时工作时间制度适用于工作性质和职责范围不受工作时间限制的职工。对此类职工法律没有规定单位时间内固定的工作时数，而对其采取相对灵活的工作时间，但要求其周平均工作时间不得超过 40 小时。企业对符合下列条件的职工，可以实行不定时工作时间制度：①企业中的高级管理人员、外勤人员、推销人员、部分值班人员、其他因工作无法按标准工作时间衡量的职工；②企业中的长途运输人员，出租汽车司机，铁路、港口、仓库的部分装卸人员以及因工作性质特殊需机动作业的职工；③其他因生产特点、工作特殊需要或职责范围的关系，适合实行不定时工作时间制度的职工。

对于实行不定时工作时间制度的劳动者，企业应当根据标准工作时间制度合理确定劳动者的劳动定额或其他考核标准，以便安排劳动者休息。其工资由企业按照本单位的工资制度和工资分配办法，根据劳动者的实际工作时间和完成劳动定额情况计发。对于符合带薪年休假的劳动者，企业可以安排其享受带薪年休假。

（六）弹性工作时间

弹性工作时间制度是指在工作周时数不便确定的前提下，在标准工作时间的基础上按照事先规定的工作办法，由职工个人自主安排工作时间长度的制度。对于实行弹性工作时间制度的职工,在一定单位时间内,在不超过法定劳动时间的前提下,即使特定日或特定周的所定劳动时间超过一日或一周所定劳动时间,也视其劳动时间为合法工作时间制度。这一制度承认了针对单位期间的变形法定劳动时间的合理性,因而在此意义上也称为变形劳动时间制度。在我国,弹性工作时间制度是标准工作时间制度的转换形式,每周工作时数不变,保证每天核心工作时间不缺勤,由职工个人安排上下班时间。弹性工作时间制度将原则性与灵活性相结合,既可以保证必要的劳动时间创造社会财富,又可以给职工一定的自由空间;同时,可以减少迟到、误工、病假,有利于提高工作效率,又有利于职工休息、学习、料理家务、教育子女和参加社会活动。

三、休息休假制度

(一)工间休息

单位工作时间内的间歇时间又称工间休息,其是指单位工作时间内劳动者所享有的用以缓解工作紧张状态的休息时间和满足自然生理需要的时间,一般是指工作过程中的短暂休息、午间休息、用膳以及如厕等时间。在我国,企事业单位要保证劳动者的工间休息,午休和用膳时间一般为1至2小时,特殊情况下不得少于半小时。工作不能中断的单位和企业,应保证职工在工作时间内有用膳和短暂休息时间。企事业单位应为职工提供休息的场所。工间操时间应算作职工的工作时间,但通常不得超过20分钟。

(二)两个工作日之间的休息

单位工作时间之间的间歇时间是指两个邻近工作日之间的休息时间,即一个工作日结束到下一个工作日开始前的一段时间,一般不少于16小时。这段时间职工可以自由支配,既可以用来学习以提高自身素质和进行自我设计,也可以进行休闲娱乐以丰富个人精神文化生活,但主要用来进行体力的恢复以保持健康并迎接以后的工作。实行"轮班制"的企事业单位,应合理安排工作时间以保证职工有足够的休息时间。

(三)周休息时间

周休息时间又称公休假日,是指职工在整个工作周以后所享有的连续休息时间。在我国,法律保证职工在工作满一周以后享有一定的连续休息时间。公休假日一般安排在星期六和星期日。由于生产和社会生活需要,不能在星期六和星期日安排休息的,可以安排职工在一周内轮流休息。自1995年起,国家机关、事业单位、社会团体实行标准工作时间制度,星期六和星期日为周休息日。条件不具备的企业和尚不能实行标准工作时间制度的事业单位,可以根据实际情况灵活安排周休息日。因公出差人员的公休假日,应在出差地点享用;因工作需要不能享用者,可以补休。

(四)法定节日

法定节日是指法律规定全体或部分公民所享有的用以开展庆祝纪念活动或参与政治活动以及用以娱乐休闲等的一段时间。法定节日包括全民节日和部分公民的节日。从来源上说,包括政治性节日、传统习惯性节日、职业性节日等。《劳动法》规定,用人单位在下列节日期间应当依法安排劳动者休假:元旦、春节、国际劳动节、国庆节;法律、法规规定的其他休假节日。这是《劳动法》对适用于全体公民的节假日所作的原则性规定,具体实施则需要国务院制定详尽的实施细则。为统一全国年节及纪念日的假期,1949年12月23日政务院发布《全国年节及纪念日放假办法》,该办法经历了1999年9月18日、2007年12月14日、2013年12月11日三次修订。最新修订将我国的传统节日清明节、端午节和中秋节列入了全体公民放假的节日。

（五）年休假

年休假是指工作满一定年限的劳动者每年享有的保留本职工作并领取工资的连续休息时间。带薪休假制度产生于第一次世界大战以后，当今已为世界各国法律所普遍采纳。在我国，国家保障职工带薪休假的权利。《劳动法》第四十五条规定，国家实行带薪年休假制度。劳动者连续工作1年以上的，享受带薪年休假。具体办法由国务院规定。年休假时间可因各种年限长短而有所不同。用人单位根据职工本人申请，统筹安排休假时间，以保证职工年休假权利的实现。

国务院于2007年12月7日举行的第198次常务会议通过了《职工带薪年休假条例》，该条例已经从2008年1月1日起施行。该条例规定，机关、团体、企业、事业单位、民办非企业单位、有雇工的个体工商户等单位的职工连续工作1年以上的，享受带薪年休假。单位应当保证职工享受年休假。职工在年休假期间享受与正常工作期间相同的工资收入。

（六）探亲假

探亲假是指职工享有的保留本职工作并领取工资与分居两地的父母或配偶团聚的假期。为了解决职工与亲属长期分居两地的探亲问题，国务院于1981年3月制定并颁布《关于职工探亲待遇的规定》，对相关问题进行了解答。但该规定今日已经很少适用。

（七）婚丧假

根据劳动部1959年6月1日发布的《对企业单位工人职员在加班加点、事假、病假和停工期间工资待遇的意见》中对于工人职员请婚丧假的有关规定和1980年2月国家劳动总局、财政部发布的《关于国营企业职工请婚丧假和路程假问题的通知》的规定，企业单位的职工请婚丧假在3个工作日以内的，工资照发；职工本人结婚或职工的直系亲属（父母、配偶和子女）死亡时，可以根据具体情况，由本单位行政领导批准，酌情给予1天至3天的婚丧假；职工结婚时双方不在一地工作的，职工在外地的直系亲属死亡时需要职工本人去外地料理丧事的，都可以根据路程远近，另给予路程假；在批准的婚丧假和路程假期间，职工的工资照发，途中的车船费等，全部由职工自理。

【案例6-9】

2019年3月1日，孙某某填写应聘登记表（婚姻状况栏填写为：已婚）后，于当月5日与某公司签订固定期限自2019年3月5日起至2020年3月4日止的劳动合同。孙某某于2019年2月22日领取结婚证。2019年5月16日，孙某某向某公司提交员工请假单，请假事由为回老家结婚。时间自2019年5月27日至6月10日，共计15天。某公司人事未予批准，并在微信中回复孙某某“婚假以结婚证的登记时间为准”。2019年5月22日，孙某某再次向某公司提交员工请假单申请休婚假。某公司行政人事部签字“不批准”，并注“加入公司前已婚”。孙某某仍于同年5月29日回老家举办婚礼。2019年5月30日，某公司向孙某某邮寄返岗通知书，要求孙某某于5月31日返回公司报到履行工作职责。孙某某次日收到返岗通知书。2019年6月3日，孙某某与妻子去日本旅行后，于6月11日返回某公司上班。当月12日，某公司向孙某某出具解除劳动合同通知书，以孙某某于2019年5月29日起无故不来公司上班，未经公司同意至今无故旷工达12天（不含法定节假日及休息日），且未告知公司，决定于2019年6月

12日正式与孙某某解除劳动关系。孙某某申请劳动争议仲裁后,又诉至法院。

法院认为,《江苏省人口与计划生育条例》第二十四条第一款规定,依法办理结婚登记的夫妻,在享受国家规定婚假的基础上,延长婚假十天。《南京市人口与计划生育规定》第十七条规定,对依法办理结婚登记的夫妻,可享受婚假十五天(含法定婚假三天)。《劳动合同法》规定,用人单位与劳动者应当按照劳动合同约定和国家法律的规定,全面履行各自的义务。因此,本案孙某某作为某公司的员工,依法享有休婚假15天的法定权利。因此,某公司认定孙某某严重违反其公司规章制度的理由不能成立,其向孙某某作出的解除劳动合同通知属于违法解除与孙某某的劳动合同。

(八)病假制度

《劳动法》第三条第一款中规定了劳动者享有休息休假的权利,即当劳动者有正当理由时,享有休息休假的权利。身体健康是公民参加社会活动和从事民事活动的重要保证,当劳动者患病时,其为了保护自身的身体健康,有权获得休息的权利。实践中,用人单位大多通过指定规章制度或在劳动合同中明确事假病假制度。用人单位休息休假的制度应注意合理合法性。员工也应遵守用人单位的合理合法的休息休假制度。

【案例6-10】

欧某系上海某公司员工,双方签订有期限为2013年6月1日起的无固定期限劳动合同。

2015年8月18日,欧某向主管发送短信表示其在医院,主管回复要求欧某次日上午回公司谈接下来的工作,欧某表示因住院无法至公司,主管于2015年8月19日回复要求欧某按照公司流程休病假,提交休假申请,欧某表示电脑密码复位需要两天,主管于2015年8月20日告知欧某密码,并于2015年8月27日再次发短信询问欧某休假多长时间,因欧某未提交申请,要求欧某提交诊断证明。欧某回复电脑修好后马上提交。欧某于2015年8月31日通过公司的OA系统申请2015年8月18日至2016年9月30日的病假,但未及时将医疗机构出具的病假单交给公司。

某公司2015年9月9日、9月11日,2015年10月12日、10月21日,2016年2月26向欧某出具严重警告信,内容为欧某存在未遵守公司相关规定提交休假申请及病假证明的情况,违反了公司的相关规章制度,根据公司员工手册的相关规定,给予欧某严重警告,若欧某再出现类似行为,公司保留解除劳动合同的权利,并要求欧某在指定的时间前按照公司相关规定将医院出具的病假证明递交给直属经理。

欧某未按照公司要求提交病假证明,2016年8月5日,公司出具解除劳动合同通知。欧某不服,提起仲裁。仲裁后公司提起诉讼,法院认为,在公司多次向欧某发送警告信要求其按时提交病假单的情况下,欧某仍未及时提交,且有多个时段缺乏医院开具的病假单。按常理劳动者请病假的,应当及时将医疗机构出具的病假单交给用人单位,无论员工手册是否有相应规定,此为劳动者应当遵守的基本劳动纪律。欧某的上述行为,应属严重违反劳动纪律,因此公司以此为由解除劳动合同,于法有据。

【案例6-11】

周某于2007年3月入职天津某电器公司,系该公司空调部营业员。2014年10月22日至

2015年4月间，周某向公司提供其购买的天津某医院诊断证明书和相关病历请病假，病假期间公司发放了病假工资3 282.96元，缴纳社保费、公积金共12 459.8元，合计15 742.76元。公司于2016年4月14日向公安机关报案。经鉴定，涉案的26张诊断证明书中“天津某医院建议休息专用章”印文与原单位提供的印章印文不是同一印章盖印形成的。

2016年9月23日，天津市南开区人民检察院作出起诉书，以诈骗罪向法院提起公诉。法院经审理认为，周某在无法从正规渠道取得医院的休假建议的情况下，从不法人员处购买病历记录及诊断证明书提供给供职单位，意在使供职单位相信其患病须休假的事实，其客观上实施了虚构事实的行为。其在长期不到岗工作的情况下，提供虚假的病例和诊断证明书，虚构自己因病须休假的事实以骗公司继续向其发放工资并为其缴纳社会保险和公积金，其主观上具有非法占有的故意，最终判被告人周某犯诈骗罪。

（案例来源：根据“劳动法库”微信公众号案例改编）

四、加班加点

（一）概念

加班是指劳动者按照用人单位的要求在法定节日或公休假日内从事生产或工作，通常以工作日计算。加点是指劳动者按照用人单位的要求在工作日以内继续从事生产或工作。加点实际上是延长工作时间的一种形式，通常以小时计算。

《国务院关于职工工作时间的规定》严格工作时间制度，任何单位和个人不得擅自延长职工工作时间。因特殊情况和紧急任务确需延长工作时间的，按照国家有关规定执行。《劳动法》第四十一条规定：“用人单位由于生产经营需要，经与工会和劳动者协商后可以延长工作时间，一般每日不得超过一小时；因特殊原因需要延长工作时间的，在保障劳动者身体健康的条件下延长工作时间每日不得超过三小时，但是每月不得超过三十六小时。”《劳动法》第四十二条规定：“有下列情形之一的，延长工作时间不受本法第四十一条规定的限制：（一）发生自然灾害、事故或者因其他原因，威胁劳动者生命健康和财产安全，需要紧急处理的；（二）生产设备、交通运输线路、公共设施发生故障，影响生产和公众利益，必须及时抢修的；（三）法律、行政法规规定的其他情形。”

（二）加班加点的监管

为了保障劳动者的合法权益，促使用人单位合法安排劳动者的工作时间，《劳动法》及相关法律法规对用人单位实行加班加点的工作方式提出了要求。首先，用人单位实行加班加点的工作方式需要与工会和劳动者协商一致。其次，对于加班加点工作的劳动者依法支付加班加点的工资。《劳动法》第四十四条规定：“有下列情形之一的，用人单位应当按照下列标准支付高于劳动者正常工作时间工资的工资报酬：（一）安排劳动者延长工作时间的，支付不低于工资的百分之一百五十的工资报酬；（二）休息日安排劳动者工作又不能安排补休的，支付不低于工资的百分之二百的工资报酬；（三）法定休假日安排劳动者工作的，支付不低于工资的百分之三百的工资报酬。”最后，对于用人单位违法安排劳动者加班加点工作的进行行政处罚。《劳动保障监察条例》第二十五条规定：“用人单位违反劳动保障法律、法规或者规章延长劳动者工作时间的，由劳动保障行政部门给予警告，责令限期改正，并可以按照受侵害的劳动者每人100元以上500元以下的标准计算，处以罚款。”《劳动保障监察条例》第二十三条规定：安排怀孕7个月以上的女职工夜班劳动或者延长其工作时间的；安排女职工在哺乳未满1

周岁的婴儿期间从事国家规定的第三级体力劳动强度的劳动或者哺乳期禁忌从事的其他劳动，以及延长其工作时间或者安排其夜班劳动的；由劳动保障行政部门责令改正，按照受侵害的劳动者每1 000元以上5 000元以下的标准计算，处以罚款。

【案例6-12】

某公司员工加班管理规定节选。

以下几种情况不算加班：

1）因业务不熟练而延长工作时间的；

2）正常工作时间以外阅读技术资料或参加培训的；

3）正常工作时间以内参加培训导致8小时以外工作的；

4）正常工作时间以外参加公司或公司以外的有关部门组织的公共活动的；

5）员工出差期间不应申报加班的。

评析：以上第1）~4）款，只要是单位行政领导安排的本职工作任务，都属于加班加点即延长工作时间，单位规定"不算加班"，没有法律依据，对职工没有法律效力。

（材料来源：http://blog.sina.com.cn/s/blog_4f2a3fe601009chk.html）

五、职工全年月平均工作时间和工资折算

职工全年月平均工作时间和工资折算与加班费的计算标准、经济补偿金、经济赔偿金、法定节假日的工资计算、未休年休假的工资计算有关，根据《关于职工全年月平均工作时间和工资折算问题的通知》（劳社部发〔2008〕3号）规定了制度工作时间的计算和日工资、小时工资的折算。制度工作时间的计算如下。年工作日：365天－104天（休息日）－11天（法定节假日）＝250天。季工作日：250天÷4季＝62.5天/季。月工作日：250天÷12月＝20.83天/月。工作小时数以月、季、年的工作日乘以每日的8小时。日工资、小时工资的折算按照《劳动法》第五十一条的规定，法定节假日用人单位应当依法支付工资，即折算日工资、小时工资时不剔除国家规定的11天法定节假日。据此，日工资、小时工资的折算如下。日工资：月工资收入÷月计薪天数。小时工资：月工资收入÷（月计薪天数×8小时）。月计薪天数＝（365天－104天）÷12月＝21.75天。

劳社部发〔2008〕3号文依据的《全国年节及纪念日放假办法》于2013年12月由国务院作了修订，但全年的法定节假日仍然为11天，因此上述计算方式仍然有效。

思考练习

一、单项选择题

1. 下列选项中能够适用最低工资保障制度的群体是（　　）。

A. 国家机关工作人员　　B. 个体经济组织聘请的职工

C. 军人　　D. 农民

2. 以下不属于《劳动法》规定的工资范围的是（　　）。

A. 基本工资　　B. 加班工资　　C. 工伤保险待遇　　D. 津贴

3. 我国工资的法定货币支付原则的要求是(　　)。

A. 工资必须及时足额支付

B. 工资必须支付到劳动者本人

C. 工资必须以货币形式支付、特殊情况下可以以实物支付

D. 工资必须以人民币支付,不得以实物或外币支付

4. 根据《劳动法》规定,最低工资具体标准应当由(　　)规定。

A. 国务院　　B. 各省、自治区、直辖市人民政府

C. 各城市人民政府　　D. 工会与用人单位签订集体合同规定

5. 非因劳动者原因造成单位停工、停产,用人单位应按劳动合同规定的标准支付劳动者工资的是(　　)。

A. 在半个工资支付周期内的　　B. 在一个工资支付周期内的

C. 在两个工资支付周期内的　　D. 在三个工资支付周期内的

6. 可以实行不定时工作制的人员有(　　)。

A. 医务人员　　B. 锅炉工　　C. 厨师　　D. 推销人员

7.《劳动法》第四十一条规定,延长工作时间,一般每日不超过 1 小时;因特殊原因需要延长工作时间的,在保障劳动者身体健康的条件下,每日不得超过(　　)。

A. 2 小时　　B. 3 小时　　C. 4 小时　　D. 5 小时

二、多项选择题

1. 按照工资的支付形式,可将工资分为(　　)。

A. 计时工资　　B. 货币工资　　C. 实物工资　　D. 计件工资

2. 根据《劳动法》第四十五条和第五十一条的规定,属于带薪休假的有(　　)。

A. 法定休假　　B. 年休假　　C. 婚假　　D. 丧假

E. 事假

3. 最低工资不包括(　　)。

A. 加班加点工资　　B. 基本工资

C. 保险福利待遇　　D. 特殊工作环境、条件下的津贴

4. 有下列(　　)情形之一的,用人单位可以代扣劳动者工资。

A. 用人单位代扣代缴的个人所得税

B. 用人单位代扣代缴的应由劳动者个人负担的各项社会保险费用

C. 已生效的法院判决要求代扣的抚养费、赡养费

D. 应债权人的要求

5. 我国已实行的特殊工时制度主要有(　　)。

A. 计件工时制　　B. 缩短工作时间制度

C. 综合计算工作时间制度　　D. 定时工时制

6. 王某是甲市某一国有企业的一名普通女员工,在 3 月份进行了以下的活动,按照我国现行的法律规定,应视同提供了正常劳动的有(　　)。

A. 3 月 8 日妇女节,单位放假半天,王某去街上购物

B. 3 月 9 日,王某因为熬夜看电影,上午没有去上班

C. 3 月 10 日，经批准，王某到丙省丁市去看望其父母，3 月 20 日才归来

D. 3 月 23 日，经批准，王某作为工会代表出席市工会的工会代表大会

E. 3 月 26 日，王某请假去参加一个朋友的婚礼

7. 根据《关于企业实行不定时工作制和综合计算工时工作制的审批办法》的规定，可以实行不定时工作制的劳动者有（　　）。

A. 实行计件工作的人员　　B. 出租汽车司机

C. 企业高级管理人员　　D. 外勤人员

E. 推销人员

三、案例分析题

1. 王某于 2003 年 4 月与某制造厂签订了劳动合同。劳动合同中约定，乙方因工作失职给甲方造成损失的，乙方应承担赔偿责任。2003 年 4 月 21 日，在一次检修任务中，由于王某擅自离开岗位给某制造厂造成 1 万元的经济损失。厂方以王某"工作严重失职"为由，决定由王某承担赔偿责任，并于 2004 年 5 月至 8 月从王某工资中分别扣除 600 元、820 元、600 元、1 200 元，用于赔付损失。王某不服提请仲裁。

问：本案应如何处理？

2. 2001 年 9 月，某造纸厂从农村招收了一批工人（共 35 人），并与工人签订了为期二年的劳动合同。合同约定月工资为 250 元。2002 年 1 月，工人们得知该地区最低工资标准为 280 元，要求企业增加工资。企业认为，工人每月的工资加上加班工资和伙食补贴超过了 450 元，已经超过了最低工资标准许多，于是，造纸厂拒绝了工人们的要求。工人们为此向当地劳动争议仲裁委员会提出申诉。

问：（1）企业支付的工资是否符合国家规定？为什么？

（2）本案应如何处理？

3. 张某系北京某服装公司员工，一直在公司产品销售专柜所在的商场从事销售工作。张某接受所在商场的管理，在职期间双方未签订书面劳动合同，双方只约定每月工资为人民币 1 560 元。2008 年 7 月，张某以服装公司与其未订立书面劳动合同为由，向劳动争议仲裁委员会申请仲裁，请求裁决服装公司支付 2008 年 2 月至 6 月的双倍工资 15 805 元。在仲裁中，双方在双倍工资如何计算的问题上产生分歧。原来，虽然双方对工资有约定，但服装公司将每月应缴纳的 260 元社会保险费也打入张某账户。服装公司认为，张某为公司临时工，非正式职工，因此不应支付他双倍工资。即使支付双倍工资，也应按照约定工资支付，而不应包括销售提成和社会保险费。

问：（1）临时工不签订劳动合同是否需要支付双倍工资？

（2）销售提成、保险费等收入是否计入双倍工资？

文书实例

广东省佛山市中级人民法院
民 事 判 决 书

〔2017〕粤06民终12993号

上诉人(原审原告):佛山市某有限公司。

上诉人(原审被告):吴某某。

上诉人佛山市某有限公司与上诉人吴某某因劳动合同纠纷一案,均不服佛山市南海区人民法院〔2017〕粤0605民初11891号民事判决,向本院提起上诉。本院受理后,依法组成合议庭审理了本案,现已审理终结。

原审法院审理后,根据《广东省工资支付条例》第十六条,《广东省关于高温津贴发放的管理办法》第十一条,《劳动合同法》第十条、第八十二条,《中华人民共和国民事诉讼法》第六十四条的规定,判决:"一、确认原告佛山市某有限公司与被告吴某某自2016年5月19日起至2017年3月20日存在劳动关系;二、原告佛山市某有限公司应于本判决发生法律效力之日起十日内支付2017年2月份工资1 393.30元、3月份工资2 660元予被告吴某某;三、原告佛山市某有限公司应于本判决发生法律效力之日起十日内支付2016年6月至10月的高温津贴750元予被告吴某某;四、原告佛山市某有限公司应于本判决发生法律效力之日起十日内支付2016年6月19日至2017年3月20日期间未签订劳动合同的二倍工资差额30 702.33元予被告吴某某;五、原告佛山市某有限公司无须向被告吴某某支付解除劳动关系的经济补偿金3 800元;六、驳回原告佛山市某有限公司的其他诉讼请求。如果未按本判决指定的期间履行给付金钱义务,应当依照《中华人民共和国民事诉讼法》第二百五十三条(2021年修正后为第二百六十条)之规定,加倍支付迟延履行期间的债务利息。本案免收受理费。"

上诉人佛山市某有限公司不服原审法院上述判决,向本院提出上诉称:一、一审法院认定佛山市某有限公司应向吴某某支付2017年2月份工资1 393.30元、3月份工资2 660元缺乏事实和法律依据。首先,佛山市某有限公司提交的工资结算单中完全可以显示,吴某某从2017年3月20日辞工,佛山市某有限公司与吴某某双方对解除劳动关系后的工资进行了清算,包括另案中的苏某、姚某某及吴某某在内,佛山市某有限公司总欠上述三人合计工资111 500元,该款项全部转账至吴某某的银行账户中。后佛山市某有限公司向吴某某银行账户中转账支付了5 000元,吴某某对此也是明确确认的。因此,在佛山市某有限公司已支付部分款项的情形下,并不实际拖欠吴某某主张的2017年2月份、3月份工资4 053.30元。其次,在佛山市某有限公司提供了足够证据证明佛山市某有限公司未付包括吴某某及苏某、姚某某在内实际工资金额的情形下,一审法院再要求佛山市某有限公司提供相应的工资台账来证明,明显是对佛山市某有限公司的举证责任过量分配,并以此认定佛山市某有限公司应按照吴某某主张的工资金额进行支付也是错误的。二、佛山市某有限公司与吴某某未签订书面劳动合同的过错在于吴某某,佛山市某有限公司依法无须向吴某某支付未签订劳动合同的二倍工资差额。首先,吴某某入职后,佛山市某有限公司多次催促吴某某签订书面的劳动合同,但吴某某都以各种理由推辞和拖延。对此,佛山市某有限公司明确表示,若吴某某不签订劳动合同就解除劳动关系,但吴某某与佛山市某有限公司的工作人员玩各种捉迷藏的手段。本案是因吴某某的原因导致双方没有签订书面的劳动合同。其次,佛山市某有限公司与公司的员工基本上都签订了劳动合同,也可以证明并非佛山市某有限公司恶意不与劳动者签订书面的劳动合同。再次,二倍工资差额属于赔偿性责任,但实际上劳动者并无因未签订书面的劳动合同而产生实际的经济损失。在现有法律对赔偿规定属于对经济损失填平性原则的情形下,支付该款项明显是着失公平的。且该问题已导致了有恶意的劳动者进行利益追逐,造成了很多社会道德风险的行为,也严重损害了合理的市场生产经营秩序。三、佛山市某有限公司向吴某某支付的劳动报酬中,已包含了应得工资、各项补偿金、补贴等等,也包含了高温补贴。否则,吴某某也会在工资结算单中注明各项实际的费用。因此,佛山市某有限公司不拖欠吴某某高温补贴费用。综上,上诉请求:一、依法撤销〔2017〕粤0605民初11891号民事判决第二项、第三项、第四项;二、依法改判佛山市某有限公司无须向吴某某支付2017年2月份工资1 393.30元、3月份工资2 660元;佛山市某有限公司无须向吴某某支付2016年6月至10月期间的高温补贴750元;佛山市某有限公司无须向吴某某支付未签订劳动合同的二倍工资差额30 702.33元;三、本案诉讼费用由吴某某承担。

针对佛山市某有限公司的上诉,吴某某答辩称:与上诉意见一致。

上诉人吴某某亦不服原审法院上述判决,向本院提出上诉称:一、一审法院确认吴某某满勤月份的工资为3 800元是错误的,3 800元应为吴某某每月正常工作所应得的工资,不包括加班工资;在计算吴某某日平均工资时按月工资÷30天计算是错误的,吴某某的日平均工资应为:3 800元/月÷21.75天/月=174.71元。(一)一审庭审时,佛山市某有限公司主张吴某某每月全勤(即每月上班天数为30天或31天)工资为3 000元,该工资包括正常工作的工资和加班工资等;吴某某主张每月正常工作时间的工资为3 800元,不包括加班工资,吴某某在劳动仲裁阶段也就加班工资差额提起了仲裁。(二)因吴某某的考勤情况及工资的计算情况均由佛山市某有限公司保存,吴某某客观上无法取得上述证据。根据《最高人民法院关于审理劳动争议案件适用法律若干问题的解释(三)》第九条规定,劳动者主张加班费的,应当就加班事实的存在承担举证责任。但劳动者有证据证明用人单位掌握加班事实存在的证据,用人单位不提供的,由用人单位承担不利后果。《广东省高级人民法院、广东省劳动争议仲裁委员会关于适用若干问题的指导意见》第二十九条规定,劳动者主张加班工资,用人单位否认有加班的,用人单位应对劳动者未加班的事实负举证责任。佛山市某有限公司没能提交证据证明其主张吴某某的月工资3 000元已经包括加班工资在内的事实,应承担举证不能的后果。(三)根据《广东省工资支付条例》第四十八条规定,因工资支付发生争议,用人单位负有举证责任。佛山市某有限公司应当对吴某某的工资负举证责任。因此,一审法院在认定吴某某月工资3 800元是否包括加班工资等时,不按照法律规定,将举证责任分给吴某某,并以此要吴某某承担举证不能的责任是违法、错误的,故一审法院认定吴某某的月工资3 800元已经包括加班工资等在内无事实依据。吴某某月工资3 800元应为吴某某每月正常工作所应得的工资。(四)根据劳动和社会保障部《关于职工全年月平均工作时间和工资折算问题的通知》第二条的规定,日工资=月工资收入÷月计薪天数,月计薪天数=(365天-104天)÷12月=21.75天。因此,吴某某的日工资应为:3 800元/月÷21.75天/月=174.71元,一审法院在计算吴某某的日平均工资时按 3 800 元/月 ÷30 天/月是错误的。(五)2017 年 1 月 27 日为春节,春节假期为计薪假期,佛山市某有限公司自 2017 年 1 月 20 日开始放春节假期。因此,吴某某 2017 年 1 月份的工资应当包括春节假期期间的工资,一审法院在计算吴某某 2017 年 1 月份的工资时按上班天数 19 天计算是错误的,应当将计薪的春节假期计算在内。综上,吴某某 2016 年 6 月 19 日至 2017 年 3 月 20 日的二倍工资差额应为:3 800 元/月 ÷21.75 天/月 × 12 天(2016 年 6 月份) +3 800 元/月 ×7 月(自 2016 年 7 月份至 2017 年 1 月份) +1 393.30 元(2017 年 2 月份) +2 660 元(2017 年 3 月份) =32 749.85 元。二、一审法院认定"吴某某辞工,但未能提交证据证明其离职时提出解除的理由,应承担举证不能的法律责任"属认定事实错误、举证责任分配错误。(一)佛山市某有限公司提交的工资结算单拟证明吴某某是自己辞工的。如果吴某某是自己辞工的,必然会向佛山市某有限公司提交辞工书,辞工书上必然会写清楚辞工的理由,佛山市某有限公司只要提交吴某某向其出具的辞工书,就能证明吴某某辞工的理由。(二)工资结算单上虽然写了吴某某是辞工,但也写了佛山市某有限公司拖欠吴某某工资的事实,由此可见,即使吴某某主动向佛山市某有限公司辞工,辞工的理由也是佛山市某有限公司拖欠吴某某的工资。(三)吴某某在提起劳动仲裁时,提出解除劳动关系的理由也是佛山市某有限公司拖欠吴某某的工资,没有签订劳动合同,没有为吴某某购买社保。因此,佛山市某有限公司虽然提出吴某某是辞工,但没有提交证据证明吴某某辞工的理由,根据《广东省高级人民法院、广东省劳动人事争议仲裁委员会关于审理劳动人事争议案件若干问题的座谈会纪要》第 29 条规定,劳动者与用人单位均无法证明劳动者的离职原因,可视为用人单位提出且经双方协商一致解除劳动合同,用人单位应向劳动者支付经济补偿。本案应视为用人单位提出且经双方协商一致解除劳动合同,佛山市某有限公司应当支付解除劳动关系的经济补偿金。综上所述,一审判决的第四、五项没有事实和法律依据,恳请二审法院在查清事实的基础上依法作出公正的判决。上诉请求:一、撤销一审判决第四项,并依法改判佛山市某有限公司应向吴某某支付 2016 年 6 月 19 日至 2017 年 3 月 20 日期间未签订劳动合同的二倍工资差额 32 749.85 元;二、撤销一审判决第五项,并依法改判佛山市某有限公司应向吴某某支付解除劳动关系的经济补偿金 3 800 元;三、本案一审、二审的诉讼费由佛山市某有限公司承担。

针对吴某某的上诉,佛山市某有限公司答辩称:工资结算单已经明确吴某某于 2017 年 3 月 20 日辞职,双方已经约定合同解除的时间,事后吴某某以佛山市某有限公司没有为其购买社保、拖欠其劳动报酬为由与其解除劳动关系,没有事实和法律依据。不能以事后的行为来推断 2017 年 3 月 20 日辞职的客观事实。

佛山市某有限公司与吴某某在二审期间均未向本院提交新的证据材料。

经审查,本院对原审判决认定的双方没有争议的事实予以确认。在二审法庭审理过程中,吴某某撤回了对未签订书面劳动合同二倍工资差额的上诉请求。

本院认为:本案系因追索工资、未签订书面劳动合同的二倍工资差额、高温津贴、解除劳动关系的经济补偿金引发的劳动合同纠纷案件。

吴某某在二审庭审期间撤回对未签订劳动合同二倍工资差额的上诉请求,是其对自己民事权利和诉讼权利的处分,且符合法律规定,依法应予以准许。针对双方当事人在二审期间的诉辩,本院分析如下。

关于支付 2017 年 2 月、3 月工资数额的问题。工资结算单显示佛山市某有限公司欠吴某某的工资为3 000元,虽然佛山市某有限公司未按照该结算单约定的时间足额支付,但并不能由此否认双方对所欠工资数额的确认,原审法院依据《广东省工资支付条例》第十六条规定处理工资错误,本院予以纠正。因苏某、吴某某、姚某某在庭审中确认三人共收到工资5 000元,且佛山市某有限公司与苏某、吴某某、姚某某均同意在吴某某的工资中扣减1 500元、在苏某工资中扣减2 000元、在姚某某工资中扣减1 500元,故佛山市某有限公司仍应向吴某某支付1 500元工资(3 000元－1 500元),佛山市某有限公司主张无须支付,没有法律依据。

关于吴某某的工资标准问题。佛山市某有限公司主张吴某某每月工资为3 000元,吴某某则主张每月工资为3 800元。根据《广东省工资支付条例》第十六条规定,用人单位应当建立完整的工资支付台账,并应当至少保存两年,佛山市某有限公司在庭审时确认需要签工资表,但佛山市某有限公司在本案中没有提供有吴某某签名确认的工资表,根据《最高人民法院关于民事诉讼证据的若干规定》第七十五条"有证据证明一方当事人持有证据而无正当理由拒不提供的,如果对方当事人主张该证据的内容不利于证据持有人的,可以推定该主张成立"的规定,原审法院采信吴某某的主张,认定吴某某的工资为3 800元正确,本院予以维持。

关于是否需要支付经济补偿金的问题。工资结算单中吴某某签名确认自2017年3月20日辞工,工资结算单并未载明辞工的原因,双方在诉讼中亦未能举证证明吴某某的离职原因,根据双方举证责任分配原则,本案可推定为用人单位提出双方协商一致解除劳动合同,用人单位应向劳动者支付经济补偿。因吴某某入职超过六个月不满一年,故其经济补偿金应按照一个月工资计算,根据前述关于工资标准的分析,佛山市某有限公司应向吴某某支付经济补偿金3 800元。原审判决对此认定错误,本院依法予以纠正。

关于是否需要支付高温津贴的问题。佛山市某有限公司主张其向吴某某支付的劳动报酬中已经包含了应得工资、各项补偿金、补贴等,也包括了高温津贴。根据《广东省关于高温津贴发放的管理办法》第十一条的规定,用人单位应当如实记录劳动者从事高温作业情况及高温津贴发放情况,至少保存二年,劳动者从事高温作业情况及高温津贴发放情况,由用人单位承担举证责任。本案中,佛山市某有限公司在诉讼中未能举证证明其所发放的工资里已经包含了高温津贴,佛山市某有限公司应承担举证不能的责任。原审判决其支付2016年6月至10月的高温津贴750元正确,本院予以维持。

关于是否需要支付未签订劳动合同二倍工资差额的问题。佛山市某有限公司主张吴某某入职后,公司多次催促吴某某签订书面的劳动合同,但吴某某均以各种理由推辞和拖延,导致双方未签订书面劳动合同,未签订书面劳动合同的责任在吴某某,故佛山市某有限公司无须向吴某某支付未签订劳动合同的二倍工资差额。用人单位自用工之日起超过一个月不满一年未与劳动者签订书面劳动合同,或者虽通知劳动者签订书面劳动合同但劳动者无正当理由拒不签订,用人单位应该书面通知劳动者终止劳动关系,如果用人单位未书面通知劳动者终止劳动关系的,则应当按照《劳动合同法》第八十二条的规定向劳动者每月支付二倍工资。原审法院判决佛山市某有限公司向吴某某支付未签订书面劳动合同的二倍工资正确。因佛山市某有限公司仅对是否应支付未签订书面劳动合同的二倍工资提出异议,对具体数额无异议,吴某某也撤回对该项差额的上诉请求,故本院对具体数额不再审查。

综上所述,原审判决认定事实不清,适用法律错误,应予改判。依照《中华人民共和国民事诉讼法》第一百七十条第一款第(二)项、第一百七十五条的规定,判决如下:

一、维持广东省佛山市南海区人民法院〔2017〕粤0605民初11891号民事判决第一项、第三项、第四项、第六项；

二、变更广东省佛山市南海区人民法院〔2017〕粤0605民初11891号民事判决第二项为：上诉人佛山市某有限公司应于本判决发生法律效力之日起十日内向上诉人吴某某支付工资1 500元；

三、变更广东省佛山市南海区人民法院〔2017〕粤0605民初11891号民事判决第五项为：上诉人佛山市某有限公司应于本判决发生法律效力之日起十日内向上诉人吴某某支付解除劳动关系的经济补偿金3 800元。

如果未按本判决指定的期间履行给付金钱义务，应当依照《中华人民共和国民事诉讼法》第二百五十三条之规定，加倍支付迟延履行期间的债务利息。

一审案件受理费原审法院免于收取；二审案件受理费10元，由上诉人佛山市某有限公司负担。

本判决为终审判决。

审　判　长　　崔某某
审　判　员　　林某某
审　判　员　　周　某
二〇一七年十二月二十八日
法官助理　　李某某
书　记　员　　何某某

河南省郑州市中级人民法院
民事判决书

〔2017〕豫01民终14009号

上诉人（原审被告）：郑州某有限公司。

被上诉人（原审原告）：李某某。

上诉人郑州某有限公司因与被上诉人李某某劳动争议一案，不服河南省郑州市惠济区人民法院〔2016〕豫0108民初2784号民事判决，向本院提起上诉。本院于2017年9月20日立案后，依法组成合议庭对本案进行了审理。上诉人郑州某有限公司的委托诉讼代理人、被上诉人李某某的委托诉讼代理人参加诉讼。本案现已审理终结。

郑州某有限公司上诉请求：1. 请求撤销〔2016〕豫0108民初2784号民事判决书，依法改判或者发回重审；2. 本案一审、二审全部诉讼费用由被上诉人承担。事实和理由如下。一、原审关于经济补偿金的判决违反法律规定。原审中李某某诉请的经济补偿金为50 864元，原审违反法律规定的不告不理基本原则认定作出本案经济补偿金为76 295元，且关于经济补偿金的认定适用法律错误。二、原审关于未休年休假工资计算错误，法律法规并未规定可以按照职工平均工资作为计算依据，原审计算李某某未休年休假工资时参照的工资计算依据错误；法律规定，职工法定假日工作的，用人单位应按照300%的工资标准支付报酬，该300%报酬应包括工资在内，原审并未扣除上诉人已经实际支付李某某的工资。三、原审关于工作日延长工作时间加班费的判决错误，上诉人虽要求职工每天工作8.5个小时，但是在工资支付时已将该0.5小时的报酬计算在内并实际发放了，不存在未支付的情形，原审认定上诉人未支付相应的0.5小时的报酬，属于主观臆断；李某某未提交有效的证据证明其存在加班的事实，提交的相应证据并非是从2008年到2015年的全部文件，时间上有中断，原审不顾李某某提交证据瑕疵而否定上诉人的证据，侵害了上诉人的合法权益，原审计算加班费的依据错误，且计算加班费是按照劳动者不请病假、不请事假、不作任何休息等的理想状态计算的，不合常理。四、原审对休息日加班费的判决错误，法律规定休息日安排劳动者工作又不能安排补休的，支付工资的200%报酬，上诉人虽要求职工每月工作26.5天，但在工资造册已将该超出法定工作日的报酬计算并实际发放，不存在未支付的情形，法律规定，只有在企业没有安排补休的情况下，才应当支付200%的报酬，本案中上诉人为被上诉人安排了调休，不应当支付休息日加班费。关于休息日加班费的计算依据错误，原审在计算工作日加班费时已经计算过0.5小时，在休息日加班一项中再次计算，属重复计算，在休息日加班费公式中"年工作日"按照261天计算，而法定的工作日是250天，原审已认定上诉人依法给予李某某休假，却在计算时未扣除11天法定休假，多计算了加班费，即使如原审所述，上诉人未完全支付休息日的加班工资，在判决中也应当对上诉人已发放的该部分报酬予以抵除，但原审未抵除；李某某的主张超出诉讼时效，依法不应得到支持；综上所述，原审判决事实不清，计算依据错误，适用法律错误，请求二审查明事实后依法判如所请。

李某某答辩所称内容如下。一、一审法院判决郑州某有限公司支付李某某解除劳动合同经济补偿金不违反"不告不理"原则，有事实及法律依据。1.李某某在劳动仲裁及一审诉讼过程中均明确说明其主张的经济补偿金是扣除郑州某有限公司已支付的部分补偿金后的数额，且一审最终判决郑州某有限公司支付李某某经济补偿金44 506元，并未超过李某某主张的诉讼请求数额，不违反"不告不理"原则。2.郑州某有限公司仅引用了《劳动合同法》第九十七条第三款其中的一句话，断章取义，不应被采信；依据《劳动合同法》第九十七条第三款的完整内容及根据劳动部1994年12月3日颁发的《违反和解除劳动合同的经济补偿办法》第五条之规定，一审法院认定郑州某有限公司应支付李某某12个月经济补偿金，有事实及法律依据。二、一审法院关于年休假工资计算没有错误。1.一审庭审中，郑州某有限公司并未提供由其保管的李某某的完整的工资表，同时李某某每年的工资标准都远高于在岗职工平均工资；一审法院参照郑州市在岗职工平均工资计算李某某的年休假工资，并未侵犯郑州某有限公司的权益，公平合理。2.过年期间，虽然郑州某有限公司有放假安排，但是郑州某有限公司并未支付李某某非法定假日期间的工资，郑州某有限公司在一审庭审中也未提交证据证明其已经向李某某发放过放假期间非法定假日期间的工资，一审法院严格按照法律规定计算李某某的年休假工资，于法有据。三、李某某在工作期间一直存在加班的事实，郑州某有限公司并未支付任何加班费，一审法院判决郑州某有限公司支付李某某加班费及计算的加班费数额均有事实及法律依据。1.本案在劳动仲裁、一审庭审及其他类似案件中，郑州某有限公司均矢口否认其职工存在加班的事实，并提交证据证明其单位工时制度是严格按照每天工作8小时、每周双休的规定执行的，然郑州某有限公司在二审上诉状中又称"上诉人虽要求职工每天工作8.5个小时……。上诉人虽要求职工每月工作26.5天"，这一说法与其之前的观点明显前后矛盾，至此可以得知郑州某有限公司为了逃避法律责任，随意歪曲事实；同时，也可得知郑州某有限公司并未向李某某支付过任何的延时加班费及休息日加班费，若是支付过，郑州某有限公司不可能在前期否认李某某加班的事实。2. 李某某在工作过程中存在加班的事实有郑州市中级人民法院生效的判决书、员工考勤表、郑州某有限公司处考勤制度及郑州某有限公司每年下发的调整工作时间的文件加以证明,足以认定。郑州某有限公司虽对李某某的出勤情况有异议,但是员工详细的考勤表由郑州某有限公司监督记录和保存,郑州某有限公司在仲裁及一审诉讼过程均未提出该证据加以证明,其应当承担举证不能的法律后果。3. 郑州某有限公司未对李某某的休息日进行过调休;郑州某有限公司一会称春节放假是职工带薪年休假,一会又称春节放假包含对职工的调休,前面称没有安排李某某加过班,后面又说已支付过加班费,安排过调休,矛盾重重;这一切只能证明郑州某有限公司的不诚信行为。4. 李某某在周一至周五及休息日均是每天工作 8.5 小时,郑州某有限公司称一审法院在计算休息日加班费时重复计算每天的 0.5 小时,说明郑州某有限公司并未仔细审阅一审判决书;一审法院在计算加班费时均是分开计算,并未重复。5. 李某某每年工资表是由郑州某有限公司保存的,郑州某有限公司不提供,应当承担相应后果;一审法院参照在岗职工平均工资,判决公平公正,并无不当。6. 依据《中华人民共和国劳动争议调解仲裁法》第二十七条第四款规定在本案中,郑州某有限公司一直拖欠李某某的加班费不予支付,违法状态一直持续,李某某在双方劳动关系解除后向郑州某有限公司主张权益,并未超过仲裁时效。7. 在本案之前,已有郑州某有限公司的其他职工向郑州某有限公司主张加班费,郑州市中级人民法院已作出生效判决,确定郑州某有限公司拖欠其加班费,并依法判决郑州某有限公司向其支付加班费。该判决书在一审时已经提交。综上,一审法院认定事实清楚,适用法律正确,判决结果合法合理,望二审法院能够驳回上诉人的上诉请求,维持原判。

李某某向一审法院起诉请求:1. 被告向原告支付解除劳动合同经济补偿金 50 864 元;2. 被告向原告支付带薪年休假工资 48 525.4 元;3. 被告向原告支付 2002 年至 2015 年 3 月期间的周一至周五延时加班费 49 318.2 元、休息日加班费 254 876.2 元及相对应的 25% 经济补偿金 76 048.6 元;4、本案诉讼费用由被告承担。

一审法院认定事实如下。2002 年,原告李某某到被告郑州某有限公司处工作,双方建立劳动关系。2009 年 7 月 29 日,被告以员工招聘(录用)登记表的形式为原告补办人事手续。2015 年 3 月 31 日,经双方协商一致解除劳动关系。原、被告双方确认原告在解除劳动关系前 12 个月的月平均工资为 6 358 元。2015 年 4 月 3 日,被告向原告发放了自 2010 年 3 月至 2015 年 3 月期间共计 5 个月的经济补偿金 31 790 元。

2008 年 4 月 30 日,郑州某有限公司向公司各部门发布《关于"五一"放假及工作时间调整的通知》,显示"从 5 月 1 日开始,上、下班时间已调整如下:上午上、下班时间不变,下午上班时间 13:00 调整为 13:30,下午下班时间相应推迟到 18:00";2009 年 4 月 29 日,郑州某有限公司发布《××汽车管字〔2009〕0010 号文件》,显示"自 2009 年 5 月 2 日起,下午作息时间调整为:13 时 30 分上班;18 时下班";2009 年 10 月 9 日,郑州某有限公司发布《××汽车管字〔2009〕第 22 号文件》,显示"为了合理安排作息时间,上下班时间调整如下:上午:08:00—12:00,下午:13:00—17:30,自 2009 年 10 月 10 日正式执行";2010 年 4 月 29 日,郑州某有限公司发布《××汽车管字〔2010〕第 010 号文件》,显示"2010 年 5 月 1 日放假 1 天。5 月 2 日起全体正常上班,作息时间调整为:上午 8:00—12:00,下午 13:30—18:00";2010 年 9 月 29 日,郑州某有限公司发布《××汽车管字〔2010〕第 021 号文件》,显示"上午作息时间不变,下午 13:

00—17:30”;2011 年 9 月 26 日,郑州某有限公司发布《××汽车管字〔2011〕第 14 号文件》,显示“上午作息时间不变,下午 13:00—17:30”;2012 年 9 月 24 日,郑州某有限公司发布《××汽车管字〔2012〕第 10 号文件》,显示“公司统一执行冬季作息时间,具体安排为上午 8:00—12:00,下午 13:00—17:30”;2013 年 4 月 26 日,郑州某有限公司发布《××汽车办字〔2013〕第 02 号文件》,显示“自五一起,公司统一执行夏季作息时间,具体安排为:上午 8:00—12:00,下午 13:30—18:00”;2013 年 9 月 25 日,郑州某有限公司发布《××汽车办字〔2013〕第 06 号文件》,显示“自 10 月 4 日起,公司统一执行冬季作息时间,具体安排如下:工作日上下班时间:上午 08:00—12:00,下午 13:00—17:30”;2009 年 10 月 12 日,郑州某有限公司的文件会签表显示公司上下班时间为:上午 8:00—12:00,下午 13:00—17:30(每年 5 月 1 日、10 月 1 日随季节调整),每月满勤 26.5 天。原告李某某提供的员工考勤月统计表显示满勤天数为 26.5 天,原告李某某的出勤天数大于满勤天数。

2014 年 1 月 18 日××汽车管字〔2014〕第 1 号文件,显示,决定 2014 春节放假 16 天。即 1 月 24 日—2 月 8 日(农历十二月二十四—正月初九)放假休息,2 月 9 日(农历正月初十)正常上班。2015 年 2 月 6 日××汽车管字〔2015〕第 5 号文件显示,决定 2015 年春节放假 16 天,即 2 月 12 日—2 月 27 日(农历十二月二十四至正月初九)放假休息,2 月 28 日(农历正月初十)正常上班。

2015 年 12 月 22 日,原告向郑州市劳动人事争议仲裁委员会申请仲裁,请求裁决:1. 被申请人支付解除劳动合同经济补偿金 50 864 元;2. 被申请人支付带薪年休假工资 48 525.4 元;3. 被申请人支付 2002 年至 2015 年 3 月期间延时加班费 49 318.2 元、休息日加班费 25 4876.2 元及 25% 经济补偿金 76 048.6 元。2016 年 7 月 4 日,郑州市劳动人事争议仲裁委员会作出郑劳人仲案字〔2016〕0213 号仲裁裁决书。1. 2002 年,申请人(李某某)与被申请人(郑州某有限公司)建立劳动关系。2015 年 3 月 31 日,双方协商一致解除劳动合同,而《劳动合同法》于 2008 年 1 月 1 日起施行。故根据《劳动合同法》第三十六条、第四十六条、第四十七条之规定,被申请人应按申请人 2008 年 1 月至 2015 年 3 月 31 日的工作年限,向申请人支付解除劳动合同经济补偿金差额 15 895 元(6 258 元/月 ×7.5 个月 −39 655 元 =15 895 元)。2. 按照 2002 年至 2015 年的工作年限,申请人每年应享受的休假为 10 天。被申请人在 2014 年、2015 年春节期间对公司员工集体放假 17 天,申请人享受的休假天数除去春节法定假日天数已超过其 2015 年应享受的休假天数。2014 年以前的未休带薪年休假工资已超过仲裁时效。故,申请人要求被申请人支付未休年休假工资,本委不予支持。3. 申请人作为销售人员,工作时间并不固定,被申请人已安排申请人在销售淡季进行了调休和补休,且申请人未能提供有效证据证明其存在加班的事实。申请人要求被申请人支付加班费及 25% 的经济补偿金,本委不予支持。故作出裁决:一、自本裁决书生效之日起 15 日内,被申请人向申请人支付解除劳动合同经济补偿金差额 15 895 元;二、驳回申请人其他仲裁请求。

另查明,河南省郑州市中级人民法院〔2015〕郑民四终字第 01819 号民事判决已认定被告处考勤制度为:月满勤天数为 26.5 天,每天上班 8.5 小时。

2002 年至 2015 年期间郑州市在岗职工月平均工资分别为:910.83 元、1 028.67 元、1 251.92 元、1 391.17 元、1 571.75 元、1 918.75 元、2 206.33 元、2 486.42、2 731.58 元、2 961.75 元、3 456.67 元、3 718.5 元、4 106.58 元、4 415.58 元。每年法定工作天数为 250 天(365 天 −

11 天 - 104 天 = 250 天),计薪天数为 261 天(365 天 - 104 天 = 261 天)。

一审法院认为,依法建立的劳动关系受法律保护。原告 2002 年入职被告处,2015 年 3 月 31 日,双方协商一致解除劳动关系,根据《劳动合同法》规定,经济补偿按劳动者在本单位工作的年限,每满一年支付一个月工资的标准向劳动者支付。六个月以上不满一年的,按一年计算,不满六个月的,向劳动者支付半个月工资的经济补偿。而《违反和解除劳动合同的经济补偿办法》规定以十二个月为限,本院根据上述规定,并结合案情,认定经济补偿金的给付以十二个月为限,扣除被告已向原告支付的 31 790 元,被告还应当向原告支付解除劳动合同经济补偿金 44 506 元(6 358 元/月 × 12 个月 - 31 790 元 = 44 506 元)。根据原告的工作年限,原告在 2008 年至 2012 年期间每年应享有 5 天带薪年休假,2013 年至 2014 年期间每年享有 10 天的带薪年休假,2015 年 1 月至 3 月期间享有 2 天带薪年休假。原告主张的 2008 年至 2013 年期间的未休年休假工资因已超过仲裁时效,因不存在不可抗力或者有其他正当理由,故本院也不予支持;而自 2014 年,被告提供证据证明其已在春节期间对员工集体放假 16 天,其中含法定假日 3 天,调休 4 天,这 7 天是正常放假时间,剩余 9 天应认定为对未休年休假予以安排的补休,而原告在 2014 年应享受 10 天的带薪年休假,少休的 1 日应由被告向原告支付相应的带薪年休假工资即 566.42 元(4 106.58 元/月 ÷ 21.75 天/月 × 1 天 × 300% = 566.42 元);2015 年 1 月至 3 月,原告应享受带薪年休假 2 天,而被告已提供证据证明在春节期间对员工集体放假 16 天,除去春节法定假日和调休假,原告休息天数已经超过 2 天,故原告主张的 2015 年带薪年休假工资不予支持。

关于原告主张被告支付 2002 年至 2015 年 3 月期间的周一至周五延时加班费、休息日加班费及相应 25% 的经济补偿金的请求,原告已提供了自 2008 年以来被告发布的文件以及生效判决,可以证实被告每天工作 8.5 小时,即每天延长工作时间 0.5 小时,而被告对此未能提供反证,且原告提交的员工考勤月统计表同样印证了该事实,故可以认定原告加班事实的存在,而劳动者对加班事实负有举证责任,现原告仅仅提供了 2008 年以来的文件,故周一至周五延长工作时间的加班费应从 2008 年起算。2008 年加班费:1 918.75 元/月 ÷ 21.75 天/月 ÷ 8 小时/天 × 250 天 × 0.5 小时/天 × 150% = 2 067.62 元。2009 年加班费:2206.33 元/月 ÷ 21.75 天/月 ÷ 8 小时/天 × 250 天 × 0.5 小时/天 × 150% = 2 377.51 元。2010 年加班费:2 486.42 元/月 ÷ 21.75 天/月 ÷ 8 小时/天 × 250 天 × 0.5 小时/天 × 150% = 2 679.33 元。2011 年加班费:2 731.58 元/月 ÷ 21.75 天/月 ÷ 8 小时/天 × 250 天 × 0.5 小时/天 × 150% = 2 943.51 元。2012 年加班费:2 961.75 元/月 ÷ 21.75 天/月 ÷ 8 小时/天 × 250 天 × 0.5 小时/天 × 150% = 3 191.54 元。2013 年加班费:3 456.67 元/月 ÷ 21.75 天/月 ÷ 8 小时/天 × 250 天 × 0.5 小时/天 × 150% = 3 724.86 元。2014 年加班费:3 718.5 元/月 ÷ 21.75 天/月 ÷ 8 小时/天 × 250 天 × 0.5 小时/天 × 150% = 4 007 元。2015 年加班费:4 106.58 元/月 ÷ 21.75 天/月 ÷ 8 小时/天 × 250 天 × 0.5 小时/天 × 150% × 0.25 = 1 106.3 元。上述周一至周五加班费共 22 097.67 元。休息休假日加班费也自 2008 年起算,2008 年加班费:1 918.75 元/月 ÷ 21.75 天/月 ÷ 8 小时/天 × (26.5 天/月 × 12 个月 - 261 天) × 8.5 小时/天 × 200% = 10 685.45 元。2009 年加班费:2 206.33 元/月 ÷ 21.75 天/月 ÷ 8 小时/天 × (26.5 天/月 × 12 个月 - 261 天) × 8.5 小时/天 × 200% = 12 286.98 元。2010 年加班费:2 486.42 元/月 ÷ 21.75 天/月 ÷ 8 小时/天 × (26.5 天/月 × 12 个月 - 261 天) × 8.5 小时/天 × 200% = 13 846.79 元。2011 年加班

费:2 731.58 元/月÷21.75 天/月÷8 小时/天×(26.5 天/月×12 个月-261 天)×8.5 小时/天×200% =15 212.07 元。2012 年加班费:2 961.75 元/月÷21.75 天/月÷8 小时/天×(26.5 天/月×12 个月-261 天)×8.5 小时/天×200% =16 493.88 元。2013 年加班费:3 456.07 元/月÷21.75 天/月÷8 小时/天×(26.5 天/月×12 个月-261 天)×8.5 小时/天×200% =19 246.73 元。2014 年加班费:3 718.5 元/月÷21.75 天/月÷8 小时/天×(26.5 天/月×12 个月-261 天)×8.5 小时/天×200% =20 708.20 元。2015 年加班费:4 106.58 元/月÷21.75 天/月÷8 小时/天×(26.5 天/月×12 个月-261 天)×8.5 小时/天×200%×0.25 =5 717.35 元。上述休息休假日加班费共 114 197.45 元。关于原告主张的加班费相对应的25%经济补偿金的请求,因在《劳动合同法》实施之后,拒不支付加班费的,应按照该法规定处理,即应先由劳动者通过行政途径向劳动行政部门举报,由劳动行政部门责令支付,仍不支付的,可另案再诉,要求支付 50%至 100%的加付赔偿金。在本案中,因未通过行政前置解决,故不予支持。原告其他的诉讼请求和被告其他的质辩意见,不予支持和采信。

综上所述,依照《劳动法》第二十四条、第二十八条、第三十六条、第四十四条、第四十五条,《劳动部关于贯彻执行〈劳动法〉若干问题的意见》第三十六条、第七十条,《劳动合同法》第二十七条、第三十一条、第三十六条、第四十六条、第四十七条、第九十七条,《劳动争议调解仲裁法》第二十七条,《违反和解除劳动合同的经济补偿办法》第三条、第五条、第十一条,《最高人民法院关于审理劳动争议案件适用法律若干问题的解释(三)》第九条,《职工带薪年休假条例》第二条、第三条,《企业职工带薪年休假实施办法》第四条、第十条、第十一条,劳动和社会保障部《关于职工全年月平均工作时间和工资折算问题的通知》第一条、第二条,《中华人民共和国民事诉讼法》第六十四条第一款规定,原审法院判决:一、被告郑州某有限公司于本判决生效后十日内向原告李某某支付经济补偿金 44 506 元;二、被告郑州某有限公司于本判决生效后十日内向原告李某某支付未休年休假工资 566.42 元;三、被告郑州某有限公司于本判决生效后十日内向原告李某某支付自 2008 年至 2015 年 3 月 31 日期间周一至周五延长工作时间的加班费 22 097.67 元、休息休假日日加班费 114 197.45 元;四、驳回原告的其他诉讼请求。如果未按判决书指定的期间履行给付金钱义务,应当依照《中华人民共和国民事诉讼法》第二百五十三条之规定,加倍支付迟延履行期间的债务利息。案件受理费 10 元,由被告承担。

本院经审理查明的事实与原审法院查明的事实一致。

本院认为,李某某与郑州某有限公司之间依法建立的劳动关系受法律保护,经双方协商一致后劳动关系解除。李某某诉请郑州某有限公司支付经济补偿金、带薪年休假工资及延时加班费、休息休假日加班费符合法律规定,原审依据相关法律规定判决郑州某有限公司支付李某某经济补偿金 44 506 元、未休年休假工资 566.42 元、自 2008 年至 2015 年 3 月 31 日期间周一至周五延长工作时间的加班费 22 097.67 元、休息休假日加班费 114 197.45 元,并无不当。关于郑州某有限公司上诉辩称的经济补偿金,郑州某有限公司已支付了李某某经济补偿金 31 790 元,原审依据《劳动合同法》及《违反和解除劳动合同的经济补偿办法》规定,结合本案的案情,认定经济补偿金的给付以十二个月为限,扣除郑州某有限公司已支付的经济补偿金后,判决其再向李某某支付经济补偿金 44 506 元,符合法律规定。关于未休年假工资计算,经本院审查并无不当。关于延时加班费及休息休假日加班费,郑州某有限公司上诉称在支付工资时已实际发放,但并无有效证据证明支付过,应当承担不利法律后果。

综上所述，郑州某有限公司的上诉请求不能成立，应予驳回；一审判决认定事实清楚，适用法律正确，应予维持。依照《中华人民共和国民事诉讼法》第一百七十条第一款第一项规定，判决如下：

驳回上诉，维持原判。

二审案件受理费10元，由郑州某有限公司负担。

本判决为终审判决。

审　判　长　　李某某
审　判　员　　王某某
审　判　员　　秦　某
二〇一七年十一月十四日
书　记　员　　王某某

第七章　劳动争议处理与劳动监察制度

案例回放

2007 年 3 月 5 日起，许先生进入万兴公司从事钣金工工作。同年下半年，万兴公司指派许先生等人参加了通用公司组织的“别克关怀三项全能锦标赛之 2007 年别克技术精英大赛”，许先生不负公司信任，获得第三名。通用公司发给第三名奖杯一座，许先生领取后由万兴公司收回，而通用公司也将许先生复赛第二名、决赛第三名的奖金人民币 15 000 元划入万兴公司专门用于购买配件的账户内。2008 年 1 月，万兴公司依据《关于万兴别克汽车奖惩标准的规定》中“奖励”的第三条规定，给予许先生人民币 10 000 元的经济奖励。

2008 年 6 月，许先生以工作地点与居住地点较远为由向公司辞职。随后，他向劳动争议仲裁委员会申请仲裁，要求万兴公司支付奖金 15 000 元、归还奖杯、支付解除合同的经济补偿金 3 800 元，但仲裁仅要求万兴公司归还奖杯，未支持许先生的其他请求。许先生不服，于 2008 年 11 月 21 日向法院提起诉讼。

审理中，法院还查明，万兴公司承担了许先生参赛期间的所有差旅费用并发放了全勤工资和奖金。而通用公司则表示其组织比赛后通知包括万兴公司在内的经销商上报人员参赛；该比赛无章程，按内部方案操作，方案中规定了复赛和决赛第一、二、三名的奖金，但没有明确具体的发放对象；该比赛所有的获奖奖金实际上都是发给经销商的。

法院经审理后认为，作为《别克关怀三项全能锦标赛之 2007 别克技术精英大赛》的赛事组织者，通用公司有权对该赛事的各项事宜包括比赛的参加对象、比赛的规则、比赛的奖惩方案等制定比赛章程，在赛前没有制定比赛章程的情况下，其有在法律允许的范围内对上述相关事宜进行解释的权利。因通用公司表示“比赛通知发到包括被告在内的经销商，由其上报人员参加该比赛”，且万兴公司按照通用公司“别克关怀钣喷大赛报名事宜暨通知”的规定组织、推荐许先生参赛并承担了许先生参赛期间的所有差旅费用、发放了全勤工资和奖金，赛后也根据规定对许先生进行了经济奖励，故法院认定许先生是代表万兴公司参赛的；因通用公司表示“所有的获奖奖金实际上都是发给经销商的”，且许先生复赛第二名、决赛第三名的奖金人民币 15 000 元已划入万兴公司专门用于购买配件的账户内，故法院确认比赛奖金应归万兴公司所有。

法院还认为，除了法律规定的情形外，劳动者单方提出解除劳动合同的，用人单位无须支付经济补偿金。由于比赛奖金应归万兴公司所有，故万兴公司不构成无故克扣工资、奖金，不符合法律规定用人单位应支付经济补偿金的情形。许先生亦未提供证据证明万兴公司有其他克扣工资、奖金的行为，故许先生要求万兴公司支付经济补偿金的请求，法院难以支持。

最后，法院判决驳回许先生要求万兴公司支付奖金人民币 15 000 元和经济补偿金人民币 3 800 元的诉讼请求。

（材料来源：中国法院网）

理论要点

第一节　劳动争议处理概述

一、劳动争议的概念

(一)概念

劳动争议又称劳动纠纷,国外亦称劳资争议或劳资纠纷。劳动争议在一定意义上就是劳动关系双方当事人之间的利益矛盾。广义的劳动争议,泛指以劳动关系为中心所发生的一切争议,包括关于劳动关系的争议和关于与劳动关系密切联系的其他社会关系的争议。狭义的劳动争议,专指劳动关系双方当事人或其团体之间关于劳动权利和劳动义务的争议。在劳动法规和劳动法学中,一般取其狭义。

(二)劳动争议的分类

依争议劳动者人数的多寡,劳动争议可分为单个劳动争议与集体劳动争议。“单个”与“集体”是针对涉及的劳动者人数相对而言的。单个劳动争议,是指争议的劳动者一方为1人,或虽为2人但可共同诉讼,不需要推举代表人参加处理程序的劳动争议。集体劳动争议,是指劳动者一方人数达到3人或3人以上,必须推举代表参加处理程序的劳动争议。集体劳动争议中的数名劳动者作为一方当事人,对用人单位必须具有共同的争议标的、相同的争议理由和处理要求。集体劳动争议必须推选诉讼代表人进行集体诉讼,争议的处理结果对劳动者一方的全体人员具有同等效力。

依当事人国籍不同,劳动争议可分为国内劳动争议与涉外劳动争议。国内劳动争议,是指具有中国国籍的劳动者与用人单位之间的劳动争议。应明确的是,外商投资企业是中国企业,它与中国职工之间的劳动争议属于国内劳动争议。涉外劳动争议,是指当事人一方或双方具有外国国籍或无国籍的劳动争议,它包括中国用人单位与外籍职工之间,外籍雇主与中国职工之间的劳动争议。涉外劳动争议的处理,应当按照雇主所在地法的国际惯例,确定其准据法。凡用人单位(雇主)所在地在我国境内的,涉外劳动争议的处理就应当适用我国法律。

依争议当事人是否属于社会团体,劳动争议可分为个别劳动争议与团体劳动争议。“个别”与“团体”是就劳动关系的范围相对而言的。个别劳动争议是指一个(或一对)劳动关系发生的争议,即争议的双方当事人均为单个的劳动者与用人单位。团体劳动争议是指一类劳动关系的双方团体之间发生的争议,团体劳动争议以团体的名义为维护整个团体的利益进行。如行业协会与产业工会之间的争议。团体劳动争议一般规模巨大,社会影响面广,通常需要通过双方谈判或由政治干预的特殊方式加以解决。现阶段由于我国结社不发达,各种行业协会和职业协会尚处于培育阶段,还不具备介入劳动关系的职能。因此,当前我国劳动争议普遍存在的形式是个别劳动争议,团体劳动争议极为罕见。

二、我国劳动争议的受案范围

(一)具体的受案范围

目前,劳动争议的受案范围在我国相关的几部规范性文件中的界定是有所差别的。根据

《劳动争议调解仲裁法》(2008 年 5 月 1 日起施行)第二条的规定,受案范围包括:

(1)因确认劳动关系发生的争议;

(2)因订立、履行、变更、解除和终止劳动合同发生的争议;

(3)因除名、辞退和辞职、离职发生的争议;

(4)因工作时间、休息休假、社会保险、福利、培训以及劳动保护发生的争议;

(5)因劳动报酬、工伤医疗费、经济补偿或者赔偿金等发生的争议;

(6)法律、法规规定的其他劳动争议。

(二)我国劳动争议受案范围的特点

按照有关规定,确认劳动合同效力的争议、续订劳动合同争议、集体合同履行争议、无效合同赔偿争议、事实劳动关系争议等也属劳动争议处理范围。

通过对我国劳动争议的受理范围与劳动争议本身所蕴含的内容的比较,可以看出,大量的劳动权利义务纠纷尚无法律救济途径。基于此,一方面必须加强劳动争议立法,扩大权利救济范围;另一方面,必须完善企业内部利益协调机制,化解劳资矛盾,稳定劳动关系。

三、劳动争议处理的原则

劳动争议处理的原则,贯穿于劳动争议处理的每一个程序之中,它是国家劳动立法关于劳动争议处理的基本指导思想。根据《劳动法》和《劳动争议调解仲裁法》的规定,处理劳动争议应当遵循以下原则。

(一)以调解为主的多元纠纷解决原则

2020 年,最高人民法院、中华全国总工会联合印发了《关于在部分地区开展劳动争议多元化解试点工作的意见》(法〔2020〕55 号)(以下简称《意见》),决定在内蒙古、吉林、上海、江西、山东、湖北、广东、四川等省(自治区、直辖市),以及陕西省西安市、浙江省宁波市和广西壮族自治区北海市开展劳动争议多元化解试点工作。《意见》鼓励和引导争议双方当事人通过协商、调解、仲裁等非诉讼方式解决纠纷,加强工会参与劳动争议调解工作与仲裁调解、人民调解、司法调解的联动,逐步实现程序衔接、资源整合、信息共享,推动形成劳动争议多元化解新格局。《意见》要求各级总工会要依法积极履行维护职工合法权益、竭诚服务职工群众的基本职责,推动完善劳动争议调解组织机构,协调企业与劳动者妥善解决劳动争议。推动企业劳动争议调解组织和行业性、区域性劳动争议调解组织建设。依托工会职工服务平台、地方社会治理综合服务平台建立健全劳动争议调解中心(工作室),鼓励建立以调解员命名的工作室。推动调解组织在人民法院诉讼服务中心设立工作室,派驻调解员。各级总工会要积极推动建立劳动争议调解员名册制度,广泛吸纳法学专家、退休法官检察官、劳动争议调解员仲裁员、劳动关系协调员(师)、人民调解员及其他领域专业人才等社会力量加入名册。建立和完善名册管理制度,加强调解员培训,建立调解员职业道德规范体系,完善调解员惩戒和退出机制,不断提高调解员队伍的专业化、职业化水平,提升劳动争议调解公信力。各级总工会要积极从职工维权律师团、职工法律服务团和工会法律顾问中遴选政治立场坚定、业务素质过硬、执业经验丰富的律师参与调解工作。积极通过购买服务方式甄选优质律师事务所选派律师参与劳动争议调解工作,探索建立劳动争议专职调解律师制度。

在多元纠纷解决方式中,调解是国家最提倡的方式,贯穿于除协商解决劳动争议外的其他所有劳动争议处理方式的全过程。根据《劳动法》的规定,劳动争议发生后,当事人可以向本单位劳动争议调解委员会申请调解；调解不成，再由劳动争议仲裁机构和人民法院来解决。劳动争议仲裁委员会受理劳动争议案件后，也是首先调解，调解不成时才依法裁决。人民法院受理劳动争议案件后，在不同审判阶段都应先调解、调解不成的，才作判决。贯彻调解原则时，必须坚持双方自愿，不能有丝毫的勉强和强迫，否则即使达成协议，也是无效的。

1994 年制定的《劳动法》和 1993 年国务院通过的《中华人民共和国企业劳动争议处理条例》都规定调解是解决劳动争议的基本方式之一。企业设立的劳动争议调解委员会是法定的调解组织，但建立劳动争议调解委员会的主要是国有企业和集体企业，非公有制企业劳动争议调解委员会组建率比较低。随着国有企业的改制，我国企业劳动争议调解委员会的功能在弱化，调解的有效性不强。

为了发挥调解的优势，使大多数劳动争议通过调解得以解决，《劳动争议调解仲裁法》确立了着重调解的原则，在立足现有劳动争议调解组织的基础上，又对目前新兴的劳动争议调解组织加以肯定，整合资源，形成劳动争议调解服务网络。该法第二章对调解进行了专门规定，确立了三类调解组织，即企业劳动争议调解委员会，依法设立的基层人民调解组织，在乡镇、街道设立的具有劳动争议调解职能的组织。调解作为重要的纠纷解决机制，在实践中具有解决纠纷的独特优势，它可以有效降低诉讼的对抗性，减轻当事人的诉讼负担，节约司法资源，也最接近当事人追求的实体公正。

（二）及时处理原则

及时处理原则集中表现在以下方面。

（1）在用人单位内部设立劳动争议调解委员会，乡镇、街道设立具有劳动争议调解职能的组织及其他基层人民调解组织。一般说来，调解委员会成员在基层，比较了解情况，劳动争议发生后由调解委员会先处理，能有效避免矛盾加深、事态扩大，及时化解纠纷，从而维护争议双方各自的合法权益。

（2）规定了各种短期时效。如《劳动争议调解仲裁法》第十四条第三款规定，自劳动争议调解组织收到调解申请之日起 15 日内未达成调解协议的，当事人可以依法申请仲裁。第二十七条第一款规定，劳动争议申请仲裁的时效期间为一年。第四十八条规定，劳动者对本法第四十七条规定的仲裁裁决不服的，可以自收到仲裁裁决书之日起 15 日内向人民法院提起诉讼。

（3）规定了短期办案时限，缩短了劳动争议仲裁审理期限。按《劳动法》规定，仲裁裁决一般应在收到仲裁申请的 60 日作出；如案情复杂，经法定程序批准可延期 30 日。为提高效率，《劳动争议调解仲裁法》第四十三条规定，仲裁庭裁决劳动争议案件，应当自劳动争议仲裁委员会受理仲裁申请之日起 45 日内结束。案情复杂需要延期的，经劳动争议仲裁委员会主任批准，可以延期并书面通知当事人，但是延长期限不得超过 15 日。逾期未作出仲裁裁决的，当事人可以就该劳动争议事项向人民法院提起诉讼。仲裁庭裁决劳动争议案件时，其中一部分事实已经清楚，可以就该部分先行裁决。

（三）依法处理原则

依法处理原则是指劳动争议处理机构应以事实为依据，严格依照法律规定来处理劳动争议的原则。劳动争议处理机构应在全面调查案件事实的基础上，辨明是非，分清责任，正确适用法律，从而作出公正的裁决。这里的依法，包含三个层次：第一层次是劳动法律、法规的相关规定；第二层次是劳动合同或集体合同中的有效约定；第三层次是指合法的企业内部规章，但它只对本企业的争议当事人具有效力。

(四)公正处理原则

公正处理原则是指在处理劳动争议时,劳动争议处理机构应站在公正的立场,不得袒护任何一方,必须保证争议双方当事人处于平等的法律地位,具有平等的权利和义务,任何用人单位和劳动者都没有超越法律的特权的原则。这一原则在《劳动法》和《劳动争议调解仲裁法》中有明确的规定。另外,为保证争议处理的公正性,切实维护劳动者的合法权益,在劳动争议处理时还要坚持三方原则,即要求劳动行政机关、企业用工方和工会组织共同协调、处理劳动争议。

第二节　劳动争议处理机构

根据《劳动法》和《劳动争议调解仲裁法》的规定,我国劳动争议处理机构有:企业劳动争议调解委员会,依法设立的基层人民调解组织,在乡镇、街道设立的具有劳动争议调解职能的组织,劳动争议仲裁委员会及人民法院。

一、劳动争议调解组织

《劳动法》规定,在用人单位内,可以设立劳动争议调解委员会。《企业劳动争议协商调解规定》第十三条规定,大中型企业应当依法设立调解委员会,并配备专职或者兼职工作人员。有分公司、分店、分厂的企业,可以根据需要在分支机构设立调解委员会。总部调解委员会指导分支机构调解委员会开展劳动争议预防调解工作。调解委员会可以根据需要在车间、工段、班组设立调解小组。《劳动争议调解仲裁法》规定,发生劳动争议,当事人可以到下列调解组织申请调解:①企业劳动争议调解委员会;②依法设立的基层人民调解组织;③在乡镇、街道设立的具有劳动争议调解职能的组织。企业劳动争议调解委员会由职工代表和企业代表组成。职工代表由工会成员担任或者由全体职工推举产生,企业代表由企业负责人指定。企业劳动争议调解委员会主任由工会成员或者双方推举的人员担任。劳动争议调解组织的调解员应当由公道正派、联系群众、热心调解工作,并具有一定法律知识、政策水平和文化水平的成年公民担任。

根据最高人民法院、中华全国总工会联合印的《关于在部分地区开展劳动争议多元化解试点工作的意见》的要求,试点地区推动企业劳动争议调解组织和行业性、区域性劳动争议调解组织建设。依托工会职工服务平台、地方社会治理综合服务平台建立健全劳动争议调解中心(工作室)。

劳动争议调解组织设立在企业内部,或者依托基层自治组织、工会组织设立,在性质上属于民间组织。在调解组织调解下达成的调解协议具有法律约束力,但不具有强制执行力。当事人可以依据《民事诉讼法》的规定,向有管辖权的人民法院申请司法确认,通过司法确认后的调解协议即具有了强制执行力。

二、劳动争议仲裁机构

(一)设立

《劳动争议调解仲裁法》规定,劳动争议仲裁委员会按照统筹规划、合理布局和适应实际需要的原则设立。省、自治区人民政府可以决定在市、县设立;直辖市人民政府可以决定在区、县设立。直辖市、设区的市也可以设立一个或者若干个劳动争议仲裁委员会。劳动争议仲裁委员会不按行政区划层层设立。

2017 年《劳动人事争议仲裁组织规则》规定,为公正及时处理劳动人事争议,根据《劳动争议调解仲裁法》《公务员法》《事业单位人事管理条例》《中国人民解放军文职人员条例》等有关法律、法规,制定本规则。明确了劳动人事争议仲裁委员会由人民政府依法设立,专门处理争议案件。人力资源社会保障行政部门负责指导本行政区域的争议调解仲裁工作,组织协调处理跨地区、有影响的重大争议,负责仲裁员的管理、培训等工作。

因此,根据《劳动人事争议仲裁组织规则》,劳动争议的仲裁机构不再是单纯的仲裁处理劳动争议的机构,而是融合了事业单位的人事争议和解放军文职人员与部队单位的相关争议的劳动人事争议仲裁委员会。但是目前有很多地方的仲裁委员会仍然沿用劳动仲裁委员会的名称。

(二)组成

根据《劳动人事争议仲裁组织规则》的规定,仲裁委员会由干部主管部门代表、人力资源社会保障等相关行政部门代表、军队文职人员工作管理部门代表、工会代表和用人单位方面代表等组成。仲裁委员会组成人员应当是单数。仲裁委员会设主任一名,副主任和委员若干名。仲裁委员会主任由政府负责人或者人力资源社会保障行政部门主要负责人担任。

仲裁委员会依法履行下列职责:聘任、解聘专职或者兼职仲裁员;受理争议案件;讨论重大或者疑难的争议案件;监督本仲裁委员会的仲裁活动;制定本仲裁委员会的工作规则;其他依法应当履行的职责。

(三)办事机构

《劳动人事争议仲裁组织规则》第九条规定,仲裁委员会下设实体化的办事机构,具体承担争议调解仲裁等日常工作。办事机构称为劳动人事争议仲裁院(以下简称仲裁院),设在人力资源社会保障行政部门。仲裁院对仲裁委员会负责并报告工作。

目前,在劳动争议仲裁案件的法律文书中,有“仲裁院”和“仲裁委员会”两种名称并存的情况,本书以实际法律文书为准。

(四)仲裁庭

劳动争议仲裁委员会裁决劳动争议案件实行仲裁庭制。仲裁庭由三名仲裁员组成,设首席仲裁员。简单劳动争议案件可以由一名仲裁员独任仲裁。

《劳动人事争议仲裁组织规则》规定,仲裁委员会处理争议案件实行仲裁庭制度,实行一案一庭制。处理下列争议案件应当由三名仲裁员组成仲裁庭,设首席仲裁员:①十人以上并有共同请求的争议案件;②履行集体合同发生的争议案件;③有重大影响或者疑难复杂的争议案件;④仲裁委员会认为应当由三名仲裁员组庭处理的其他争议案件。简单争议案件可以由一名仲裁员独任仲裁。仲裁庭组成不符合规定的,仲裁委员会应当予以撤销并重新组庭。

(五)仲裁员

《劳动争议调解仲裁法》规定,劳动争议仲裁委员会应当设仲裁员名册。仲裁员是由仲裁委员会聘任、依法调解和仲裁争议案件的专业工作人员。仲裁员分为专职仲裁员和兼职仲裁员。专职仲裁员和兼职仲裁员在调解仲裁活动中享有同等权利,履行同等义务。兼职仲裁员进行仲裁活动,所在单位应当予以支持。仲裁委员会应当依法聘任一定数量的专职仲裁员,也可以根据办案工作需要,依法从干部主管部门、人力资源社会保障行政部门、军队文职人员工作管理部门、工会、企业组织等相关机构的人员以及专家学者、律师中聘任兼职仲裁员。

仲裁员享有以下权利:履行职责应当具有的职权和工作条件;处理争议案件不受干涉;人身、财产安全受到保护;参加聘前培训和在职培训;法律、法规规定的其他权利。

仲裁员应当履行以下义务:依法处理争议案件;维护国家利益和公共利益,保护当事人合法权益;严格执行廉政规定,恪守职业道德;自觉接受监督;法律、法规规定的其他义务。

三、人民法院

《劳动法》第八十三条规定:"劳动争议当事人对仲裁裁决不服的,可以自收到仲裁判决书之日起十五日内向人民法院提起诉讼。一方当事人在法定期限内不起诉又不履行仲裁裁决的,另一方当事人可申请人民法院强制执行。"这一规定确立了人民法院对劳动争议审理的终极程序。人民法院民事审判庭负责审理劳动争议案件,实行两审终审制。

《劳动争议调解仲裁法》第五条规定:"发生劳动争议,当事人不愿协商、协商不成或者达成和解协议后不履行的,可以向调解组织申请调解;不愿调解、调解不成或者达成调解协议后不履行的,可以向劳动争议仲裁委员会申请仲裁;对仲裁裁决不服的,除本法另有规定的外,可以向人民法院提起诉讼。"

第三节　劳动争议处理程序

一、调解的概念及程序

(一)调解的原则

(1)自愿原则。调解委员会调解劳动争议,应当遵循当事人双方自愿的原则,这是调解的前提。

(2)尊重当事人申请仲裁和诉讼权利的原则。

(二)调解的程序

1. 申请和受理

当事人申请劳动争议调解可以书面申请,也可以口头申请。口头申请的,调解组织应当当场记录申请人基本情况和申请调解的争议事项、理由与时间。

2. 调查和调解

调解劳动争议,应当充分听取双方当事人对事实和理由的陈述,耐心疏导,帮助其达成协议。

3. 制作调解协议书或调解意见书

经调解达成协议的,应当制作调解协议书。调解协议书由双方当事人签名或者盖章,经调解员签名并加盖调解组织印章后生效,对双方当事人具有约束力,当事人应当履行。

(三)调解的效力

自劳动争议调解组织收到调解申请之日起 15 日内未达成调解协议的,当事人可以依法申请仲裁。但因支付拖欠劳动报酬、工伤医疗费、经济补偿或者赔偿金事项达成调解协议,用人单位在协议约定期限内不履行的，劳动者可以持调解协议书依法向人民法院申请支付令。2021 年 1 月 1 日起施行的《最高人民法院关于审理劳动争议案件适用法律问题的解释（一）》规定，当事人在《劳动争议调解仲裁法》第十条规定的调解组织主持下达成的具有劳动权利义务内容的调解协议，具有劳动合同的约束力，可以作为人民法院裁判的根据。这意味着在仲裁或诉讼过程中，可以把上述调解协议作为确定当事人劳动权利义务关系的证据。

二、仲裁的概念及程序

（一）仲裁的原则

1. 强制仲裁原则

《劳动法》第七十九条规定："劳动争议发生后，当事人可以向本单位劳动争议调解委员会申请调解；调解不成，当事人一方要求仲裁的，可以向劳动争议仲裁委员会申请仲裁。当事人一方也可以直接向劳动争议仲裁委员会申请仲裁。对仲裁裁决不服的，可以向人民法院提起诉讼。"《劳动争议调解仲裁法》第五条又重申了这一规定。2021 年 1 月 1 日起施行的《最高人民法院关于审理劳动争议案件适用法律问题的解释（一）》第十四条规定，人民法院受理劳动争议案件后，当事人增加诉讼请求的，如该诉讼请求与讼争的劳动争议具有不可分性，应当合并审理；如属独立的劳动争议，应当告知当事人向劳动争议仲裁机构申请仲裁。当当事人在向法院起诉时提出的请求少于仲裁裁决事项时，法院审理中应严格遵循不告不理的原则，对当事人未提起诉讼的事项不进行审理。根据以上规定，除适用终局裁决程序的外，大多数劳动争议诉讼的请求事项必须经过仲裁裁决处理后才能进入诉讼程序解决。劳动者或者用人单位对仲裁裁决不服或仲裁庭对仲裁请求不予受理的才可以提起劳动争议诉讼。劳动争议当事人申请仲裁时应全面把握仲裁请求，避免遗漏应有的仲裁请求，以防在诉讼中法庭以违反仲裁前置程序而对相关请求不予处理。

另外，2002 年 6 月 10 日《最高人民法院关于国内船员劳务合同纠纷案件是否应劳动仲裁前置的请示的复函》指出，最高人民法院《关于海事法院受理案件范围的若干规定》，船员劳务合同纠纷案件属于海商合同纠纷案件的一种。根据《中华人民共和国海事诉讼特别程序法》的规定，此类案件应由海事法院受理。船员劳务合同包括国内船员劳务合同纠纷，不同于一般的劳务合同纠纷。船长、船员和在船上工作的其他在编人员根据劳动法律、行政法规或者劳动合同所产生的工资、其他劳动报酬、船员遣返费用和社会保险费用的给付请求，属于第一顺序的船舶优先权请求。此类案件是极具专业特点的海事案件，应当由海事法院审理。有关船员劳务合同纠纷的案件，当事人向海事法院起诉的，不受必须经过仲裁程序的限制。

2. 先行调解原则

仲裁庭在作出裁决前，应当先行调解。调解达成协议的，仲裁庭应当制作调解书。调解书应当写明仲裁请求和当事人协议的结果。调解书由仲裁员签名，加盖劳动争议仲裁委员会印章，送达双方当事人。调解书经双方当事人签收后，发生法律效力。调解是仲裁裁决的先行程序、必经程序。

3. 一裁终局原则

劳动争议仲裁实行一次裁决制度，一次裁决即为终局裁决。当事人如不服仲裁裁决，除法律另有规定的外，只能依法向人民法院起诉，不得向上一级仲裁委员会申请复议或要求重新处理。

4. 区分举证责任原则

因履行劳动合同发生的争议，实行“谁主张谁举证”原则；但因开除、除名、辞退等用人单位处罚劳动者所引起的争议，则实行“谁决定谁举证”原则，即举证责任倒置。

5. 仲裁独立原则

仲裁独立原则即劳动争议当事人对仲裁决定不服，向人民法院起诉的，人民法院仍应以争议的双方为诉讼当事人，不应将劳动争议仲裁委员会列为被告或第三人。在判决书、裁定书、调解书中，也不应含有撤销或者维持仲裁决定的内容。这也就是说，仲裁和诉讼的效力各自是独立的。

除以上几个原则外，劳动争议仲裁还应遵循合议原则、回避原则等。

（二）申请仲裁及受理

劳动争议申请仲裁的时效期间为1年。仲裁时效期间从当事人知道或者应当知道其权利被侵害之日起计算。仲裁时效，因当事人一方向对方当事人主张权利，或者向有关部门请求权利救济，或者对方当事人同意履行义务而中断。从中断时起，仲裁时效期间重新计算。因不可抗力或者有其他正当理由，当事人不能在规定的仲裁时效期间申请仲裁的，仲裁时效中止。从中止时效的原因消除之日起，仲裁时效期间继续计算。劳动关系存续期间因拖欠劳动报酬发生争议的，劳动者申请仲裁不受1年仲裁时效期间的限制；但是，劳动关系终止的，应当自劳动关系终止之日起1年内提出。

【案例7-1】

2019年5月22日，张某向黔江区人民法院提起诉讼，认为被告黔江区某保洁服务中心（以下简称保洁服务中心）违法开除自己，解除了双方的工作关系，严重侵犯了自己的合法权益，请求人民法院判决被告支付经济补偿金、法定公休日加班工资、法定节假日加班工资，共计7万余元。被告保洁服务中心辩称：（1）张某2019年4月24日至5月13日没有办理任何请销假和审批手续，累计旷工20天，依据《劳动法》的规定，因违纪被解除劳动合同的，用人单位无须支付经济补偿金；（2）经相关单位统一核定，包括张某在内的全区所有保洁人员每年统一计发的加班工资和节假日工资，每年年底已经结清；（3）张某于2015年4月16日年满50周岁，达到退休年龄，就此张某与被告之间的劳动关系终止，《劳动法》中规定劳动争议的诉讼时效是1年，张某的诉讼已经超过时效。

黔江区人民法院经审理查明，张某与保洁服务中心确实存在劳动关系，但该关系于2015年4月16日终止，这之后双方虽签订劳动合同，但实为劳务关系，张某最迟应当于2016年4月16日前就自己受侵害的权利申请仲裁，因此张某2019年5月17日提出的劳动争议仲裁申请被驳回。后张某向人民法院提起诉讼，被告关于张某的诉讼已超过时效的抗辩依法成立。

2019年12月11日，黔江区人民法院判决驳回张某的诉讼请求。

（案例来源：“法治黔江”微信公众号）

申请人申请仲裁应当提交书面仲裁申请，并按照被申请人人数提交副本。仲裁申请书应当载明下列事项：

（1）劳动者的姓名、性别、年龄、职业、工作单位和住所，用人单位的名称、住所和法定代表人或者主要负责人的姓名、职务；

(2)仲裁请求和所根据的事实、理由；

(3)证据和证据来源、证人姓名和住所。

书写仲裁申请确有困难的，可以口头申请，由劳动争议仲裁委员会记入笔录，并告知对方当事人。

【案例 7-2】

劳动仲裁申请书

申请人：吕某，男，1952 年 8 月 9 日出生，汉族，籍贯：×××市×××县，住×××市×××县×××镇×××村二组，农民，电话：×××××25。

代理人：刘某，女，1963 年 3 月 22 日出生，汉族，籍贯：×××市×××县，住×××市×××县×××镇×××村二组，农民。电话：×××××25。

被诉人：×××县 ×××镇×××村机砖厂，住所：×××县×××镇×××村四组。

法定代表人：巩某，职务：经理。

申诉要求：

(1)裁决被诉人支付申请人因伤致残的各种赔偿费用 16 156.04 元(详见后附列表)；

(2)由被诉人承担仲裁费用。

理由与事实：

申请人于 2005 年 2 月进入被诉人×××市×××县×××镇×××村四组由本村巩某所经营的机砖厂干活，主要从事的是铲土的工作。2005 年 4 月 15 日早上 9:00 左右申请人在清除输送滚筒上的土时，被输送带上的滚筒压伤了环指和小指，当日即送到×××市红十字医院治疗，诊断结果为：①右手环指挫裂伤；②右手小指挤压不全断裂；③右手开放性粉碎性骨折。由于被诉人不及时支付各项治疗费用，伤者吕某于 2005 年 4 月 22 日被迫出院。后申请人于 2005 年 11 月 29 日向×××市×××县劳动和社会保障局提出工伤认定申请，该部门于 2006 年 1 月 10 日作出《×××县劳动和社会保障局工伤认定决定书》(汉劳社伤险认决字〔2006〕01 号)，认定申请人的伤害为工伤。后×××市劳动能力鉴定委员会于 2006 年 4 月 26 日作出《×××市劳动能力鉴定委员会劳动能力鉴定结论通知书》(安劳工鉴字〔2006〕9 号)，鉴定结论为劳动功能障碍十级。

综上所述，为了维护劳动者的合法权益，特向你委申请劳动仲裁，请依法公正裁决。

此致

×××县劳动争议仲裁委员会

申请人：吕　某

……………………………

二〇〇七年五月三十一日

(材料来源：http://www.66law.cn/channel/goodcase/2007-12-12/3475.aspx)

劳动争议仲裁委员会收到仲裁申请之日起 5 日内，认为符合受理条件的，应当受理，并通知申请人；认为不符合受理条件的，应当书面通知申请人不予受理，并说明理由。对劳动争议仲裁委员会不予受理或者逾期未作出决定的，申请人可以就该劳动争议事项向人民法院提起诉讼。

劳动争议仲裁委员会受理仲裁申请后，应当在5日内将仲裁申请书副本送达被申请人。被申请人收到仲裁申请书副本后，应当在10日内向劳动争议仲裁委员会提交答辩书。劳动争议仲裁委员会收到答辩书后，应当在5日内将答辩书副本送达申请人。被申请人未提交答辩书的，不影响仲裁程序的进行。

【案例7-3】

职工李某因休息休假的问题与用人单位发生了劳动争议，当地的劳动争议仲裁委员会认为企业的行为无不当之处，遂裁定对李某的仲裁申请不予支持。李某不服，考虑到如果向当地的人民法院起诉要交纳诉讼费，李某没有立即向人民法院起诉。正在犹豫不决时，李某看到了一份有关《中华人民共和国行政复议法》（以下简称《行政复议法》）的宣传材料。李某想，既然行政复议不收费，何不去试一试呢？接到李某的行政复议申请后，劳动行政部门经过认真的审查作出了不予受理的决定，并向李某发出了《劳动保障行政复议不予受理通知书》。

评析：劳动争议当事人对仲裁裁决不服的，可以自收到仲裁裁决书之日起15日内向人民法院提起诉讼。但不服仲裁裁决的，并不能申请行政复议。

根据《劳动法》的规定，劳动争议当事人对仲裁裁决不服的，可以自收到仲裁裁决书之日起15日内向人民法院提起诉讼。而行政复议是指公民、法人或其他组织不服行政机关所作出的具体行政行为而向行政机关或其上一级行政机关提出申诉，受理的行政机关对其作出裁决的活动。因此，申请行政复议的前提是行政机关和具体行政行为的存在。《劳动法》第八十一条规定："劳动争议仲裁委员会由劳动行政部门代表、同级工会代表、用人单位方面的代表组成。劳动争议仲裁委员会主任由劳动行政部门代表担任。"劳动争议仲裁委员会是国家授权依法设立的，代表国家行使仲裁权并由国家强制力保证其生效裁决实施，三方联合处理劳动争议的准司法性的国家仲裁机构。因此，虽然劳动争议仲裁委员会中有劳动行政部门的代表，其主任由劳动行政部门的代表担任，其办事机构设在劳动行政部门，但是可以肯定地说劳动争议仲裁委员会不是行政机关。由于劳动争议仲裁委员会是仲裁机构而非行政机关，其仲裁裁决不能被认为是具体行政行为。

根据上述分析和《行政复议法》关于受案范围的规定，劳动行政部门对李某的行政复议申请决定不予受理是正确的。

（材料来源：找法网）

（三）案件审理

劳动争议仲裁委员会应当在受理仲裁申请之日起5日内将仲裁庭的组成情况书面通知当事人。当事人有权对仲裁员提出回避申请。《劳动争议调解仲裁法》规定，仲裁员有下列情形之一，应当回避，当事人也有权以口头或者书面方式提出回避申请：

（1）是本案当事人或者当事人、代理人的近亲属的；

（2）与本案有利害关系的；

（3）与本案当事人、代理人有其他关系，可能影响公正裁决的；

（4）私自会见当事人、代理人，或者接受当事人、代理人的请客送礼的。

劳动争议仲裁委员会对回避申请应当及时作出决定，并以口头或者书面方式通知当事人。

当事人有正当理由的,可以在开庭 3 日前请求延期开庭。是否延期,由劳动争议仲裁委员会决定。申请人收到书面通知,无正当理由拒不到庭或者未经仲裁庭同意中途退庭的,可以视为撤回仲裁申请。被申请人收到书面通知,无正当理由拒不到庭或者未经仲裁庭同意中途退庭的,可以缺席裁决。

仲裁庭对专门性问题认为需要鉴定的,可以交由当事人约定的鉴定机构鉴定;当事人没有约定或者无法达成约定的,由仲裁庭指定的鉴定机构鉴定。根据当事人的请求或者仲裁庭的要求,鉴定机构应当派鉴定人参加开庭。当事人经仲裁庭许可,可以向鉴定人提问。

当事人在仲裁过程中有权进行质证和辩论。质证和辩论终结时,首席仲裁员或者独任仲裁员应当征询当事人的最后意见。当事人提供的证据经查证属实的,仲裁庭应当将其作为认定事实的根据。劳动者无法提供由用人单位掌握管理的与仲裁请求有关的证据,仲裁庭可以要求用人单位在指定期限内提供。用人单位在指定期限内不提供的,应当承担不利后果。

仲裁庭应当将开庭情况记入笔录。当事人和其他仲裁参加人认为对自己陈述的记录有遗漏或者差错的,有权申请补正。如果不予补正,应当记录该申请。笔录由仲裁员、记录人员、当事人和其他仲裁参加人签名或者盖章。

当事人申请劳动争议仲裁后,可以自行和解。达成和解协议的,可以撤回仲裁申请。仲裁庭在作出裁决前,应先行调解。经调解达成协议的,应制作仲裁调解书;未达成协议或反悔的,即进入仲裁。仲裁庭裁决劳动争议案件,应当自劳动争议仲裁委员会受理仲裁申请之日起 45 日内结束。案情复杂需要延期的,经劳动争议仲裁委员会主任批准,可以延期并书面通知当事人,但是延长期限不得超过 15 日。逾期未作出仲裁裁决的,当事人可以就该劳动争议事项向人民法院提起诉讼。

仲裁庭裁决劳动争议案件时,其中一部分事实已经清楚,可以就该部分先行裁决。对追索劳动报酬、工伤医疗费、经济补偿或者赔偿金的案件,根据当事人的申请,可以裁决先予执行,移送人民法院执行。仲裁庭裁决先予执行的,应当符合下列条件:

(1)当事人之间权利义务关系明确;

(2)不先予执行将严重影响申请人的生活。

劳动者申请先予执行的,可以不提供担保。

裁决应当按照多数仲裁员的意见作出,少数仲裁员的不同意见应当记入笔录。仲裁庭不能形成多数意见时,裁决应当按照首席仲裁员的意见作出。裁决书应当载明仲裁请求、争议事实、裁决理由、裁决结果和裁决日期。裁决书由仲裁员签名,加盖劳动争议仲裁委员会印章。对裁决持不同意见的仲裁员,可以签名,也可以不签名。

(四)裁决的生效与撤销

追索劳动报酬、工伤医疗费、经济补偿或者赔偿金,不超过当地月最低工资标准 12 个月金额的争议的仲裁裁决,因执行国家的劳动标准在工作时间、休息休假、社会保险等方面发生的争议的仲裁裁决,为终局裁决,裁决书自作出之日起发生法律效力。

劳动争议劳动者对仲裁裁决不服的,可以自收到仲裁裁决书之日起 15 日内向人民法院提起诉讼。2021 年 1 月 1 日起施行的《最高人民法院关于审理劳动争议案件适用法律问题的解释(一)》第二十条规定,劳动争议仲裁机构作出的同一仲裁裁决同时包含终局裁决事项和非终局裁决事项,当事人不服该仲裁裁决向人民法院提起诉讼的,应当按照非终局裁决处理。

根据《劳动争议调解仲裁法》第四十九条规定,用人单位有证据证明本法第四十七条规定的仲裁裁决(追索劳动报酬、工伤医疗费、经济补偿或者赔偿金,不超过当地月最低工资标准12个月金额的争议;因执行国家的劳动标准在工作时间、休息休假、社会保险等方面发生的争议)有下列情形之一,可以自收到仲裁裁决书之日起30日内向劳动争议仲裁委员会所在地的中级人民法院申请撤销裁决:

(1)适用法律、法规确有错误的;

(2)劳动争议仲裁委员会无管辖权的;

(3)违反法定程序的;

(4)裁决所根据的证据是伪造的;

(5)对方当事人隐瞒了足以影响公正裁决的证据的;

(6)仲裁员在仲裁该案时有索贿受贿、徇私舞弊、枉法裁决行为的。

人民法院经组成合议庭审查核实裁决有前款规定情形之一的,应当裁定撤销。仲裁裁决被人民法院裁定撤销的,当事人可以自收到裁定书之日起15日内就该劳动争议事项向人民法院提起诉讼。

当事人对发生法律效力的调解书、裁决书,应当依照规定的期限履行。一方当事人逾期不履行的,另一方当事人可以依照《民事诉讼法》的有关规定向人民法院申请执行。受理申请的人民法院应当依法执行。

(五)仲裁的效力

仲裁调解书一经送达当事人即发生法律效力;职工一方在30人以上的集体劳动争议的调解书自送达或公布之日起生效;仲裁裁决书自双方当事人收到之日起15日内不向人民法院起诉的,即发生法律效力。责任人逾期不履行生效仲裁文书的,另一方当事人可申请强制执行。仲裁文书的执行权由人民法院行使。人民法院对确有错误的裁决可不予执行,并将裁定书送达当事人和仲裁机关。

三、劳动诉讼

(一)劳动诉讼概述

劳动争议的诉讼程序是指人民法院依法对劳动者因不服仲裁裁决,向人民法院提起诉讼的劳动争议案件进行审理,或者对用人单位有证据证明仲裁裁决违反法律规定的特定情形时,向法院提起撤销仲裁裁决的案件进行审理并依法作出裁决的活动。劳动者或用人单位在法定期限内不起诉,又不履行仲裁裁决的,另一方当事人可以申请人民法院强制执行。

人民法院民事审判庭依民事诉讼程序对劳动争议案件进行审理,实行两审终审制。诉讼是劳动争议处理的最终程序,具有最终的法律效力。

目前,我国劳动争议诉讼适用《民事诉讼法》规定的程序,由各级人民法院的民事审判庭受理,程序上包括劳动争议案件的起诉、受理、审判和执行等一系列诉讼程序。下面简要介绍一下我国的民事诉讼的基本制度。

1. 合议制度

合议庭一般由三名审判人员组成,根据案件审判上的需要,也可由五名、七名审判人员组成,但人数必须是单数。合议庭的组成人员,除一审适用普通程序可有陪审员参加外,其他合议庭均由审判员组成。

合议庭成员之间权利是平等的,任何一个审判人员均有权对案件的审判提出意见。但是合议庭又是个审判集体,对案件的审判是经合议决定的,是合议庭的意见。同时,审判活动有序进行,需要其中一名成员进行组织和指挥,这名审判员就是合议庭的审判长。审判长对内负责组织和协调工作,对外代表合议庭。

合议庭组织对案件的审理,并通过审理对案件作出裁判。其中主要是对案件的法庭审理,在保障当事人充分行使诉讼权利的前提下,审查和核实证据,揭示案件的真实情况;在合议庭内部对案件进行评议,即认定案件的事实,确定所适用的法律,对案件作出裁判。

合议制的作用在于:充分发挥审判集体的智慧,以适应案件审判上的需要;防止某些认识上的局限性和主观片面性;保证案件审判的客观公正性。

2. 回避制度

回避是指不宜参加和参与案件审理的人员,避开或退出对案件的审理。回避制度,是指回避的规制和法度。

回避制度基于司法公正的要求而建立,回避制度的意义在于保证司法的公正性。在民事审判中,不论是哪个审级,也不论是任何审判人员及其他有关人员,凡有法定回避情形之一的,均应予以回避,这就使回避制度成为审判制度中的一项基本制度。

3. 公开审判制度

人民法院审理民事案件,除法律规定不公开和可以不公开审理的案件外,一律公开审理。不公开审理的案件,是指涉及国家秘密、个人隐私的案件,以及其他按规定不公开审理的案件。可以不公开审理的案件,是指离婚案件,涉及有关商业秘密的案件。所谓可以不公开,是指当事人申请不公开审理的,法院可以不公开审理。不公开和可以不公开审理的案件,均应开庭审理。公开和不公开审理的案件,以及经当事人申请未公开审理的案件,宣判时均一律公开。

公开审判包括公开审理与公开宣判,前者主要在于认真贯彻法庭审理的制度,后者主要在于判决的内容。

4. 两审终审制度

两审是指一审和二审两个审级。一审法院对案件审结后,作出一审判决。如当事人不服一审判决,可以向一审法院的上一级法院提起上诉,使案件进入第二审,即进入上诉审程序。第二审法院按上诉审程序对案件审结后,作出二审判决,也就是案件的终审判决。

两个审级法院对诉讼案件的审理,既是各自独立的,又是完全统一的。所谓独立,是两个审级的法院适用不同的程序,各自对案件作出判决。所谓统一,是指当事人不服一审判决,有权提起上诉,使案件得以继续审理,二审法院审结后的判决可以是维持、改变、撤销一审判决,也可以是撤销一审判决后,发回重审。

(二)劳动诉讼普通程序

1. 起诉

原告在提出诉讼请求的同时,还应提出诉讼请求所依据的客观事实和权利应当受到保护的理由。此外,劳动诉讼请求的事项应属于人民法院受理的民事案件范围和受诉人民法院管辖。

2021 年 1 月 1 日起施行的《最高人民法院关于审理劳动争议案件适用法律问题的解释(一)》第一条明确了人民法院受理的劳动争议范围,规定劳动者与用人单位之间发生的下列九类纠纷，属于劳动争议，当事人不服劳动争议仲裁机构作出的裁决，依法提起诉讼的，人民法院应予受理。分别是：①劳动者与用人单位在履行劳动合同过程中发生的纠纷；②劳动者与用人单位之间没有订立书面劳动合同，但已形成劳动关系后发生的纠纷；③劳动者与用人单位因劳动关系是否已经解除或者终止，以及应否支付解除或者终止劳动关系经济补偿金发生的纠纷；④劳动者与用人单位解除或者终止劳动关系后，请求用人单位返还其收取的劳动合同定金、保证金、抵押金、抵押物发生的纠纷，或者办理劳动者的人事档案、社会保险关系等移转手续发生的纠纷；⑤劳动者以用人单位未为其办理社会保险手续，且社会保险经办机构不能补办导致其无法享受社会保险待遇为由，要求用人单位赔偿损失发生的纠纷；⑥劳动者退休后，与尚未参加社会保险统筹的原用人单位因追索养老金、医疗费、工伤保险待遇和其他社会保险待遇而发生的纠纷；⑦劳动者因为工伤、职业病，请求用人单位依法给予工伤保险待遇发生的纠纷；⑧劳动者依据《劳动合同法》第八十五条规定，要求用人单位支付加付赔偿金发生的纠纷；⑨因企业自主进行改制发生的纠纷。同时，在第二条又反向明确了哪些纠纷不属于劳动争议，人民法院不予受理：①劳动者请求社会保险经办机构发放社会保险金的纠纷；②劳动者与用人单位因住房制度改革产生的公有住房转让纠纷；③劳动者对劳动能力鉴定委员会的伤残等级鉴定结论或者对职业病诊断鉴定委员会的职业病诊断鉴定结论的异议纠纷；④家庭或者个人与家政服务人员之间的纠纷；⑤个体工匠与帮工、学徒之间的纠纷；⑥农村承包经营户与受雇人之间的纠纷。前三种属于行政管理事项，当事人应向相关的行政主体提出维权诉求。后面三种属于一般民事纠纷，当事人可以直接向法院起诉，法院将其作为一般民事纠纷进行受理。

另外，劳动者以用人单位的工资欠条为证据直接提起诉讼，诉讼请求不涉及劳动关系其他争议的，视为拖欠劳动报酬争议，人民法院按照普通民事纠纷受理。当事人在劳动争议调解委员会主持下仅就劳动报酬争议达成调解协议，用人单位不履行调解协议确定的给付义务，劳动者直接向人民法院起诉的，人民法院可以按照普通民事纠纷受理。这两种情况下可以不必经过仲裁程序。

根据我国法律的规定，起诉的形式原则上是书面起诉，但是在例外情况下，可口头起诉。

对于书面起诉，原告起诉应当向人民法院递交起诉状，并按照对方当事人的人数提交副本。起诉状是原告表明其诉讼请求、事实和理由的文书，应当写明当事人的有关情况，当事人是自然人的，应写明其姓名、性别、年龄、民族、职业、工作单位和住所；当事人是法人或其他组织的，应写明其名称、单位所在地、法定代表人或主要负责人的姓名、职务。如果有电话和传真以及其他的联系方式也应列明，以便于人民法院告知诉讼事宜。

劳动者起诉时，一般情况以用人单位为被告。当没有签订书面劳动合同时，劳动者可以到当地劳动行政部门咨询或者直接到市场监督管理部门查询用人单位的主体信息。2021 年 1 月 1 日起施行的《最高人民法院关于审理劳动争议案件适用法律问题的解释(一)》中规定，用人单位与其他单位合并的，合并前发生的劳动争议，由合并后的单位为当事人；用人单位分立为若干单位的，其分立前发生的劳动争议，由分立后的实际用人单位为当事人。用人单位分立为若干单位后，具体承受劳动权利义务的单位不明确的，分立后的单位均为当事人。用人单位招用尚未解除劳动合同的劳动者，原用人单位与劳动者发生的劳动争议，可以列新的用人单位为第三人。原用人单位以新的用人单位侵权为由提起诉讼的，可以列劳动者为第三人。原用人单位以新的用人单位和劳动者共同侵权为由提起诉讼的，新的用人单位和劳动者列为共同被告。劳动者在用人单位与其他平等主体之间的承包经营期间，与发包方和承包方双方或者一方发生劳动争议，依法提起诉讼的，应当将承包方和发包方作为当事人。劳动者与未办理营业执照、营业执照被吊销或者营业期限届满仍继续经营的用人单位发生争议的，应当将用人单位或者其出资人列为当事人。未办理营业执照、营业执照被吊销或者营业期限届满仍继续经营的用人单位，以挂靠等方式借用他人营业执照经营的，应当将用人单位和营业执照出借方列为当事人。当事人不服劳动争议仲裁机构作出的仲裁裁决，依法提起诉讼，人民法院审查认为仲裁裁决遗漏了必须共同参加仲裁的当事人的，应当依法追加遗漏的人为诉讼当事人。劳动者可以根据上述规定在起诉状中确定被告或者根据前置仲裁程序确定被申请人。

以下为一份原告为法人的起诉状实例。

【案例7-4】

起诉状

原告北京某某公司，住所地：北京市顺义区×××。

法定代表人×××，任社长。

被告王某，男，1970年3月22日生，住×××组。

原告不服北京市顺义区劳动争议仲裁委员会京顺劳仲字〔2008〕第××号、〔2009〕第××号裁决书，现向贵院提起诉讼。

诉讼请求：请求法院对顺义区劳动争议仲裁委员会京顺劳仲字〔2008〕第××号、〔2009〕第××号裁决书第一项、第二项、第四项、第六项的错误裁决进行纠正，依法判定原告不承担支付和赔偿义务。

事实与理由：

2006年4月28日，被告到原告物流部工作，双方签订了劳动合同，原告对被告十分信任，不久就任命被告为物流部负责人。但被告很快对工作开始表现出极不负责的态度，所负责的物流部的其他工作人员在工作中多次出现问题，严重影响了公司正常经营活动，被告本人也频频违反公司规章制度。2008年中，原告与北京中瑞荣国际机械有限公司达成协议，将公司物流业务全部转让给对方，物流部所有人员以自愿为原则与北京中瑞荣国际机械有限公司重新签订劳动合同，但由于被告工作一贯不负责任，北京中瑞荣国际机械有限公司不愿意接收被告，为此原告通知被告，尽早安排重新择业。被告为此十分不满，2008年10月10日向顺义区劳动争议仲裁委员会申诉，要求原告支付加班费、经济补偿金等等，此时被告尚未离职，被告申诉后更加消极应付此后的工作，发动其他员工到劳动局申诉，其间甚至发生物流部员工罢工的事件，物流部工作几近瘫痪。原告为此依据公司规章制度，于2008年10月24日决定对被告作开除处理，并公示全公司。2008年10月27日，被告又向顺义区劳动争议仲裁委员会申诉，要求原告支付违反解除合同赔偿金。顺义区劳动争议仲裁委员会决定合并审理。2008年11月25日，顺义区劳动争议仲裁委员会作出京顺劳仲字〔2008〕第××号、〔2009〕第××号裁决书。

原告认为，顺义区劳动争议仲裁委员会认定事实错误，裁决结果显失公正，理由包括以下几个方面。

(1)原告对被告开除处理,理由充分、程序合法。

原告依据公司规定的员工奖惩细则,对拒不服从工作安排或工作中有重大过错,给公司造成经济损失的员工有权单方解除劳动合同。被告在职期间多次违反公司规章制度,给原告造成很大的经济损失和不良影响。主要有:2006年9月9日,被告在工作时严重不负责任,导致车辆倒车时整车轮胎倾倒地上,给公司造成很大的经济损失;2008年2月5日与公司合作企业北京中瑞荣国际机械有限公司员工打架,造成极坏影响;2008年10月份未按照正常工作流程向公司办公室移送报表;2008年10月,公司为工作需要,安排被告上夜班,但被告拒绝服从安排;此外,被告还煽动其他职工闹事,甚至罢工。种种事实均有相应证据,被告无法否认。因此,原告对被告作出开除处罚不违反劳动法律规范,不应承担双倍赔偿责任,请求法院进行调查,纠正顺义区劳动争议仲裁委员会的错误裁决。

(2)被告在职期间,没有加班未付加班费或未补休的情况。

按照公司考勤表,被告在2008年7月至10月间,出勤时间均不足20个工作日,个别月份不足10天,且出勤期间并未完成公司交付的工作任务。此外,物流部系特殊工作部门,工作性质和考勤内容较其他员工不同,被告在尚未完成分内工作的情况下要求所谓的加班费,没有任何依据,实属无理。但仲裁机关却裁决令原告支付其加班费412元,这种武断裁决显失公正,不能令原告信服。

(3)原告未克扣、拖欠被告工资。

1)2008年8月26日至9月25日期间,被告因为未完成基本工作任务,公司在发放工资时扣除了其运输车次部分津贴650元,这种扣费以本公司制度为依据且不违反相关劳动规范,顺义区劳动争议仲裁委员会认定原告"克扣工资"没有事实依据和法律依据。

2)被告被开除后,未到公司办理离职手续,领取工资。故原告不应承担25%的经济补偿金。

综上所述,顺义区劳动争议仲裁委员会没有查明本案事实,裁决结果显失公正。原告作为依法成立的外资企业,始终遵行国内劳动法律规范自觉承担纳税等义务,对被告的处理出于维护本企业合法权益,并未超出《劳动法》规范尺度。原告认为,在承担义务的同时,我们也应当享受《劳动法》赋予的权利,享受在劳动仲裁中不被区别对待的权利。为此向贵院诉讼,请求依法维护原告合法权益。

此致

顺义区人民法院

北京某某公司

……………………

二〇〇八年十二月三日

(材料来源:http://lvshi.bj.bendibao.com/news/200969/47740.shtm)

书写起诉状确有困难的,可以口头起诉。这是为了更好地方便当事人起诉,充分地保障当事人的诉权。在这种情况下,原告按照起诉状应当具备的内容,向受诉人民法院口头陈述,由人民法院书记员记入笔录,并告知对方当事人。

2. 立案受理

受理是指人民法院对原告的起诉进行审查后,认为符合法律规定的起诉条件,决定立案受理，从而引起诉讼程序开始的行为。起诉是当事人的诉讼行为，受理是人民法院的审判行为，只有这两种行为结合，诉讼程序才能开始。人民法院在收到原告的起诉状或口头起诉后，经过审查，认为符合起诉条件的，应当在 7 日内立案，并通知当事人。

人民法院受理后，取得对该案的审判权。一方面，人民法院有权通过对案件的审理，对当事人之间的权利义务之争作出评判，对当事人之间权利义务的分配作出处置；另一方面，人民法院审理案件时必须依照法律规定的程序和实体法的相关规定对案件进行审理，不得违反法定程序，枉法裁判。同时，当事人取得了相应的诉讼地位。受理还会使诉讼时效中断。

3. 审理前的准备

人民法院在受理原告的起诉状后，应在立案之日起 5 日内将起诉状副本发送被告。告知当事人诉讼权利和合议庭组成人员。依照普通程序审理的案件，人民法院的审判组织形式是合议制。在合议庭组成后，人民法院应当在 3 日内通知当事人，以保障当事人行使申请回避权。审理前的准备活动还有审核诉讼材料，组织当事人交换证据，因当事人的申请进行调查取证等。

4. 开庭审理

(1)开庭审理的准备。传唤当事人、通知其他诉讼参与人出庭诉讼。人民法院审理民事案件，应当在开庭 3 日前将传票送达当事人，将出庭通知书送达其他诉讼参与人，以确保当事人和其他诉讼参与人为出庭作准备。

对公开审理的案件，人民法院应当在开庭 3 日前进行公告。

开庭审理之日，在开庭审理前，由书记员查明当事人和其他诉讼参与人是否已经到庭。如有当事人或其他诉讼参与人未到庭的情况，应查明原因，并报告审判长，由审判长决定是否开庭。如果决定开庭审理，由书记员宣布法庭纪律，告知当事人、其他诉讼参与人以及参加旁听的群众遵守法庭规则，保障诉讼的顺利进行。

审判长宣布开庭，并核对当事人及其诉讼代理人，告知当事人的诉讼权利义务。开庭审理时，由审判长核对当事人及其诉讼代理人的姓名、职业、年龄、住所等情况，以确定其是否为应到庭参加诉讼的当事人或诉讼参与人。对于诉讼代理人，还要查明其是否有授权委托书以及代理权限。在核对当事人以及诉讼代理人后，由审判长宣布案由，宣布合议庭的组成人员、书记员名单，告知当事人的诉讼权利义务，询问当事人是否申请回避。如当事人不申请回避，则按法定程序开庭审理。

(2)法庭调查阶段。法庭调查主要可以分为两个步骤。

①当事人及其诉讼代理人系统陈述诉讼请求、答辩理由以及所依据的事实和理由并突出案件的主要争执点和关键点。

②全面审核当事人提供的以及人民法院收集的证据。在这一阶段，当事人及其诉讼代理人可以对对方当事人提供的以及人民法院调查的证据及时地提出质询。在审判长的许可下，询问证人、鉴定人和勘验人。当事人还可以在此阶段提出新的证据，也可以要求重新进行调查取证、重新鉴定或勘验。是否准许，由法庭决定。

这个过程会涉及以下内容：

告知证人权利义务，证人作证，宣读未到庭的证人证言；

出示书证、物证和视听资料；

宣读鉴定结论、勘验笔录。

在上述法庭调查完成后，法庭应询问当事人的意见。在认为案件事实已经清楚，证据已经齐全后，审判长可以宣布终结法庭调查，宣告进入法庭辩论阶段。

(3)法庭辩论阶段。根据《民事诉讼法》的规定，法庭辩论应遵循以下顺序：

①原告及其诉讼代理人发言；

②被告及其诉讼代理人答辩；

③第三人及其诉讼代理人发言或答辩；

④相互辩论。

相互辩论是当事人之间针对在法庭调查阶段和辩论阶段各自的发言、意见进行的辩论。

相互辩论主要是针对某项具体的事实或争执点展开。其顺序是先由原告及其诉讼代理人发言，然后由被告及其诉讼代理人、第三人及其诉讼代理人发言。当事人及其诉讼代理人发言要经过审判长的许可，并围绕着案件事实和争执点进行。在法庭辩论中，当事人及其诉讼代理人提出新的事实和证据，审判长有权决定停止辩论，恢复法庭调查。如果新的事实或证据在法庭上难以查清，并且对案件的裁判有重要影响的，应对案件延期审理。法庭辩论终结时，审判长应按原告、被告、第三人的顺序征询当事人的最后意见。至此，法庭辩论终结。在法庭辩论终结后，人民法院作出判决前，能够调解的，还可以进行调解；调解不成的，应当及时判决。

(4)评议、宣判阶段。这是开庭审理的最后阶段，是人民法院认定事实、适用法律，作出判决并宣告判决结果，从而解决当事人之间争议的阶段。

5. 审理期限

审理期限是人民法院对某一具体案件从立案受理到宣告判决的法定审理期间。规定审理期限是为防止人民法院拖延对案件的审理，及时、有效地保护当事人的合法权益。人民法院适用第一审普通程序审理案件，应当自立案之日起6个月内审结。有特殊情况需要延长的，报请本院院长批准，可以延长6个月。如果在延长期内仍无法审结，还需要延长的，报请上级人民法院批准，可以延长3个月。

显然，劳动关系当事人要依法正确行使权利，有效地保护其正当利益不受损害。由于劳动争议事件具有时效性强的特点，发生劳动争议后如不及时处理，会出现时过境迁、取证困难等不利因素，不利于劳动争议仲裁机关及审判机关合法及时地保护当事人的合法利益。因此，《劳动法》对劳动争议纠纷的处理原则是合法、公正、及时，可见及时的重要性。作为法律，《劳动法》和《劳动合同法》对劳动合同当事人的合法权益起着同等的保护作用。劳动合同当事人在建立劳动关系时，要对劳动法律规范进行了解，掌握好用于保护自身合法权益的法律武器，签订条款内容完备的劳动合同。如发生劳动争议，应当及时按法律规定的渠道和方法去处理纠纷。这样才能使自身的合法权益得到有效的保障。

【案例7-5】

2003年10月，赵某与北京宏鹤大酒店签订了厨师聘用的劳动合同，合同期限为2年，职位为厨师。同时，合同还约定：如果员工违反酒店的劳动纪律，酒店在制作违纪通知单并发送本人后，有权辞退员工。劳动合同履行期间，酒店在未制作和发送违纪通知单的情况下，单方面通知赵某，因赵某多次将酒店的烤鸭拿回家，违反了酒店的劳动纪律，按照劳动合同的规定，辞退赵某。赵某以自己从未偷拿过酒店的烤鸭回家、未违反劳动合同为由向劳动争议仲裁委员会申请仲裁，要求酒店撤销辞退通知。劳动争议仲裁委员会裁决驳回赵某的申诉请求。赵某不服仲裁裁决，向人民法院起诉，请求人民法院依法撤销仲裁裁决及北京宏鹤大酒店对其作出的辞退决定。人民法院经依法审理，遂以北京宏鹤大酒店辞退赵某证据不足为由支持了赵某的诉讼请求。

评析：根据有关法律的规定，本案诉讼中，应由用人单位即北京宏鹤大酒店承担举证责任。

目前，我国劳动争议诉讼适用民事诉讼程序进行审理。根据《民事诉讼法》第六十八条的规定，除非法律另有规定，在一般民事案件中，举证责任是由提出主张的一方当事人负担的，即"谁主张，谁举证"。当事人不能提供证据支持其诉讼请求的，应当承担举证不能的不利后果，即人民法院将不支持其诉讼请求。劳动争议诉讼中，人民法院是适用《民事诉讼法》的上述规定来确定当事人的举证责任的。但在某些劳动争议案件中，由于劳动者处于弱势地位，有些证据又掌握在用人单位手中，因此，完全适用"谁主张，谁举证"的举证规则，会导致劳动者因为无法举证而败诉的后果。为了保护劳动者的合法权益，在某些特定的案件中，实行举证责任倒置即由用人单位承担举证的责任，如果用人单位无法举证，则须承担败诉的后果。对此，《最高人民法院关于审理劳动争议案件适用法律若干问题的解释（一）》（2020年）第四十四条规定，因用人单位作出的开除、除名、辞退、解除劳动合同、减少劳动报酬、计算劳动者工作年限等决定而发生的劳动争议，用人单位负举证责任。

本案就是一起因用人单位作出辞退决定而发生的劳动争议，应由用人单位承担举证责任。也就是说，北京宏鹤大酒店作出了辞退赵某的决定，其应当举证证明赵某有违纪行为，并证明其按照与赵某签订的劳动合同中的约定向赵某发送了违纪通知单方才作出了辞退决定。然而，由于北京宏鹤大酒店未向人民法院举证证明其向赵某发出了违纪通知单，又没有证据证明赵某有偷拿烤鸭回家的违纪行为，因此，应视为北京宏鹤大酒店举证不能。由于北京宏鹤大酒店不能提供证据证明自己的诉讼主张，人民法院裁定支持赵某的诉讼请求，撤销仲裁裁决及北京宏鹤大酒店对其作出的辞退决定是正确的。

（材料来源：新余市政府网）

四、劳动争议诉讼的保全和执行

劳动者在仲裁前或者起诉前、起诉中为了保障自己的合法权益切实实现，可以向人民法院申请诉讼财产保全。在诉讼过程中，劳动者向人民法院申请采取财产保全措施，人民法院经审查认为申请人经济确有困难，或有证据证明用人单位存在欠薪逃匿可能的，应当减轻或者免除劳动者提供担保的义务，及时采取保全措施。

人民法院作出的财产保全裁定中，应当告知当事人在劳动仲裁机构的裁决书或者在人民法院的裁判文书生效后3个月内申请强制执行。逾期不申请的，人民法院应当裁定解除保全措施。保全措施的解除不影响当事人在一般的申请执行期限内的申请执行，但可能会影响实际权益的实现。

当事人申请人民法院执行劳动争议仲裁机构作出的发生法律效力的裁决书、调解书，被申请人提出证据证明劳动争议仲裁裁决书、调解书有下列情形之一，并经审查核实的，人民法院可以根据《民事诉讼法》第二百三十七条之规定，裁定不予执行：裁决的事项不属于劳动争议仲裁范围，或者劳动争议仲裁机构无权仲裁的；适用法律、法规确有错误的；违反法定法定程序的;裁决根据的证据是伪造的;对方当事人隐瞒了足以影响公正裁决的证据的;仲裁员仲裁该案时有索贿受贿、徇私舞弊、枉法裁决行为的;人民法院认定执行该劳动争议仲裁裁决违背社会公共利益的。

人民法院在不予执行的裁定书中,应当告知当事人在收到裁定书之次日起 30 日内,可以就该劳动争议事项向人民法院提起诉讼。

五、劳动调解、仲裁与劳动司法的衔接

(一)一般仲裁

《最高人民法院关于审理劳动争议案件适用法律若干问题的解释(四)》第一条规定,劳动人事争议仲裁委员会以无管辖权为由对劳动争议案件不予受理,当事人提起诉讼的,人民法院按照以下情形分别处理:①经审查认为该劳动人事争议仲裁委员会对案件确无管辖权的,应当告知当事人向有管辖权的劳动人事争议仲裁委员会申请仲裁;②经审查认为该劳动人事争议仲裁委员会有管辖权的,应当告知当事人申请仲裁,并将审查意见书面通知该劳动人事争议仲裁委员会,劳动人事争议仲裁委员会仍不受理,当事人就该劳动争议事项提起诉讼的,应予受理。

(二)终局仲裁

《劳动争议调解仲裁法》第四十七条规定,追索劳动报酬、工伤医疗费、经济补偿或者赔偿金,不超过当地月最低工资标准 12 个月金额的争议的劳动争议,因执行国家的劳动标准在工作时间、休息休假、社会保险等方面发生的争议的劳动争议,除该法另有规定的外,仲裁裁决为终局裁决,裁决书自作出之日起发生法律效力。

劳动者对前述仲裁裁决不服的,可以自收到仲裁裁决书之日起 15 日内向人民法院提起诉讼。用人单位有证据证明前述仲裁裁决有下列情形之一,可以自收到仲裁裁决书之日起 30 日内向劳动争议仲裁委员会所在地的中级人民法院申请撤销裁决:①适用法律、法规确有错误的;②劳动争议仲裁委员会无管辖权的;③违反法定程序的;④裁决所根据的证据是伪造的;⑤对方当事人隐瞒了足以影响公正裁决的证据的;⑥仲裁员在仲裁该案时有索贿受贿、徇私舞弊、枉法裁决行为的。人民法院经组成合议庭审查核实裁决有前款规定情形之一的,应当裁定撤销。仲裁裁决被人民法院裁定撤销的,当事人可以自收到裁定书之日起 15 日内就该劳动争议事项向人民法院提起诉讼。

《最高人民法院关于审理劳动争议案件适用法律若干问题的解释(四)》规定,仲裁裁决的类型以仲裁裁决书确定为准。仲裁裁决书未载明该裁决为终局裁决或非终局裁决,用人单位不服该仲裁裁决向基层人民法院提起诉讼的,应当按照以下情形分别处理:①经审查认为该仲裁裁决为非终局裁决的,基层人民法院应予受理;②经审查认为该仲裁裁决为终局裁决的,基层人民法院不予受理,但应告知用人单位可以自收到不予受理裁定书之日起 30 日内向劳动人事争议仲裁委员会所在地的中级人民法院申请撤销该仲裁裁决;已经受理的,裁定驳回起诉。

中级人民法院审理用人单位申请撤销终局裁决的案件,应当组成合议庭开庭审理。经过阅卷、调查和询问当事人,对没有新的事实、证据或者理由,合议庭认为不需要开庭审理的,可以不开庭审理。中级人民法院可以组织双方当事人调解。达成调解协议的,可以制作调解书。一方当事人逾期不履行调解协议的,另一方可以申请人民法院强制执行。

(三)劳动调解的司法确认

2021年1月1日起施行的《最高人民法院关于审理劳动争议案件适用法律问题的解释(一)》规定,当事人在《劳动争议调解仲裁法》第十条规定的调解组织主持下仅就劳动报酬争议达成调解协议,用人单位不履行调解协议确定的给付义务,劳动者直接提起诉讼的,人民法院可以按照普通民事纠纷受理。同时,当事人在人民调解委员会主持下仅就给付义务达成的调解协议,双方认为有必要的,可以共同向人民调解委员会所在地的基层人民法院申请司法确认。

六、劳动仲裁和劳动诉讼的衔接

2017年11月8日发布的《人力资源社会保障部最高人民法院关于加强劳动人事争议仲裁与诉讼衔接机制建设的意见》对裁审程序衔接又做了进一步的规定。

第一,规范受理程序衔接。对未经仲裁程序直接起诉到人民法院的劳动人事争议案件,人民法院应裁定不予受理;对已受理的,应驳回起诉,并告知当事人向有管辖权的仲裁委员会申请仲裁。当事人因仲裁委员会逾期未作出仲裁裁决而向人民法院提起诉讼且人民法院立案受理的,人民法院应及时将该案的受理情况告知仲裁委员会,仲裁委员会应及时决定该案件终止审理。

第二,规范保全程序衔接。仲裁委员会对在仲裁阶段可能因用人单位转移、藏匿财产等行为致使裁决难以执行的,应告知劳动者通过仲裁机构向人民法院申请保全。劳动者申请保全的,仲裁委员会应及时向人民法院转交申请书及仲裁案件受理通知书等相关材料。人民法院裁定采取保全措施或者裁定驳回申请的,应将裁定书送达申请人,并通知仲裁委员会。

第三,规范执行程序衔接。仲裁委员会依法裁决先予执行的,应向有执行权的人民法院移送先予执行裁决书、裁决书的送达回证或者其他送达证明材料;接受移送的人民法院应按照《民事诉讼法》和《劳动争议调解仲裁法》相关规定执行。人民法院要加强对仲裁委员会裁决书、调解书的执行工作,加大对涉及劳动报酬、工伤保险待遇争议特别是集体劳动人事争议等案件的执行力度。

七、追索劳动报酬支付令程序

(一)支付令程序概述

支付令是人民法院按照《民事诉讼法》规定,根据债权人的申请或者其他规定,向债务人发出限期给付金钱或有价证券的法律文书。《民事诉讼法》第二百二十一条规定,债权人请求债务人给付金钱、有价证券,符合下列条件的,可以向有管辖权的基层人民法院申请支付令:①债权人与债务人没有其他债务纠纷的;②支付令能够送达债务人的。《民事诉讼法》第一百三十六条规定,人民法院对受理的案件,如果当事人没有争议且符合督促程序规定条件的,可以转入督促程序。

《劳动合同法》第三十条规定,用人单位应当按照劳动合同约定和国家规定,向劳动者及时足额支付劳动报酬。用人单位拖欠或者未足额支付劳动报酬的,劳动者可以依法向当地人民法院申请支付令,人民法院应当依法发出支付令。《劳动争议调解仲裁法》第十六条规定,因支付拖欠劳动报酬、工伤医疗费、经济补偿或者赔偿金事项达成调解协议,用人单位在协议约定期限内不履行的,劳动者可以持调解协议书依法向人民法院申请支付令。人民法院应当依法发出支付令。

因此,上述相关法律法规,为在劳动争议案件中仅追索劳动报酬的劳动者维权带来了便利。

(二)申请支付令的条件

(1)申请的主体:劳动争议案件中,能够申请支付令的只能是劳动者,用人单位是不能申请支付令的。

(2)案件类型:案件必须是给付之诉,即劳动者要求用人单位给付金钱的案件,例如,给付拖欠劳动报酬、经济补偿金、赔偿金的案件。

(3)单向债务:只能是用人单位对劳动者负有给付义务,而劳动者对用人单位不负给付义务。如果劳动者给用人单位造成损失需要赔偿,那么,劳动者就不能申请支付令。

(4)能够送达:支付令能够送达用人单位,这里所说的送达是指直接送达,支付令的送达不能适用公告送达的方式。在两种情况下,应视为支付令不能送达:一是债务人下落不明,需要采用公告方式才能送达的;二是债务人不在中国领域内居住的,情况比较复杂,不符合督促程序迅速简便地处理纠纷的立法原意,故视为不能送达。

(5)有管辖权:劳动者申请支付令,必须向有管辖权的基层人民法院申请,一般是指用人单位所在地的基层人民法院。

(三)法院对于支付令申请的审查及支付令的效力

《最高人民法院关于适用〈中华人民共和国民事诉讼法〉的解释》第四百二十七条规定,债权人申请支付令,符合下列条件的,基层人民法院应当受理,并在收到支付令申请书后五日内通知债权人:①请求给付金钱或者汇票、本票、支票、股票、债券、国库券、可转让的存款单等有价证券;②请求给付的金钱或者有价证券已到期且数额确定,并写明了请求所根据的事实、证据;③债权人没有对待给付义务;④债务人在我国境内且未下落不明;⑤支付令能够送达债务人;⑥收到申请书的人民法院有管辖权;⑦债权人未向人民法院申请诉前保全。不符合前款规定的,人民法院应当在收到支付令申请书后五日内通知债权人不予受理。

人民法院受理申请后,经审查劳动者提供的事实、证据,对债权债务关系明确、合法的,应当在受理之日起 15 日内向债务人发出支付令;申请不成立的,裁定予以驳回。

人民法院发出支付令后,用人单位自收到支付令起 15 日内要么向劳动者支付,要么向人民法院提出书面异议,如果用人单位在此期间既不提出异议又不履行支付令的,劳动者可以向人民法院申请强制执行。

(四)法院对于用人单位异议的审查

以前的《民事诉讼法》对当事人提出的异议不进行实质性审查,只要当事人对支付令提出异议,支付令就自动失效,这就导致支付令制度名存实亡。针对这一弊端,新修订的《民事诉讼法》规定人民法院要对当事人提出的异议进行实质性审查,经审查,异议成立的,应当裁定终结督促程序,支付令自行失效。异议不成立的,裁定驳回用人单位的异议,支付令自驳回裁定送达之日起即生效。

(五)支付令失效后的处理

《民事诉讼法》第二百二十四条规定,人民法院收到债务人提出的书面异议后,经审查,异议成立的,应当裁定终结督促程序,支付令自行失效。支付令失效的,转入诉讼程序,但申请支付令的一方当事人不同意提起诉讼的除外。

《最高人民法院关于审理劳动争议案件适用法律问题的解释(一)》(法释〔2020〕26号)规定,支付令失效后,申请支付令的一方当事人不同意提起诉讼的,应当自收到终结督促程序裁定之日起七日内向受理申请的人民法院提出。申请支付令的一方当事人不同意提起诉讼的,不影响其向其他有管辖权的人民法院提起诉讼。支付令失效后,申请支付令的一方当事人自收到终结督促程序裁定之日起七日内未向受理申请的人民法院表明不同意提起诉讼的,视为向受理申请的人民法院起诉。债权人提出支付令申请的时间,即为向人民法院起诉的时间。依据《劳动合同法》第三十条第二款规定申请支付令被人民法院裁定终结督促程序后,劳动者就劳动争议事项直接提起诉讼的,人民法院应当告知其先向劳动争议仲裁机构申请仲裁。依据《劳动争议调解仲裁法》第十六条规定申请支付令被人民法院裁定终结督促程序后,劳动者依据调解协议直接提起诉讼的,人民法院应当受理。

第四节　劳动监察制度概述

一、劳动监察的概念及属性

(一)概念

劳动监察是指依法享有劳动监察权的专门机构和人员,对用人单位执行劳动法律、法规的整个过程,进行监督、检查,并对违法行为予以处罚的活动的总称。

(二)劳动监察与劳动仲裁的区别

1. 主体及主体性质不同

劳动争议仲裁机构由劳动行政部门、工会和用人单位方面三方代表组成;劳动监察机构则是劳动行政部门的职能机构。劳动仲裁机构无权对劳动争议当事人进行处罚,但对劳动争议有调解权;劳动监察主体对违反《劳动法》的被监察主体则有一定的处罚权,但监察事项无调解权。

2. 行为的性质不同

劳动仲裁是一种社会干预行为;劳动监察是一种行政执法行为。

3. 目的不同

劳动仲裁直接以处理劳动争议为目的;劳动监察直接以查处、纠正被监察主体违反《劳动法》的行为,督促被监察主体遵守《劳动法》为目的。

4. 法律依据有差别

劳动仲裁所依据的实体法既可以是强行性规范,也可以是任意性规范,并且还能够依据合法有效的合同条款、企业劳动规则进行调解和裁决;劳动监察所依据的实体法只限于强行性规范,不能以合同条款和企业劳动规则作为监察决定的准绳。

二、劳动监察主体

(一)劳动监察机构

劳动监察机构是指经法律授权代表国家对《劳动法》的遵守情况实行监察的专门机构。在我国,县级以上人社部门都设置有综合性劳动监察机构,具体负责劳动安全卫生监察以外各项劳动监察工作；人力资源社会保障部和省级劳动行政主管部门还设立锅炉压力容器安全监察机构和矿山安全监察机构。行业或矿山集中的地区、市劳动行政主管部门，也分别设立锅炉压力容器安全监察机构或矿山安全监察机构。各级劳动监察机构都受同级劳动行政主管部门的领导和上级劳动监察机构的业务指导。除省级政府另有规定外，县级劳动监察机构的管辖范围、地（市）级劳动监察机构的管辖范围，由省级政府规定。

（二）劳动监察员

劳动监察员是指国家设立的执行劳动监察的专职或兼职人员。我国立法要求，劳动监察机构应当配备专职劳动监察员和兼职劳动监察员，其中兼职劳动监察员主要负责与其本职业务相关的单项监察，但行使处罚权应会同专职劳动监察员进行。针对劳动监察员的任职条件，我国有关法规对一般劳动监察员和矿山安全监察员、锅炉压力容器安全监察员分别作了规定。

三、劳动监察的内容

劳动监察的内容是指劳动监察主体依法行使职权，监督监察被监察主体实施《劳动法》所规定的行为。按照行政部门的权限划分，目前，涉及劳动基准中的劳动安全卫生条件的劳动监察，由各级安全生产行政管理综合部门负责，其他劳动监察仍由各级劳动行政部门负责。

《劳动保障监察条例》第十一条规定，劳动行政部门对下列事项实施劳动保障监察：①用人单位制定内部劳动保障规章制度的情况；②用人单位与劳动者订立劳动合同的情况；③用人单位遵守禁止使用童工规定的情况；④用人单位遵守女职工和未成年工特殊劳动保护规定的情况；⑤用人单位遵守工作时间和休息休假规定的情况；⑥用人单位支付劳动者工资和执行最低工资标准的情况；⑦用人单位参加各项社会保险和缴纳社会保险费的情况；⑧职业介绍机构、职业技能培训机构和职业技能考核鉴定机构遵守国家有关职业介绍、职业技能培训和职业技能考核鉴定的规定的情况；⑨法律、法规规定的其他劳动保障监察事项。劳动者在择业、就业和劳动中发现职业介绍单位、职业技能培训和考核鉴定单位以及用人单位有违反劳动法律法规的行为的，可以选择向人社部门的劳动监察机构投诉。

四、劳动监察的权限

劳动监察的权限是国家根据劳动监察机关的职能，通过立法程序赋予劳动监察机构的权力及其行使职权的范围。

（一）劳动监察的检查权

劳动监察的检查权是指劳动监察机构依照法律、法规对用人单位执行劳动法的情况进行检查的权力。劳动监察的检查权是劳动监察机构职能的体现，是由劳动监察的本质属性决定的。同时，劳动监察的检查权又是劳动监察机构履行职责的重要保护，检查权是劳动监察最基本的权力之一。《劳动保障监察条例》规定，劳动监察机构及劳动监察员有权根据工作需要随时进入有关单位的劳动场所进行检查，在必要时向用人单位下达《劳动监察询问通知书》《劳动监察指令书》，并要求用人单位在收到该通知书或指令书之日起 10 日内，向劳动监察机构作出书面答复。

（二）劳动监察的调查权

劳动监察的调查权是指劳动监察机构依法进行调查的权力。劳动监察的基本任务就是依法对用人单位进行监督检查。发现问题，需要处理时，劳动监察机构应本着实事求是的原则，对发现的问题进行深入细致的了解，在全面掌握事实的前提下，公正处理。依据法律、法规，劳动监察的调查权表现在进入现场，查阅、复制与监察事项有关的文件、资料，询问当事人及见证人等。

（三）劳动监察的建议权

劳动监察的建议权是指劳动监察机构对监察对象的行为进行检查、调查之后，就监察事项涉及的有关问题，向被监察机关或相关部门提出建议的权力。劳动监察机构根据检查、调查的情况，在必要的情况下，可以对被监察对象行使建议权。建议权是在行使检查权和调查权的基础上实现的，目的是改善和促进工作或对出现的问题所造成的损失进行必要的补救。

劳动监察的建议权，是建立在建议合法合理并与用人单位协商基础上的带有强制性的权力。劳动监察机构行使建议权，在通常情况下，重点在事先监督，立足于防微杜渐和防患于未然。

（四）劳动监察的处分权

劳动监察的处分权是指劳动监察机构对通过检查、调查，证实用人单位确有违反国家劳动法律、法规以及政策的行为，视情节轻重，按照权限的规定给予一定的行政处分的权力。

根据我国现行法规的规定，劳动监察机构有权对违反《劳动法》的用人单位依法分别给予警告、通报批评、罚款、吊销许可证、责令停产整顿的处罚；对触犯其他行政法规的，建议有关行政机关给予行政处罚；对触犯刑法的，建议司法机关追究刑事责任；对阻挠、殴打劳动监察员，妨碍监察公务或不按规定时间对《劳动监察询问通知书》《劳动监察指令书》作出答复的以及不如实反映情况的，劳动监察机构有权给予责任人员一定的行政处分。

2017 年 3 月，以保护劳动者平等就业权益为重点，人力资源社会保障部会同国家工商总局组织开展清理整顿人力资源市场秩序专项行动；2017 年 6 月，以工资、工时和社会保险为重点，组织开展用人单位遵守劳动用工与社会保险法律法规情况专项检查。2017 年，全国各级劳动保障监察机构共查处各类劳动保障违法案件 20.6 万件，与 2016 年相比，违法案件数量下降了 36%，侵害劳动者合法权益的违法行为得到有效遏制；主动检查用人单位 171.9 万户次，督促用人单位与 167.5 万名劳动者补签劳动合同，追发劳动者工资等待遇 250.1 亿元，督促 1.7 万户用人单位办理社会保险登记，督促缴纳社会保险费 12.9 亿元。①

五、劳动监察的程序

劳动监察的程序是指劳动监察主体在依法行使监察行为的活动中应当遵循的过程和步骤。劳动监察必须遵循一定的法定程序，这是劳动监察行为具有法律效力的一个必要条件。在我国，劳动监察的程序分为劳动监察执法检查程序、案件受理程序、行政复议或行政诉讼程序。

（一）劳动监察执法检查程序

1. 实施检查

检查有一般检查与立案调查之分。一般检查是指例行检查、不定期检查、某些专业检查，其程序比较简单。立案调查是指在一般检查中发现或者接受公民举报初步调查后发现用人单

① 《人力资源社会保障部 2017 年贯彻落实〈法治政府建设实施纲要（2015—2020 年）〉情况报告》。

位违反《劳动法》的行为，需要进一步采取措施的，登记立案后进行的专门调查。

2. 作出处理

劳动行政部门对违反劳动保障法律、法规或者规章的行为的调查，应当自立案之日起 60 个工作日内完成；对情况复杂的，经劳动行政部门负责人批准，可以延长 30 个工作日。劳动行政部门对违反劳动保障法律、法规或者规章的行为，根据调查、检查的结果，对依法应当受到行政处罚的，依法作出行政处罚决定；对应当改正未改正的，依法责令改正或者作出相应的行政处理决定；对情节轻微且已改正的，撤销立案。发现违法案件不属于劳动保障监察事项的，应当及时移送有关部门处理；涉嫌犯罪的，应当依法移送司法机关。

（二）案件受理程序

依据国务院《劳动保障监察条例》，劳动监察机构对用人单位的违法行为立案调查。立案调查适用于需要进一步采取强制措施的事项，其程序包括登记立案和调查取证。对发现的违法行为，认为有违法事实、需要依法追究法律责任的，应当登记立案后，及时组织调查和搜集证据；调查结束后，应写出调查报告，写明查证的事实和结论，提出处理意见。

（三）行政复议或行政诉讼程序

用人单位对劳动监察机构作出的处理决定不服的，可按照《中华人民共和国行政诉讼法》《中华人民共和国行政复议法实施条例》的规定申请复议或起诉。但是，复议和诉讼期间，不影响原决定的执行。用人单位逾期不申请复议，不起诉又不执行处理决定的，劳动监察机构可以申请人民法院强制执行。

根据《劳动保障监察条例》规定，违反劳动保障法律、法规或者规章的行为在 2 年内未被劳动行政部门发现，也未被举报、投诉的，劳动行政部门不再查处。这个期限，自违反劳动保障法律、法规或者规章的行为发生之日起计算；违反劳动保障法律、法规或者规章的行为有连续或者继续状态的，自行为终了之日起计算。

思考练习

一、单项选择题

1. 企业劳动争议调解委员会由（　　）和企业代表组成。

A. 职工代表　　B. 企业工会代表

C. 政府劳动部门代表　　D. 企业法定代表人

2. 劳动争议劳动者对仲裁裁决不服的，可以自收到裁决书之日起（　　）内向人民法院提起诉讼。

A. 1 年　　B. 6 个月　　C. 1 个月　　D. 15 天

3. 因支付拖欠劳动报酬、工伤医疗费、经济补偿或者赔偿金事项达成调解协议，用人单位在协议约定期限内不履行的，劳动者可以持调解协议书依法向人民法院申请（　　）。

A. 强制执行调解协议 B. 支付令　　C. 直接判决　　D. 直接裁定

4. 当事人应当自劳动争议发生之日起（　　），以书面形式向仲裁委员会申请仲裁。

A. 30 日以内　　B. 60 日以内　　C. 6 个月内　　D. 1 年内

5. 因用人单位作出的开除、除名、辞退、解除劳动合同、减少劳动报酬、计算劳动者工作年限等决定而发生的劳动争议,(　　)承担举证责任。

A. 用人单位　B. 劳动者　C. 劳动行政部门　D. 人民法院

二、多项选择题

1. 劳动争议仲裁委员会的人员组成包括(　　)。

A. 劳动行政主管部门的代表　B. 用人单位的代表

C. 工会的代表　D. 政府指定的经济综合管理部门的代表

E. 职工代表

2. 我国民事诉讼的基本制度有(　　)。

A. 两审终审　B. 回避　C. 公开审判　D. 合议制度

3. 下列可以由人民法院强制执行的有(　　)。

A. 当事人之间的和解协议　B. 基层调解协议

C. 仲裁调解协议　D. 仲裁裁决

E. 法院判决

4. 王某是一企业的工人,因操作不当,给企业造成了近 10 万元的经济损失。企业依据劳动纪律的规定,对王某作出了解除劳动合同的处理。王某不服,可以选择的救济措施有(　　)。

A. 可以向企业劳动调解委员会申请调解,如调解不成,可以向人民法院起诉

B. 应当首先向劳动争议仲裁委员会申请仲裁,或向人民法院提起诉讼

C. 可以向企业劳动争议调解委员会申请调解,或者向劳动争议仲裁委员会申请仲裁

D. 如对仲裁委员会的裁决不服,可向人民法院提起诉讼

E. 可直接向人民法院提起诉讼

三、案例分析题

1. 杨林是某城镇集体企业的一名职工,家住厂区内。为了家居安全,自行建起一堵围墙。厂方认为私自建围墙不符合城建规定,多次派人做杨某工作,要求杨某自行拆除围墙,杨某不理。厂方为促使杨某拆除围墙,采取停发工资的措施,并多次言明只要杨某自行拆除围墙,就补发其全部被停发的工资。为此,杨某向当地劳动争议仲裁委员会申诉,要求发还停发的工资。市劳动争议仲裁委员会认为,此案是因私建住宅墙而引发的工资争议,不属于劳动争议,不属于受案范围,建议争议当事人直接向人民法院起诉。

问:(1)劳动争议仲裁委员会不受理该案是否正确?为什么?

(2)该企业和杨林应如何处理这起纠纷?

2. 2000 年 6 月 10 日,周某等 4 人分别与新北公司签订了为期 3 年的劳动合同。4 人在签订合同时,职务分别是四个业务部门的部门经理,每月工资 3 000 元。2001 年 8 月,该公司总经理根据董事会的决定,将原有的 4 个部门合并为一个综合性业务部,周某等 4 人由部门经理降为业务主管,每月工资均降至 2 000 元。周某等 4 人认为公司的决定违反劳动合同约定,公司总经理则认为这是企业深化改革的需要,周某等 4 人应当服从安排,否则,公司将解除与他们之间的劳动合同。周某等 4 人同意解除劳动合同,要求公司给予经济补偿,遭公司拒绝。周某等 4 人向当地劳动争议仲裁委员会提出申诉。

问:劳动争议仲裁委员会应否支持周某等 4 人的请求?为什么?

3. 赵某与朱某同在某纸板厂工作，二人原为夫妻，后经法院判决离婚，两个子女判给朱某。2002 年 1 月，两人在厂教育科因抚养费问题发生口角，最后扭打在一起，朱某被摔倒在地。医院诊断为“头皮下血肿”“急性闭合性颅脑外伤”。另外，两人在扭打中还打碎了教育科两块玻璃。纸板厂经调查研究后决定：①双方在工作时间内打架属于违反劳动纪律，各罚 50 元；②赔偿所损坏的玻璃，各出 20 元；③赵某承担朱某医疗费、误工费的 60%，朱某自负 40%。赵某不服，向当地劳动争议仲裁委员会提出申诉。

问：(1) 纸板厂的决定是否正确？为什么？

(2) 劳动争议仲裁委员会对该案应如何处理？

4. 2001 年 4 月 7 日，谢某雇用外地民工杨某为其搬家，因为谢某的指挥错误，致使杨某在搬家的过程中被搬运家具的卡车压伤，丧失了部分劳动能力。但谢某拒绝承担杨某的医疗费用以及对其进行赔偿。2001 年 7 月 3 日，杨某到当地劳动争议仲裁委员会申请仲裁。仲裁委员会以当事人申请仲裁的事项不属于劳动争议为由，作出不予受理的决定，杨某不服，依法向人民法院提起诉讼，人民法院以诉讼请求不属于劳动争议为由，裁定不予受理，要求另行起诉。

问：(1) 仲裁委员会的决定和人民法院的裁定是否正确？

(2) 请结合有关法律规定说明理由。

文书实例

北京市第三中级人民法院
行 政 判 决 书

〔2020〕京 03 行终 405 号

上诉人(一审原告)某甲，男，汉族，住北京市丰台区。

被上诉人(一审被告)北京市朝阳区人力资源和社会保障局。

法定代表人张某，局长。

委托代理人杨某，男，北京市朝阳区人力资源和社会保障局干部。

上诉人某甲因诉被上诉人北京市朝阳区人力资源和社会保障局(以下简称朝阳区人力资源和社会保障局)劳动监察行政处理一案，不服北京市朝阳区人民法院〔2019〕京 0105 行初 773 号行政判决，向本院提起上诉。本院受理后，依法组成合议庭，于 2020 年 5 月 27 日公开开庭审理了本案。上诉人某甲，被上诉人朝阳区人力资源和社会保障局的委托代理人杨某到庭参加诉讼。本案现已审理终结。

2019 年 7 月 30 日，朝阳区人力资源和社会保障局向某甲作出京朝人社劳监告字〔2019〕019 号告知书(以下简称被诉告知书)，主要内容为：某甲于 2019 年 3 月 27 日投诉反映北京××出租汽车集团有限公司(以下简称××公司)存在收取风险抵押金、未交付劳动者劳动合同、扣押劳动者证件的问题，朝阳区人力资源和社会保障局于 2019 年 3 月 27 日立案。经查，某甲投诉××公司收取风险抵押金内容已经向北京市平谷区劳动人事争议仲裁委员会(以下简称平谷区仲裁委)提起了仲裁申请，依据《劳动保障监察条例》第二十一条第二款的规定，某甲应按照仲裁程序办理所反映的问题。关于某甲反映扣押证件的问题，经调查，××公司称没有扣押过某甲证件，如有争议，可以通过其他法律途径处理。某甲所反映的 2015 年 7 月入职未交付劳动合同的问题，××公司称 2015 年 7 月 17 日与某甲签订《劳动协议书》《出租汽车驾驶员承包协议书》各一份，同日向某甲交付，如果某甲认为在劳动合同交付方面有争议，可以通过其他法律途径处理。综上，针对某甲反映××公司收取风险抵押金、未交付劳动者劳动合同、扣押劳动者证件的问题，违法事实不能成立。朝阳区人力资源和社会保障局依据原劳动和社会保障部《关于实施〈劳动保障监察条例〉若干规定》第三十五条第二款及《关于劳动保障监察案件撤销立案事项的通知》第(一)项的规定，作撤销立案处理。

一审法院经审理查明，2019 年 3 月 27 日，某甲及案外人刘某 1 共同向朝阳区人力资源和社会保障局提交一份投诉(举报)信，其中某甲的投诉举报内容为：1. 某甲于 2015 年 7 月至 2019 年 2 月 27 日在××公司工作；2. 要求××公司返还风险抵押金 10 000 元；3. 要求××公司给付劳动合同和返还扣押的证件。同日，朝阳区人力资源和社会保障局经审批予以立案。2019 年 4 月 11 日，朝阳区人力资源和社会保障向××公司作出并送达京朝人社劳监询字〔2019〕14408 号调查询问书，朝阳区人力资源和社会保障局对××公司劳动用工管理方面的情况进行调查，请××公司于 2019 年 4 月 18 日 9 时派员接受询问并携带相关书面材料。2019 年 4 月 25 日，朝阳区人力资源和社会保障局执法人员向某甲及××公司工作人员调查了解情况。2019 年 5 月 20 日，朝阳区人力资源和社会保障局执法人员对××公司的委托代理人薛某进行询问，薛某陈述某甲于 2015 年 7 月 18 日至 2018 年 12 月 17 日在××公司工作，在某甲入职时签订了《出租汽车驾驶员承包协议书》及《劳动协议书》(劳动合同)，签订后××公司已交付某甲一份，公司留存一份；因公司搬家，将《劳动协议书》(劳动合同)原件丢失，但找到《出租汽车驾驶员承包协议书》；公司没有扣押某甲的证件；某甲反映的风险抵押金是《出租汽车驾驶员承包协议书》中明确的预交承包金 10 000 元，就预交承包金的问题某甲已经向平谷区仲裁委提出申请，仲裁正按照程序进行。××公司向朝阳区人力资源和社会保障局提交了情况说明、营业执照(副本)复印件及授权委托材料。2019 年 6 月 20 日，朝阳区人力资源和社会保障局经审批对案件进行延期。××公司同时出具了一份和某甲签订合同情况说明。朝阳区人力资源和社会保障局调取了××公司其他员工的劳动合同书，并制作了调查问卷。2019 年 7 月 2 日，朝阳区人力资源和社会保障局经审批对案件撤销立案。同日，朝阳区人力资源和社会保障局对某甲制作询问笔录，告知对某甲投诉反映问题的处理结果。2019 年 7 月 29 日，朝阳区人力资源和社会保障局对××公司的委托代理人薛某制作询问笔录，××公司向朝阳区人力资源和社会保障局补充提交了申请书及裁决书两份。2019 年 7 月 30 日，朝阳区人力资源和社会保障局向某甲作出被诉告知书，经电话通知某甲，某甲于 2019 年 8 月 16 日到朝阳区人力资源和社会保障局领取了被诉告知书。

一审法院经审理认为，《劳动法》第八十五条规定，县级以上各级人民政府劳动行政部门依法对用人单位遵守劳动法律、法规的情况进行监督检查，对违反劳动法律、法规的行为有权制止，并责令改正。《劳动保障监察条例》第三条规定，国务院劳动行政部门主管全国的劳动保障监察工作。县级以上地方各级人民政府劳动行政部门主管本行政区域内的劳动保障监察工作。根据上述法律、法规规定，朝阳区人力资源和社会保障局作为本市朝阳区劳动保障行政主管部门，具有对其辖区内违反劳动法律、法规的行为依法作出处理的法定职责。

本案系朝阳区人力资源和社会保障局基于某甲的举报投诉开展的劳动保障监察，案件争议焦点在于朝阳区人力资源和社会保障局对此是否依法履行了相应的法定职责。针对某甲的举报投诉中提出的内容,朝阳区人力资源和社会保障局对××公司进行调查核实,确认某甲和××公司之间存在劳动关系的情况。关于某甲提出××公司返还风险抵押金的投诉,朝阳区人力资源和社会保障局经调查认定某甲所称风险抵押金实质系××公司基于《出租汽车驾驶员承包协议书》向某甲收取的预交承包金,某甲对此已向平谷区仲裁委申请仲裁,根据《劳动保障监察条例》第二十一条第二款规定:“对应当通过劳动争议处理程序解决的事项或者已经按照劳动争议处理程序申请调解、仲裁或者已经提起诉讼的事项,劳动行政部门应当告知投诉人依照劳动争议处理或者诉讼的程序办理。”朝阳区人力资源和社会保障局告知某甲按照仲裁程序办理此问题符合上述法规规定。关于某甲提出××公司扣押证件和返还劳动合同的投诉,朝阳区人力资源和社会保障局对此向××公司进行调查,××公司陈述已向某甲交付劳动合同,亦不存在扣押某甲证件的情形,现无其他证据可以证实上述事实,致使朝阳区人力资源和社会保障局无法认定存在此项违法事实,进而也无法对××公司作出行政处理决定,根据《劳动保障监察条例》第二十一条第二款的规定,朝阳区人力资源和社会保障局告知某甲此项投诉事项应当通过其他法律途径处理并无不当。

原劳动和社会保障部《关于实施〈劳动保障监察条例〉若干规定》第三十条规定,劳动行政部门对违反劳动保障法律的行为的调查,应当自立案之日起60个工作日内完成;情况复杂的,经劳动行政部门负责人批准,可以延长30个工作日。第三十五条第二款规定,经调查、检查,劳动行政部门认定违法事实不能成立的,也应当撤销立案。《关于劳动保障监察案件撤销立案事项的通知》中规定,劳动行政部门劳动保障监察案件立案后经调查,对有下列情形之一的,可以撤销立案。(一)违法事实不能成立的;(二)违法情节轻微,且已改正的;(三)被调查用人单位依法宣告破产、解散、关闭,没有财产进行分配,又没有相关义务承受人的;(四)不属于立案的劳动行政部门管辖的;(五)不属于劳动保障部门监察职权范围的;(六)根据《关于实施〈劳动保障监察条例〉若干规定》第十五条应当由劳动争议处理或诉讼程序办理的;(七)违反劳动保障法律、法规或者规章的行为发生超过2年的;(八)其他法律法规规章规定应当撤销立案的情形。本案中,朝阳区人力资源和社会保障局在接到某甲提出的举报投诉后,依法立案并进行了调查,对被投诉单位进行调查询问并调取相关材料,在对某甲的举报投诉事项进行针对性调查和区分处理后,经依法延长期限后在法定期限内作出撤销立案处理决定,向某甲作出书面告知并履行了必要送达程序,故朝阳区人力资源和社会保障局已履行劳动保障监察行政职责。某甲要求撤销朝阳区人力资源和社会保障局作出被诉告知书及重新作出行政行为的诉讼请求缺乏相应法律依据和事实根据,一审法院不予支持。综上,依照《中华人民共和国行政诉讼法》第六十九条之规定,判决驳回某甲的诉讼请求。

某甲不服一审判决,上诉至本院,上诉理由如下。一、一审法院对本案查明事实方面存在枉法问题。1.上诉人与案外人共同向朝阳区人力资源和社会保障局投诉××公司四项违法行为,但该局只对未支付工资一项予以立案,对另外三项投诉未立案。2.朝阳区人力资源和社会保障局未按规定要求××公司提供为上诉人缴纳社保的记录及凭证,亦未对××公司未在规定时间内携带材料接受询问的行为进行处理。3.朝阳区人力资源和社会保障局2019年4月25日的调查仅有一名执法人员,其制作了谈话笔录,但未向一审法院提交,一审法院未要求证人出庭。4.朝阳区人力资源和社会保障局2019年5月20日对××公司制作询问笔录用时短,不符合逻辑,且笔录中签名的询问人与告知的询问人不同,该笔录系伪造;××公司以劳动合同丢失为由规避法律规定。5.朝阳区人力资源和社会保障局对案件进行延期处理不符合法律规定,其延期决定违法。6.朝阳区人力资源和社会保障局未提交作出撤销立案决定所依据的询问笔录,其向上诉人告知处理结果后并未作出其他调查行为。7.朝阳区人力资源和社会保障局在案件结案后,又对××公司制作询问笔录,不符合办案规定,且笔录中记载的被询问人的年龄有误,笔录系伪造。8.上诉人于2019年8月16日领取被诉告知书,被诉告知书落款2019年7月30日,涉嫌日期造假。二、一审法院对本案证据的认定存在枉法问题。朝阳区人力资源和社会保障局提交的证据恰能证明其行政乱作为、程序违法、超期限结案、提交涉嫌伪造和虚假的证据,但一审法院却以这些证据具有真实性、关联性、合法性予以采纳,而对上诉人提交的证据不予采信。三、一审法院对本案最终结果枉法认定。一审法院对于上诉人针对××公司投诉内容的认定与朝阳区人力资源和社会保障局的认定结果一致,而该认定与朝阳区人力资源和社会保障局提交证据并不相符,且上诉人提交的投诉(举报)信具备投诉和举报两种性质,朝阳区人力资源和社会保障局对于投诉行为无法处理,但对举报行为应该处理。四、一审法院超过审理期限审理案件违法。综上,请求二审法院撤销一审判决,改判支持上诉人一审的诉讼请求,由朝阳区人力资源和社会保障局负担一、二审诉讼费用。

朝阳区人力资源和社会保障局同意一审判决,请求二审法院予以维持。

某甲在指定期限内向一审法院提交了如下证据:1.三组通话录音及相应视频,证明朝阳区人力资源和社会保障局作出延期没有告知,称对××公司扣押证件行为已下发整改通知书,并否认对某甲出具书面告知的法律义务,最后答复书面告知还在批复过程中;2.信用卡交易明细,证明某甲知晓少划拨一笔资金,并且告知刘某1;3.快递查询信息,证明关于保险问题某甲向朝阳区人力资源和社会保障局进行过投诉,但该局拒绝受理。

朝阳区人力资源和社会保障局在法定期限内向一审法院提交了如下证据和依据。

(一)证据:1.受理投诉(举报)登记表、投诉(举报)信、某甲身份证复印件、劳动保障监察案件立案审批表,证明朝阳区人力资源和社会保障局于2019年3月27日接到某甲投诉后当日立案受理;2.京朝人社劳监询字〔2019〕14408号调查询问书,证明朝阳区人力资源和社会保障局依法开展调查,向××公司下达调查文书;3.北京市朝阳区小红门乡人民政府民政劳动科出具的证明材料、现场照片复印件及工作记录,证明两名监察员于2019年4月25日前往小红门乡就××公司与某甲案件开展调查;4.朝阳区人力资源和社会保障局于2019年5月20日对××公司委托代理人薛某制作的调查笔录,证明××公司否认扣押某甲证件,并表示劳动合同已交付某甲,风险抵押金问题已向平谷区仲裁委申请仲裁;5.情况说明、营业执照(副本)复印件、法定代表人(负责人、经营者、投资人)身份证明书、授权委托书、刘某1及薛某的身份证复印件及身份情况的说明,证明××公司向朝阳区人力资源和社会保障局提交材料,并认可与某甲的劳动关系;6.情况说明、劳动合同书及调查问卷,证明朝阳区人力资源和社会保障局依法对××公司签订劳动合同及交付情况开展调查;7.朝阳区人力资源和社会保障局于2019年7月2日对某甲制作的询问笔录,证明朝阳区人力资源和社会保障局将调查情况向某甲进行告知;8.劳动保障监察案件有关事项审批表,证明因案件复杂,朝阳区人力资源和社会保障局依法对案件延期;9.劳动保障监察撤销立案审批表,证明朝阳区人力资源和社会保障局于2019年7月2日撤销立案;10.2019年7月22日某甲与监察员的电话录音及工作记录,证明某甲致电朝阳区人力资源和社会保障局要求出具书面告知并当面领取;11. 2019 年 7 月 26 日工作记录,证明监察员与某甲联系沟通领取告知书时间,电话未接通;12. 朝阳区人力资源和社会保障局于 2019 年 7 月 29 日对××公司委托代理人薛某制作的询问笔录、申请书、平谷区仲裁委出具的裁决书两份,证明××公司提交裁决书,某甲投诉事项已通过仲裁程序解决;13. 被诉告知书,证明朝阳区人力资源和社会保障局依法对某甲进行告知;14. 2019 年 8 月 15 日工作记录,证明朝阳区人力资源和社会保障局执法人员通知某甲于 2019 年 8 月 15 日领取被诉告知书,但某甲未领取;15. 朝阳区人力资源和社会保障局于 2019 年 8 月 16 日对某甲制作的询问笔录,证明朝阳区人力资源和社会保障局于 2019 年 8 月 16 日向某甲直接送达被诉告知书。

(二)法律依据:《劳动法》《劳动保障监察条例》、原劳动和社会保障部《关于实施〈劳动保障监察条例〉若干规定》《关于劳动保障监察案件撤销立案事项的通知》作为其规范性文件依据,用于说明其具有相应的法定职权,针对某甲投诉举报履行调查职责及作出被诉告知书符合法律法规的规定。

经庭审质证,一审法院对当事人提交的上述证据作出如下认证:某甲提交的证据 2、3 与本案不具有关联性,不予采纳;证据 1 仅系其与朝阳区人力资源和社会保障局执法人员的询问沟通情况,不具有证明朝阳区人力资源和社会保障局履行职责违法的证明力,不予采信。朝阳区人力资源和社会保障局提交的证据具备真实性、关联性、合法性,均系其在履行职责过程中调查取得,能够证明该局履行调查处理职责及作出被诉告知书认定事实和履行程序的情况,予以采纳。

一审法院已将当事人提交的上述证据随案移送本院。经审查,本院同意一审法院的认证意见并对一审法院查明的事实予以确认。

本院认为,根据《劳动法》第八十五条、《劳动保障监察条例》第三条之规定,朝阳区人力资源和社会保障局具有对辖区内违反劳动法律、法规的行为依法作出处理的法定职责。

本案中,某甲向朝阳区人力资源和社会保障局提出要求××公司返还风险抵押金、交付劳动合同和返还扣押证件的投诉,朝阳区人力资源和社会保障局接到投诉后,向××公司进行了调查核实,并以调查问卷的方式向该公司司机进行调查。针对某甲提出的要求××公司返还风险抵押金的投诉事项,朝阳区人力资源和社会保障局经调查,该风险抵押金系××公司基于《出租汽车驾驶员承包协议书》向某甲收取的预交承包金,某甲已就此事项向平谷区仲裁委申请仲裁,根据《劳动保障监察条例》第二十一条第二款之规定,朝阳区人力资源和社会保障局告知某甲按照仲裁程序办理并无不当。针对某甲提出的要求××公司交付劳动合同和返还扣押证件的投诉事项,朝阳区人力资源和社会保障局经调查,根据现有证据无法认定××公司存在上述违法事实。故朝阳区人力资源和社会保障局适用原劳动和社会保障部《关于实施〈劳动保障监察条例〉若干规定》第三十五条第二款作出撤销立案处理,并告知投诉人某甲,已经履行劳动监察职责。朝阳区人力资源和社会保障局接到某甲的投诉后,依法立案,进行调查,经依法延长期限后在法定期限内作出撤销立案处理,并告知投诉人,程序亦无不当。

关于某甲对一审法院查明事实的质疑,朝阳区人力资源和社会保障局对于某甲的投诉事项进行了全面调查,根据投诉请求按照规定要求××公司携带材料接受询问,××公司亦接受调查询问,相关询问笔录有询问人和被询问人的签名,没有证据显示笔录系伪造,朝阳区人力资源和社会保障局根据案情需要，经部门负责人批准，延长办理期限符合规定。关于某甲认为其投诉（举报）信兼具投诉和举报两种性质的问题，根据原劳动和社会保障部《关于实施〈劳动保障监察条例〉若干规定》第十条、第十二条之规定，某甲基于认为用人单位违反劳动保障法律、侵犯其自身合法权益而提出的投诉（举报）信其实质就是投诉行为，朝阳区人力资源和社会保障局对其投诉行为进行处理并无不当。故某甲上述主张不成立，本院不予支持。

综上，一审法院判决驳回某甲的诉讼请求并无不当，本院应予维持。某甲的上诉请求及上诉理由缺乏事实根据，本院不予支持。依照《中华人民共和国行政诉讼法》第八十九条第一款第（一）项的规定，判决如下：

驳回上诉，维持一审判决。

二审案件受理费50元，由上诉人某甲负担（已交纳）。

本判决为终审判决。

审 判 长　王某某
审 判 员　胡某某
审 判 员　冯某某
二〇二〇年六月五日
法官助理　刘　某
书 记 员　张　某
书 记 员　孙　某
书 记 员　高　某

（材料来源：威科先行法律信息库）

附录 1

中华人民共和国劳动法

附录 2

中华人民共和国劳动合同法

附录 3

最高人民法院关于审理劳动争议案件适用法律问题的解释(一)

附录 4

中华人民共和国社会保险法

附录 5

中华人民共和国军人保险法

附录 6

女职工劳动保护特别规定

附录 7

工伤保险条例

附录 8

保障农民工工资支付条例

附录 9

劳动保障监察条例

附录 10

最高人民法院关于审理工伤保险行政案件若干问题的规定

附录 11

中华人民共和国劳动争议调解仲裁法

附录 12

中华人民共和国工会法

附录 13

劳动人事争议仲裁办案规则

附录 14

最低工资规定

附录 15

工资支付暂行规定

附录 16

劳务派遣暂行规定

附录 17

中华人民共和国劳动合同法实施条例

附录 18

网络招聘服务管理规定

附录 19

非法用工单位伤亡
人员一次性赔偿办法

附录 20

工伤认定办法

附录 21

拖欠农民工工资失信
联合惩戒对象名单
管理暂行办法

附录 22

就业服务与就业
管理规定

附录 23

外国人在中国就业
管理规定

附录 24

企业劳动争议协商
调解规定

附录 25

社会保险基金先行
支付暂行办法

附录 26

企业年金办法

附录 27

重庆市劳动人事争议
调解仲裁法律文书式样

参 考 答 案

第一章

一、1. B　2. B　3. A　4. B　5. B

二、1. AD　2. ABCD　3. BD　4. ABCDE　5. ABC　6. ABD　7. AC　8. BCD　9. ABC　10. ABCD

第二章

一、1. B　2. C　3. C　4. D

二、1. AC　2. ABD　3. ABCD

第三章

一、1. B　2. A　3. A　4. B　5. B　6. C　7. D　8. C　9. C　10. B

二、1. ABCDE　2. ACD　3. ABCD　4. ABC　5. ABCDE　6. ABCD

第四章

一、1. A　2. D　3. B　4. B　5. C　6. A　7. B　8. D　9. A　10. C　11. C　12. D　13. D　14. B　15. C　16. D　17. B　18. D

二、1. BCD　2. ABCD　3. ACD　4. AD　5. CD　6. AC　7. BC　8. BCD　9. ABC　10. ABC

第五章

一、1. A　2. B　3. A　4. A　5. C　6. C　7. A　8. D　9. A　10. D　11. B　12. A　13. B　14. A　15. A　16. D

第六章

一、1. B　2. C　3. D　4. B　5. B　6. D　7. B

二、1. AD　2. ABCD　3. ACD　4. ABC　5. ABC　6. ACD　7. ABCDE

第七章

一、1. A　2. D　3. B　4. D　5. A

二、1. ACD　2. ABCD　3. BCDE　4. CD

教师教学支持方案

（教学课件）

建设立体化精品教材，向高校师生提供整体教学解决方案和教学资源，是天津大学出版社服务高校教育的重要方式。

为支持相应课程的教学工作，我们配套出版了该书的教学课件，向使用本教材的教师免费提供。该课件仅为教师获得并服务，授课教师如果想享受个性化的服务，请登录天津大学出版社官方网站"www. tjup. com. cn"，进入"教师服务"→"下载中心"验证身份进行下载；如有问题请添加"tjupress1985"天津大学出版社官方微信，点击"在线客服"与客服人员联系。

通信地址：天津市南开区卫津路92号天津大学出版社

邮编：300072

电话：022-27406512　022-27402661

E-mail：ccshan 2008@ sina. com

联系人：崔成山

开课证明

兹证明____________________大学____________________学院____________________系____________________专业第____________________学年开设的____________________课程，已采用天津大学出版社出版的____________________（书名、作者）作为本课程教材，本专业共________________班，授课老师共________位，学生共________人。

授课老师需要与本教材配套的教学课件。

联系人：

通信地址：

邮编：

电话：

E-mail：

系（院）主任（签字）：

（系院办公室签章）

年　月　日